문명론의 개략

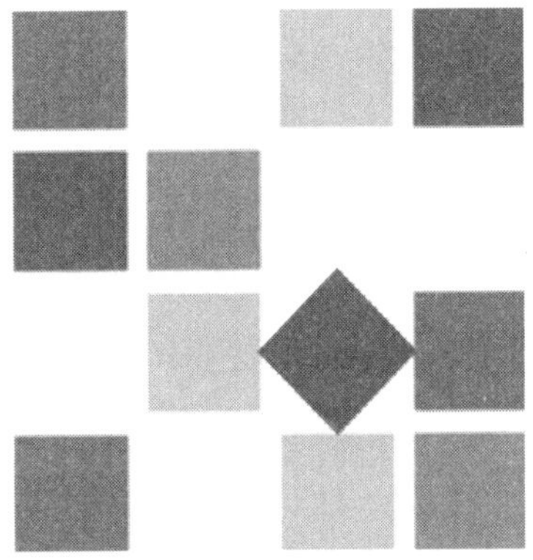

저자 **후쿠자와 유키치**
역자 **임종원**

1. 『문명론의 개략』은 1931년 이시카와 칸메이(石河幹明)의 해제를 기초로 하여 최초로 이와나미 문고(岩波文庫) 본으로 동경에서 출판되었다. 이 책 한국어판『문명론의 개략』은, 1956년 이와나미서점 간「福沢諭吉選集」제2권에 수록된『文明論之概略』을 번역하였다. 해제 역시 동서에 첨부되어 있는 츠다 소키치(津田左右吉)의 해제를 번역하여 부기하였다.

2. 가급적 한자어를 배제하기로 하였으나, 인명, 지명, 특별히 한자어가 필요하다고 생각되는 사항에는, 한자및 한자숙어를 병기하기로 하였고, 설명이 필요한 부분에는 주를 달아, 독해하기 쉽도록 하였다.

3. 본고의 교정(校訂)과 교정(校正)은 본인의 책임 하에 하였다.

 # 서언

문명론이란 인간의 정신발달에 관한 논의이다.

그 취지는 한 인간의 정신발달을 논하는 것이 아니고, 국가 전체의 많은 사람의 정신의 발달을 총합하여, 그 총합된 발달을 논의하는 것이다. 그러므로 문명론은, 혹은 이것을 많은 사람의 정신의 발달 론이라고 하여도 좋겠다. 생각건대 사람의 처세에는 제한적인 구역의 이해와 득실에 사로잡혀서 그 판단을 그르치는 일이 매우 많다. 습관이 오랜 세월이 지나게 되면 거의 자연적인 것과 인위적인 것과를 구별할 수가 없다, 그 자연적인 것이라고 생각하였던 것은, 곧 생각했던 대로 습관적인 것이다. 혹은 그 습관이라고 인지하였던 것이 오히려 자연적이었던 것이 없지 않다. 이 복잡하고 무질서한 시기에 즈음하여 조리가 흐트러지지 않은 것을 찾고자 하는 것이므로, 문명의 논의란 역시 어렵다고 해야 할 것이다.

지금의 서양의 문명은 로마가 멸망한 뒤 오늘날에 이르기까지 천여 년 사이에 성장하였던 것이므로, 그 유래가 매우 오래되었다고 할 수가 있다. 우리 일본도 건국 이래 이미 2천5백년을 거쳐, 우리나라의 유일한 문명은 자연히 진보하여서 그 달해야 할 곳에 달하였노라 하겠으나, 이것을 서양의 문명과 비교하면 내용이 다른 바가 없을 수 없다.

가에이(嘉永)1)시대에 미국인이 도래하였고, 이어서 서양제국과 무역 통신의 조약을 체결함에 이르러, 우리나라의 인민이 비로소 서양이 있다는 사실을 알았고, 피아의 문명의 양상을 비교하고 크게 다르고 차이가 난다는 사실을 알고, 한꺼번에 이목을 놀라게 하여 마치 민심의 소란을 일으킨 것과 같다.

원래 우리 2천5백 년 동안, 세상의 치란과 흥망으로 인해 사람을 놀라게 했던 일이 없지 않았던 것은 아니라 하더라도, 심각하게 민심의 내부를 범하여 이것을 감동케 하였던 것은, 먼 옛날, 유불(儒彿)의 가르침을 중국에서 전래하였던 사실 한 가지를 시작으로 하여, 그 뒤로는 특히 최근의 외교를 가지고 정점으로 삼는다. 그뿐만 아니라, 유불의 가르침은 아시아의 원소를 전하고 아시아에 베풀었던 것이기 때문에, 그저 거칠고 조잡한 차이가 있을 뿐이므로 이를 접하는 일이 어렵지 않다. 혹은 나에게는 새롭고 진기하지 않다고 하여도 상관없다 하겠으나, 저 최근의 외교문제에 있어서만은 그러하지가 않다. 지리적인 구역을 달리하고, 문명의 원소를 달

---

1) 에도시대 후기의 연호, 1848~1854년.

리하고, 그 원소의 발육을 달리하고, 그 발육의 정도를 달리한 특수하고 이질적인 것을 만나서 별안간 가까이 상접하게 되면, 우리 인민이 그 사물이 새롭고 진기한 것은 물론, 모든 사물이 보아서 진기하지 않은 것이 없고, 들어서 요사스럽지 않은 것이 없다.

이것을 비유하자면, 극열한 불로써 극한의 물과 접하는 것과 같고, 사람의 정신에 파란을 일으킬 뿐만 아니라, 그 내부의 바닥으로 철저하게 전복하여 회전하는 대혼란을 일으키지 않을 수 없는 것이다.

이 민심 소란의 결과로 나타났던 것은 전년의 왕제일신(王制一新)[2]이고, 이어서 폐번치현(廢藩置懸)[3]이다. 그로해서 오늘날에 이른 것이므로 이러한 제 개혁들만으로 멈출 수 있는 것은 아니다. 군대의 난동은 여러 해 전에 있었기 때문에 이미 흔적이 없다고는 하여도, 민심의 난동은 지금 역시도 여전히 나날이 더더욱 심각하다고 할 수가 있다. 생각건대 이 난동은 온 나라의 인민이 문명으로 나아가고자 하는 분발이다. 우리의 문명에 만족하지 않고 서양의 문명을 취하고자 하는 열정이다. 그러므로 그 기하는 바는, 요컨대 우리의 문명으로 하여금 서양의 문명과 같게 하여 이것과 병립하던가, 아니면 더 뛰어난 경지에 이르지 않으면 멈출 수가 없을 것이다. 그리고 저 서양의 문명 역시 지금 바야흐로 변화하는 도중으로 날마다 달마다 발전하는 것이므로, 우리나라의 민심 역시 이

---

2) 명치유신(1868)
3) 1871년에 시행된 지방제도의 개혁, 전국의 번을 폐하고 부와 현을 두어 중앙집권적인 체제를 구축하였다.

것와 더불어 변화를 함께하여 끝까지 다하거나 멈추지 말아야 할 것이다.

실로 가에이(嘉永)시대에 미국인이 도래한 사건은, 마치 우리의 민심에 불을 지핀 것과 같고, 일단 불이 붙어서 다시 이를 멈출 수가 없는 양상이다.

민심의 소란은 이와 같다. 세상 사물이 분요잡박(紛擾雜駁)[4] 한 것은 거의 상상할 수 없는 것에 가깝다. 이 시절에 즈음하여 문명에 대한 논의를 제기하여 조리가 흐트러지지 않는 논리를 찾고자 하는 것은, 학자들의 책무에 있어서 더할 나위 없이 중대하고 어려운 과업이라고 할 수 있다. 서양제국의 학자들은 날로 진보한 학설을 주장하고, 그러한 학설이 제기되면 따라서 새로운 학설이 제기되어, 사람들의 이목을 놀라게 하는 사례들이 많다고 하나, 천년 남짓 역사의 변천에 의해 조상의 유물을 전하고 이것을 절차탁마(切磋琢磨)하였던 것이므로, 설사 그 학설은 신기하지만, 다 같이 동일한 원소에서 발생하는 것이지 새로이 이것을 만든 것은 아니다. 이것을 우리나라의 현재의 현상과 비교하여 어찌 논할 수가 있겠는가. 지금의 우리 문명은 소위 불에서 물로 바꾸고, 무에서 유로 옮기겠다는 것이므로, 돌연한 변화는, 단순히 이것을 개진(改進)이라고 해서는 안 되고, 아니면 새로운 창조라고 일컫는 것도 가능할 것 같다. 그 논의가 매우 어려운 것 역시 이유가 없는 것은 아니다.

---

4) 문란하고 조잡함

　　지금의 학자들은 이 어려운 과업에 임한다고는 하지만, 여기에 또한 우연한 요행이 없지는 않다. 그 사정을 말하자면, 우리나라가 개항한 이래, 세상의 학자들은 줄곧 양학을 향해 갔고, 그 연구한 바가 처음부터 조잡하고 범위가 협소하였다고는 하지만, 서양문명의 작은 부분은 어렴풋이 들여다볼 수 있었던 것 같다. 또 한편으로는 이 학자라고 하는 사람들, 20년 이전에는 순전한 일본의 문명의 은혜를 입고, 오로지 그것을 견문하였던 것일 뿐만 아니고, 사실 그러한 것을 맡아서 그것을 실천하였던 사람들이므로, 과거지사를 논함에 있어서 억측과 추량의 불확실성에 빠지는 일이 적지 않아서, 직접 자신의 경험으로써 이것을 서양의 문명에 비추어본다는 편리함은 있다. 이점에 관해서는, 저 서양의 학자들이 이미 형체를 갖춘 문명의 틀 속에 살고 있어서, 다른 나라의 형편을 추찰하는 자보다도, 우리 학자들이 경험으로써 보다 더 확실하다고 하지 않을 수가 없을 것이다. 지금의 학자들이 요행이라 함은 즉 이 실험 하나로, 게다가 이 실험은 지금 이 시대를 지나가버리면 결코 다시 얻을 수가 없는 것이므로, 지금 현재는 특히 귀중한 호기라고 할 수가 있다.

　　시험 삼아 보자. 현재 우리나라의 어설픈 양학자들, 그 왕년에는 모두 한학 서생이 아니었던 자가 없고, 무두 신불자(神佛者)가 아니었던 사람이 없다. 봉건적인 사족이 아니면, 봉건적인 인민이다. 흡사 하나의 육신으로 두 개의 인생을 겪은 것과 같고, 한 사람이면서도 두 개의 육신인 것과도 같다. 두 개의 삶을 서로 비교하고 두 개의 육신을 서로 비교하여, 그 전생과 전신(前身)에서 얻은

것을 가지고 이것을 현생(現生)과 현신(現身)으로 얻은 서양의 문
명과 대조하여, 그 형체와 그림자가 서로 반사하는 것을 본다면 과
연 어떤 모습을 이룰 것인가. 그 논쟁은 틀림없이 분명하지 않을
수가 없을 것이다.

생각건대 내가 희미한 양학의 소견을 가지고서, 감히 스스로
천열(賤劣)을 무릅쓰고 이 책자를 저술함에 있어서, 직접 서양의
제가(諸家)가 저술한 원서를 번역하지 않고, 단지 그 대의를 참작
하여 이것을 일본의 현실에 참고하였던 것도, 우리가 이제 바야흐
로 얻어서 후세의 사람들이 아직 얻을 수 없었던 호기를 이용하여,
현재의 소견을 남겨서 후대의 참고로 준비하여 제공하겠다는 작은
마음일 따름. 단 그 논의가 조잡하고 우둔하며 오류가 많은 것은
물론 스스로 참회하고 고백하는 바이므로, 특별히 바라는 것은 후
세의 학자들, 학문에 대성하여, 철두철미 서양의 제서를 읽고, 철저
히 일본의 현실을 소상히 밝히고, 더욱 더 소견을 확장하고 더욱더
논의를 세밀히 하여, 진정으로 문명의 총론(總論)이라 할 수 있는
것을 저술하여, 그것으로써 전일본의 면모를 일신할 것을 염원하는
바이다.

나 또한 아직 나이가 늙은 것은 아니고, 후일 반드시 이 원대
한 계획이 있을 것을 기다리며, 지금부터 더욱 공부하고 그 조력을
아끼지 않을 것을 기대할 따름이다.

문장 속에 서양의 제서를 인용하여 그 원문을 직접 번역한 것
은 그 저서명을 명기하여 출전을 분명히 하였지만, 다만 그 대의를
취하고 이것을 번역하든가, 또는 제서를 참고하여서 취지가 있는

부분을 탐구하고, 그 의미에 의거하여 저자의 논리를 기술한 것은, 일일이 출전을 기술할 수가 없었다. 이것을 비유하건대 음식을 먹고 이것을 소화시킨 것과 같다. 그 물질은 외부에서 온 것이지만, 일단 내가 얻고 나면 자연 내 몸 안의 물질이 되지 않을 수가 없다. 그런고로 문장 속에 드물게 훌륭한 논리가 있다면, 그 훌륭한 논리는 나의 훌륭한 논리가 아니라, 음식물이 훌륭하였던 때문으로 인식해야 할 것이다.

이 책을 저술함에 즈음하여, 이따금 게이오의숙(慶應義塾)의 사람들과 상의하였고, 더러는 그 소견을 청취하였고, 혹은 그 일찍이 읽었던 서적에 관한 토론을 청취하고 도움을 얻는 일이 적지 않다. 특히, 오바타 토쿠지로(小幡篤次郎)[5]군에게는 특히 그 열견(閱見)을 번거롭게 해드리면서 문장을 바로잡고 가다듬고를 부탁하여, 다소 논리의 품격을 보태었던 부분이 많다.

명치8년(1875년) 3월 25일,
후쿠자와 유키치 기(福澤諭吉 記).

---

5) 1841-1905, 후쿠자와와 동향인, 게이오의숙의 제자, 게이오의숙의 숙장. 귀족원의원, 『영씨경제론』 등의 역서가 있다.

|목 차|

제 1 권

제1장

논의의 기준*을 정할 것.

경중, 장단, 선악, 시비 등의 글자는 상대적인 사고에서 생긴 말이다. 경(輕)이 없으면 중(重)이 있을 수가 없고, 선(善)이 없으면 악(惡)이 있을 수 없다. 그런고로 경이라 함은, 중보다도 가볍고, 선이라 함은, 악보다도 선하다고 하는 것으로, 이것과 저것과 서로 비교하지 않으면, 경중과 선악을 논할 수 없다. 이와 같이 서로 비교하여 중으로 정하고 선으로 정한 것을 논의의 기준이라 이름을 붙인다. 속담에 이르기를, 배를 등과 바꿀 수는 없다. 또 이르기를, 대를 위해 소를 희생한다고. 그런고로 사람의 몸에 대한 논의를 할 경우, 복부는 등 쪽보다도 소중한 것이기 때문에, 오히려 등 쪽에 상처를 입더라도 복부만은 무난하도록 지키지 않을 수 없

---

* 원문의 「본위」(本位)는 「기준」혹은 본질 등으로 번역한다.

다. 또한 동물을 취급할 경우에도, 학은 미꾸라지보다 크고도 고귀한 짐승이므로, 학의 먹이로는 미꾸라지를 사용하는 것도 상관이 없다고 하는 것이다. 예컨대 일본에서 봉건시절에 다이묘(大名)의 번사(藩士)[1]들이 무위도식하였던 것을, 그 제도를 개선하여서 현재와 같이 만든 것은, 공연히 유산계급을 전복하여 무산의 가난에 빠뜨린 것 같겠지만, 일본국과 제 번(藩)과를 비교하면, 일본국은 중하고, 제 번은 경하여서, 번을 폐한 것은 역시 배는 등과 바꿀 수가 없는 것과도 같고, 다이묘와 번사들의 급료를 빼앗는 것은 미꾸라지를 죽여서 학을 기르는 것과도 같다. 대체로 사물을 탐색함에 있어서는 지엽적인 것을 털어내고 그 본원으로 거슬러 올라가서, 정체하고 있는 곳의 본질을 추구하지 않으면 안 된다.

　　이와 같이 한다면 논의해야 할 항목은 점차 감소되고 그 기준은 더욱더 확실해 질 것이다.뉴턴이 처음으로 인력의 원리를 발견하여, 무릇 물체란 한번 움직이면 운동을 하여 멈추지 않고, 일단 멈추면 정지하여 움직이지 않는다고, 명확하게 그 법칙성을 주장한 이후, 세계의　모든 물체의 운동 법칙은 모두가 여기에 기인하지 않은 것이 없다. 원리라 함은, 즉 도리의 본질이라고 하여도 좋다. 만약 운동의 법칙을 논함에 있어서, 이 원리가 없다면, 그 논의가 구구하여서 끝이 없고, 배는 배의 운동으로써 원리를 주장하고, 수레는 수레의 운동으로써 논의의 기준을 결정하여, 공연히 이론의

---

1) 에도시대의 지방의 제후를 다이묘, 영주, 주군 등으로 호칭하였고, 다이묘가 지배하는 번(藩)에 소속한 무사를 번사라 하였다. 다이묘의 부하이고, 번신(藩臣)이기도 한다.

수량만을 증가시키면서 그 기하는 바의 근간은 통일될 수가 없으니, 통일되지 않으면 곧 또한 확실한 답을 얻을 수 없을 것이다.

논의의 기준을 정하지 않으면 그 이해와 득실을 논할 수가 없다. 성곽은 지키는 자를 위해서 편리하지만, 공격하는 자를 위해서는 방해물이다. 적에게 득이 되는 것은 우리 편에는 실이 된다. 지난번의 편리는 장래의 불편이다. 그런고로 이러한 이해와 득실을 논함에 있어서는, 우선 그 유익하게 하는 곳을 결정하여, 지키는 자를 위해서인가, 공격자를 위해서인가, 적을 위해서인가, 우리 편을 위해서인가, 어쨌든 그 주로 삼아야 할 곳의 기준을 정해야만 한다. 고금의 세론이 복잡다기하여 서로 어긋나는 것 역시, 그 근간을 추궁해보면. 처음에 소견을 달리하다가, 그 끝에 가서 굳이 그 결과를 동일하게 만들겠다고 하는 욕심 때문에 그러한 것이다.

예컨대 신불(神佛)의 주장이 언제나 일치하지 않고, 저마다 그 주장하는 바를 듣자면 모두가 당연한 것처럼 들리지만, 그 근간을 추궁하면, 신도(神道)는 현재의 길흉을 말하고, 불교는 미래의 행불행을 설파하여, 논의의 기준을 달리 함으로써 양쪽의 주장은 결국 합치하지 않는 것이다. 한학자·유학자와 국학자들 사이에서도 논쟁이 있어서 천 가지 만 가지 실마리라고 하지만, 결국 그 분리된 것의 큰 취지는, 한학자 혹은 유학자는 탕무의 방벌(湯武放伐)[2]을 바른 처사로 보았고, 일본의 국학자는 일계만대(一系萬代)[3]를

---

2) 「탕무」는, 중국 은나라의 탕왕과 주나라의 무사. 탕왕과 주나라의 무사는 함께 덕을 잃은 왕을 전복시키고 새 왕조를 일으켰다.
3) 군주의 혈통이 만대에 이르도록 영원하다는 뜻

주장함에 있다. 한유학자가 난처해하는 것은 오로지 이 한 가지뿐
이다. 이와 같이 사물의 근간으로 돌아가지 않고 말단만을 이야기
하는 동안은, 신유불의 서로 다른 주장 역시 판결이 날 날이 없기
때문에, 그러한 취지는 마치 군사용인 활과 화살, 칼과 창이 어느
것이 더 유용한지를 다투는 것과 같이 끝이 없을 것이다. 만약 이
들을 화목하게 만들고자 한다면, 그 각기 주장하는 바의 것보다도
한층 더 고상한 새로운 주장을 보여주어서, 스스로 신과 구의 장단
점을 판단케 하는 유일한 방법이 있을 따름이다. 활과 화살, 칼과
창의 논쟁 역시 일찍이 한 때는 떠들썩하였지만, 소총(小銃)이 유
행하고 나서부터는 세상에서 이것을 이야기하는 사람이 없다.

　　신관(神官)의 말을 듣자면, 신도에도 신장제(神葬祭)법이 있기 때
문에 미래를 점친다 하고, 또 승려의 주장을 듣자면, 법화종과 같은
경우에는, 가지기도(加持祈禱)의 관례도 있기 때문에, 불교에서도 현
재의 길흉을 중시하는 법이라고 하여, 틀림없이 정교한 논리를 설명
할 것이다. 하지만 이들은 모두 신불혼합의 오랜 역사 때문에, 승려가
신관의 흉내를 시험하고, 신관이 승려의 직분을 범하고자 하였던 탓
으로, 신불 양교의 큰 취지를 논하자면, 하나는 미래를 주로 하고, 하
나는 현재를 주로 하는 것, 수 천 년 동안의 관습을 보아 자명하다.
지금 또다시 수다스러운 논의를 들을 가치가 없다.

　　또한 논의의 기준을 달리하는 사람을 보건대, 주장의 결말은
시로 같은 것 같아노, 도중에 서로 가지가 다르고, 그 귀착하는 바
를 달리하는 수가 있다. 그런고로 사물의 이해를 설명함에 있어,

그 이점을 이득이라 하고 이것을 손해라고 하는 바를 보건대, 두 가지의 주장이 서로 같다고는 하여도, 이것을 이득이라 하고 이것을 손해라고 하는 근거에 대한 이유를 설명하기에 으르면, 그 주장이, 중도에서 서로 갈라져서 그 귀착하는 바가 동일하지가 않다.

예컨대 완고한 사민(士民)은 서양 사람을 증오하는 것을 가지고 예삿일로 삼았다. 또 양학자부류의 사람들이라 하더라도 조금 견식이 있는 자는, 서양 사람의 거동을 보고서 결코 심취하지 않는다. 이것을 달가워하지 않는 심정은 완고하고 분별력이 없는 백성과 다를 것이 없다고 하여도 가하다. 이 단계까지는 서로 의기투합하는 것 같지만, 바로 이 점을 달가워하지 않는 이유를 설명함에 이르러서 비로소 충돌을 일으켜서, 갑은 그저 서양 사람을 다른 종족으로 인식하여, 사태의 이해와 득실에 상관없이 오로지 이들을 미워할 따름이다. 을은 다소 소견을 원대하게 가지고서, 그저 이들을 혐오하는 것은 아니어도, 그 교제상 발생할 수 있는 폐해를 신중히 생각하여, 문명으로 칭송하는 서양 사람일지라도 우리에게 대해서 불공평한 처사가 있음을 화내는 것이다. 양방이 함께 이것을 증오하는 심정은 같다 하겠으나, 이것을 증오하는 원인을 달리하기 때문에, 이들을 상대하는 방법도 역시 같을 수가 없다. 즉 이것이 양이(攘夷)주의자와 개국주의자가 주장의 결과를 같이 하면서도 도중에서 서로 갈라져서 그 근간을 달리하는 점이다. 대체로 인간만사 즐겁고 재미있는 주연(酒宴)을 베푸는 것에 이르기까지도, 사람들이 그러한 자리를 함께 즐기면서도 그 취향을 달리하는 자가 대부분이다. 일시적으로 그 사람을 피상적으로 보고서 돌연 그 속 마음을 판단할 수가 없는 것이다.

또 혹은 사물의 이해(利害)를 따질 경우, 그 극도와 극도와를 들고 나와서 논의의 시작단계에서부터 서로 분열되어, 양방이 서로 다가갈 수 없는 경우가 있다. 그 한 예를 들어서 말하겠다. 지금, 인민동권(人民同權)의 새로운 주장을 이야기하는 사람이 있는데, 고풍을 지키는 자는 이것을 듣고 돌연 합중정치 (合衆政治)4)의 논리로 간주하여, 지금 우리 일본에서 합중정치의 논리를 주장하면 우리의 국체를 어찌할 것이냐고 하며, 결국에는 예측할 수 없는 재앙이 일어날 것이라고 하여, 그 걱정하는 모습이 흡사 당장 군왕도 없고 정치도 없는 대란에 빠질 것이라고 하면서 이것을 두려워하는 사람들 같고, 논의의 발단에서부터 미래의 미래를 상상하고서, 아직 동권이 무엇인지를 가리지 않고, 그 취지가 어디에 있는지를 묻지 않고, 오로지 이를 거부할 따름이다. 또한 저 새로운 생각을 가진 사람들 역시 첫 단계에서부터 고풍을 지키는 사람들을 적대시하고, 억지를 저질러서 과거의 논리를 배제하려 들고, 결국 적대적인 세력을 이루어 논의가 서로 합치하는 일이 없다. 필경 양방에서 극도와 극도를 제안하기 때문에 이런 부조화를 일으키는 것이다. 비근한 예를 들어 이것을 말해보겠다. 여기에 술꾼과 술을 안 마시는 사람, 두 사람이 있다. 술꾼은 떡을 싫어하고 술을 안 마시는 사람은 술을 싫어하여, 똑같이 그 해악을 말하고 그 먹고 마시는 일을 끊자고 하는 경우가 있을 것이다. 그런데 술을 안 마시는

---

4) 민주적인 정치 혹은 민권정치를 말함

사람은 술꾼의 주장을 물리치고 말하기를, 떡을 유해한 것으로 말한다면 우리나라 수 백 년 동안의 관습을 폐지하고 정월 설날에 차즈케[5]를 먹고, 떡집의 가업을 중단시키고 국가적으로 찹쌀농사를 짓는 것을 금지시켜야 하겠는가, 시행될 수도 없는 일이라고, 술꾼은 또 술을 안 마시는 사람을 반박하여 이르기를, 술을 유해한 음식이라고 한다면 내일부터 세상의 술집을 헐고, 술 취한 사람은 엄벌에 처하고 약품에 들어가는 주정(酒精)에는 감주를 대용으로 하고, 혼례 의식에는 물 잔으로 대용해야 할 것인가, 시행될 수도 없는 일이라고. 이와 같이 통념과 다른 주장의 양 극단이 서로 만났을 경우에는 그 세력이 반드시 서로 충돌하여 서로 가까워 질 수가 없으며, 마침내 인간관계의 불화를 일으키고 세상에 큰 해를 입히는 일이 생긴다. 천하 고금에 그러한 예가 적지 않다. 이런 불화의 문제가 학자와 사군자[6]들 사이에 만연할 경우에는, 혀와 붓을 가지고 싸우고, 혹은 주장을 토로하고, 혹은 저술을 하고, 소위 공론(空論)으로써 민심을 선동하는 일이 생긴다. 그저 무학문맹(無學文盲)한 자는 혀와 붓을 사용할 방법이 없기 때문에 근육과 골격의 힘에 의존하여, 여차하면 암살 등을 기도하는 일이 많다.

또한 세상의 논란꺼리를 서로 반박하는 것을 보건대, 피차 한 쪽의 흠결을 공격하여 양방의 진면목을 드러낼 수 없는 일이 있다. 그 흠결이라 함은 사물의 일리(一利)와 일득(一得)에 따르는 바의 폐해를 말하는 것이다. 예컨대 시골농부는 정직하지만 완고하고,

---

5) 더운 찻물에 밥을 말아먹는 음식, 즉 변변치 않은 식사를 말함
6) 학식이 많고 덕망이 높은 사람을 이르는 말

도회의 시민은 영리하지만 경박하다. 정직한 것과 영리한 것은 인간의 미덕이지만, 완고한 것과 경박한 것과는 언제나 이에 동반할 수밖에 없는 폐해인 것이다. 농부와 시민과의 논쟁을 듣건대, 그 논쟁의 발단이 이 점에 있는 경우가 많다. 농부는 시민을 보고 경박아라 하고, 시민은 농부를 욕하여서 고집쟁이라 하고, 그 정황이 마치 양방의 필적(匹敵)이 저마다 한 쪽의 눈을 감고, 남의 장점을 보지 않고 그 추한 것만을 엿보는 것 같다. 만약 이런 무리들로 하여금 그 양 눈을 뜨게 하여서, 한 쪽 눈으로 타인의 장점을 살피고 다른 한쪽 눈으로 그 단점을 보도록 한다면, 더러는 그 장단점을 서로 보상하여 이로써 양방의 쟁론도 화합할 수가 있을 것이다. 혹은 그 장점으로써 완전히 단점을 감싸서, 그 쟁론이 그칠 뿐만 아니라, 마침내는 서로 친구로 받아들이고 피차 도움을 얻는 일도 생길 것이다.

세상의 학자들도 또한 이와 같다. 예컨대 방금 일본에서 논객들의 종류를 분류하면 고풍을 숭상하는 인사와 개혁을 주장하는 인사로 두 종류가 있을 따름이다. 개혁가는 감성이 예리하면서 진취적인 사람들이고, 고풍가는 착실하면서 퇴영적인 사람들이다. 퇴영적인 사람들은 완고와 고루에 빠지는 폐단이 있고, 진취적인 사람은 경솔로 치우치는 우려가 있다. 그렇다고는 하나, 착실함은 반듯이 완고와 고루를 동반하지 않을 수 없다는 이치는 아니고, 민첩함은 반듯이 경솔로 치우칠 수밖에 없다는 이치는 아니다. 시험 삼아 보아라, 세상 사람들, 술을 마시고도 취하지 않는 자가 있고, 떡을 먹고도 배탈이 나지 않는 자가 있다. 술과 떡은 반듯이 만취와 배탈의 원인이 아니고, 그 그러함과 그렇지 않음이란 단지 이것에 대한 절제 여하에 있을 따름. 그렇다면 즉 고풍가도 반듯이 개혁가를 미워해서는 안 될 것이고, 개혁가도 반듯이 고풍가를 업신여겨서는 안 될 일이다.

여기 네 부류의 사람이 있으니, 갑은 착실, 을은 완고, 병은 영민, 정은 경솔하다. 갑과 정이 맞서고 을과 병이 접하면, 반듯이 서로 적대하여 피차 경멸하지 않을 수 없다 하겠으나, 갑과 병이 만날 경우는 반듯이 서로 투합하여 서로 친해지지 않을 수 없다. 일단 서로 친한 감정을 발동하면 비로소 양방의 진면목을 보이고, 점차 그 적의(敵意)를 용해할 수가 있을 것이다.

옛 봉건시절에 다이묘의 신하들, 에도의 파견공관에 와서 거주하던 자와 다이묘의 영지인 고향 번에 거주하는 자, 그 의견이 항상 어긋나서, 같은 번가(藩家) 내에서도 거의 원수처럼 지냈던 적이 있다. 이것도 역시 인간의 진심을 드러내 보이지 않았던 한 예이다. 이러한 폐해는 물론 인간의 지혜와 견식이 진보함에 따라서 자연히 제거될 수 있는 것이라고는 하나, 이것을 제거하는 데에 가장 효력이 있는 방법은 사람과 사람과의 교제(society)이다. 이 교제는, 혹은 장사의 세계에서도 혹은 학문의 세계에서도, 심지어는 예능, 주연 혹은 소송 재판 싸움과 전쟁에서도, 오직 사람과 사람이 서로 만나서 그 진심으로 생각하는 바를 언행으로 표현하는 기회가 되는 법이므로, 크게 양쪽의 감정을 완화시키고, 소위 두 눈을 떠서 타인의 장점을 볼 수가 있을 것이다. 의회의 회의, 모임에서의 동료간의 연설, 편리한 교통, 출판의 자유 등, 온통 이런 유의 문제에 관해서 식자층이 착목하는 까닭도, 이 인민의 교제를 지원하기 위하여 특히 이러한 것을 중시하는 때문이다.

일반적으로 사물에 대한 논의는 대중의 의견을 진술한 것이기 때문에 처음부터 같을 수가 없다. 의견이 높고 원대하면 논의 역시 또한 높고 원대하고, 의견이 낮고 깊이가 없으면 논의 역시 낮고 깊이가 없다. 그 낮고 깊이가 없는 것은, 아직 논의의 본질에 도달할 수가 없어서 얼른 일단 다른 사람의 주장을 반박하고자 하여, 이로 인해 양쪽의 주장의 방향을 달리 함에 있는 것이다. 예컨대 서양 국가간의 외교상의 이해를 논하건대, 갑도 개국을 주장하고, 을도 개국을 하자는 주장이어서, 갑자기 이것을 보면 갑과 을의 주장이 부합하는 것처럼 보이지만, 그 갑이란 자가 점차 그 주장을 구체화하여서 다소 고원한 방향에 도달함에 따라, 그러한 주장이 점차로 을의 귀에 거슬려서 마침내 양쪽이 불화를 일으키는 일이 있는 것과 같은 것이 이것이다. 생각건대 이 을이란 자는 소위 세상의 보통 사람들이어서 일반적인 세론을 외치고, 그 의견이 미치는 곳이 낮고 깊이가 없는 탓으로, 아직 논의의 기준을 명확히 할 수가 없어, 갑자기 고상한 말을 듣고 오히려 그 방향을 잃은 자들이다. 사회에 그러한 예가 적지 않다. 마치 저 위장이 허약한 사람이 자양분이 든 음식을 먹고, 이것을 소화시킬 수가 없어서 오히려 병을 불리는 것과 같다. 이러한 분위기를 언뜻 보면, 혹은 고원한 논의는 사회를 위해서 유해무익한 것 같지만, 결코 그러하지가 않다. 고원한 논의가 존재하지 않으면 후진들로 하여금 고원한 영역에 도달하게 할 수 있는 길이 없다. 위가 약한 것을 두려워하여 자양분을 폐한다면 환자는 결국 몸져눕고 말 것이다. 이런 엉뚱한 오해 때문에 고금의 세계에 슬퍼해야 할 사건을 일으켰다.

어떤 나라에서도 어떤 시대에서도 당대의 인민을 보건대, 지극히 어리석은 자도 매우 적고 지극히 지혜로운 자도 매우 드물다. 그저 이 세상에 많은 사람은, 지우(智愚)의 중간에 있으면서 세상 사람들과 서로 교류하고 죄도 짓지 않고 공로도 세우지 않고 피차 서로 뇌동(雷同)하면서 평생을 마치는 사람들이다. 이러한 무리를 세상의 보통 사람이라고 한다. 소위 세론은 이런 무리 사이에서 생기는 논의이므로, 완전히 당대의 형국을 본떠서 나오며, 과거 시대를 회상하여 물러서지도 않고, 후세를 향해 선견(先見)도 없고, 흡사 한곳에 정지하여 움직이지 않는 것과 같은 것이다. 그런데도 지금 사회에서 이런 부류가 많으면서 그 뭇사람의 말이 시끄럽기 때문이라 하여, 그 소견으로써 세상의 논의에 획을 긋고, 조금 이 획선 위로 나가는 것이 있으면 당장 이것을 이단(異端)과 망설(妄說)이라 이름을 붙이고, 억지로 획선 안으로 끌어들여서 사회적인 논의를 일직선처럼 만들겠다고 하는 자들이 있는 것은, 과연 어떤 심사일까. 만약 이와 같이 만들어 버리면 저 지자(智者)라고 하는 사람은 국가를 위하여 어떠한 역할을 해야 할 것인가. 장래를 예견하고 문명의 실마리를 마련하고자 하기 위해서는 과연 어떤 사람에게 의뢰해야 할 것인가. 너무도 사려가 부족한 사람들이다.

시험 삼아 보자. 과거 문명의 진보, 그 발단은 모두 소위 이단 망설에 기인하지 않은 것이 없다. 아담스미스(Adam Smith)가 처음으로 경제이론을 강설하였을 때는 세상 사람들 모두 이것을 망설로서 반박하지 않았더냐. 갈릴레이(Galileo Galilei)가 지동설을 외쳤을 때는 이단이라고 이름을 붙여서 벌을 받았던 것이 아니더냐. 이설과 쟁론 또한 해를 거듭하고, 세상의 평범한 인민들은 바야흐로 지자의 편달을 받고, 부지불식간에 그 범주에 들어가, 오늘날의 문명에 이르러서는 학교에 다니는 아이라 하더라도 경제이론과 지동설을 의심하는 자가 없다. 단지 이것을 의심하지 않을 뿐만 아니라 이러한 논리의 법칙을 의심하는 사람이 있으면 오히려 이를 미련한 사람으로 사회에서 한패에 끼게 하지 않겠다는 추세에 이르렀다.

또 가까이 한 예를 들어 말한다면, 지금으로부터 불과 10년 전, 3백 명의 제후가 각기 하나의 정부를 세우고, 군신과 상하의 직분을 확실히 하고 생살여탈권을 거머쥐고, 그 견고함이야 말로 이것을 만대에 전할 것 같았지만, 순간적으로 와해되어 지금의 형국으로 변했고, 오늘날이 되어서는 사회에서 이것을 이상히 여기는 사람이 없다고 하겠으나, 만약 10년 전에 있어서 제 번사 가운데에서 폐번치현 등의 주장을 외치는 자가 있다면, 그 번 내에서 이를 무엇이라고 말하였겠는가. 당장 그 목숨을 위태롭게 할 것은 논할 필요도 없이 명백하다. 그런고로 옛날의 이단과 망설은 현세의 통론이고, 어제의 기이한 주장은 오늘의 평범한 이야기이다. 그러하다면 즉 오늘의 이단과 망설 또한 틀림없이 후일의 통론이요 평범한 이야기일 것이다. 학자들 모름지기 세론이 시끄러운 것을 주저하지 않고, 이단과 망설의 비난을 두려워하지 않고, 용기를 내어 내가 믿는 바의 주장을 토해야 할 것이다. 혹은 또 타인의 주장을 들고 나의 지론에 합당하지 않은 것이 있어도 잘 그 의미가 존재하는 곳을 헤아려서, 받아들여야 할 것은 이것을 받아들이고, 받아들일 수 없는 것은 잠시 그 지향하는 바에 맡기고, 후일 양쪽이 기하는 바를 통합하는 시기를 기다려야 할 것이다. 즉 이것이 논의의 기준을 같이 하는 날이다. 반드시 타인의 주장을 나의 주장의 범위 내에서 농락하여 세상의 논의를 획일화하겠다고 하지 말지어다.

　　이상의 사정을 가지고 사물의 이해와 득실을 논하려면, 일단 그 이해와 득실이 관련된 곳을 살펴서 그 경중(輕重)과 시비(是非)를 명확히 하지 않으면 안 된다. 이해와 득실을 논하는 것은 쉽다 하겠으나, 경중과 시비를 명확히 하는 것은 매우 어렵다. 개인적인 이해로써 세상사를 시비해서는 안 되며, 한 해의 편·불편을 따져서 백년대계를 그르칠 수 없다. 자주 고금의 논설을 경청하고 널리 세계의 사정을 인식하고 허심탄회한 마음으로 지선(至善)이 머무르는 경지를 분명히 하고, 수많은 방해를 거역하고 세론에 속박되지 않고, 고상한 위치를 확보하여 지나간 시대를 회고하고, 사리를 꿰뚫어보는 안목으로 후세를 예견하지 않으면 안 될 것이다. 생각건대 논의의 기준을 정하여 이에 도달할 방법을 명확히 하고, 만천하의 사람들로 하여금 모두 나의 소견과 동일하게 만들겠다고 하는 것은, 물론 내가 기도하는 바가 아니라 하겠으나, 감히 한 마디 큰 소리로 세상 사람들에게 묻겠노라. 이 시대에 즈음하여 앞으로 전진 할 것인가, 뒤로 물러설 것인가, 전진하여 문명을 따를 것인지, 물러나 야만으로 돌아갈 것인지, 오로지 진퇴 두 글자가 있을 따름이다. 세상 사람들 만약 앞으로 나아가겠다는 의욕이 있다면

나의 논의도 또한 마땅히 읽어야 할 내용이 있을 것이다. 곧 이것
을 실천하는 방법을 설명하는 것은 이 책이 의도하는 바가 아니므
로 이것을 각자의 연구에 맡기겠다.

제 2장

서양의 문명을
목표로 할 것

앞의 장에서 사물의 경중과 시비는 상대적인 말이라고 하였다. 그렇다면 문명개화라고 하는 글자도 역시 상대적인 표현이다. 지금 세계의 문명을 논하건대, 유럽제국 및 아메리카 합중국으로써 최상의 문명국으로 보고, 터키 중국 일본 등, 아시아의 여러 나라로써 반개(半開) 국으로 칭하고, 아프리카와 오스트랄리어 등을 지목해서 야만국가라고 하며, 이러한 명칭으로써 세계의 통설로 삼아서, 서양제국의 인민은 혼자 자칭 문명을 뽐낼 뿐 만 아니라, 저 반개와 야만의 인민 역시, 스스로 이 명칭이 왜곡되지 않았음을 승복하고, 스스로 반개 혹은 야만이라는 이름에 만족하여서, 굳이 자국의 현상을 자랑하여 서양제국보다 더 뛰어나다고 생각하는 자가 없다. 단지 이것을 생각하지 않을 뿐 만 아니고, 조금 사물의 이치를 아는 사람은, 그 이치에 대한 조예가 더욱더 깊음에 따라서, 더욱더 자국의 현상을 명확히 인식하고, 더욱더 이것을 명확하게 함에 따라서, 더욱더 서양제국에 미칠 수가 없음을 깨닫고, 이를 염려하고, 이를 가슴아파하고, 혹은 그들에게 배워서 이를 모방하고자 하고, 혹은 스스로 노력하여서 이와 대결하고자 하고, 아시아제국에서 지식인들의 평생의 심려는 오로지 이 한 가지 사실에 있는 것 같다.

완고하고 고루한 중국인도 근래에는 교습 생도를 서양에 파견하였다. 그 우국의 정 그것으로서 판단할 수가 있다.

그렇다면 이른바 그 문명, 반개, 야만의 명칭은, 세계의 통설이자 세계의 인류가 인정한 바이다. 그 이것을 인정한 까닭이 무엇이겠느냐. 확실하게 그러한 사실이 있고 속일 수 없는 확증이 있기 때문이다. 다음에 그 내용을 보여주겠다.

즉 이것은 인류가 실로 경과해야 할 단계이다. 혹은 이것을 문명의 나이라고 하여도 무방하다.

첫째 일정하게 정주하는 곳이 없고 상시로 먹는 식품이 없다. 편리를 좇아서 무리를 이루어도, 편리성이 소멸하면 순식간에 흩어져서 흔적을 발견할 수가 없다. 혹은 정주하여서 농사일과 물고기를 잡고, 먹고 입는 것이 만족하지는 않다 하더라도 기기의 사용법을 모르고, 글자가 없지는 않으나 학문이라는 것이 존재하지 않는다. 자연의 힘을 두려워하고, 사람이 베푸는 은혜와 위엄에 의존하고, 예기치 않은 화복(禍福)을 기다릴 뿐이어서, 스스로 머리를 짜내는 자가 없다. 이것을 야만이라 명명한다. 문명과 등지기를 아득하다고 하지 않을 수 없다.

둘째 농업의 길이 크게 열려서 먹고 입는 문제가 갖추어지지 않은 것은 아니다. 집을 짓고 도시와 마을을 형성하여, 그 외형은 지금 한 국가이나, 그 내실을 자세히 관찰하면 부족한 점이 매우 많다. 학문은 활발하나 실제에 도움이 되는 학문에 힘쓰는 자가 적고, 세상에 대해서는 시기와 질투심이 심하다고는 하여도, 사물의 이치를 담론할 경우에는 의문을 발동하여 의심스러운 점을 바로잡는 용기가 없다. 남을 흉내 내는 잔꾀는 능란하여도 새롭게 그 무엇을 만들어내는 노력이 부족하고, 옛 것을 익히는 것을 알면서도 옛 것을 개선할 줄을 모른다. 사회생활에 규칙이 없지 않지만, 습관에 압도되어 규칙의 체재를 이루지 않았다. 이것을 반개라 일컫는다. 아직 문명의 단계에 도달하지 않은 것이다.

셋째 온 세상의 사물을 규칙 속에서 농락하지만, 그 범위 안에 있으면서 스스로 자유로이 활동을 하고, 사람의 기풍(spirit)을 쾌활하게 발전시켜 과거의 관습에 빠지지 않고, 스스로 그 자신을 지배하여 타인의 은혜나 위엄에 의존하지 않고, 스스로 덕을 쌓고 스스로 지혜를 연마하여, 과거에 집착하지 않고 현재에 만족하였다 하지 않고, 조그만 성공에 만족하지 않고 미래의 대성을 도모하고, 앞으로 나아가되 물러서지 않고, 도달하여서도 멈추지 않고, 학문의 길은 허위가 아니더라 하며 발명의 토대를 개척하였고, 상공업은 날로 번성하여 행복의 근원을 깊게 하였고, 인지는 이미 오늘 사용하고도 그 얼마간을 남겨 두었고, 그것으로써 후일을 도모하는 것과도 같다. 이것을 현재의 문명이라고 한다. 야만과 반개의 형국을 벗어난 세월이 아득하다 할 수 있다.

이상과 같이 세 단계로 구분하여 그 현상을 기술하자면, 문명과 반개와 야만의 경계가 분명하지만, 원래 이 명칭은 비교를 한 결과인 이상, 아직 문명을 접하지 않은 동안은 반개로써 최상으로 삼는 것도 상관은 없겠다. 이 문명 역시 반개와 비교하면 문명이지만, 반개라고 하더라도 이것을 야만과 비교를 한다면 역시 이것을 문명이라고 말하지 않을 수가 없다.

예컨대 지금 중국의 현상을 가지고 서양제국과 비교한다면 이것을 반개라고 하지 않을 수 없다. 하지만 이 나라를 가지고 남아프리카의 여러 나라와 비교를 하던가, 가깝게는 우리 일본의 상국(上國)1)의 인민으로써 에조 (蝦夷)족2)과 비교할 경우는 이것을 문명이라고 할 수가 있다. 또한 서양제국을 문명국이라 한다고는 하여도, 분명히 현재의 세상에서 이러한 명칭을 부여할 수 있을 따름이다. 면밀하게 이것을 논한다면 부족한 부분이이 매우 많다. 전쟁은 세상에서 더없는 재앙이지만, 서양제국은 전쟁을 예삿일로 여겨왔다. 도적과 살인은 인간 최대의 악행이지만, 서양제국에서 물건을 도적질하는 자가 있고 사람을 죽이는 자가 있다. 나라 안에서 조직체를 결성하여 권력을 투쟁하는 사람이 있고, 권력을 잃고서 불평을 외치는 자가 있다. 하물며 그 국제법과 같은 것은, 권모와 술수가 미치지 않는 곳이 없다고 하여도 과언이 아니다. 그저 보편

---

1) 일본의 대번(大藩) 지역을 이렇게 말하였다.
2) 홋카이도 부근의 북방원주민(아이누족). 흔히 오랑캐로 칭하였다.

적으로 이것을 크고 넓게 보아서 선(善)이 활발하게 나아가는 기세가 있을 뿐, 결코 현재의 상황을 보고서 당장 이것을 최고의 선이라고 할 수는 없을 것이다. 금후 수천 수 백 년이 지나 세계의 인류의 지덕(智德)이 크게 향상되고 태평과 안락이 극도에 달하는 일이 생긴다면, 현재의 서양제국의 모습을 보고서 가엾은 야만의 탄식을 할 수도 있을 것이다. 이러한 기준에 의해서 이것을 인식한다면 문명은 무한한 것이므로, 현재의 서양제국으로써 만족해서는 안 될 것이다.

서양제국의 문명은 그것으로써 만족하기에는 부족하다. 그러하다면 즉 이것을 버리고서 받아들이지 않을 것인가. 이것을 받아들이지 않을 경우에는 어떤 단계에 있어야 만족할 것인가, 반개도 만족할 수 있는 단계가 아니고, 더군다나 야만의 단계에 있어서야. 이 두 개의 단계를 버린다면 별도로 또한 돌아갈 위치를 찾지 않을 수가 없다. 지금으로부터 수 천 수 백 년 후를 기약하여 저 태평과 안락의 극치를 기다리겠다 하는 것 역시, 그저 이것은 인간의 이상일 따름이다. 또한 문명은 사물(死物)이 아니고, 움직여서 나아가는 것이다, 움직여서 나아가는 것은 반듯이 순서와 단계를 경과하지 않으면 안 된다. 즉 야만은 반개로 나아가고 반개는 문명으로 나아가고, 그 문명도 현재 틀림없이 진보하는 시대이다. 유럽이라고 하더라도 그 문명의 유래를 묻는다면 틀림없이 이러한 순서와 단계를 거침으로써 오늘날의 형국에 도달한 것이므로, 지금의 유럽의 문명은 즉 현재의 세계인의 지혜로써 겨우 도달할 수 있었던 최상의 단계라고 말할 수가 있을 따름. 그런데 지금 전 세계의 여러

나라가 설령 그 형국은 야만국이라 하더라도 혹은 반개국이라 하더라도, 적어도 일국의 문명의 진보를 기도하는 것은 유럽의 문명을 목표로 하여 논의의 기준을 정하고, 이 기준에 의거하여 사물의 이해와 득실을 담론해야 할 것이다. 본서가 전편에 걸쳐서 논하는 바의 이해와 득실은, 모두 유럽의 문명을 목표로 정하고서, 이 문명 때문에 이와 해가 생기고, 이 문명 때문에 득과 실이 생긴다고 하는 논리인 것이므로, 학자들은 그러한 큰 취지를 오해하지 말지어다.

혹자가 이르기를, 전 세계의 국가가 서로 분립하여 제각각 독립체를 이룬다면, 또한 따라서 민심과 문화가 다를 수가 있고, 국체와 정치가 같지 않을 수가 있다. 그런데도 지금 그 나라의 문명을 기획하여 이해와 득실 모두를 유럽을 목표로 삼는다 함은 부당하지 않은가. 적절히 그쪽의 문명을 취하고 이쪽의 민심과 문화를 자세히 관찰하고, 그 국체를 따르고 그 정치를 지키고, 여기에 맞는 것을 선택하고, 받아들일 것은 받아들이고 버릴 것은 버려서, 비로소 조화의 묘를 얻을 수 있을 것이다 하고.

대답하여 이르기를, 서양의 문명을 취해서 반개국에 베풀기 위해서는 물론 취사의 묘가 없어서는 안 될 것이다. 그렇다고는 하여도 문명에는 외양으로 드러나는 사물과 내부에 존재하는 정신과 두 가지의 분별이 있다. 외부의 문명은 이를 취하기에 쉽고, 내부의 문명은 이를 찾기에 어렵다. 나라의 문명을 도모하기 위해서는 그 어려운 것을 우선적으로 하고 쉬운 것을 나중에 하여, 어려운 것을 받아들일 적마다 따라서 충분히 그 깊음과 얕음을 헤아려, 반듯이 여기에 쉬운 것을 시행하여서 바르게 그 깊고 얕음의 정도에 맞게 하도록 해야 할 것이다. 만약 혹은 이 순서를 그르쳐서, 아직 그 어려운 것을 얻지 않고서 우선 쉬운 것을 시행하고자 하였을 경우에는, 단지 그 도움이 되지 않을 뿐 아니라 오히려 해를 끼치는 경우가 많다. 무릇 외양으로 드러난 문명의 사물이라 함은 의복 음식 기기 주거에서 정령 법률 등에 이르기 까지 모두 눈과 귀를 가지고서 견문할 수 있는 것들을 말하는 것이다. 지금 이 외형의 사물만으로써 문명이라고 한다면, 두말할 것도 없이 민심과 문화에 따라서 취사선택이 있어야 할 것이다. 서양의 각 국가들이 국경을 접하고 있는 지역이라 하지만, 그 특색이 반듯이 동일하지 않으니, 하물며 어찌 동과 서, 거리가 먼 아시아 여러 국가가 무두 서양풍으로 흉내를 낼 수가 있겠는가. 설사 이들로부터 흉내를 낸다 할지라도 이것을 문명이라고 말할 수는 없다. 예컨대 근래에 우리나라에서 유행하는 서양유의 의식주를 가지고 문명의 징후로 삼을 수가 있겠는가. 머리를 짧게 깎은 남자를 만나서 이 사람을 문명인이라고 해야 할 것인가. 육식을 하는 사람을 보고서 이를 개화인으로 불러야 할 것인가. 결코 그러하지 않다. 혹은 일본의 도·부(道·府)[3]에서 서양풍의 석조 건물과 철교를 유사하게 짓고, 혹은 중국인이 갑자기 군사제도를 개혁하겠다고 하여 서양풍을 모방하고, 거함(巨艦)을 건조하고 대포를 구입하고, 국내의 사정은 뒤돌아보지도 않고서 함부로 재정을 소비하는 것과 같은 행위는, 내가 평소에

---

3) 대도시를 말함.

반기지 않는 바이다. 이러한 사물은 인력으로써 만들 수가 있고, 금전을 투자하여 사들일 수가 있다. 유형 가운데서 가장 두드러지는 것이므로, 손쉬운 일 가운데서도 가장 손쉬운 것이므로, 이것을 취할 경우에 있어서 처음부터 전후와 완급의 고려없이 하여도 무방하겠는가. 반듯이 자국의 민심과 풍습에 따르지 않으면 안 될 것이고, 반듯이 자국의 강약과 빈부를 묻지 않을 수 없을 것이다. 즉 어떤 사람이 말한 민심과 풍습을 자세히 관찰한다 함은 이점일 것이다.

이 한 도막의 문장에 관해서는 내가 처음부터 이론이 없다고 하겠으나, 혹자는 그저 문명의 외형만을 논하고, 문명의 정신이야말로 모른 체하고 문제시하지 않는 것 같다. 생각건대 그 정신이라 함은 무엇이드냐. 인민의 기풍 바로 이것이다. 이 기풍은 팔 수 있는 것이 아니고, 살 수 있는 것이 아니고, 또한 사람의 힘으로써 갑자기 지어낼 수 있는 것이 아니다. 두루 한 국가의 인민 사이에 침윤(浸潤)해 널리 전국적인 결과로 나타나게 된다고는 하겠으나, 눈으로써 그 형체를 볼 수 있는 것이 아니기 때문에, 그 존재하는 곳을 인식하는 것은 매우 어렵다. 지금 시험 삼아서 그 존재하는 곳을 보여주겠다. 학자들이 만약 널리 세계의 사류(史類)를 읽고, 아시아, 유럽 두 개 지역을 비교하여, 그 지리와 산물을 불문하고, 그 정령(政令)과 법령과 관계없이, 학술의 교졸(巧拙)을 불문하고, 종교가 같고 다름을 따지지 않고, 각별히 이 두 지역의 취향을 가지고서 상호 현격한 차이가 나게 하는 바의 원인을 추구한다면, 틀림없이 일종의 무형의 그 무엇이 존재하는 것을 인식할 수가 있을 것이다. 그 무엇이라는 것, 이야 말로 이것을 형용하는 것은 대단히 어렵다. 이것을 키우면 성장하여서 지구의 만물을 묶어 하나로 만들고, 이것을 억압하면 위축되어 결국 그 형체와 그림자도 볼 수가 없다. 진퇴가 있고 영고(榮枯)가 있어서 잠시도 움직이지 않을 적이 없다. 이 오묘함이야말로 이와 같다 할지라도, 실제로 아시아와 유럽 두 지역 내에서 피차 그 결과로 드러나는 바를 보건대, 분명하게 그 거짓이 아님을 알 수가 있다. 지금 가령 명칭을 부여하여, 이것을 일국의 인민의 기풍(氣風)이라고 한다 하더라도, 시대적으로 말할 경우에는 이것을 「시세」(時勢)라 칭하고, 사람과 관련하여서는 「민심」이라 이름을 붙이고, 나라와 관련하여서는 「국속」(國俗) 또는 「국론」(國論)이라 명명한다. 이른바 문명의 정신이라 함은 이른바 이것이다. 저 두 지역의 현상으로써 현격한 차이가 나게 하는 것은 곧 이 문명의 정신이다. 그런고로 문명의 정신이라 함은 혹은 이것을 일국의 민심·문화라 하여 무방하다.

이에 근거하여서 생각하면, 혹자의 주장에 서양의 문명을 받아들이고자 하는 것도 어쨌든 자국의 민심과 문화를 세밀히 관찰하지 않을 수 없다고 하였던 것은, 그 표현력이 부족하여서 분명하지 않은 것 같은데, 면밀히 그 의미를 분석해서 이해할 경우, 예컨대 문명의 외형만을 취해서는 안 될 것이고, 반듯이 일단 문명의 정신을 겸비하여 그 외형에 마땅히 합당해야 할 것이라는 견해를 진술한 것이다. 지금 내가 유럽의 문명을 목표로 삼는다고 하는 것도, 이 문명의 정신을 갖추기 위해서, 이것을 그들한테서 구하겠다는 취지이므로, 실로 그 견해에 부합하는 것이다. 단지 혹자는 문명을 구함에 있어서 그 형태를 먼저 취하다가, 곧 장애에 부딪혀 그 장애를 피하는 것의 방법을 모르고, 나는 그 정신을 먼저 취해 미리 장애를 제거하였고, 외형적인 문명으로 하여금 들어오기에 쉽게 하고자 한다는 차이가 있을 뿐. 혹자는 문명을 싫어하는 자가 아니고, 단지 이것을 좋아하는 것이 나처럼 절실하지 않아서, 아직 그러한 논의를 끝까지 밀어붙이지 않았을 따름.

앞에서의 논의에서 문명의 외형은 이것을 취하기에 쉽고 그 정신은 이것을 구하기에 어렵다고 하는 사정을 진술했다. 지금 재차 이 정의를 명확히 하겠다. 의복 음식 기기 주거에서 정령과 법률 등에 이르기까지 모두가 눈과 귀로 견문할 수 있는 것들이다. 그리고 정령과 법률은 이것을 의식이나 주거 등에 비하면 다소 그 취지를 달리하여, 눈과 귀로써 견문할 수 있다고는 하여도 손으로 움켜쥐고 돈으로 사고 팔 수 있는 실물이 아니기 때문에, 이것을 취하는 방법도 또한 다소 어렵기 때문에, 의식 주거 등과 비교가 되지 않는다. 그런고로 지금 철교 석조건물로써 서양을 흉내 내는 것은 쉽다 할지라도, 정치의 방식을 개혁하는 것은 매우 어렵다. 예컨대 이것이 우리 일본에서도 철교 석조건물은 일단 세워졌고 정치의 방식을 개혁하는 것은 아직도 시행되기 어렵고 국민의 회의 4)도 별안간 시행될 수 없는 이유이다. 더욱 일보 전진해서 전 인민의 기풍을 일변하는 것 같은 그런 일은 지극히 어려우며, 일조 일석의 우연에 의해 성과를 가져올 수 있는 것은 아니다. 오로지

---

4) 의회의 개설을 말함.

정부의 명령만으로써 강제할 수가 없고, 단순히 종교의 교리로써 설득할 수가 없고, 하물며 겨우 의식주 등을 개혁해서 외부로부터 이것을 인도할 수가 있겠는가. 오직 그 유일한 방법은 인간의 자연스러운 삶의 방식을 좇아서 피해를 없애고 장애를 멀리하고, 자연히 인민 대중의 지덕을 생성하게 하여, 자연히 그 견식을 고상한 영역으로 나아가게 만드는 것에 있을 따름이다. 이와 같이 세상의 민심을 일변시킬 단초가 열릴 때에는, 정령과 법률의 개혁도 역시 점차 시행되어서 방해될 것이 없을 것이다. 민심이 일단 면목을 일신하고 정령과 법률이 일단 개혁되면, 문명의 기초는 비로소 여기에 서고, 저 의식주와 같은 유형의 실물과 같은 경우는 자연의 추세에 따르니, 이것을 부르지 않아도 찾아오고, 이것을 구하지 않아도 얻을 수가 있다. 고로 이르노니, 유럽의 문명을 추구하려거든 힘든 것을 먼저 구하고 쉬운 것을 나중에 구하여, 우선 민심을 개혁하고 난 뒤 이어서 정령에 이르고, 마침내 유형의 실물에 이를 것이다. 이러한 순서를 좇는다면, 실행은 어렵다 하겠으나, 실질적인 방해가 없이도 달성할 수 있는 길이 있다. 이러한 순서를 반대로 한다면, 실행이 쉽다 하더라도, 그 길은 굳게 막히고, 마치도 깎아지른 절벽 앞에 선 것처럼 되어서 조금도 나아갈 수가 없어서, 혹은 그 벽 앞에서 주저하든가, 아니면 한 치를 나아가려 하다가 오히려 크게 퇴행할 수도 있을 것이다.

이상은 단지 문명을 추구한다는 순서를 논한 것이지만, 나는 결코 유형의 문명으로써 아무리해도 쓸모가 없다고 지적하는 것은 아니다. 유형이던 무형이던, 이것을 서양에서 구하든 국내에서 만들어내든 차등이 있을 수 없다. 다만 그 시기에 전후와 완급에 대한 주의가 필요할 따름이다. 결코 이것을 금하는 것은 아니다. 무릇 인간의 삶의 활동에는 한계가 있을 수가 없다. 신체적인 작용이 있고, 정신적인 작용이 있다. 그 미치는 바가 몹시 광대하고, 그 추구하는바 지극히 다대하여서, 천성적으로 자연히 문명에 적합한 존재이기 때문에, 적어도 그러한 성향을 해치지 않는다면 즉 가능하다. 문명의 요체는 오로지 이 자연적으로 부여받은 심신의 작용을 마음껏 활용하여서 남기지 않도록 하는 것에 달려 있을 따름이다.

예컨대 사람의 지혜가 발달해 있지 않은 야만시대에는, 사람은 모두 완력을 중시하였고, 인간관계를 지배하는 것은 오직 완력 하나뿐이어서, 사회의 권력이 한 편으로 치우치지 않을 수가 없었다. 인간의 활동범위가 지극히 협소하다고 할 수가 있겠다. 문화가 조금씩 발달하고 세상 사람의 정신이 차차 성장하면, 지력 쪽에서도 자연히 권력을 차지하여 완력과 대립하였고, 지력과 완력이 상호 견제하고 상호 균형을 이루어서, 어느 정도 권력의 편중을 방지할 만 한 기능이 있었다. 인간의 능력을 활용하는데 있어서 다소 그 영역을 확산하였다 고 할 수가 있겠다. 하지만 이 완력과 지력을 활용함에 있어서, 과거에는 그 분야가 매우 좁아서, 완력은 그저 전투에만 소비하여서 다른 쪽은 뒤돌아볼 여유가 없었다. 의식주에 필요한 것을 구하는 것과 같은 일은 겨우 전투에서 쓰고 남은 힘을 활용할 따름이다. 소위 상무(尙武)의 풍속5)이 이것이다. 지력 또한

---

5) 무력이나 군사력을 주로 지배의 수단으로 삼는 문화, 즉 미개사회에서 반개사회로의 이행기를 말함.

마침내 그 권력을 얻는다고는 하지만, 당시 야만적인 민심을 지키기에 겨를이 없었기 때문에, 그 활용을 화목하고 평안한 일에 베풀지 않을 수가 없었고, 오로지 이를 백성을 다스리고 사람을 따르게 하는 방편으로 이용하였고, 완력과 상호 의존하여 아직도 지력의 독립적인 지위라는 것이 존재하지 않는다.

지금 시험 삼아서 세계의 여러 나라를 보건대, 야만적인 민족은 물론, 반개 국가에서도 지덕을 갖춘 사람은 반듯이 다양한 관계를 가지고 정부에 소속되었고, 그 힘에 의존하면서 사람을 다스리는 일을 할 따름. 혹은 드물게 스스로 자신의 장래를 도모하는 자가 있어도, 단순히 고학(古學)[6]을 익히든가, 아니면 시가나 문장 따위의 기예에 몰두하는 것이 고작이다. 사람의 능력을 활용하는 것은 아직도 광범하지 않다고 할 수가 있다. 세상살이가 점차 다망하면서 신체와 정신의 필요가 점차 증가함에 이르러서, 세상에 새로운 것을 찾아내는 일도 있고 연구도 활발하고, 상공업도 겨를이 없고 학문의 길 역시 복잡다기하여서, 역시 과거의 획일성에 만족할 수가 없다. 전투, 정치, 고학, 시가 등도 불과 세상사 가운데의 일 개 조목으로 자리 잡고 있어서, 단순히 권력을 독점할 수는 없다. 천 가지 백 가지의 사항이 나란히 생겨나고 함께 그 성장을 다투고, 결국은 피차 동등과 균형의 형태로 멈추어서, 함께 서로 다 그치고 함께 서로 나아가게 하여서, 점차 인간의 품행을 고상한 세계로 나아가게 하지 않을 수가 없다. 여기에서 비로소 지력에서 전

---

6) 유학과 국학을 말함.

권을 쥐었고, 그로 해서 문명의 진보를 볼 수가 있는 것이다.

대체로 인류의 활동은 분명 단순하기 때문에 그 정신도 분명 한결같지 않을 수 없다. 그 정신이 분명 한결같다면 그 권력도 분명 한 편으로 치우치지 않을 수가 없다. 생각건대 옛 시절에는 사회적인 일이 적으면서 사람의 능력을 활용할 수 있는 장소도 없고, 이 때문에 그 힘도 한 편으로 치우쳤던 것이지만, 세월이 경과함에 따라서 흡사 할 일이 없는 세상을 변혁해 할 일이 많은 세상으로 만들었고, 신체와 정신을 위해 새로이 운동할 수 있는 땅을 개척한 것과 같다. 현재의 서양제국과 같은 경우는 실로 이것을 할 일이 많은 세상이라고 할 수가 있는 것이다. 그런고로 문명을 발전시키는 요체는, 애써 세상사를 번거롭게 만들어서 필요(必要)를 바쁘고 복잡하게 만들고, 사물의 경중과 대소를 불문하고, 많으면 많을수록 더더욱 이것을 채용해서 더욱더 정신의 작용을 활발하게 하는 것에 있다.

그리고, 적어도 사람의 타고난 천성을 방해하는 일이 없다면, 그 세상사는 날로 복잡해지고 그 필요는 다달이 복잡하게 되지 않을 수가 없다. 세계고금의 실제의 경험에 의해서 발견할 수가 있다. 이것은 이른바 인간의 삶이 자연적으로 문명에 잘 어울리는 때문이자, 생각건대 우연이 아니다. 이것을 조물주의 깊은 뜻이라 하여도 가하다.

이러한 논리를 유추하여 판단한다면, 여기에 또 하나의 사실을 발견할 수가 있다. 이른바 그 사실이라 함은, 중국과 일본과의 문명의 이동(異同)에 관한 것이다. 완벽한 독재정부 혹은 신정(神政)

정치7)라 일컫는 것은, 군주의 고귀한 내력을 첫째 하늘이 내려준 것으로 돌려서, 지존(至尊)의 지위와 지강(至强)의 힘을 통합하여 인간의 관계를 지배하고, 심각하게 인간의 정신의 내부를 범하여 그 방향을 결정하는 존재이므로, 이러한 정치 하에 놓여 있는 자는, 사상이 지향하는 바 반듯이 한 편으로 치우치고, 생각 속에 여지를 남겨두지 않으므로, 그 생각이 언제나 단순하게 되지 않을 수가 없다.

　　　세상사가 많고 바쁘지 않다.

　그런고로 세상에서 변고가 생겨서 조금이라도 이러한 인간관계의 구조를 깨뜨리는 일이 생긴다면, 사정의 옳고 그름과 관계없이, 그 결과는 틀림없이 인간의 정신에 자유의 바람을 일으킬 것이다.
　중국에서 주(周)나라 시대 말기에, 제후들이 저마다 할거(割據)의 세8)를 이루어 인민이 모두 주 왕실의 존재를 잊기를 수백 년, 이 시절에 와서 천하가 크게 혼란스러웠다고는 하더라도, 독재 전횡의 원소는 다소 권력을 잃었고, 인민의 마음속에 조금 여유를 남게 하여 자연히 자유로운 판단을 일으키게 하였던 것이야말로, 중국의 문명 3천 여 년 동안에 이설논쟁(異說論爭)이 시끄러우면서, 흑과 백이 전혀 상반되는 것까지도 세상에서 수용될 수가 있었음은, 특히 주나라 시대 말기를 가지고서 그러하다고 본다.

---

7) theocracy
8) 춘추전국시대를 말함.

노자(老子) 장자(莊子) 양자(揚子) 묵자(墨子) 그 밖의 제자백가
(諸子百家)의 설이 매우 많다.

공맹(孔孟)의 소위 이단이[9] 곧 이것이다. 이 이단도 공맹의 눈
으로 보면 이단이겠으나, 이단 쪽에서 논하면 공맹도 또한 이단임
을 면치 못한다. 오늘날에 와서는 성현들이 남긴 글도 불충분하여
서 이것을 증명할 방법이 없다고 하겠으나, 당시 사람들의 정신이
활발하여서 자유의 기풍이 있었던 것은 짐작하여 알 수가 있다. 또
한 진나라의 시황(始皇)이 천하를 통일하고서 책을 불태웠던 것
도[10] 오로지 공맹의 가르침만을 증오하였던 것은 아니다. 공맹에
있어서도 양묵(楊墨)[11]에 있어서도 모두 백가(百家)의 이설쟁론을
금하려하기 위해서이다. 당시에 만약 공맹의 가르침만이 세상에서
시행되었더라면, 진시황도 틀림없이 책을 불태우는 것에는 이르지
않았을 것이다. 왜냐하면 후세에도 폭군은 많아서 시황의 폭정에
뒤지지 않는 자가 있다고는 하여도, 일찍이 공맹의 교훈을 해악으
로 보지 않았던 사실로써 알 수가 있다. 공맹의 가르침은 폭군의
행위를 저지하기에 충분하지 않았던 것이다. 그리고 시황이 특히
당시의 이설쟁론을 싫어하여 이것을 금지하였던 것은 어째서일까.
그 뭇사람들의 입을 시끄럽게 해서 특히 자신의 전제(專制)를 해쳤
기 때문이다. 전제를 해치는 것이라고 하면 다른 것이 아니다. 이

---

9) 공자 맹자와 같은 유자는 제자백가의 주장을 정도에서 벗어난 것으로서
   비판하였다.
10) 기원전 213년에 진나라의 시황이 행한 사상탄압. 의약 복서(卜筮) 농사관
    계 이외의 제자백가의 책을 불태워 없앴다. 분서갱유(焚書坑儒)
11) 제자백가 가운데에 양주(楊周)와 묵자(墨子)를 말함.

이설쟁론 사이에서 생긴 것은 반듯이 자유의 원소였던 것 명백하게 증명할 수가 있다.

그런고로 단순한 논리를 고집하면, 그 논리의 성격은 설사 순수하고 선량할지라도, 이로 인해서 결코 자유로운 기풍을 일으킬 수 없다. 자유로운 기풍은 오로지 다사쟁론(多事爭論) 사이에서 존재하는 것으로 알 수가 있다. 시황이 한때 이 다사쟁론의 원천을 봉쇄하였고, 그 후에는 천하가 다시 통합하여 오래 독재적인 유일정부로 돌아가서, 왕가는 누차 교체되었다 할지라도, 사회의 분위기는 개선되지 않았고, 지존(至尊)의 위계와 지강(至强)의 권력을 통합해 세상을 지배하였고, 그러한 구조에 가장 편리하기 위해서 오로지 공맹의 가르침만을 세상에 전파하였던 것이다.

혹자의 주장에, 중국은 독재정부라 하더라도 여전히 정부의 변혁이 있고, 일본은 일계만대(一系萬代)의 관습이므로 그 인민의 정신도 역시 자연히 고루하지 않을 수가 없다고 하는 자가 있지만, 이러한 주장은 단지 외형적인 명분에 구애받아서 사실을 자세히 보지 않은 것이다. 곰곰이 사실의 진상을 소상히 밝힌다면 사실 그대로 그 반대의 현상을 발견할 수 있다. 그 내막은, 우리 일본에서도 과거에는 신정정부의 정신을 가지고 당대를 지배하였고, 인민의 정서는 단순하여서, 지존의 위계는 지강의 권력으로 통합체가 이를 믿어 의심하지 않는 것이므로, 그 생각하는 것이 한 편으로 치우치는 것은 처음부터 중국 사람과 다를 수가 없다. 그런데 중고(中古) 무가시대12)에 가서 마침내 사회의 구조를 깨뜨려, 지존이 반듯이 지강이 되지 않고, 지강이 반듯이 지존이 되지 않는다는 추세로 바

꿰었고, 민심으로 느끼는 바로서 지존의 생각과 지강의 생각은 자연히 구별되어서, 흡사 마음속에 두개의 생각을 담아 그 운동을 허락한 것과 같다. 일단 두개의 생각을 담아서 운동을 허락할 때는, 그 사이에 또한 일편의 도리를 개입시키지 않을 수가 없다. 그런고로 신정정부 숭상의 관념과 무력과 압제의 관념을 여기에 혼합하기 위해서는 도리의 관념을 가지고서 하여, 삼자가 저마다 강약이 있다고는 하여도 하나같이 그 권력을 독점할 수가 없다. 이것을 독점할 수가 없으므로 그 사이에 자연히 자유의 기풍을 일으키지 않을 수가 없다. 이것을 저 중국 사람이 순전한 독재 군주 한 사람을 받들고, 지존과 지강의 관념을 동일시하여 외곬으로 믿는 마음에 혹닉(惑溺)하는 것과 비교하면 도저히 비교가 되지 않는다. 이 한가지 사실에 있어서는 중국 사람은 사상이 빈약한 것이고 일본 사람은 사상이 풍요로운 것이다. 중국 사람은 무사태평이나 일본 사람은 할 일이 많고 바쁘다. 생각이 많고 복잡하여 사상이 풍요로운 자는 혹닉의 마음도 자연히 담백하지 않을 수가 없다.

독재적 신정정부에서, 일식(日蝕)때에는 천자의 자리를 옮겨서, 천문을 보고 길흉을 점치는 등의 행위를 하면 인민도 자연히 그러한 풍조를 따르고, 더더욱 군주를 신격화해서 더욱더 어리석음에 빠지는 일이 있다. 현재 중국과 같은 경우는 바로 이러한 풍조를 이루었다고 할지언정, 우리 일본에서는 예컨대 그러하지 않다. 인민이 처음부터 어리석고 혹닉이 심하지 않은 것은 아니라 하여

---

12) 교토로 천도를 하였던 794년에서 시작하여(중고시대), 도쿠가와 이에야스가 정권을 잡은 1603(무가시대)년 까지, 약 800년간을 말한다.

도, 그 혹닉은 즉 자기자신의 혹닉이고, 신정정부가 남긴 해악을 당했던 것은 다소 적다고 할 수가 있다. 예컨대 무가의 시절에, 일식이 발생하면 천자는 자리를 옮겼던 적도 있겠지, 혹은 천문을 들여다보고 혹은 하늘과 땅에 제사를 올린 적도 있었을 것이라 하더라도, 이 지존의 천자에게 지강의 힘이 없다면, 인민은 자연히 이것을 도외시하여 뒤돌아보는 자가 없다. 또한 지강의 쇼군(將軍)은 그 권력이 말 그대로 지강하여서 당대를 위협하여 복속시키기에 충분하다 할지라도, 인민의 눈으로 이것을 보면 지존한 천자(天子)의 위광을 받드는 것처럼 되지 않아서 자연히 이것을 사람들이 보지 않을 수 없다. 이처럼 지존(至尊)의 관념과 지강(至强)의 관념이 서로 균형을 이루어서 그 사이에 여지를 남겨두어, 다소라도 사상의 운동을 허락하여 도리가 작용할 수 있는 단서를 열었던 것은, 이를 우리 일본의 우연적인 요행이라 하지 않을 수 없다.

현재의 시세(時勢)에 와서는 무가(武家)의 복고도 물론 기대할 수 있는 것이 아니라고는 하더라도, 가령 막부정치 700년 동안에 왕실로 하여금 쇼군가(將軍家)의 무력을 손에 넣게 하던가, 아니면 쇼군가로 하여금 왕실의 권위를 손에 넣게 해서, 지존과 지강을 통합시켜서 인민의 신체와 정신을 동시에 범했던 적이 있다면, 아무래도 오늘날의 일본은 존재할 수가 없을 것이다. 혹은 오늘날에 와서 저 황학자들13)의 주장 처럼, 제정(祭政)일치로 나간다는 정신을 가지고서 세상을 지배하는 일이 생긴다면, 장래의 일본도 역시 존

---

13) 천황제 국가체제를 수호하기 위하여 특히 신화시대의 전설 역사 학문 등을 연구하는 학자. 국학자,

립할 수 없을 것이다. 지금 그 그러하지 않은 자들은 이를 우리 일본 인민의 행복이라고 말 할 것이다. 그런고로 이르노니, 중국은 독재적인 신정정치를 만대에 전한 나라이고, 일본은 신정정치의 원소에 대항함에 있어서 무력을 사용한 나라이다. 중국의 원소는 하나이고, 일본의 원소는 둘이다. 이 한 가지 사실에 관해서 문명의 전과 후를 따진다면, 중국은 한번 변혁하지 않는다면 일본에 이를 수 없다. 서양의 문명을 받아들임에 있어서 일본은 중국보다도 용이하다고 할 수가 있다.

앞의 단락에서 혹자의 말에, 저마다 그 국체를 지키고 서양의 문명을 취사(取捨)해야 할 것이다 운운한 논리가 있다. 국체를 논하는 것은 이 장(章)의 취지가 아니지만, 다른 문명을 받아들이는 것의 화두에 즈음하여, 일단 인민의 정서 속에 차질을 느끼게 하는 것은 국체 론으로써, 그 심한 것은 국체와 문명은 병립할 수가 없는 것 같이 인식하여서, 이 부분에 이르러서는 세간의 담론가도 함구하거나 혹은 말하지 않는 자가 많다. 그러한 현상이 흡사 아직도 창날을 맞대지 않고서 피차 후퇴하는 것과 같다. 아무래도 화전(和戰)14)이 진행되는 과정은 찾아볼 수가 없을 것이다. 더군다나 그러한 사리를 자세히 논하자면, 반듯이 싸움에 이르지 않고서도 명백하게 하나의 화해의 방도가 있음에 있어서야. 어찌 이것을 포기하고 논의하지 않을 리 있으리오. 이것이 내가 긴 문장을 마다않고서, 여기에 혹자의 말에 답하여 변론하는 소이이다.

---

14) 화목한 것과 싸우는 것 즉 전쟁과 평화.

첫째, 국체라 함은 무엇을 가리키는가. 세간의 논의는 잠시 그만두고, 우선 내가 아는 바로써 이것을 설명하겠다. 체(體)는 합체의 의미이고, 또한 체제의 의미이다. 물건을 모아서 이것을 완전하게 지키고 다른 물건과 구별할 수 있는 모양을 말하는 것이다. 그러므로 국체라 함은, 어떤 종족의 인민이 함께 모여서 근심과 즐거움을 함께하고, 타국의 사람들에 대해서 자타의 구별을 짓고, 스스로 서로 정성을 다하는 것을 타국 사람을 위해서 하는 것보다도 돈독히 하고, 한 정부 하에 있으면서 스스로 지배하여 타국 정부의 제어를 받는 것을 바라지 않고, 화복(禍福) 더불어 스스로 책임지고 독립하는 것을 말하는 것이다.

서양어로 「내셔널리티」라고 이름을 붙인 것이 이것이다. 무릇 전 세계에 국가를 세운 정부가 있으면 또한 저마다 그 체제가 있다. 중국에는 중국의 국체가 있고, 인도에는 인도의 국체가 있다. 서양제국, 모두가 다 일종의 국체를 갖추고서 스스로 이것을 보호하지 않는 나라가 없다. 이 국체에 대한 관념이 일어난 까닭을 묻건대, 인종이 동일함에 기인한 것이 있고, 종교가 동일함에 기인한 것이 있고, 혹은 언어에 의해서, 혹은 지리에 의해서, 그 내용이 한결 같지 않더라도, 가장 유력한 원인으로 칭할 수 있는 것은, 어떤 인민이 함께 세태의 변화를 거쳐서 회고의 정을 공유하는 것, 이른바 이것이다. 혹은 이러한 제 여건에 구애받지 않고서 국체를 수립하는 것도 없는 것은 아니다. 스위스의 국체가 견고하지만, 그 국내의 여러 지역은 저마다 인종을 달리하고 언어를 달리하고 종교를 달리하는 것이 있음과 같다. 그렇다고는 하여도 이러한 여러 사항이 서로 똑 같으면 그 인민에게 다소의 친화감이 없을 수가 없다. 제르만[15]의 제후국과 같은 경우는, 저마다 독립체를 이루었다고는 할지언정, 그 언어와 학문을 같이하고 회고의 정을 공유하기 때문에, 오늘날에 이르기까지도 게르만은 스스로 게르만 전 지역의 국체를 보호하여서 다른 나라들과는 서로구별이 되는 국가이다.

국체는 그 국가에 있어서 반듯이 시종 한결같을 수가 없다. 다소 변화가 생기는 법이다. 혹은 통합하고 혹은 분리되고, 혹은 신장되는 경우가 있고, 혹은 위축되는 경우가 있고, 혹은 완전히 단절되어 흔적이 없는 경우가 생긴다. 그리고 그 단절과 지속이라 함은 언어와 종교 등 제 여건의 존망을 보고서 판단할 수는 없다. 언어와 종교는 존재한다 하더라도, 그 인민이 정치의 권리를 잃고 타국 사람의 제어를 받을 경우는, 이른바 이것을 이름을 붙여서 국체를 단절한 것이라고 한다. 예컨대 영국과 스코틀랜드가 통합하여 단일정부를 함께 하였던 것은, 국체가 통합한 것으로 양방이 함께 잃은 것이 없다. 네덜란드와 벨기에가 분리되어 두 개의 정부로 변한 것은, 국체가 분리된 것이지만, 역시 타국 사람에게 빼앗긴 것은 아니다. 중국에서는 송대(宋代) 말에 국체를 잃어 원(元)에 빼앗겼다. 이것을 「중화(中華)」멸망의 단서로 삼는다. 나중에 또한 원나라를 무너뜨리고 원래대로 복원시켜서 대명(大明)통일시대가 된 것은, 중화의 체면이라고 할 수 있을 것이다.. 그런데 명대(明代) 말에 이르러서 만청(滿淸)에 정권을 빼앗기고, 마침내 중화의

---

15) 네덜란드어 Germaan : 통일 이전의 독일 제후국

국체를 단절하고서 「만청」의 국체를 신장시켰다. 오늘날에 이르기까지 중화 인민은 과거에 의존하여 언어와 풍속을 함께하고, 혹은 그 가운데에 인물이 나오면 정부의 고관 축에라도 낄 수가 있었고, 외형은 청과 명과의 합체의 한 모습으로 보이지만, 기실은 중화가 남방의 국체를 상실하고 북방의 만청에 이것을 탈취당한 것이다. 또 인도의 인민이 영국에 지배를 되고, 아메리카의 토착민이 백인에게 쫓겨난 것과 같은 것은 국체를 상실한 것도 이만저만이 아니다. 결국 국체의 존망은 그 국가의 인민이 정권을 잃느냐 마느냐에 달린 것이다.

둘째, 국가에 「폴리티칼 · 리지터메이션」[16]이라고 하는 것이 있다. 「폴리티칼」이라 함은, 정(政)의 의미이다. 「리지터메이션」이라 함은 정통(正統) 또는 정당성이란 의미이다. 지금 가령 이것을 정통이라고 번역하겠다. 이른바 그 나라에서 시행되어서 널리 인민이 인정하는 정치의 정통성이라고 하는 것이다. 전 세계의 국가의 성격과 시대에 따라서 정통이란 같을 수가 없다. 혹은 군주제로써 정통으로 삼는 정부도 있을 것이고, 혹은 봉건할거주의로써 정통으로 삼는 정부도 있을 것이고, 혹은 의회민주주의로써 국가의 방침으로 삼고, 혹은 로마 카톨릭 성당 정치를 함으로써 정통으로 삼는 정부도 있다. 무릇 이 정통이라는 관념이 발생하는 연유를 묻건대, 이 모든 주장이 제기된 초기에 권력을 얻는 일은 반듯이 거의 절반은 완력을 사용하는 것을 피할 수 없다 할지라도, 일단 권력을 장

---

16) political legitimacy의 오기로 판단됨(기조의 『유럽문명사』 참조)

악하면 말하자면 또다시 완력을 떨칠 필요가 없고, 단순히 이것을 필요로 하지 않을 뿐만 아니라, 그 권력을 장악한 연유를 완력의 소행으로 돌리는 것은, 그 권력을 지닌 자가 해서는 안 될 일이기 때문에 이를 기피하는 것이 일반적이다. 어떤 정부일지라도 이를 상대로 그 권력의 원천을 묻는다면 틀림없이 이에 답하여 말할 것이다. 내가 권력을 지니고 있는 것은 도리를 위해서이다, 내가 권력을 지키는 것이야말로 세월이 일단 오래 경과하였다 하여, 시간이 경과함에 따라서 점차 완력을 포기하고 도리에 의존하지 않을 자는 없다. 완력을 증오하고 도리를 선호하는 것은 인류의 천성이므로, 세상 사람들도 역시 정부의 조치가 도리에 합당한 것을 보고 이것을 반길 것이고, 세월이 지남에 따라서 더욱더 이것을 정통으로 삼아, 옛것을 잊고 현재를 사랑하고, 그 당대의 사물에 대해 불평을 호소하는 일이 없기에 이를 것이다. 이것이 즉 정통이라는 것이다. 그런고로 정통의 변혁은 전쟁에 의해 성립되는 경우가 많다. 중국에서 진(秦)의 시황(始皇)이 주(周)나라 말기의 봉건을 무너뜨리고 군현(郡縣)을 이루었고, 유럽에서 로마가 쇠퇴함에 따라서 북방의 야만이 이를 유린한 끝에 결국 봉건의 판도를 이루었던 것도 이러한 예이다. 하지만 인류의 문명이 점차 진보하여 학자의 식견에 권위를 더하였고, 일찍이 또한 그 나라의 사정에 순조로운 일들이 생기면, 꼭이 군사력을 동원하지 않고도 평화로운 시기에 변혁을 하는 일이 생겼다.

예컨대 영국에서 현재의 정부를 가지고서 1700년대의 초기와 비교를 하면, 그 내용이 천양지차이가 있어서 거의 다른 나라의 정치 처럼 될 것이라고는 하겠으나, 이 나라에서 정치 권력과 관련하여 내란에 이르렀던 것은 1600년 중반에서 말기에 이르기까지의 일이고, 1688년, 「윌리암」 3세[17])가 왕위에 오른 후부터는, 이런 문제와 관련하여 한 번도 자국 내에서 군대를 동원했던 적이 없다. 그런고로 영국의 정통은 160-70년 사이에 크게 변혁하였지만, 그 동안에 조금도 병력을 사용한 일이 없고 부지불식간에 국가의 모습을 개량하였고, 지난 시절의 인민은 지난 시절의 정치를 정통인 것으로 생각하였고, 훗날의 인민은 다음 시대의 정치를 정통인 것으로 생각할 따름. 혹은 또 문명하지 않았던 시절에도 군대의 힘을 동원하지 않고서도 정통을 개혁하는 일이 일어난다. 오랜 옛날 프랑스에서 「카롤린쟈」[18])의 제 군주, 프랑스 왕에 신하로서 섬겼고, 기실은 국권을 장악하였던 것과 같다. 일본에서 후지와라(藤原)씨의 왕실의 경우, 호죠(北條)씨의 미나모토(源)씨의 경우 역시, 이러한 예[19])이다.

　　정통의 변혁은 국체의 존망에 관계하는 것은 아니다. 정치의 방식이 어떤 모양으로 변화하고 몇 차례의 변화를 거치더라도, 자국의 인민에 있어 정치를 수행하는 동안은 국체에 해악을 끼치는 일은 없다. 오랜 옛날 합중정치를 했던 오란다(Netherlands. 和蘭)는 오늘날 군주 정치를 신봉하고, 가까이는 프랑스와 같이 100년

---

17) William Ⅲ. 1650－1702.
18) 프랑크 왕국의 카롤링거 왕조. Carolingian. 751-987.
19) 일본의 중고시대에 섭정과 외척으로 정권을 장악하였던 후지와라 계는 근세 에도시대에 이르기까지 귀족사회의 중추를 점하였다. 호죠는 중세시대에 가마쿠라 막부 창건 시, 당대의 최고 실력자로 부상한다.

사이에 정치의 방식을 개선하기를 십여 차례에 이르렀어도, 그 국체는 여전히 과거와 다르지 않다. 앞의 장에서도 말한 바와 같이, 국체를 지키는 것의 궁극적 목적은 타국의 인민으로 하여금 정권을 탈취하도록 하지 않겠다는 한 가지 이유에 있는 것이다. 아메리카 합중국에서 대통령직에 있는 자는 반듯이 자국에서 태어난 사람을 선택한다는 예가 있는 것도, 자국의 인민에 의해 자국의 정치를 하겠다는 인간의 본성에 기인한 것일 것이다.

셋째, 혈통이라 함은 서양어로 라인[20]이라고 한다. 군주의 부모 자식이 서로 물려주어서 핏줄이 끊이지 않는 것이다. 전 세계의 여러 국가의 풍속에 의해, 군주의 혈통은 남자에 한하는 것이고, 더러는 남녀 서로 가리지 않는 경우가 있다. 상속과 관련한 법은 반듯이 부자(父子)에 한하지 않고, 자식이 없으면 형제를 세우고, 형제가 없으면 또한 먼 친척에 미치게 하고, 친척 가운데 가장 가까운 사람을 선택한다는 식이다. 서양제국에서 군주 정치를 신봉하는 곳에서는 이것을 가장 중시하며, 혈통상속의 쟁론 때문에 전쟁을 일으킨 예는 역사에 드문 일이 아니다. 혹은 또 갑이라는 나라의 군주가 죽었는데 자식이 없고, 간혹 을이라는 나라의 군주가 그 근친에 해당할 경우에는, 갑과 을이 군주를 겸하여 양국이 한 사람의 군주일 경우가 있다. 이러한 풍조는 단지 유럽에서나 이루어질 따름이고, 중국에서도 일본에서도 그러한 예를 볼 수 없다. 단 양국 사이에 한 사람의 군주를 받들어 모신다고는 하나, 그 나라의

---

20) line, 가계 혈통 계열.

국체에도 정통에도 영향은 없다.

이상에서와 같이 국체와 정통과 혈통이라 함은 하나하나 별개의 것으로서, 혈통을 바꾸지 않더라도 정통을 바꿀 수가 있다. 영국 정치의 역사, 프랑스의 「카롤링거」왕조의 예가 이것이다. 또 정통은 바꾸더라도 국체는 바꾸지 않는 경우가 있다. 세계 각국에서 그러한 예가 매우 많다. 또 혈통을 바꾸지 않고서 국체를 바꾸는 일이 있다. 영국인과 네덜란드인이 동양의 토지를 빼앗고, 원래 있던 추장은 그대로 놓아둔채, 영국과 네덜란드의 정권으로써 토착민을 지배하고, 줄곧 그 추장까지도 속박하는 것과 같은 것이 이른바 이것이다.

일본에서는 명치유신 이후 국체를 변경한 일이 없다. 군주의 혈통 역시 연면하여 대가 끊어진 적이 없다. 다만 정통에 이르러서는 이따금 크게 변혁이 있었다. 처음에는 군주가 몸소 정치를 하였고, 뒤이어 외척인 제상이나 대신이 정권을 독점했고, 이어서 그 정치권력이 쇼군 가(家)로 이동하였고, 또 다시 넘어가서 가신의 수중에 떨어졌다가, 또 다시 이동하여 쇼군 가로 돌아가, 점차 봉건의 세력을 형성하여 게이오(慶應)21)의 말년에 도달하였던 것이다. 정권이 일단 왕실을 떠난 뒤 천자(天子)는 오로지 실권이 없는 지위를 소유할 따름. 라이 산요(賴山陽)22)는 『일본외사』에서 호죠(北條)씨를 평하여, "천자의 존체를 보기를 외로운 돼지를 보듯 한다"라고 하였다. 그 말은 참으로 맞는 말이다. 정통의 변혁이 이와

---

21) 1865년4월7일-1868년9월8일까지의 연호
22) 에도 후기의 유학자. 『일본외사』『일본정기(政記)』등의 저서가 있다.

같이 되었어도 여전히 국체를 상실하지 않았던 것은 무엇이드냐. 언어와 풍속을 함께하는 일본인이므로 일본의 정치를 하였고, 서양 사람에게 추호의 정권조차도 허락한 적이 없기 때문이다.

그런데 여기에 나로 하여금 크게 의구심을 품게 하는 바의 중대한 문제가 있다. 그 까닭은 무엇이드냐. 사회의 일반적 통념은, 오직 혈통 한 방면에만 신경을 쓰고, 국체와 혈통과를 혼동하고, 그 혼동을 할 때에는, 하나를 중히 여기기 때문에 하나를 경시하는 폐해가 없지 않다고 하는 사실이다. 물론 우리나라의 황통이 국체와 더불어 연면히 오늘에 이른 것은, 서양에서도 그러한 예가 없고 희귀한 일이므로, 혹은 이것을 일종의 국체라고 하여도 무방하다. 그렇다고는 하여도 찬찬히 사리를 규명하여 이것을 논하자면, 그 황통이 연면한 것은 국체를 상실하지 않았던 징후라고 말 할 수가 있는 것이다. 이것을 사람의 몸에 비유한다면, 국체는 마치 신체와 같고 황통은 마치 눈(目)과 같다. 안광을 보면 그 신체가 죽지 않은 것임을 당연히 표현하는 것이라고는 하나, 일신의 건강을 지키기 위해서는 눈만을 주의하고 전체적인 생력(生力)을 돌아보지 않을 수 없다. 몸 전체에 쇠약한 곳이 있으면 그 눈 역시도 자연 광채를 잃을 수밖에 없다. 더러는 심각한 경우에 이르러서 전체는 이미 죽어 생력의 흔적이 없어도, 여전히 눈이 떠 있는 것을 보고 이것을 살아있는 육신으로 오인할 염려가 없지 않다. 영국인이 동양의 여러 나라를 지배하건대, 육신을 죽이고 눈을 뜨게 한 예는 적지 않다.

역사의 기록에 의하면, 혈통의 연면함을 지키는 것은 어려운 일이 아니다. 호죠(北條)시대 이후, 남북조(南北朝)23)의 사정을 보아 알 수가 있다. 그 시절에는 혈통에 순종하기도 거역하기도 하며 이것을 다투었던 것이라고는 하여도, 사태가 일단 진정되어서 오늘날에 이르렀으므로 다시 또 그 순종과 거역을 문제시할 수는 없다. 순역(順逆)은 단지 한 때의 논란일 따름. 후세에서 논할 경우에는 똑같이 천자의 혈통인고로, 그 혈통의 유구함을 보고 이에 만족하는 것이다, 그런고로 혈통의 순역은 그 시대에 있어서 가장 중대한 문제이지만, 시대를 사고의 틀 밖에 두고서 현재의 마음가짐으로써 과거를 유추하고, 그저 혈통의 연면한 것에만 주목하고, 바로 이것을 연면케 하는 방법을 버리고서 논의하지 않을 경우에는, 충(忠)이고 불충이고 의(義)고 불의이고도 없다. 마사시게(正成)와 다카우지(尊氏)24) 와의 사이에 구별도 짓기 어렵다. 그렇기는 하지만 찬찬히 그 시대의 형국에 대해 생각하면, 난(楠 : 구스노기)씨는 단지 혈통을 다툰 것이 아니라, 기실은 정통을 다투어 온천하의 정권을 천자에게 돌려주고자 하여, 힘든 일을 우선하고 쉬운 일을 나중에 했던 것이다. 이러한 취지를 보더라도 혈통을 지키는 것과 정권을 지키는 것, 그 어느 쪽이 힘든 일과 쉬운 일인지를 알 수가 있을 것이다.

고금의 통설을 듣건대, 우리나라를 금구무결(金甌無缺)25) 온

---

23) 일본은 1336-92년의 57년간. 남조와 북조로 대립하여 항쟁하였다.
24) 구스노기 마사시게(楠木正成, 1294-1336,)남북조 시대의 무장. 무로마치막부 초대 쇼군 아시카가 다카우지(足利尊氏,1305-1358,)의 군대와 싸우다가 전사.
25) 조금도 흠결이 없는 황금 항아리라는 뜻으로, 국력이 강하여 외국의 침략을 받지 않았음을 말함.

세계를 초월하였다고 칭하여 의기양양한 것과 같다. 그 온 세상에 유례가 없다고 하는 것은 단지 황통(皇統)이 연면한 것을 자부하는 것인가. 황통으로 하여금 연면케 하는 것은 어려운 일이 아니다. 호죠(北條), 아시카가(足利)와 같은 불충한 자 역시 오히려 이것을 잘도 오래도록 지속시켰다. 아니면 정통이 서양을 초월하였던 바가 있더냐. 우리나라의 정통은 과거 여러 번의 변혁을 거쳐서 그 형국은 서양의 여러 국가와 다르지 않다. 자랑할 만한 것은 못된다. 그렇다면 즉 저 금구무결이라 함은, 명치유신 이후 국체를 지켜서 서양 사람들에게 정권을 빼앗긴 적이 없는 하나의 사실에 있을 뿐이다. 그런고로 국체는 국가의 근본이다. 정통도 혈통도 이것을 좇아서 성쇠를 함께 하는 것이라고 하지 않을 수 없다.

중고(中古)26)시대의 왕실에서 정권을 잃고 혹은 혈통에 순종하거나 거역하는 일이 있었다고는 하여도, 금구무결의 일본국 안에서 행하여진 사태였기에 오늘날에 있어서 의기가 양양하며, 만약 과거에 러시아나 영국 사람들로 하여금 요리토모(賴朝)27)의 역할을 행하게 하였더라면, 설사 황통은 지속하더라도 일본인의 입장에서 결코 자랑스러운 표정을 지을 수는 없을 것이다. 가마쿠라(鎌倉) 시대에는 다행히도 러시아나 영국 사람도 없었다 하겠으나, 오늘날에는 눈앞에 그 사람들이 있어서 일본국의 주위에 잔뜩 모여들었다. 시대 변전의 역사, 조심해야 할 일이다.

---

26) 일본사 혹은 일본문학사에서, 헤이안(平安 : 지금의 교토, 794-1192년)시대 약 400년간을 말함.
27) 가마쿠라막부(鎌倉幕府) 초대 쇼군 (재직 1192-1199년) . 무가정치의 창시자.

이러한 시기에 즈음하여 일본인의 의무는 그저 이 국체를 지킨다는 한 가지 사명뿐이다. 국체를 보전한다 함은 자국의 정권을 상실하지 않는 일이다. 정권을 상실하지 않고자 하기 위해서는 인민의 지력을 향상시키지 않으면 안 된다. 그 항목은 매우 많다하겠으나, 지력이 생기는 방법에 있어서 첫 번째 조급히 필요한 것은, 구습에 반해서 빠지는 것을 일소하고 서양에 만연해 있는 문명의 정신을 취하는 것에 있다. 음양오행(陰陽五行)[28]의 혹닉(惑溺)을 불식하지 않으면 근대 과학적 진리의 길에 들어갈 수가 없다. 세상사도 역시 이와 같다. 고풍에 속박의 혹닉을 없애지 않으면 사회는 보전할 수가 없다. 바로 이 혹닉을 벗어나서 정신과 지혜가 활발한 세계로 나아가 국가 전체의 지력으로써 국권을 유지하고 국체의 기초가 비로소 안정될 때는, 또한 어찌 두려움이 있으리오. 황통의 장구한 지속과 같은 것은 매우 쉬운 일일 따름이다. 시험적으로 고하노니, 천하의 사무라이들이여, 충의 밖에는 생각하는 일들이 없느냐. 충의 역시 잘못된 것은 아니나, 충(忠)을 행하면 큰 재앙을 행할 수가 있다. 황통의 장구한 지속을 보호하려거든, 그 연면하게 빛을 더해서 보호해야 한다. 국체가 견고하지 않으면 혈통에 광채가 있을 수 없다. 앞의 비유에서도 말한 것과 같이 전신에 생명력이 없으면 안광(眼光)역시 잃게 마련이다. 이 눈을 귀중하다고 생각한다면 신체의 건강에 주의하지 않을 이유가 없다. 안약을 사용

---

28) 고대 중국에서 기원한 철리(哲理). 만물은 음양 2기에 의해 생성하며, 5행 가운데에서 목·화는 양에, 수·금은 음에 속하며, 토는 그 중간에 있다 하였고, 이들의 성쇠에 의해서 천지의 이변, 인사의 길흉 등을 설명하였다. 후쿠자와는 이것을 혹닉, 즉 미신으로 매도하였다.

해서까지 눈의 광명은 보전할 수 있는 것이 아니다. 이와 같은 사정으로써 생각한다면, 서양의 문명은 우리의 국체를 견고히 하고 겸하여 우리의 황통에 빛을 더할 수 있는 둘도 없는 요소인 이상, 이것을 취함에 있어서 어찌 주저하겠는가. 단연코 서양의 문명을 취해야 할 것이다.

앞의 장에서 옛 습관의 혹닉을 일소한다는 것을 말했다. 혹닉이라는 글자는 그 용도가 매우 광범하여서, 세상의 사물에 관한 가지가지의 혹닉이 있겠으나, 지금 이것을 정부 차원에서 논하여, 정부의 실질적인 권력과 허세와를 서로 구별하는 까닭을 지적하고자한다. 무릇 사물의 편·불편은 그것을 의도적으로 행하는 바의 목적을 정하지 않으면 이것을 결정하기 어렵다, 가옥은 비와 이슬을 피하기 위해서 유용하고, 의복은 바람과 추위를 막기 위해서 유용하다. 인간 백사 모두 의도적으로 하는 바 없지 않다. 그렇다고는 하여도, 오래도록 늘 습관적으로 사용하여, 더러는 그 사물에 대해 진정한 효용성은 잊고서 단지 그 대상만을 중시하여, 이것을 꾸미고, 이것을 치장하고, 이것을 아끼고, 이것을 총애하고, 심지어는 (다른 쪽의)불편함을 묻지 않고서 오로지 이것을 보호하고자 하기에 이르는 일이 있다. 이것이 바로 혹닉이며, 이 세상에 허식이라는 것이 생기는 까닭이다.

예컨대 전국(戰國)시절에 무사들이 모두 쌍검을 휴대하였던 것은, 법률에 의존할 수 없어서 사람들이 스스로 일신을 보호하기 위해서였던 것이지만, 오래도록 늘 습관적으로 사용하여, 태평한 시절에 접어들어서도 여전히 이 칼을 지니는 습관을 폐지하지 않았고, 단지 이것을 폐지하지 않았을 뿐만이 아니고, 더더욱 이 물건을 중히 여겨서, 전 재산을 투입하여 쌍검을 장식하고, 무릇 사족(士族)[29] 이라는 이름이 붙어 있는 자는 노인과 유아를 막론하고 모두 이것을 휴대하지 않은 자가 없다. 그런데 그 진정한 효용성 여하를 묻는다면, 칼의 표면에는 금은을 아로새기고, 칼집 속에는 폭이 좁고 날이 무딘 칼을 채운 것이 있다. 그뿐만이 아니고 검술을 모르면서도 검을 휴대하는 자가 열에 여덟아홉 명이나 된다. 필경 유해무익한 것이지만, 이것을 폐지하고자 하여도 인정에 반한다 함은 어째서일까. 세상 사람들이 모두 쌍검의 실용성은 망각하고서 그저 그 물건을 중시하는 습관을 만들어왔기 때문이다. 이 습관은 다름이 아닌 혹닉이다. 지금 태평스러운 사족들을 향해서 그 검을 휴대해온 까닭을 책망하여 따져 묻는다면, 그 사무라이의 핑계로는, 이것을 조상대대로의 습관이라고 하고, 이것이 사족의 기장(紀章)이라고 칭할 따름으로, 꼭이 다른 명쾌한 변론이 있을 수가 없다. 누군가 또렷하게 쌍검의 휴대에 대한 실용성을 들어서 그 추궁에 답할 수 있는 자가 있겠는가. 이미 이것을 습관이라고 하였고, 또 기장이라고 말할 때는, 그 물건을 폐지하는 것도 가하다. 아니면 폐할 수 없는 실용성이 있다면, 그러한 취지를 바꾸어서 진정한 효용성만을 취하는 것도 가하다. 어떤 구실을 대더라도 칼을 소지함으로써 사족의 특권이라고 할 수는 없다.

정부도 또한 이와 같다. 세계만국 어떤 지역에서도 그 최초에

---

29) 무사신분의 가문

정부를 세워서 국가의 체제를 확립하였던 까닭은, 그 국가의 정권을 책임지고 국체를 보전하기 위해서이다. 정권을 유지하기 위해서는 물론 그 권력이 있어야 할 것이다. 이것을 정부의 실권(實權)이라고 한다. 정부가 해야 할 일은 오로지 이 실권을 주장하는 것에 있을 뿐이다.. 그리고 원시 국가가 탄생하였던 시절에는 인민이 모두 사물의 이치에 어두워서 외형에만 복종하게 마련이므로, 이들을 다스리는 법도 또한 자연히 그러한 방향을 따르고, 때로는 도리에서 벗어난 위협을 사용하지 않을 수가 없다. 이것을 정부의 허세(虛勢)라 한다. 물론 그 시대의 민심을 그 상태로 계속 지켜가기 위해서는 어쩔 수 없는 방편이자 인민의 장래를 도모한다면 동족상잔의 금수나 다름없는 세상을 벗어나서 겨우 순종의 첫걸음을 배우는 자들이므로 이것을 탓할 수야 없겠지만, 인류의 천성에 있어서 권력을 가진 자는 자연히 그 권력에 빠져서 사심을 남용하는 일반적인 폐단을 면하지 못한다.

이것을 비유하자면 술을 즐기는 자가 술을 마시면 그 술의 취기에 올라서 다시 술을 찾고, 술이 흔히 사람으로 하여금 술을 마시게 하는 것과 같이, 저 권력을 지닌 자 역시 한번 허세로써 위력과 권력을 얻으면, 그 허세가 먹혀드는 것을 틈타서 또다시 허세를 부리고, 허세는 걸핏하면 사람으로 하여금 허세를 자행하게 만들어, 오랜 습관 끝에 결국 허(虛)로써 정부의 체재를 이루고, 그 체재에 천태만상의 수식을 덧붙여서, 수식은 더욱더 복잡해지므로 마침내 세상 사람들의 이목을 현혹시켜, 돌이켜보아 실용이 있어야 할 곳을 잊고, 그저 수식을 가한 외형만을 보고 이것을 일종의 금과옥조로 여기고, 이것을 총애하고 보호하고자 하기위해서는 다른 이해와 득실을 버리고 불문에 부치기에 이르며, 혹은 군주와 인민 사이를 다른 종족처럼 생각하여서, 억지로 그 차별을 조작하여, 위계(位階), 복장, 문서, 언어, 모두 상하의 일정한 방식을 만드는 자가 있다. 소위 주나라 당나라의 「예의(禮儀)」[30]라는 것이 이것이다. 때로는 황당무계한 이상한 것을 주장하여, 그 군주는 곧 하늘의 명을 받았다 하고, 그 조상은 영산(靈山)에 올라 천신과 언어를 주고받았다고도 하고, 꿈을 이야기하고 신탁(信託)을 주장하고, 태연하게 의심하지 않는 자가 있다. 소위 신정정부라고 하는 것이 이것이다. 모두 이것은 정부가 보전해야 할 실제 권위의 정신을 망각하고, 지켜서는 안 될 허세에 혹닉된 「위선」이라 해야 할 것이다. 허와 실이 서로 분리되었던 것은 바로 이러한 사실에 있는 것이다.

이 「위선」역시 상고(上古)시대의 위선이 횡행하던 시절에 있어서는 또한 일시적인 수단이었겠으나, 사람의 지혜가 점차 트임에 또한 이러한 수단을 이용할 수는 없다. 지금의 문명한 사회에서는, 의관(衣冠)이 미려하다하여도 관청이 크고 어마어마하다하여도, 어찌 사람의 눈을 현혹시킬 수 있겠느냐. 헛되이 식자의 비웃음을 초래하기에 족할 뿐이다. 가령 문명한 식자가 아니라하더라도, 문명한 사물을 견문한 자는 그 이목이 자연히 고상하게 발달하기 때문에, 결코 이들에게 위선을 강요할 수가 없다. 이러한 인민을 다스리는 방법은, 오로지 도리에 근거한 약속을 정해, 정치와 법령에

---

30) 주·당(周唐)대에 사회질서를 유지하기 위한 엄격한 예법이 정비되었다.

입각한 실제의 권력으로써 이를 지키게 한다는 한 가지 방도만이
있을 따름. 현재 7년간의 대가뭄에 단을 쌓아서 기우제를 올려도
비를 얻을 수가 없다는 사실은 인민 모두가 이것을 알았다. 국가의
군주가 몸소 오곡의 풍년을 빈다고 하더라도 과학의 법칙은 변환
시킬 수가 없다. 인류의 염원을 가지고 한 알의 좁쌀을 증산할 수
가 없다는 이치는, 학교에 다니는 아이도 이를 분명하게 알았다.
오랜 옛날에는 검(劍)을 바다에 던져서 바닷물을 끌어들였던 적이
있었지만31), 지금의 조수에는 간만(干滿)의 시각이 존재한다. 과거
에는 자운(紫雲 : 자줏빛 구름)이 길게 드리우는 것을 보고서 영웅
이 있는 곳을 알았지만32), 오늘날의 인물은 구름 속에서 찾을 수가
없다. 이것은 고금의 사물이 그 이치를 달리하는 것이 아니라, 과
거와 현재의 인간의 지혜가 그 품위를 달리한다는 증거이다. 인민
의 품행이 차츰 고상한 방향으로 발달하고, 국가전체의 지혜의 힘
을 증가시켜서 정치에 실질적인 권위를 얻는 것은, 국가를 위해서
경축해야 할 일이 아니더냐.

그런데도 지금 실을 버리고 허를 택해서, 외형을 치장하려 하
다가 오히려 점점 더 인간을 어리석음으로 인도하는 것은 너무나
도 심한 혹닉이다.

허세를 주장하려 한다면 일반백성을 어리석게 만들어서 유신
초기로 되돌아가게 하는 것을 상책으로 삼을 것이다. 인민이 어리

---

31) 『일본외사』 제6권 및 전쟁소설 『태평기』에, 바다의 용에게 검을 바치기
   위하여 검을 던졌다는 이야기가 등장한다.
32) 자운은 상서로운 구름이어서, 덕이 높은 군주나 성인이 있는 곳에 떠 있는
   것으로 생각하였다.

석게 되면 정치력은 점차 쇠약해 질 것이다. 정치력이 쇠약하면 나라는 그 나라가 아니다. 나라가 그 나라가 아니면 국체가 존재할 수 없다. 이와 같은 일은 즉 국체를 보전하려 하다가 오히려 스스로 이것을 해치는 일이다. 전후 자초지종이 불합리하다 할 수가 있다.

이를테면 영국에서도, 그 선왕(先王)의 유지를 계승하여 여전히 전제정치의 고풍을 지키고자 한다면, 그 왕통은 일찍이 이미 절멸하였을 것임은 논할 필요도 없이 자명하다. 지금 그 그러하지 않은 이유는 무엇일까. 왕실의 허세를 감소시키고 민권을 고취시키고, 그 국력과 더불어 왕실의 권위까지도 견고하게 만들었기 때문이다. 왕실을 보호하는 상책이라고 할 수가 있다. 필경 국체는 문명에 의해서 손해를 보는 것이 아니다. 기실은 이것에 의존해 가치를 증강하는 법이다.

전 세계의 어떤 인민이라 하더라도, 옛 습관에 혹닉하는 자는 반듯이 그 사물의 내력이 진부하여서 장구함을 뽐내고, 그 연면한 사실이 더욱더 장구하면 이것을 중시하는 관습도 또한 더욱더 심화하여, 그 모습이 흡사 호사가가 골동품을 반기는 것과도 같다.

인도의 역사가 말한 사실이 있다. 이 나라의 초대의 국왕을「프라자마·라자」33)라 하였고, 성덕(聖德)을 갖춘 군주이다. 이 왕이 즉위하였을 때, 그 나이가 200만 세, 재위 6백30만년이 지나 왕위를 왕자에게 이양하였고, 아직 10만년의 남은 기간을 거쳐서 세상을 떠났다고. 또한 이르기를, 그 나라에「메누」34)라는 전적(典籍)

---

33) 버클의 『History of Civilization in England』에「 Prathama-Rajah, 첫째가는 왕」이 있다.

이 있다.

　인도의 구전에 이 서적은 조화의 신 「프라마」의 아들 「메누」에게서 받은 것으로 이와 같이 일컫는 것이라고 한다. 서양의 기원 1794년 영국의 죠네스씨[35]가 이것을 영문으로 번역하였다. 문장의 취지는 신도전제(神道專制)론을 교묘하게 기술한 것인데, 수덕(修德)의 각 항목에 이르러서는 매우 엄정하면서도 논리 또한 역시 차원이 높고, 그 주장에는 예수의 설유(說諭)와 부합하는 것이 매우 많다. 그 부합하는 것은 설유의 내용만이 아니고, 문장도 역시 유사하였다. 예컨대 「메누」의 문장에서 이르기를, 남 보기를 고통스러워하듯 하여 불평을 토로하게끔 하지 말지어다. 진심으로 남을 해하지 말지어다. 또한 의도적으로 남을 해치지 말지어다. 남을 욕하지 말지어다. 남에게 욕을 당하는 것 역시 이에 참지 않으면 안 된다. 분노하게 되면 분노로써 분노에 보답하지 말지어다 운운. 또한 예수교의 「사르미스트」[36]의 문장과 「메누」의 문장과 자구마다 유사한 것이 있다. 「사르미스트」의 문장에서 이르기를, 어리석은 사람은 스스로 그 마음에 말하여 하느님이 없다 라 한다고. 「메누」의 문장에서 이르기를, 악인은 스스로 그 마음에 말하여 아무도 나를 보지 않는다고 한다 하나, 하느님은 명확하게 이것을 판별하고 또한 가슴 속에 있는 정신까지도 이것을 알 수가 있다고. 그 부합하는 것이 이와 같다. 이상 부란드씨의 음부(韻府)[37]에서 초역.

---

34) 마누 법전. 기원전 2 세기경에 성립된 인도의 법전
35) William Jones. 마누 법전의 최초의 영역자.
36) the Psalmist, 구약성서의 「시편」. 「시편」의 저자 다비데왕을 가리키기도 한다.
37) Brande. Dictionary of Science, Literature, and Art ,3vols, 1865-67. 운부 (韻府)는 백과사전을 말함.

이 책이 인간의 세계로 내려온 것은 지금으로부터 무릇 20억 년 전의 일이라고. 매우 유서 깊은 고전이라 할 수 있다. 인도인은 이 귀중한 서적을 지키고 이 유구한 특유의 문화를 간직하여 베개를 높이 하여 편히 잘 수 있는 그 동안에, 정권은 이미 서양 사람들에게 빼앗기고 신령한 한 거대한 국가 역시 영국의 부엌으로 변했고, 「프라자마·라자」의 자손 역시 영국인의 노예로 변하였다. 또한 그 600만년이라고 하고 20억년이라고 떠들며, 천지와 더불어서 유구하다 하여 자부했던 것 역시, 물론 터무니없는 만언(慢言)이며, 저 서적의 유래도 기실은 3천년도 되지 않았던 것이지만, 잠시 그 교만을 떠는 척하며 이것을 이야기하게 만들었고, 여기에 인도의 6백만 년에 대해서 아프리카에서 7백만 년이나 되는 것이 있다 하였고, 그 20억 년에 대해서 나는 30억 년이라고 말하는 자가 나오면, 인도인도 입을 다물지 않을 수가 없을 것이다. 필경 얼간이들의 장난일 따름이다. 또한 한마디 말로써 그 자부심을 꺾을 수 있는 것이 있다. 말하여, 이 우주의 구조는 영원 광대한 것이거늘, 어찌 하찮은 서적의 계통과 그 장단점을 다툴쏘냐. 조물주가 한번 눈 깜짝할 사이에 억만년을 지날 수 있고, 저 20억 년의 세월은 그저 이것은 순간적인 하나의 작은 조각일 따름, 이 하나의 작은 조각에 관해서 무익한 논의를 소모하면서도 오히려 문명의 대계(大計)를 망각한 것은 경중의 분별을 모르는 자라고. 이 한마디를 듣는다면 인도인도 입을 열 수가 없을 것이다. 그런고로 세상의 사물은 오로지 오래되었다는 것만으로써 가치를 발생하게 하는 것은 아니다.

앞에서 말한 것처럼, 우리나라의 황통(皇統)은 국체와 더불어 연면하여 서양제국과 비교가 되지 않는다. 이것을 우리나라의 일종의 특수한 군국(君國)38) 병립의 국체라고 하여도 무방하다. 그렇다고는 하지만 가령 이 병립을 일종의 국체라고 하여도, 이것을 굳게 지키다가 퇴보하는 것은 이를 활용해서 진보하는 것만 못하다. 이것을 활용하면 장소에 따라서 큰 효과가 있을 것이다. 그런고로 이 군국 병립이 존엄한 이유는, 과거로부터 우리나라에서 고유한 것이기 때문에 존엄한 것이 아니고, 이것을 유지하여 우리의 정권을 지키고 우리의 문명을 증진시킬 수 있기 때문에 존엄한 것이다. 물체의 존귀함이 아니고 그 기능의 존귀함이다. 또한 가옥의 형태를 중히 여기지 않고, 그 비와 이슬을 가리는 효용을 중히 여기는 것과도 같다. 만약에 조상 전래의 집짓기 관습이라 하여 그 집의 형체만을 중히 여긴다면, 종이를 가지고서도 집을 지을 수가 있으리라. 그런고로 군국 병립의 국체가 만약 문명에 적합하지 않은 것이라면, 그 적합하지 않은 까닭은 틀림없이 오랜 동안 습관에서 생긴 허식과 혹닉이 초래한 것이므로, 단지 그 허식과 혹닉만을 제거하고 실질적인 효용을 남겨서, 점차 정치의 방향을 개혁하여 진보한다면 국체, 정통, 혈통, 이 삼자가 상호 이전의 상태로 복귀하지 않고서, 현재의 문명과 더불어 병립할 수 있을 것이다. 예컨대 지금 러시아에서 오늘 그 정치를 개혁하여 내일부터 영국이 누리는 자유의 풍토를 흉내 내고자 하는 일이 생긴다면, 현실적으로 시행되

---

38) 군주와 국가 혹은 군주.

어질 수 없을 뿐만 아니라 당장 국가의 큰 해를 일으킬 수가 있다. 그 해를 일으키는 까닭이 무엇이겠느냐. 러시아와 영국의 문명은 그 진보의 도를 달리하고 그 인민에게 지우(智愚)의 차이가 있어서, 현재의 러시아는 현재의 정치로써 참으로 그 문명에 적합하기 때문이다. 그렇다고는 하여도, 러시아로 하여금 영원토록 그 낡은 관습인 허식을 굳게 지키게 하여, 문명의 득과 실을 예상하지 못하고 꼭이 고유한 정치를 신봉하게 하는 것은, 굳이 바라는바가 아니다. 다만 그 문명의 정도를 헤아려, 문명으로 일보 전진한다면 정치도 또한 일보 전진하여, 문명과 정치가 한 발짝씩 서로 동반하고자 할 것을 기대할 따름이다.. 이 문제에 관해서는 다음 장의 말미에서도 논한 바 있다. 이것을 참고해야 할 것이다.

책 내용에 서양이라 하고 유럽이라고 하는 것이나 의미는 하나이다. 지리를 표기하려면 유럽과 아메리카가 구별되겠지만, 문명을 논할 경우에는 아메리카의 문명도 그 원천은 유럽으로 부터 이동한 것이므로, 유럽문명이라 함은 유럽풍의 문명이라는 의미일 뿐. 서양이라고 말하는 것도 이와 마찬가지이다.

제3장

문명의 참뜻을 논함

앞 장의 연속에 따르자면, 지금 여기에 서양문명의 유래를 논해야 할 장소이나, 이것을 논하기 전에 우선 문명이 무엇인가를 모르면 안 될 것이다. 그 자체를 형용하기란 매우 어렵다. 비단 이것을 형용하는 사실이 어려울 뿐만 아니고, 심한 경우에 가서는 세론이 혹은 문명을 옳은 것이라 하고 혹은 이를 그릇된 것이라 하여 다투는 자가 생긴다. 생각건대 이 논쟁이 일어난 내력을 더듬어 밝히건대, 원래 문명의 자의는 이것을 넓은 의미로 해석할 수가 있고, 또한 이것을 좁은 의미로 해석할 수가 있다. 그 좁은 의미의 자의에 따르면, 인력으로써 공연히 인간의 수요를 늘리고, 의식주에 있어서의 허식을 많게 한다는 의미로 해석할 수가 있다. 또한 그 넓은 의미의 자의에 따르면, 의식주에 있어서의 안락뿐만 아니라, 지

(智)를 갈고 덕(德)을 쌓아 사람이 고상한 단계로 상승한다는 의미로 해석할 수가 있다. 학자 여러분 만약 이 자의의 넓고 좁음에 착목한다면, 재차 수다스러운 논쟁을 낭비하지 않아도 좋을 것이다.

원래 문명이란 상대적인 말이어서, 그 이르는 바가 무한하다. 단지 야만의 상태를 벗어나서 점차 진보하는 것을 말함이다. 원래 인류는 상호 교류함으로써 그 특징으로 한다. 독보 혹은 독립할 경우에는 재능과 지혜가 생겨날 이유가 없다, 가족이 서로 모이더라도 아직 사회적인 관계를 미쳐 다한 것은 아니다. 세상은 상호 교류하고 인민은 서로 접촉하여, 그 관계가 더욱더 광범하게 그 방법이 더욱더 정돈됨에 따라서, 인간의 마음 역시 화목하고 지식은 더욱더 깨우칠 것이다. 문명이라 함은 영어로 「시빌러제이션 」[1]이라고 한다. 즉 라틴어의 「시비타스」[2]에서 유래한 것이며, 국가라고 하는 의미이다. 그런고로 문명이라 함은 사회가 점차 개선되어서 좋은 방향으로 향하는 모습을 형용한 말이며, 야만적 무법적인 독립에 반해 하나의 국가의 체제를 이룬다는 의미이다.

문명이란 무엇이더냐, 지대지존(至大至尊), 인간 만사 이 문명을 목표로 삼지 않는 것이 없다. 제도고 학문이고, 상업이고 공업이고, 전쟁이고 정치 방식이라고 하는 것 역시, 이러한 것을 일반적으로 상호 비교하려면 무엇을 목표로 하여 그 이해와 득실을 논할 것인가. 그저 그 흔히 그 문명을 진작시키는 일로써 이(利)로 규정하고 득(得)으로 규정하고, 그 이것을 퇴보하게 만드는 일을

---

1) civilization. 문명(물질문명과 정신문명).
2) civitas. 문명, 개화.

가지고 해(害)로 규정하고 실(失)로 규정 할 따름이다. 문명은 마치 하나의 거대한 극장과 같고, 제도와 학문과 상업 이하의 것들은 배우와 같다. 이 배우라는 자들은 저마다 자신 있는 재주를 연기하여서 한 장면의 연기를 하고, 잘도 극의 취지에 들어맞아서 진실을 투영하고, 관객으로 하여금 즐거워하게 만드는 자를 칭해 빼어난 배우라 일컫는다. 진퇴의 순간을 그르치고, 언어의 리듬을 잃고, 그 미소는 진실할 수가 없고, 그 눈물은 비정할 수가 없고, 연극의 얼개는 이러한 것들로 인해 아취를 잃게 하는 자를 칭해 서투른 배우라 하는 것이다. 혹은 또 그 눈물과 웃음은 진실에 다가가 오묘하다 하겠으나. 장소와 시기를 그르쳐서, 울어야 할 때에 웃고, 웃어야 할 때에 우는 자 역시, 연기가 서투른 자라 할 수가 있을 것이다.

문명은 마치 바다와 같고, 제도 학문 그 외의 것들은 강과 같다. 강이 바다에 강물을 많이 흘려보내는 것을 대하라 하고, 강물을 적게 흘려보내는 것을 실개천이라 한다.

문명은 마치 창고와 같다. 인간의 의식(衣食), 생업에 필요한 자본, 활기찬 기력, 모두가 이 창고 안에 없는 것이 없다. 인간이 겪는 세상사는 더러는 피해야 할 것이라고는 하여도, 적어도 이 문명을 살릴 효능이 있다면 이런 생각을 버리고 불문에 붙인다. 예컨대 내란이나 전쟁과 같은 것일까. 또한 심지어는 독재와 폭정과 같은 것도, 세상의 문명을 진보하게 하는데 도움이 되어서 그 공로가 현저히 세상에 드러나는 시기가 되면, 반쯤은 지난날의 추악함을 잊고서 이것을 책하는 사람이 없다. 그러한 형국은 흡사 돈을 내어 물건을 사고, 그 값이 과도하다고 하여도, 그 물건을 사용하여 크게 유용성을 얻는 시기를 만나게 되면, 거지반 지난날의 손해를 잊어버리는 것과 마찬가지이다. 즉 이것은 세상의 인지상정이다.

지금 가령 몇 가지 문제를 제기하여 문명이 존재하는 곳을 소상히 밝히고자 한다.

첫째, 여기에 한 무리의 인민이 있다. 그 외형은 만족하면서도 쾌활하고, 세금은 가볍고 노역은 적고, 재판의 판결은 공정하지 않은 경우가 없고, 악을 응징하는 제도가 시행되지 않는 것은 아니고, 대체적으로 이것을 말하자면, 사람의 의식주의 모습에 관해서는 그 처리가 훌륭하여서 특히 불만을 호소할 것이 없다. 그러하다고는 하여도 그저 의식주의 안락만이 있을 뿐 그 지덕(智德)이 발생하는 힘은 고의로 폐쇄하여 자유롭게 하지 않았고, 민(民)을 보기를 소나 양처럼 하여, 이들을 다스리고 이들을 키우고, 단지 그 추위와 배고픔에 주의할 따름이다. 그 형국이 그저 위에서 억압하는 것의 유가 아니고, 주위의 모든 방면에서 압박하여 고통을 주는 것과 같다. 과거 마츠마에(松前)³⁾에서 에조 인(蝦夷人)⁴⁾을 다루었던 것과 같은 것이 이것이다. 이것을 문명개화라고 할 수가 있겠는가. 이 인민들 사이에서 지덕 진보의 모습을 보겠는가, 아니다.

둘째, 여기에 또 한 무리의 인민이 있다. 그 외형적인 안락은 앞에서 예를 든 인민에 미치지 못한다고 하겠으나, 또한 견딜 수

---

3) 홋카이도(北海道)의 오시마 반도에 있는 작은 마을.
4) 홋카이도의 원주민으로서, 아이누족이라는 설도 있고 또 다른 일본인이라는 설이 있다. 언어 풍습이 달라 잦은 충돌이 있었음.

없는 것은 아니다. 그 안락함이 적은 대신에 지덕의 길은 완전히 막힌 것이 아니다. 인민이 더러는 차원 높은 학설을 주장하는 자가 있고, 종교 도덕론 역시 진보하지 않은 것이 아니다. 그렇다고는 하여도 자유의 대의는 조금도 실현되지 않고, 사사건건 모두 자유를 방해하려드는 것에 주의할 따름. 인민이 더러는 지덕을 얻는 자가 있다고 하여도, 그 이것을 얻는 것이 마치 가난한 인민이 구호의 밥과 옷을 얻는 것과도 같이, 스스로 이것을 얻는 것이 아니고, 남에게 의존해서 이것을 얻을 따름이다. 인민이 더러는 길을 찾는 자가 있어도, 그 이것을 찾겠는가. 스스로를 위해서 찾을 수가 없으니까 남을 위해서 이것을 찾는 것이다. 아시아제국의 인민, 전제정부 때문에 속박당하고, 활달한 기상을 다 잃고, 극도로 도리를 분별하지 못하고 비굴(卑屈)에 빠져버린 자들이 곧 이들이다. 이것을 문명개화라고 할 수가 있겠는가. 이 인민 사이에서 문명진보의 흔적을 보겠는가 아니겠는가.

셋째, 여기에 또 한 무리의 인민이 있다. 그 형국은 자유롭지만, 조금도 사물의 순서가 없고, 전혀 동등권(同等權)의 정신을 모른다. 대는 소를 제압하고, 강은 약을 억압하고, 세상을 지배하는 것은 오로지 폭력일 따름이다. 이를테면 과거 유럽의 형국이 이와 같다. 이것을 문명개화라고 할 수 있겠는가. 물론 문명의 씨앗은 여기에서 태동하였다고 하더라도, 실제로 이러한 형국을 일컬어서 문명이라고 할 수는 없다.

넷째, 여기에 또 한 무리의 인민이 있다. 사람들이 그 신체를 자유로이 하고 이를 방해하는 자가 없고, 인민이 그 능력을 다하고

대와 소 강과 약의 차별이 없다. 가고자 하면 가고, 멈추고자 하면 멈추고, 저마다 그 권리를 달리하는 일이 없다. 그렇다고는 하여도 이 인민은 아직도 「사회」의 참뜻을 모르고, 사람들은 그 능력을 한 개인을 위해서 소비하여 전체의 공리에 눈을 돌리지 못하고, 국가라는 것이 무엇인지도 모르고, 사회라는 것이 무엇인지를 분별하지 못하고, 대대손손 태어나서 또 죽고, 죽어서는 또다시 태어나고, 그 태어났을 때의 정경은 죽었을 때의 정경과 다르지 않고, 수 세기를 경과 하여도 그 국토에 인간의 생생한 흔적을 볼 수가 없다. 예컨대 지금 야만의 인종이라고 부르는 자들이 곧 이들이다. 자유와 동등권의 기풍이 부족하지 않다 하더라도, 이것을 문명개화라고 할 수 있을까 아니다.

이상 네 가지로 거론한 바의 예를 보건대, 한 가지도 이것을 문명이라고 이름 지을 수 있는 것이 없다. 그렇다면 즉 무엇을 가리켜서 문명이라고 이름 지을 것인가. 가로되, 문명이라 함은 사람의 신체를 안락하게 하고 마음을 고상하게 하는 것을 말함이다. 입는 것과 먹는 것을 풍요롭게 하고 사람의 품성을 고귀하게 하는 것을 말함이다. 어쩌면 신체의 안락만으로써 문명이라고 하겠는가. 사람의 삶의 목표는 먹는 것과 입는 것만은 아니다. 만약 입는 것과 먹는 것만을 가지고서 목표로 삼는다면, 인간은 그저 개미와 같을 뿐. 또한 꿀벌과 같을 뿐. 이것을 하늘이 내린 약속이라고 말할 수는 없다. 혹은 마음을 고상하게 가지는 것만으로써 문명이라고 하겠는가. 온 세상 사람이 모두 속세에 살면서 물을 마시는 안회(顔回)5)와 같이 되겠지. 이것을 천명(天命)이라고 할 수는 없다.

그런고로 사람의 심신 양쪽 다 제자리를 만나지 않으면 문명이라는 명칭을 부여해서는 안 된다. 그리하여 사람의 안락에는 한정이 있을 수가 없고, 민심의 품위에도 또한 극도(極度)가 있을 수 없다. 그 안락이고 고상이고 하는 것은, 곧 그 진보할 당시의 정황을 가리켜서 이름이 붙여진 것이므로, 문명이라는 것은 사람의 안락과 품위의 진보를 말함이다. 그리고 이 사람의 안락과 품위를 얻게 하는 것은 인간의 지혜와 도덕인 고로, 문명이라 함은 결국, 이 인간의 지혜와 도덕의 진보라 하여도 무방하다.

앞에서 이미 말한 것과 같이, 문명은 더할 나위 없이 크고 더할 나위 없이 소중하여서 인간 만사를 포용하고 망라하며, 그 다다르는바 끝이 없어서 지금 실로 진보하는 상황에 있다고. 세상 사람은 혹은 이 의미를 모르고서 심한 오류에 빠지는 수가 있다. 그러한 사람들 주장하여 말하건대, 문명은 인간의 지혜와 도덕심 밖에서 나타난 것이고, 그럼에도 불구하고 지금 서양제국을 보건대, 정말로 부도덕한 소행이 많고, 더러는 거짓된 마음가짐으로 장사를 하는 자가 있고, 혹은 남을 협박하여 이익을 탐하는 자가 있으니, 이들을 도덕심을 갖춘 인민이라 할 수는 없다. 또한 더할 나위 없이 문명국으로 일컫는 영국의 관할아래에 있는 「아일랜드」의 인민은, 생계의 기술이 어두워 평생 봄누에가 뽕잎을 갉아 먹는 꼴일 따름이다. 이것을 지혜로운 인간이라고 할 수는 없으니, 이런 것에 기인하여 이것을 관찰하면, 문명은 반듯이 지덕과 병행하여 실현되

---

5) 공자의 수제자 안회는 매우 가난하였지만 덕행이 빼어난 제자였다.(논어 雍也篇에서)

는 것이 아니라고. 그렇다고는 하지만 이런 자는 현재의 세계의 문명을 보고서 이것을 그 최상의 문명이라고 판단하여, 오히려 그 진보중인 상황에 있는 연유를 인식하지 못하는 자이다. 오늘날의 문명은 아직 그 절반 정도에도 미치지 않았으니, 어찌 갑자기 깨끗하고 맑고 티 없이 아름다운 시절을 기대할 수가 있겠는가. 이 무지하고 무덕한 사람은 즉 이런 자는 문명사회 질병이다. 현재의 이 세상을 향해 최상급의 문명을 재촉하는 것은, 이것은 이를테면 세상에 완벽한 건강체(健康體)를 요구하는 것과 같다, 세상에는 많은 인민이 존재한다 하나, 신체에 한 점의 지병도 없이, 태어나서 죽음에 이르기까지 사소한 병도 걸리지 않는 자 있을 수 있더냐. 결코 있을 수가 없다. 병리적으로 논하자면, 지금 세상 사람은 가령 건강한 것 같아도, 이것을 「어느 정도 건강하다고 할 수 있는 상태의 건강」(帶患健康)6)이라고 하지 않을 수 없다. 나라도 역시 또한 이 사람과 같다. 설사 문명이라 일컫는다 하더라도, 반드시 허다한 결점이 없을 수가 없는 것이다.

혹자는 또 이르기를, 문명은 더할 나위 없이 크고 더할 나위 없이 소중하다. 인간의 만사는 이것을 향해 길을 피하지 않을 자 없다. 그런데 문명의 본질은 상하 동권에 있는 것이 아니더냐. 서양제국의 문명의 형국을 보건대, 개혁의 제 1착은 반듯이 일단 귀족을 넘어뜨리는 것에 있고, 영국과 프랑스 그 밖의 역사를 보고도

---

6) 후쿠자와의 스승 오가타 코안(緖方洪庵)은, 그의 역서 『병학통론』에서 십전건강(十全健康) 대환건강(帶患健康)이라는 표현을 썼고, 후쿠자와는 스승의 용어를 차용하였다.

그러한 사실을 증명할 수가 있고, 가까이는 우리 일본에서도 번(藩)을 폐하고 현(縣)을 두었고, 사족은 이미 권력을 잃었고 화족(華族)[7] 역시 또한 겁에 질렸으니, 이 또한 문명의 정신일 것이다. 이러한 이치를 확대하여 논할 경우에는, 문명한 국가에서는 군주를 받들어 모시지 않을 수 없는 것과도 같다. 과연 그러할까. 대답하여 이르노니, 이것은 소위 한쪽 눈만 뜨고서 세상 모든 것을 들여다본다는 논리이다. 문명이란 무엇이란 말인가 크고도 중대할 뿐만 아니라, 또한 넓으면서도 너그럽다. 문명은 지극히 홍대(洪大)하면서도 지극이 관용(寬大)한다. 어찌 국가의 군주를 받아들일 소지가 없을 소냐. 군주제도도 받아들일 수 있고, 귀족제도도 존치할 수가 있다. 어찌 이러한 명칭에 구애를 받아 구구한 의문을 품을 수 있으리오. 「기조」씨[8]의 문명사에서 언급한 것이 있다. 군주정치는 인민의 계급을 굳게 지키는 것이고 인도와 같은 국가에서도 시행될 수가 있다. 혹은 이와 반대로 인민이 동등한 권리를 가지고, 막연하게 상하의 명분을 알지 못하는 국가에서도 시행될 수가 있다. 혹은 전제 억압의 세상에서도 시행될 수가 있다. 혹은 개화된 자유로운 산골에서도 시행될 수 있을 것이니, 군주는 흡사 일종의 진기한 머리(頭)와 같고, 정치 풍습은 몸체와도 같으니, 같은 머리를 가지고서도 다른 종류의 몸체에 접할 수가 있다. 군주는 흡사 일종의

---

7) 황족과 사족(士族)의 중간에 위치하는 귀족의 족칭. 1884년 화족령에 의해 유신의 공신, 그 뒤에는 실업가들에게도 적용되었다. 공작 후작 백작 자작 남작 등의 작위를 받았고, 특권을 동반하는 사회적 신분이었다.

8) 프랑스의 정치가이자 역사학자인 프랑소아 기죠(François Guizot, 1787~1874)는 『유럽문명사』를 저술하였고, 후쿠자와는 영역판의 이 책을 탐독하였다.

진기한 과실과 같고, 정치 풍속은 수목과 같아서, 동일한 과실은 흔히 종류가 다른 나무에서 열매를 맺을 수 있다고, 이 말은 참으로 맞는 말이다.

일반적으로 세상의 정부는 다만 편리함 때문에 세운 것이다. 나라의 문명에 도움이 되는 것이라면, 정부의 체제는 전제정치이든 공화정치이든 그 명칭을 불문하고 그 실익을 취하게 마련이다. 역사가 시작된 이래 오늘에 이르기까지, 전 세계에서 시도해본 정부의 체제로는, 입군독재(立君獨裁)9)가 있고, 입군정율(立君定律)10)이 있고, 귀족합의11)가 있고, 민서합의(民庶合議)12)가 있는데, 단지 그 체제만을 보고서 어떤 것이 편리하다 하고 어떤 것을 불편하다고 단정할 수는 없다. 다만 한 쪽으로 편향되어서는 안 될 것임을 중시할 따름. 입군정치도 반듯이 편리하지 않고, 공화정치도 반듯이 좋지는 않다. 1848년, 프랑스의 공화정치는 공평하다는 평판이 있어도 기실은 잔혹하다. 오스트리아에서 프란시스 2세13) 시대에는 독재정부로 관대한 역사가 있었고, 지금의 아메리카 합중국은 중국 정부보다도 훌륭할 것이라고 하였지만, 「멕시코」의 공화정치는 영국의 전제정치에 미치지 못 하는 바 아득하다. 그런고로 오스트리아, 영국의 정치를 훌륭하다 하여도, 이 때문에 중국의 방식을 좇을 수는 없다. 아메리카의 합중정치를 좋아하여도, 프랑스와 「멕

---

9) despot 혹은 absolute monarchy. 전제군주제.
10) constitutional monarchy. 입헌군주제.
11) aristocracy. 귀족정치.
12) democracy. 민주제 혹은 republic. 공화제 등의 역어이다.
13) Franz Ⅱ, 1768-1835.

시코」의 예를 흉내 낼 수는 없다. 정치는 그 실적에 관해서 판단해야 할 것이지, 그 명성만을 듣고서 이를 평가해서는 안 될 것이다. 정부의 체제는 반듯이 똑같을 수가 없는 고로, 그러한 논의에 임해서는 학자 여러분 모름지기 마음을 관대히 가지고 한 쪽으로 치우치는 일이 없도록 해야 할 것이다. 명성을 다투다가 실적을 해치는 것은 고금을 통해 그 예가 적지 않다.

중국과 일본 등에서는 군신의 윤리를 가지고서 인간의 천성이라 일컬었고, 인간에게 군신의 윤리가 있는 것은 또한 부부와 친자의 윤리가 있는 것과 같고, 군신의 본분은 사람이 태어나기 전에 이미 정해진 것인 것 처럼 믿고, 공자와 같은 경우도 이 혹닉(惑溺)을 벗어날 수가 없고, 평생 동안의 생각은 주나라의 천자를 도와서 정치를 할 것인가, 아니면 생활에 쪼들린 나머지 제후고 지방관이고 자신을 필요로 하는 자가 있으면 이를 섬기고, 하여간 토지와 인민을 지배하는 군주에게 빌붙어서 정치를 하겠다는 것 외에는 책략이 있을 수가 없다. 필경 공자도 아직 인간의 천성을 깊이 연구하는 도를 모르고, 그저 그 시대에 유행하던 사물의 현상에 안목이 막혀서, 그 시대에 생기발랄한 인민의 기풍에 정신을 빼앗겨, 부지불식중에 그 속에 농락당해, 나라를 세우는 데에는 군신 외에는 수단이 없는 것으로 억단을 하고 교훈을 남긴 것일 뿐. 물론 그 교훈에 군신에 관한 것을 논한 취지는 얼마간은 사심이 없이 순수하여서, 그 한 국면 속에서 이것을 보면 문제가 없을 뿐만 아니고, 자못 세상사의 미덕을 다한 것 같다 하겠으나, 원래 군신이란 사람이 태어난 뒤에 생긴 관계이므로, 이것을 사람의 천성이랄 수는 없다. 사람의 천성대로 갖추어진 것은 「본」(本)이고, 태어난 뒤에 생긴 것은 「말」(末)이다. 사물의 말에 관해 논의의 순수한 그 무엇이 있다고 해서, 이 때문에 그 본을 흔들어서는 안 된다.

예컨대 옛 성현이, 천문학을 모르고서 오로지 하늘을 움직이는 물체로 인식하여, 지정천동(地靜天動)이라는 판단을 원리로 삼아서 무리하게 4계 순환의 계산법을 확립하였고, 그 주장하는 바의 학설에 대략적으로는 조리를 갖춘 것처럼 보이기는 하여도, 지구의 운동 원리를 모르는 탓으로, 결국 큰 실수를 하여 별자리에 얽힌 허무맹랑한 학설을 제시하였고, 일식과 월식의 이치까지도 풀 수 없었고, 사실에 입각하여 모순된 것이 매우 많다. 원래 옛 성현이 지정천동이라 하였던 것은 단지 해와 달 과 별이 움직이고 있는 것처럼 보이는 것을 목격하고, 그 목격하는 바의 현상에 따라서 억단하였을 뿐인 것인데, 그러한 사실에 관해서 사실규명하자면, 이 현상은 원래 지구와 다른 천체를 비교해서 지구가 움직이기 때문에 일어난 현상이기 때문에, 지동(地動)은 「본」의 성(性)이고, 현상은 「말(末)」의 증표(驗)이다. 말의 증표를 오인하여서 본의 성이 아닌 사실을 강요할 수는 없다. 천동(天動)설에 타당성이 있다 하여, 그 타당성을 주장하여 지동(地動)설을 배척해서는 안 된다. 그 타당성은 결코 진정한 타당성이 아니다. 필경 사물에 관해서는 그 이치를 규명하지 않으면서 그저 사물과 사물의 관계만을 보고서 무리하게 지어 낸 주장이다. 만약 이러한 주장을 가지고서 진정한 타당성이라고 한다면, 항해 중인 배 안에서 해안이 달리는 것과 같이 되는 현상을 보고서, 해안은 움직이고 배는 고요하다고 하지 않을 수 없을 것이다. 크나 큰 오류가 아니더냐. 그런고로 천문을 담론할 경우에는, 먼저 지구가 무엇이고 그 회전이 어떠한 것인지를 관찰하여서, 그러한 뒤에 이 지구와 다른 천체와의 관계를 명확히 하고, 4계절의 순환의 이치까지도 설명해야 하는 것이다. 그런고로 이르노니, 사물이 있고 그러한 뒤에 도리가 있는 것이지, 도리가 있고 그러한 뒤에 사물을 생기게 하는 것이 아니다. 억단으로써 일단 사물의 도리를 설명하고, 그 도리에 입각하여 사물의 이치를 해치지 말지어다.

군신의 논리도 또한 이와 같다. 군(君)과 신(臣)과의 관계는 사람과 사람과의 관계이다. 지금 이러한 관계에 대해 도리가 마땅히 보아야 할 것이 있다고는 하나, 이 도리는 우연히 세상에 군신이라는 관계가 있고 그러한 뒤에 생긴 것이므로, 이러한 도리를 보고서 군신을 사람의 성이라고 해서는 안 될 것이다. 만약 이것을 사람의 성이라고 한다면, 세계 만국, 인민이 있는 한 반듯이 군신관계가 존재할 수밖에 없다는 이치이겠으나, 사실상 결코 그러하지가 않다. 무릇 인간의 세계에 부자와 부부가 없지 않고, 장유(長幼)와 붕우(朋友)가 없지 않다. 이 네 가지는 사람이 천성적으로 갖추어지게 된 관계이고, 이것을 그 성이라 할 수 있다 하겠으나, 단지 군신에 이르러서는 지구상의 어떤 나라에서는 그러한 관계가 존재하지 않는 곳이 있으니, 지금 의회주의를 시행하는 정부를 세운 제 국가가 이른바 이것이다. 이러한 제 국가에는 군신이 존재하지 않는다고는 하여도, 정부와 인민 사이에 저마다 그 의무가 있고, 그 정치 풍토가 때로는 매우 훌륭한 점이 있다. 하늘에 두 개의 태양이 없고 한 나라에 두 사람의 임금이 없다[14] 함은 맹자의 말이지만, 목하 실제로 왕이 존재하지 않는 국가가 있고, 하물며 그 국민의 형편이 훨씬 도우(陶虞)3대[15]보다도 뛰어난 점이 있음은 어찌 된 일인가. 가령 공맹으로 하여금 오늘날에 살아있게 한다면, 과연 무슨 면목이 있어서 이 많은 국가의 인민을 볼 터인가. 성현의 엉성함이라 할 수가 있겠다.

그런고로 군주정치를 주장하는 자는, 일단 인성(人性)이 어떠한가를 자세히 조사하고 난 뒤에 군신의 의의를 설명하고, 그 의의라는 것은 과연 사람의 성(性)에 배태한 것인지. 아니면 사람이 태어난 연후에 우연적인 사정에 의해 군신의 관계를 발생시켰고, 그러한 관계와 관련한 약속을 군신의 의의로 이름을 붙이는 것인지, 사실에 의거해서 그 전후를 소상히 밝히지 않을 수 없을 것이다. 허심탄회하게 깊이 자연의 도리가 지배하는 바를 추구한다면, 틀림없이 이 약속이 우연적으로 발생한 연유를 발견할 수가 있을 것이다. 일단 그 우연인 것을 알면 또한 따라서 그 약속된 편·불편을 논하지 않을 수 없을 것이다. 사물에 관해·편·불편의 논의를 허용하는 것은 즉 이에 수정과 개혁을 가할 수 있다는 증거이다. 수정을 가해서 변혁할 수 있는 것은 자연의 도리가 아니다. 그러므로 자식은 부모일 수가 없고, 아내는 남편일 수가 없으니, 부자와 부부의 관계는 변혁하기 어렵다 하겠으나, 군주는 바뀌어서 신하일

---

14) 『맹자』의 만장 편(万章篇)상에 있는 공자의 말
15) 도는 요(堯), 우는 순(舜)의 별칭. 3대란, 하(夏), 은(殷), 주(周)의 3왕조를 말함. 이상적인 정치를 하였다는 것을 비유하는 말.

수가 있다. 탕무(湯武)[16]의 방종이 곧 이것이다. 때로는 군신이 같은 자리에 앉아 어깨를 견줄 수 있다. 우리나라의 폐번치현(廢藩置縣)[17]이 이른바 이것이다. 이런 사실로서 이것을 보면, 군주정치도 개선할 수 없는 것은 아니다. 다만 이것을 개선하느냐 마느냐에 관한 비결은, 그 문명에 유리하냐와 불리하냐를 자세히 관찰하는 것에 달려있을 따름.

한 서양학자의 주장에, 군신은 중국과 일본에 한하지 않고, 서양에도 「마스터」[18] 「서번트」[19] 라는 호칭이 있고, 「다름아닌 군신의 도리이다」 라고 하는 자가 있지만, 서양의 군신과 중국 일본의 군신과는 그 의미가 같지 않다. 그들의 「마스터」과 「서번트」에 들어맞을 단어가 없기 때문에, 잠정적으로 이것을 군신이라고 번역하였던 것이지만, 이 단어에 구애받아서는 안 될 것이다. 나는 과거 일본과 중국 사람이 정서적으로 인정해 온 바의 군신을 군신이라고 하는 것이다. 예를 들자면 과거에 우리나라에서 주인을 살해한 자는 책형(磔刑)[20], 부하는 손수 목을 베어 죽여도 불평해서는 안 된다고 말한다. 이런 경우의 주인과 부하는 곧 군신이다. 봉건시대에 다이묘(大名)와 번사(藩士)의 관계와 같은 관계는 명백한 군신이라고 할 수가 있다.

위의 논리를 따르면, 군주정치는 이것을 변혁하여도 무방하다. 그러하다면 곧 이것을 변혁하여서 의회정치 제를 도입하고, 이 정

---

16) 은나라 탕왕의 군사정권
17) 1871년 7월에 단행한 지방제도의 개혁. 전국의 번(藩)이 폐지되고, 부(府)와 현(縣)이 설치되어 중앙집권화가 완성되었다.
18) master, 주인 지배자 정복자.
19) servant, 하인 고용인 봉사자.
20) 기둥에 묶어놓고 창을 찔러 죽이던 형벌.

치로써 최상의 도달점으로 삼을 것인가. 이르노니, 결코 그러하지 않다. 아메리카의 북방에 한 무리의 인민이 있다. 지금으로부터 250년 전, 그 종족의 조상인 자

필그림 파더스(Pilgrim Fathers)[21]를 말한다. 그 인원 101명으로 영국을 떠난 것은 1620년의 일이다.

영국에서 학정에 시달리고, 군신의 의의를 철저히 혐오하여 스스로 조국을 하직하고, 떠나서 북 아메리카 지역으로 왔고, 천신만고 끝에 겨우 자립의 실마리가 열었던 것이다. 즉 그 지역은 「마사쮸세스」 주의 「프리머스」이고, 그 옛 유적은 지금도 여전히 남아있다. 그 뒤 이상을 꿈꾸는 자 뒤를 이어서 찾아왔고, 조국에서 이주해 오는 자가 매우 많았고, 장소를 선택하여 거주할 곳을 정하고서 「뉴-잉글랜드」 지방을 개척하였고, 인구는 점차 증가하여, 지역의 재정은 점차 증가하여 1775년에 가서는, 이미 13주의 지역을 점하였고, 마침내는 조국정부를 등지고, 8년간의 고된 전쟁. 간신히 승리를 얻고, 비로소 일대 독립국가의 기초를 열었다[22]. 이른바 지금의 북아메리카 합중국이 이것이다.

무릇 이 나라가 독립을 하였던 이유는, 그 인민이 애써 사욕을 탐하지 않고, 굳이 한 때의 야심을 멋대로 발휘하였던 것이 아니고, 공평하기 그지없는 자연의 도리에 입각해, 인간의 권리를 보호하

---

21) 영국에서 메이 플라워 호로 아메리카에 이주하여 식민지를 개척한 102명의 청교도를 말함.
22) 미국의 독립전쟁(1775-1783)

고, 천부적인 행복을 향유하고자 하기 위했을 따름이다. 그러한 취지는 당시의 독립 선언서[23]를 읽어서 알 수가 있다. 더군다나 그 당초에, 101명의 조상이 1620년 12월 22일, 냉혹한 풍설 속에 상륙해서 해안의 바위 위에 발길을 멈추었을 그 때는, 어찌 한 점의 사심이 있었으랴. 흔히 말하는 원래 빈털터리라는 말 그대로 하느님을 공경하고 사람을 사랑하는 것 밖에, 여념이 없음은 이미 자명하다. 지금 이 사람들의 정신을 헤아려 보건대, 그 폭군과 오리(汚吏)를 혐오하는 것은 말할 것도 없거니와, 때로는 전 세계에 정부라는 것을 없애버리고서 그 흔적을 없게 하겠다고 할 만큼의 염원일 것이다. 250년 이전 이미 이 정신이 있었다. 이어서 1770년대의 독립 전쟁도, 이러한 정신을 계승하여 이것을 실현하였던 것이리라. 전쟁이 끝나고 나서 정체(政體)를 수립하였던 것도 이 정신에 근거하였던 것이리라. 그 뒤 국내에서 행하여진 각가지 상공업, 정령과 법령 등, 모든 사회적인 관계의 방식도 모두 이 정신을 목표로 삼아서 이것을 지향하였던 것이리라. 그렇다면 말하자면 합중국의 정치는 독립적인 인민의 그 정신력을 마음껏 발휘하였고, 마음먹은 그대로 결정하였던 것이므로, 그 풍속이 순수하고 때가 묻지 않아. 참으로 인류가 멈추어야할 곳에 멈추어, 극락정토의 진경을 그려낸 것 같아야 할 것이거늘, 지금에 와서 현실을 보면 결코 그러하지가 않다. 합중정치는 인민이 결합하여 폭력을 행사할 수가 있고, 그 폭력의 관대함과 엄격함은 군주독재정부의 폭정과 다르지 않다 하

---

23) 1776년 7월 4일, 토마스·제퍼슨이 기초하였다.

겠으나, 단지 한 사람의 의사에 의해 나타나는 것과 다중의 손에 의해 이루어지는 것과는 그 정신을 달리할 따름이다. 또한 합중국의 풍속은 단순함을 중시한다고 하였다. 단순한 것은 물론 인간의 미덕이라 할지라도, 세상 사람들이 단순한 것을 즐기면 단순함을 가장하여 세상에 아첨하는 자가 있고, 단순함을 빌려서 타인을 협박하는 자가 생긴다. 또한 저 시골 촌사람이 순진하고 말수가 적은 것을 가지고서 남을 속이는 것과 같다. 또한 합중국에서 뇌물을 금하는 법이 매우 세밀하다고는 하여도, 이것을 금지하는 행위가 더욱더 세밀하다면 그 범죄도 또한 더욱더 심각하다. 그러한 사정은 과거 일본에서 도박을 금하는 제도가 가장 엄격하였어도 그 유행이 가장 번성하였던 것과 마찬가지다.

이러한 사소한 문제를 일일이 헤아린다면 끝이 없다 하겠으나, 지금 잠시 이것을 제쳐놓고, 세상의 여론에 합중정치를 공평하다고 하는 이유는, 그 국민의 보편적인 정서로써 정치를 하고, 인구가 100만 명인 지역에서는 100만 명의 마음을 하나로 통일하여 의사를 결정하기 때문에 공평하다고 하는 것이리라. 그런데도 현실에 있어서 크게 문제가 생긴다. 여기에 그 한 가지 문제점을 보여주겠다. 합중정치에서 의원을 선출함에 있어서, 입후보 방식을 이용하여 다수표를 얻은 쪽에서 당선하는 방식이 있다. 다수라 하면 한 표가 더 많아도 다수이기 때문에, 만일 전 국민의 인기가 두 갈래로 나누어지는 일이 발생하여서, 100만의 인구 가운데에서 한편이 51만 명이라 하고 또 한편이 49만 명으로서 투표를 한다면, 선거에 임한 인물은 반듯이 한 쪽으로 치우쳐서, 49만 명은 처음부터 국정에 참여할 수가 없게 마련이다. 또한 이 선거에 임한 의원의 수를 100인으로 하고, 의회에 출석하여 중요한 국사를 의정할 경우에, 여느 때처럼 입후보 등록을 하여 51인과 49인의 차이가 생긴다면, 이 역시 51인의 다수로 결정을 내리지 않을 수가 없다. 그런고로 이러한 의결은 전체 국민 가운데의 다수를 따르는 것이 아니고, 많은 수 가운데의 다수로써 결정을 하여, 그 격차가 지극히 적기 때문에, 대략 국민 $\frac{1}{4}$의 의사로써 다른 $\frac{3}{4}$을 다스린다는 비율이다. 이것을 공평한 것이라고 할 수는 없다.(밀氏의 『대의 정치론』에서)[24]

이 외에 대의정치에 관해서는 다소 논의가 복잡하게 얽힌 것이 있다. 단순하게 그 득과 실을 단정할 수가 없다. 또한 군주제의 정치에서는 정부의 권위로써 인민을 괴롭히는 폐단이 있다. 합중제의 정치에서는 인민의 주장으로써 정부를 번거롭게 할 염려가 있다.

그런고로 정부는 때때로 그 번거로움을 인내하지 않으면, 곧바로 병력에 의존해서 결국 크게 재앙을 초래하는 문제가 발생한다. 의회정치에 한해서 병란(兵亂)이 적다고 말할 수는 없다. 가까이는 1861년, 노예매매에 관한 논란에서 시작하여 합중국이 남과 북으로 도당을 나누어, 100만의 시민이 순식간에 흉기를 들고 자고이래로 미증유(未曾有)의 대 전쟁을 시작하였고, 형제가 서로 도륙하고 동료가 서로 살상하고, 4년간의 내란에 재산을 탕진하고 인명손실은

---

24) John Stuart Mill(1806-73). 영국의 철학자 경제학자.

거의 그 숫자를 셀 수가 없다. 처음 이 전쟁이 일어난 원인은, 국내의 상류계급의 사군자(士君子)25)들이, 노예매매의 구 악습을 증오하여, 천리와 인도를 외치면서 내란에 이르렀던 것이어서, 인류사회의 일대 미담이라 칭찬할 수가 있다 하겠으나, 그러한 사태가 한 번 일어나면 사태의 지엽적인 문제에 또다시 지엽적인 문제를 일으켜, 리(理)와 이(利)가 혼재하고, 도(道)와 욕(慾)이 서로 문란해지고, 결국은 근본정신이 존재하는 곳을 알 수 없게 되어서, 그 형적으로서 나타난 결과를 보면, 필경 자유로운 나라의 인민이 서로 권력을 탐하고 그 사욕을 채우고자 하였던 것에 지나지 않는다. 그 형국이 흡사 천상의 낙원에서 귀신들이 떼를 지어 싸우는 것과 같은 것이다. 만약에 지하의 선인으로 하여금 알게 한다면, 지금 이 많은 귀신들이 싸우는 것을 보고 이것을 무엇으로 말하겠는가. 전사한 사람들 역시 저승으로 간다고는 하나, 선인을 보기가 무서워 낯빛이 파랗게 질릴 것이다.

또 영국의 학자 「밀」씨의 저술인 경제서26)에서 이르기를, 어떤 사람의 주장에, 인류의 목표는 오로지 나아가 취함에 있으니, 발로 밟고 손으로 밀고, 서로 계속 반복하여 선두를 다투어야 할 것이고, 이것이 이른바 생산과 진보를 위해 가장 바람직한 현상이라고, 오로지 이익 이것만을 다툼으로써 인간의 최상의 목표 생각하는 자가 없지는 않지만, 나의 소견으로는 심히 이것을 달가워하지 않으니, 현재 전 세계에서 이러한 현상을 현실로 표출한 곳은

---

25) 덕행이 높고 학문에 통달한 사람.
26) J·S 밀의 『경제학원리』

아메리카 합중국이다.

「코카스」[27) 인종-백인종-의 남자들이 서로 합쳐서, 불공평한 속박을 벗어나서 따로 하나의 세계를 개척하여, 인구가 번식하지 않은 것이 아니고, 밑천이 풍부하지 않은 것이 아니고, 토지도 또한 광활하여서 경작을 하기에 넉넉하고, 자유의 권리는 널리 행사되어 국민 또한 가난이 무엇인지를 모르고, 이러한 지선지미(至善至美)의 편의를 얻는다 하더라도, 그 보편적인 풍속에서 드러난 결과를 보건대 또한 의심할 수 밖에 없으니, 지역 전체의 남자들은 평생 정신없이 바쁘게 금전을 추구하고, 지역 전체의 여성들은 평생 부지런히 이 돈을 벌어들이는 남자를 번식시킬 따름. 이것을 어찌 사람이 살아가는 세상의 지선(至善) 이라 하겠는가, 나는 이것을 신뢰하지 않는다 하고. 이상 「밀」씨의 설명을 보아도 또한 그것으로써 합중국의 풍속에 관해 그 일면을 미루어 짐작할 수가 있을 것이다.

이상의 논리에 근거하여 이것을 살펴보면, 군주정치가 반듯이 좋은 것이 아니고, 의회정치가 반듯이 편리한 것이 아니다. 정치의 명칭을 무엇이라고 짓든 결국은 사람이 살아가는 세상 가운데 하나의 요소임에 불과하므로, 겨우 그 하나의 요소의 체제를 보고 문명의 본질을 판단할 수는 없다. 그 체제가 과연 효용성이 없다면 이것을 개선할 수도 있고, 혹은 현실에 역행하지 않는다면 이것을 개선하지 않을 수도 있다. 인간의 목표는 오로지 문명에 도달한다

---

27) Caucasian. 카프카스 사람, 백인종.

는 한 가지만이 있을 따름. 이에 도달하고자 하기 위해서는 각양의 방법이 있게 마련이다. 따라서 이것을 시험하고 따라서 이것을 개선하고, 천 배 백 배의 실험을 거쳐 그러한 과정에서 다소의 진보를 이룰 수가 있는 것이므로, 사람의 사고(思考)는 한 편으로 치우쳐서는 안 된다. 느긋하게 여유가 있을 것을 필요로 하는 것이다. 무릇 세상의 사물은 시도해보지 않으면 진보하는 것이 없다. 설사 시도해서 훌륭하게 진보하더라도 아직 그 최상의 목표에 도달한 것이 있음을 듣지 못했다. 유신 초기에서 현재에 이르기까지 더러는 이것을 시험하는 세상라 해도 무방하다. 제 국가의 정치도 지금 실로 그 시험의 과정이므로 갑작스럽게 그 좋고 나쁨을 단정할 수 없는 것은 물론 말할 필요도 없다. 단지 그 문명에 유익한 점이 많은 것을 좋은 정부(政府)라고 칭하고, 이에 유익한 점이 적든지, 아니면 이것을 해치는 것을 칭하여 나쁜 정부라고 할 따름. 그런고로 정치의 좋고 나쁨을 평가하자면, 그 국민이 도달할 수 있었던 문명의 정도를 측량해서 이를 결정할 수가 있다. 이 세상에 아직도 지문(至文) 지명(至明)한 나라가 존재하지 않는다면, 지선(至善) 지미(至美)한 정치도 역시 아직은 존재할 수가 없다. 혹은 문명이 극도에 도달하면 어떤 정부도 완전히 무용지물에 속할 것이다. 만약 그것이 그렇게 될 때는, 어떤 것이 그러한 체제를 선택하기에 족할 것인지, 무엇으로 그 명분을 다툴 수 있으리오. 현세의 문명, 그 진보의 도중에 있으므로, 정치도 또한 진보하는 도중에 있음은 자명하다. 지금 각국(各國)은 피차 몇 걸음 전과 후가 있을 뿐이다.

영국과 「멕시코」을 비교하여, 영국의 문명이 앞서 있다면 그 정치도 역시 앞서는 것이 될 것이다. 합중국의 풍속이 평판이 좋지 않은 것도, 중국의 문명에 비해서 이보다 나은 것이 있기 때문에, 합중국의 정치는 중국보다도 우수한 것이 될 것이다. 그런고로 군주정치도 공화정치도 훌륭하다고 하면 함께 훌륭하고, 훌륭하지 않다고 하면 함께 훌륭하지 않다. 또 정치는 오로지 문명의 근원이 아니다. 문명을 좇아서 그 진퇴(進退)를 하고, 학문과 경제 등의 제 분야와 더불어, 문명 가운데의 한 국면을 움직이는 것이라고 하는 사실은, 앞에서 이미 이것을 논하였다. 그런고로 문명은 예컨대 사슴과 같고, 정치 등은 궁사(弓師)와 같다. 궁사는 물론 한 사람이 아니고, 그 궁술도 또한 사람마다 유를 달리 할 것이다. 다만 그 표적으로 삼는 바는 사슴을 쏘아서 이것을 포획하는 것에 있을 따름. 사슴만 잡으면, 서서이것을 쏘아도 앉아서 이것을 쏘아도, 아니면 시기에 따라 맨손으로서 이것을 잡더라도 아무런 문제가 없다. 단지 어떤 유파의 궁술에 구애를 받아, 명중해야 할 화살을 쏘지 못하고, 잡아야 할 사슴을 놓지는 것은, 수렵이 서툰 엽사라 할 수 있다.

제 2권

제 4장

일국(一國) 인민의 지덕(智德)을 논함

앞 장에 문명은 사람의 지덕의 진보라고 하였다. 그렇다면 이른바 여기에 지혜롭고 덕망을 지닌 사람이 있을 것이다. 이를 문명한 사람이라 일컬을 수 있겠느냐. 이르되, 그렇다, 이를 일컬어서 문명한 사람이라 할 수 있다. 그렇다고는 하여도 이 사람이 거주하는 나라를 가리켜서 문명한 나라라고 일컬을 수 있느냐 아니냐는 아직 알 수 없는 것이다. 문명은 한 사람의 신상에 관해서 논해서는 안 되고, 국가 전체의 형국에 관해서 보아야 할 것이다. 지금 서양제국을 문명이라 하고 아시아제국을 반개(半開)라고 한다 하더라도, 두 세 사람의 인물을 들어서 이것을 논하자면, 서양에도 완고하고 몹시 어리석은 인민이 있고, 아시아에도 지혜와 덕망을 갖춘 준재(俊才)가 있다. 그리고 서양을 문명이라 하고 아시아를 문명하지 않다고 하는 것은, 서양에서는 이 몹시 어리석은 인민이, 그 어리석음을 마음껏 발휘할 수가 없고, 아시아에서는 이 준재가, 그 지혜와 덕망을 마음껏 발휘할 수가 없기 때문에서이다. 그 이것을 마음껏 발휘할 수 없는 것은 무엇인가. 한 사람의 지·우(智愚)에 의함이 아니고, 국가 전체에 만연된 기풍(氣風)에 제압되기 때문이다. 그런고로 문명이 있는 곳을 찾고자 하려면, 우선 그 나라를 제압하는 기풍이 있는 곳을 살펴보지 않을 수 없다. 또한 그 기풍은 일국의 인민이 지니고 있는 지덕(智德)의 현상이어서, 혹은 진보하고 혹은 퇴보하고, 혹은 증가하고 혹은 감소하고, 진퇴와 증감 잠시도 멈추지 않아서 흡사 국가 전체가 운동의 원천이기 때문에, 한번 이 기풍이 있는 곳을 탐색할 수가 있다면 세상의 사물 하나도 남김없이 명료하지 않은 것이 없고, 그 이익과 손해 득과 실을 자세히 관찰해서 이것을 논하는 것은 자루 속에 들어있는 물건을 찾는 것보다도 쉬울 것이다.

이상에서와 같이 이 기풍이라는 것은 한 사람의 기풍이 아니고 국가 전체의 기풍이므로, 지금 일면적인 사항에 관해 이것을 구체적으로 조사해 보고자 하는 것도, 눈으로 볼 수가 없고 귀로 들을 수가 없고, 때로는 이따금 이것을 견문한 적이 있다 하여도, 그 보고 들은 바에 따라서 언제나 의견의 불일치를 낳고 사실의 진면목을 단정하기에 부족하다. 예를 들자면 일국의 산과 습지를 계산하려면, 그 국가 내에 산재한 산과 습지의 평수를 측량하고, 그 총계를 기록해 이것을 산이 많은 고장으로 명명하고 또는 습지가 많은 고장으로 명명할 수가 있고, 드물게 큰 산과 광활한 습지가 있다고 하여 갑자기 억단해서 이 지역을 산이 많은 고장 습지가 많은 고장이라고 할 수가 없는 것과 같다. 그런고로 인민 전체의 기풍을 알고 그 지덕의 내용을 파악하고자 하려면, 그 작용들이 서로 모여서 세상의 보편적인 결과로 드러난 것을 보고 이것을 자세히 관찰하지 않으면 안 된다. 혹은 이 지덕은 사람의 지덕이 아니고 나라의 지덕이라고 칭할 수가 있는 것이다. 생각건대 나라의 지덕이라 함은 나라 전체에 보편적으로 분포된 지덕의 전량을 가리켜서 명명한 것이기 때문이다. 일단 그 양의 다소를 알면 그 진보와 퇴보 증가와 감소를 자세히 관찰하고 그 운동방향을 명확히 밝히는 것도 역시 어려운 일은 아니다.

대저 지덕의 운동은 흡사 큰 바람과 같고 또한 강물의 흐름과 같다. 큰 바람은 북쪽에서 남쪽으로 불고, 강물은 서쪽에서 동쪽으로 흐르고, 그 완급과 그방향은 높은 곳에서 바라보아 분명히 이를 볼 수 있다 하겠으나, 돌아와서 집안으로 들어가면 바람이 없는 것 같고, 제방의 가장자리를 보면 물이 흐르지 않는 것과 같다. 더러는 심하게 이것을 방해하는 것이 있으면, 완전히 그 방향을 바꾸어서 역류할 수도 있다. 그렇다고는 하여도 그 역류하는 것은 이를 방해하는 것이 있어서 그러한 것이므로, 한정된 지역의 역류를 보고 강물의 흐름의 방향을 억단할 수 없다. 반듯이 그 생각하는 바를 고원하게 하지 않으면 안 된다. 예컨대 경제론에, 부유의 근원은 정직과 노력과 검약이라는 삼 요건에 있다고 하였다. 지금 서양의 상인과 일본의 상인과를 비교해서 그 장사의 취향을 보건대, 일본의 상인이 반듯이 정직하지 않은 것이 아니고, 또한 반듯이 게으른 것이 아니고, 그 뿐만 아니라 그 검소 검약의 모습에 있어서는 서양 사람들이 훨씬 미치지 못하는 바가 있다. 그런데도 일국의 상업의 결과로 드러나는 빈부에 관해서 보면, 일본은 훨씬 서양제국에 미칠 수가 없다. 또 중국은 오랜 옛날부터 예의의 나라로 칭하였고, 그러한 말이 때로는 자부와 같다 할지라도, 행위에 진실성이 없거니와 명성 역시 또한 있을 수가 없다. 과거 중국에는 실로 예의범절을 갖춘 사군자가 있어서 그 공적을 칭송할만한 사람이 적지 않았다. 오늘날에 이르러서도 그러한 인물이 부족한 것이 아닐 것이라고는 하여도, 국가 전체의 형국을 보건대 사람을 죽이고 물건을 훔치는 자는 심히 많고, 형벌은 지극히 가혹하여도 죄인의 숫자는 언제나 감소하는 일이 없다. 그 인정과 풍속이 비굴하고 천열(賤劣)한 것은 참으로 아시아 극가의 예의범절을 표현해 낼 수 있었던 것이라고 할 수 있다. 그런고로 중국은 예의 나라가 아니고, 예의를 지키는 사람이 사는 나라라고 할 수가 있는 것이다.

사람의 마음의 작용은 수 만 가지, 아침은 저녁과 다르고, 밤은 낮과 같지 않다. 오늘의 군자는 내일의 소인으로 변할 수 있고, 올해의 적은 내년의 붕우가 될 수 있다. 그 임기응변이 마침내 나오면 더욱더 희한하다. 환영처럼 마귀처럼, 판별할 수가 없고 측량할 수가 없다. 타인의 심정을 헤아려 볼 수가 없음은 물론 논할 필요도 없고, 부부 친자 사이라 하더라도 서로 그 심경의 변화를 헤아릴 수가 없다. 단지 부부 친자만이 아니고, 자신의 마음으로써 스스로 확실하게 그 마음의 변화를 잘 제어하기에 부족하고, 소위 지금의 나는 과거의 내가 아니라 함은 바로 이것을 두고 하는 말이

다. 그 실상이 흡사 맑게 개인 하늘과 비오는 하늘을 예측할 수없
는 것과 같다.

옛날 기노시타 도키치(木下藤吉)가 주인의 금 여섯 냥을 훔쳐
종적을 감추었고,1) 그 여섯 냥의 금을 주군가(主君家)인 무가(武
家)에 자금으로 바치고서 비로소 오다 노부나가(織田信長)2)를 보
필하였고, 점차 입신함에 따라서 니와(二羽), 시바타(柴田)3)의 명
망을 사모하여, 하시바 히데요시(羽柴秀吉)로 성명을 개명하고 오
다씨 부대의 대장이 되었고, 그 뒤 당시 끊임없는 변란을 맞이하였
고, 더러는 패하고 더러는 승리하여, 기회를 타고 정황에 적절히
대처하여, 결국은 전 일본을 무력으로 장악하였고, 도요토미 태합4)
의 명성으로써 전국의 정권을 한 손에 거머쥐었고, 오늘에 이르기
까지도 그 공적이 성대함을 칭송하지 않는 자가 없다. 그렇다고는
하여도 처음 토키치가 여섯 냥의 금을 훔쳐 종적을 감추었을 때,
어찌 일본국 전체를 장악한다는 평소의 꿈이 있었겠는가. 일단 노
부나가의 시종이 된 뒤에도 얼마간 니와 혹은 시바타의 명망을 부
러워하여 스스로 성명까지도 개명하였던 것이 아니더냐. 그 이상이
작은 것은 짐작하여 알 수가 있다. 그런고로 주인의 금을 훔치고도
오랏줄을 받지 않았던 것은 도적의 신분으로서는 뜻밖이다. 뒤이어
노부나가를 섬기며 대장이 되었던 것은 도키치의 신분으로서는 기

---

1) 도요토미 히데요시(豊臣秀吉)의 일대기인 『다이코키(太閤記)』에 수록된
   일화, 오제 호안(小瀬甫庵)、1625년.
2) 전국시대의 무장.
3) 니와 나가히데(二羽長秀)·시바타 카츠이에(柴田勝家)는, 오다 노부나가
   의 중신(重臣).
4) 太閤 : 도요토미 히데요시에 대한 경칭.

대 밖이다. 또 수년의 성공과 실패를 거쳐 마침내 전 일본 을 장악케 하였던 것은 하시바 히데요시의 신분으로는 기대 밖의 일이다. 지금 이 사람이 태합의 지위에 있으면서 회고하여 왕년의 여섯 냥의 금을 훔쳤던 시절의 모습을 회상하면, 평생의 업적, 그 어느 것 하나 우연적으로 이루어지지 않은 것이 없으며, 참으로 이것은 꿈속에서 또다시 꿈속으로 들어가는 심경일 것이다.

후세의 학자가운데 도요 태합(豊太閤)5)울 평가하는 자, 모두 그 도요 태합이었던 시절의 언행으로써 그 평생의 인물을 입증하고자 하기 때문에 큰 오해를 불러일으키는 것이다. 도키치이고 하시바(羽柴)이고 도요 태합이고, 모두 한 사람의 평생 동안의 단계이며, 도키치일 때는 도키치의 마음이 있고, 하시바일 때는 하시바의 마음이 있고, 태합임에 이르면 자연히 또 태합의 마음이 있어서, 그 마음의 작용, 처음과 중간과 마지막의 삼 단계에 있어서 똑 같을 수는 없다. 또한 자세하게 이것을 논하자면, 평생 동안의 마음의 작용은 천 단계에서도 만 단계에서도 차이가 나서 천상만태의 변화를 볼 수 있다. 고금의 학자들 이러한 이치를 모르고서, 사람됨됨이를 평가함에 있어 그 말투로써, 아무개는 어려서부터 큰 뜻을 품었다고 하고, 아무개는 세 살적에 이런 진기한 말을 하였다 하고, 아무개는 다섯 살적에 이런 기행(奇行)이 있었다고 하고, 심지어는 생전의 상서로운 징조를 기록하고, 또는 꿈을 해몽하여 사람의 언행록의 일부로 만드는 자가 있기에 이르렀다. 착각도 또한

---

5) 도요토미 히데요시를 칭함.

심하다고 할 수가 있다.

　세간의 정사(正史)라고 일컫는 책 가운데에, 도요 태합의 어머니는 태양의 품속으로 들어가는 꿈을 꾸고 임신하였고[6], 고다이고 천황(後醍醐天皇)은 남쪽의 나무 밑에서 꾼 꿈을 꾸고 감동하여 구스노기 씨를 얻었다고 하고[7], 또 한(漢) 나라의 고조(高祖)는 용의 서광을 얻어 태어나 그 얼굴이 용을 닮았다고 한다. 이런 종류의 허탄망설(虛誕妄說)을 헤아린다면 일본과 중국의 역사 가운데에서 이루 헤아릴 수 없이 많다. 세상의 학자들은 이런 망설을 외쳐 그저 남을 속일뿐만 아니라, 자신도 이 망설에 빠져서 스스로 믿는 자와 같다. 너무나도 한심한 자라 해야 하겠다. 필경 옛것을 그리워하는 고질병 때문에 덮어놓고 옛 성현을 숭배하고, 그러한 인물이 죽은 뒤 아득히 그 업적을 보고서 이를 신기한 것으로 보고, 요즘 사람의 이목을 놀래게 해서 견줄 수 없는 것처럼 하기 위해서, 견강부회(牽强附會)한 풍설을 지어내었을 따름이다. 이것을 역술가 유의 망언(妄言)이라 하여 무방하다.

무릇 인간이란 그 천부(天賦)와 교육에 의해서 스스로 그 지조가 높은 자도 있고 혹은 천박한 자도 있어서, 그 높은 사람은 고상한 일에 뜻을 두고, 그 천박한 자는 천박한 일에 뜻을 두어, 그 지조에 대체적인 방향이 있음은 말할 필요가 없다 하겠으나, 지금 여기에 논하는 바는 큰 뜻을 품은 자라 하여 반듯이 대업을 이루는 것이 아니고, 대업을 이루는 자라고 하여 반듯이 젊은 시절부터 평

---

6) 도요토미 히데요시가 태양의 정기를 받아서 태어났다고 하는 전설이 『태합기(太閤記)』에 도 서술되어 있다.
7) 고다이고 천황이 꿈속에서 궁전의 남쪽에 있는 큰 나무 밑에서 두 사람의 동자가 예언하는 말을 듣고, 구스노기 마사시게(楠木正成)를 찾아내었다고 하는 전설이 『태합기』에 전한다.

생의 성공을 기하는 것이 아니다. 설령 대부분의 지조는 방향을 결정한다하더라도, 그 마음먹은 계획과 성과는 따라서 바뀌고 따라서 나아가, 진퇴와 변화가 끝이 없으며, 우연적인 추세에 편승하여 마침내 대업까지도 이루는 것이라는 사정들을 기술한 것이다. 학자들은 이러한 취지를 오해하지 말지어다.

앞에서 기술한 견해에 입각하여 이것을 판단하건대, 사람의 마음의 변화를 관찰하는 것은 사람의 능력이 미치는 바가 아니며, 요컨대 그 작용은 모두 우연적으로 나타나고 또한 불규칙적인 것이라 하여도 무방하지 않겠는가. 답하여 이르노니, 결코 그렇지가 않다. 문명을 논하는 학자에게는 스스로 이러한 변화를 판단하는 방법이 있다. 이 방법에 의해서 이것을 찾는다면, 인간의 마음의 작용에는 단지 일정한 법칙이 있을 뿐만 아니라, 그 법칙의 정당함은 실물의 형체를 보는 것과 같고, 목판으로 눌러놓은 글자를 읽는 것과 같아, 이것을 오해하고자 하여도 도저히 오해할 수가 없다. 생각건대 그 방법이란 무엇이더냐. 세상 사람들의 마음을 일체(一體)로 간주하여, 오랜 기간 동안에 폭넓게 비교해서, 그 결과로 나타나는 것을 입증하는 방법이 곧 이것이다.

예컨대 청천(晴天)과 우천(雨天) 같은 경우도 아침의 좋은 날씨로써 저녁의 비를 점칠 수 없으니, 하물며 수십 일 사이에 며칠 동안의 맑은 날이 있고 며칠 동안의 비 오는 날이 있다고 일정한 법칙을 세우고자 하는 것 역시 사람의 지혜가 미치는 바는 아니다. 하지만 1년 동안에 맑은 날과 비오는 날을 평균하여 계산하면, 맑은 날은 비오는 날보다 많은 것을 알 수 있다. 또한 이것을 한 지역에서 계측하기보다도 널리 한 구역 혹은 한 국가로 확산할 경우에는, 그 맑은 날과 흐린 날의 일수가 더더욱 정밀할 수가 있다. 또이 실험을 확대하여 널리 온 세상에 미치게 하여, 지난 수 십 년과미래의 수 십 년과의 맑은 날과 비오는 날을 계산하여 그 일수를비교한다면, 전과 후 틀림없이 한결같아서 불과 며칠의 차이도 나지 않을 것이다. 혹은 이것을 100년에 이르게 하고 1000년에 이르게 한다면, 참으로 한 치의 시차도 없게 될 것이다. 인간의 마음의작용도 또한 이와 같다. 지금 일신 일가에 관해서 그 사람의 활동을 자세히 관찰하면 다시금 법칙성이 존재하는 것을 보지 못한다고는 하여도, 널리 한 국가에 대해서 이것을 찾는다면 그 법칙성의정연함은 저 맑은 날과 비오는 날의 일수를 평균하여서 그 비율이정밀한 것과 다르지 않다. 어떤 국가 어떤 시대에는, 그 국가의 지덕이 이쪽 방향으로 향했고 혹은 이런 원인으로 이러한 수준으로진보하였고, 혹은 그러한 차질로 지장을 받아서 그러한 수준으로퇴보하였다고, 마치 유형적인 사물에 관해서 그 진보와 퇴보, 방향을 보는 것과도 같다.

영국인 버클씨의 영국문명사[8]에서 말하기를, 일국의 민심을일체로 간주하여 이것을 보건대, 그 작용에 법칙성이 있는 사실에참으로 놀라지 않을 수 없다. 범죄는 사람의 마음의 행동이니, 한개인의 입장에서 이것을 보면 물론 그 행동에 법칙성이 있을 수는없다고 하여도, 그 나라의 사정으로 이변이 생기지 않는다면 죄인

---

8) Henry Thomas Buckle(1822-62년)이 저술한 『영국문명사(History of Civilization in England, New York, D. Appleton and company,1873년)』.

의 숫자는 매년 다를 것이 없다. 예컨대 사람을 살해하는 자와 같은 경우는 대개는 일시적인 분노에 편승하는 자이므로, 개인적으로 누군가 미리 이것을 약속하여, 내년 몇 월 며칠에 몇 사람을 죽이겠다고 스스로 신중하게 생각하는 자가 있겠느냐. 그런데도 프랑스 전역에서 사람을 죽인 죄수를 계산하건대, 그 수가 매년 비슷할 뿐만 아니라, 그 살해에 사용한 흉기의 종류까지도 매년 다르지 않다. 더욱 이보다도 신기한 것은 자살하는 사람이다. 무릇 자살 사건이야말로, 다른 사람으로부터 명령할 수 있는 것이 아니고, 권유할 수 있는 것이 아니고, 속여서 이것을 유도할 수 있는 것이 아니고, 협박해서 이것을 강요할 수 있는 것이 아니고, 완전히 전심으로 결단하는 바로 나타나는 현상이므로, 그 숫자에 규칙성이 있을 것으로는 생각할 수 없다. 그런데도 1846년부터 50년에 이르기까지, 매년 런던에서 자살하는 자의 숫자가 많게는 266명, 적게는 213명이어서, 평균 240명을 결정적인 숫자로 인정하였다고. 이상 버클 씨의 주장이다.

또한 여기에 비근한 일예를 들어 말하겠다. 상업상 물건을 판매하는 자는, 이것을 손님에게 강제로 판매하게해서는 안 된다. 이것을 사느냐 마느냐는 전적으로 사는 사람의 권리에 달렸다. 그런데도 매물의 구입자는, 대체적으로 세간의 경기를 자세히 관찰하고서 언제나 쓸데없는 물품을 쌓아 놓는 일이 없다. 쌀, 보리, 직물 등은 부패의 염려도 없고 혹은 그 구입에 과분하더라도 당장 손실을 보지 않는다고 할지언정, 더운 여름철에 어육(魚肉) 혹은 찐 과자 등을 사들이는 자는, 아침에 구입하여 저녁에 팔지 않으면 즉시

전부 손해를 볼 수가 있다. 그런데도 더운 여름철 시험적으로 동경의 과자점에 가서 찐 과자를 찾으면, 종일 이것을 팔고, 해질 무렵에 이르면 물품을 있는 대로 모두 팔아치워서, 밤이 되어 잔품이 부패한 것이 있다는 것을 들어보지 못하였다. 그 경기가 좋은 것은 정말이지 파는 사람과 사는 사람이 미리 약속을 한 것과도 같이, 저 해질 무렵에 물품을 있는 대로 다 사들이는 사람은, 마치도 자신의 이·불리(利不利)는 제쳐놓고, 그저 과자점이 너무 많이 매입할 것을 우려하여 이것을 사들이는 사람들 같다. 어찌 신기하지 않으리오. 지금 과자집의 형국은 이와 같다 하겠으나, 양보하여 시중의 집집마다에 걸쳐, 한 해 동안 몇 번이나 찐 과자를 먹고, 어떤 가게에서 얼마나 물품을 사느냐 하고 묻는다면, 사람들 모두가 이 질문에 대답할 수가 없을 것이다. 그런고로 찐 과자를 먹는 사람의 마음의 작용은 한사람을 상대로 볼 수는 없는 것이기는 하지만, 시중의 민심을 일체로 보고서 이것을 자세히 관찰하면, 그 이것을 먹는 심리적인 행동에는 반듯이 법칙성이 있어서, 명확하게 그 진퇴와 방향을 볼 수가 있는 것이다.

　　그런고로 세상의 형세는 일사일물(一事一物)에 관해 억단해서는 안 되는 것이다. 반듯이 넓게 사물의 동태를 보고 보편적으로 드러나는 바를 자세히 관찰하여, 이것과 그것과를 비교하는 것에 있지 않으면 확실한 진상을 명확히 밝히기에 족하지 않다. 이와 같이 널리 실제에 대해 세세한 부분까지 파고드는 방법을 서양어로 스타티스틱9)이라 일컫는다. 이러한 방법은 인간의 업적을 자세히 관찰하여 그 이와 해 득과 실을 명확히 하기 위해 결여되어서는 될 것으로, 근래 서양의 학자들은 전적으로 이 방법을 적용해서 사물의 탐색에 많은 성과를 올린다고 한다. 무릇 토지와 인민의 다와 소, 물가와 임금의 고와 저, 결혼인구와 신생아, 환자와 사자(死者) 등, 일일이 그 숫자를 기록하여 도표를 작성하고, 이것저것 서로 비교할 경우, 세간의 사정, 이러한 것들을 탐색하는데 이렇다 할 방법이 없는 것까지도, 일목요연한 것이다.

예컨대 영국에서, 해마다 혼인하는 자의 수는 곡물의 가격에 비례하여, 곡물의 가격이 비싸면 혼인의 숫자가 적고, 그 가격이 하락하면 혼인이 많아, 일찍이 그 비율을 그르치는 일이 없다고 하였다. 일본에는 아직 「스타티스틱」의 도표를 만드는 자가 없기 때문에 이것을 알 수 없기는 하지만, 혼인의 수효는 반듯이 쌀과 보리의 가격에 비례할 것이다. 남녀가 혼인하여 한 집에 사는 것은 인간의 대륜이다[10]라 하여, 세상 사람이 모두 그 예(禮)를 존중하여 경솔히 거행할 수 있는 것이 아니다. 당사자 역시 피차 서로 좋아하는 것도 싫어하는 것도 있고, 신분적인 빈부적인 형편도 있고, 부모의 분부 역시 따르지 않을 수 없고, 중매인의 말씀도 기다리지 않을 수가 없고, 그 밖에 백반의 사정으로 인하여, 이것저것 형편에 잘 맞추어서 그 혼담이 성립되는 것은 이것을 우연이라고 하지 않을 수가 없다. 실로 그 그러함을 헤아리지 않고서 그러한 것인 것 같다. 사회에서 혼인을 기연(奇緣)이라 하고, 혹은 「이즈모(出雲)의 다이샤결연신설」(大社結緣神說)[11]이 존재하는 것 역시, 모

---

9) statistics,통계 혹은 통계학.
10)『맹자』의 만장편상(万章篇上)에

두 혼인이 우연에 의해 발생한다는 증거인 셈이다. 그런데도 지금 그 실제에 관해서 이것을 판단하건대 절대 우연이 아니다. 본인의 뜻에 따라서 성사될 수 있는 것이 아니고, 부모의 명에 따라서 성립될 수 있는 것이 아니고, 비록 중매인의 능변이라 할지라도, 결연을 맺게 하는 신령(神靈)이라 할지라도, 세간의 보편적인 혼인을 어떻게도 할 수는 없다. 본인의 심정까지도, 부모의 명령까지도, 중매인의 말씀까지도, 대 신사(神社)의 신력까지도, 통틀어서 이것을 제압하고, 자유자재로 이것을 다스리고, 혹은 세상의 혼담을 성립하게도 하고, 혹은 이것을 망가뜨리게도 하는 것은, 이 세상에서 유일한 쌀값의 시세가 있을 따름이다.

이러한 취지에 따라서 사물을 탐색하건대, 그 성과의 원인을 찾는 데에 있어 매우 편리하다. 무릇 사물의 성과에는 반듯이 그 원인이 있게 마련이다. 그리고 이 원인을 근인(近因)과 원인(遠因) 두 가지로 구별하여, 근인은 판단하기 쉬우나 원인은 변별하기가 쉽지 않다. 근인의 수는 많으나 원인의 수는 적다. 근인은 자칫하면 혼란하여서 남의 이목을 혼란시킬 수 있어도, 원인은 이것을 한 번 찾을 수가 있다면 확실하여서 변동이 없다. 그런고로 원인을 탐색하는 요령은 근인으로부터 점차 소급하여서 원인에 이르는 것에 있다. 그 소급(遡及)이 점점 거리가 멀어지면 원인의 수는 점점 감소하고, 한 원인으로 수많은 작용을 설명할 수가 있다. 지금 물에 비등 작용을 일으키는 물질은 장작불이고, 사람에게 호흡의 작용을

---

11) 해마다 10월에 이즈모에 귀신들이 큰 신사에 모여서 남녀 간의 혼인을 논의하였다는 전설

일으키는 물질은 공기이다. 그런고로 공기는 호흡의 원인이고 장작은 비등의 원인이지만, 단지 이러한 원인만을 탐색한다 하더라도 아직 세세한 점까지 파고들었다고 하기에는 부족하다. 원래 이 장작이 불에 타는 이유는 장작이라는 물질 속에 존재하는 탄소와 공기 중의 산소와 결합하여 열을 발생하는 원리에 의한 것이며, 인간이 호흡을 하는 이유는 공기 속에서 산소를 들이쉬어 폐장에서 혈중의 과잉 탄소와 친화하여 또한 이것을 내쉬는 원리인 것이므로, 장작과 공기는 단지 근인이고 그 원인은 이른바 산소라고 하는 물질이다. 그런고로 물의 비등과 인간의 호흡과는 그 작용의 내용도 다르고 그 근인 또한 다르다 할지라도, 더욱 한발 나아가서 그 원인인 산소를 얻어, 비로소 비등의 작용과 호흡의 작용을 동일한 원인으로 귀착시켜서 확실한 논의를 확정할 수 있는 것이다.

앞에서 언급한 세간의 혼인과 같은 것도, 그 근인(近因)을 말한다면 당사지의 심경, 부모님의 명령, 중매인의 말씀, 그 밖에 제반의 사정에 의해서 성사가 되는 것과 같다고 할지라도, 이 근인으로는 아직 사정을 상세하게 밝히기에는 충분하지 않을 뿐만 아니라, 오히려 혼란을 일으켜 사람들의 이목을 헷갈리게 하는 일이 있으니, 즉 이 근인을 버리고, 나아가 원인이 있는 곳을 찾아, 곡물의 가격이라는 것을 파악하고, 비로소 혼인의 숫자가 많음과 적음을 좌우하는 진정한 원인을 알게 되고, 확고부동의 법칙성을 발견하는 것이다.

또 한 예를 들어서 말하겠다. 여기에 주객(酒客)이 있어, 말에서 떨어져 허리를 다쳐, 마침내 반신불수 증에 걸렸다. 이것을 치료할 방도 어찌해야 하겠는가. 이 병의 원인은 낙마 때문이다 하여, 그 허리에 고약을 붙이고, 오로지 타박상 치료법을 시행하여서 되겠는가. 만약 그러한 자는 이를 돌팔이 의사라 하지 않을 수가 없다. 필경 낙마는 단지 이 병의 근인일 뿐. 기실은 다년 음주로 건강을 돌보지 않은 탓으로, 일찍이 척수쇠약증을 일으켜서 이제 막 이 증세를 일으키려 하던 참에 이르러, 때마침 낙마로 전신에 큰 충격을 가하였고 이 때문에 갑자기 반신불수 증세를 일으켰을 뿐이다. 그런고로 이 병을 치료할 의술은, 일단 금주를 해서 병의 원인(遠因)인 척수의 쇠약을 회복시키는 것에 있을 따름. 다소 의학에 뜻을 둔 사람은 이러한 병원(病原)을 분별하여 그 치료법의 시행이 용이하겠으나, 세상의 문명을 논하는 학자들에 이르러서는 즉 그러하지가 않으니, 예외 없이 모두 돌팔이 의사의 부류들뿐. 가까이 눈과 귀로 보고 듣는 바에 혹닉하여 사물의 원인(遠因)을 추구하는 것을 모르고, 이것에 속고 저것에 가려져, 함부로 잔소리를 하고 제멋대로 큰일을 치르고자 하다가, 촌전암흑(寸前暗黑), 어두운 밤에 몽둥이를 휘두르는 것과도 같다. 그 당사자를 생각하면 가여워 해야 하고, 사회의 이익을 생각하면 두려워해야 할 것이다. 삼가지 않으면 안 될 것이다.

앞의 단에서 논한 것과 같이, 세상의 문명은 널리 그 국민에 보편적으로 분포된 지덕의 현상이므로, 그 나라의 치란과 흥망도 또한 보편적인 지덕과 관계가 있는 것인 이상, 두 세 사람이 능히 할 수 있는 것이 아니다. 국가 전체의 기운은 진보하고자 하여도 진보할 수가 없고, 멈추고자 하여도 멈출 수가 없다. 다음에 역사의 두 세 항목을 들어서 그러한 사정을 언급하겠다. 원래 논리 속에 사론(史論)을 활용하면. 그 문장이 장황해져서 더러는 독자로 하여금 좋아하지 않게 할 염려가 없지 않겠지만, 역사에 근거하여 문제를 설명하는 것은, 어린이에게 쓴 약을 주는데 설탕을 섞어서 그 입을 즐겁게 해주는 것과 같다. 생각건대 초(初)학자의 정신으로는 형태가 없는 이론을 해독하는 것이 매우 쉽지 않으니, 그러므로 사론을 섞어서 그 논리를 내보일 경우에는, 자연히 신속하게 납득하는 편리함이 있기 때문이다.

가만히 중국과 일본의 역사를 살피건대, 예로부터 영웅호걸의 사군자들, 때를 만나는 자가 지극히 드물다. 스스로 이것을 탄식하여 불평을 토하고, 후세의 학자도 이것을 추도하여 눈물을 흘리지 않는 자가 없다. 공자도 때를 못 만났다 하였고, 맹자 역시 또한 그러하다. 미치자네(道眞)12)는 츠쿠시(築紫)에 귀양을 가게 되었고, 마사시게(正政)13)는 요도가와에서 전사하였으니, 이러한 예는 너무 많아서 일일이 셀 수가 없다. 옛날이나 지금이나 이따금 세상에 공적을 이룬 사람이 생기면 이것을 천재일우라 일컫는다. 생각건대 때를 만나는 어려움을 평한 말인 것이다. 그리고 저 소위 때(時)라는 것은 무엇을 지칭해서 하는 말인가. 주(周)나라의 제후가 용케 공맹을 이용하여 국정을 맡도록 했더라면 틀림없이 천하를 태평하게 다스릴 수 있었을 터이거늘, 이 사람을 이용하지 않은 것은 당

---

12) 스가와라노미치자네(菅原道眞. 854-903년) 헤이안(平安)시대의 귀족, 학자.
13) 구스노키 마사시게(楠正成. 1294-1336년) 남북조시대의 무장. 아시카가 타카우지(足利尊氏)무로마치막부의 군사에 쫓겨, 요도가와 강변에서 전사.

시의 제후의 잘못이라고 말하는 것인지. 미치자네의 귀양살이, 마사시게의 전사는, 후지와라(藤原)씨와 고다이고(後醍醐)천황의 죄라고 말하는 것인지. 그러하다면 즉 때를 만나지 않았다 함은 두세 사람의 마음에 들지 않았다고 하는 것이고, 그 때라 함은 단지 두 세 사람의 마음으로써 만들 수 있는 것이겠는가. 만약 주나라 제후의 심정으로 하여금 우연히 공맹을 즐겁게 하고, 고다이고 천황으로 하여금 구스노키 마사시게의 계략을 좇게 한다면, 과연 제각각 그 사태를 성사시켜, 지금의 학자가 상상하는 것 같은 천재일우의 대업을 성취하였던 것일까. 이른바 때라 함은 두 세 사람의 마음이라고 하는 것과는 다르지 않은가. 때를 만나지 않았다 함은 영웅호걸의 마음과 군주의 마음이 어긋난다는 의미이련가.

나의 소견은 전혀 이것과 다르다. 공맹이 이용당할 수 없었던 것은 주나라 제후의 죄가 아니고, 제후로 하여금 이 사람을 이용하게 하지 않았던 자이다. 구스노키 씨의 전사는 고다이고 천황이 식견이 없었던 것에 있지 않고, 구스노키 씨로 하여금 사지(死地)로 추락하게 만든 자는 따로 이들이 있다. 생각건대 그 이것을 그러하게 하였던 것, 이란 무엇이더냐. 이른바 「시세」(時勢)이니라. 이른바 당시의 사람들의 기풍이다. 즉 그 시대의 인민에 분포된 지덕의 상태이다. 청컨대 시험적으로 이를 논하겠다.

천하의 형세는 마치 증기선이 달리는 것 같이, 천하를 다스리는 일에 임하는 자는 마치 항해사와 같다. 1000톤의 배에 500마력의 증기기관을 장착하고, 단번에 5십리를 달려 열흘에 12000리의 바다를 건널 수가 있다. 이것을 이 증기선의 속력이라고 한다. 어떤 항해사로 어떤 머리를 짜낸다 하더라도, 이 500마력을 늘려서 550마력으로 바꿀 수는 없다. 12000리의 항해를 서둘러서 9일에 끝날 방도가 있을 수 없다. 항해사의 직무는 단지 이 기관의 힘을 방해하지 않고 운전의 작용을 완수하게 하는 것에 있을 따름이다. 혹은 두 번의 항해에서 처음에는 15일을 소비하였고 다음에는 10일로 달성한 적이 있다면, 이것은 다음에 항해한 사람의 업적이 아니고, 첫 번째 항해자가 서툴러서 증기의 힘을 방해한 증거이다. 이 서투름에는 한계가 있을 수 없고, 이 증기로써 15일도 소비할 수가 있고 20일도 소비할 수가 있고, 혹은 그 극에 다다르면 전혀 작용을 못하는 것으로 변할 수도 있을 것일지언정, 인간의 재주로써 증기기관이 본래 가지고 있지 않은 마력을 만들어낼 수는 도저히 없을 것이다. 세간의 치란 흥망도 또한 이와 같다. 그 대세의 움직임에 직면하여 두 세 사람이 국정을 장악하고 천하의 민심을 움직이게 하겠다는 것 역시 결코 시행될 수 있는 것은 아니다. 하물며 그 민심을 배반하고 홀로 자신의 뜻에 따르게 하겠다는 자에게 있어서야. 그 험난한 사정 마치 배를 타고 육지를 달리겠다고 하는 것과 다르지 않다. 옛 부터 영웅호걸의 시대에 대업을 이루었다 하는 것은, 그 사람들의 기술로써 인민의 지덕을 앞으로 나아가게 한 것이 아니고, 오로지 그 지덕의 진보에 즈음하여 이것을 방해하지 않았을 뿐이다. 시험 삼아 보시게, 세상의 장사꾼들, 여름에는 얼음을 팔고 겨울에는 땔감을 팔지 않더냐. 그저 세상의 민심을 좇을 뿐이다. 지금 겨울을 만나서 얼음가게를 열고, 여름밤에 땔감을 파는 자가 있다면, 사람들 누군가 이런 자를 바보라 하지 않겠

는가. 그리고 저 영웅호걸의 무사들에 이르러서는 오로지 그렇지가
않아서, 바람과 눈이 몰아치는 엄동에 얼음을 팔려 하다가 이것을
살 사람이 나서지 않으면, 즉 그 사지 않는 사람들에게 죄를 전가
시키고 단순히 스스로 불평을 하소연하는 것은 어찌된 영문인가.
분별력이 없는 한심한 자들이다. 영웅호걸, 얼음을 팔 수 없음을
걱정하거든, 이것을 모았다가 여름이 오기를 기다리고, 그 이것을
기다리는 동안에 애써 얼음의 효험을 설득하고, 세상 사람들로 하
여금 얼음이라는 것을 인식시키는 것만 못하다. 진실로 그 물품에
진정한 효험이 있다면, 때가 되어서 이것을 사는 자도 생길 것이
다. 혹은 또 진정한 효험이 없더라도 도저히 팔 수 있을 방도가 없
다면 단연코 그 장사를 그만두어야 할 것이다.

주나라 말기에 이르러 세상 사람들 모두 왕실의 예법의 속박
을 달가워하지 않았고, 그 속박이 그럭저럭 해소됨에 따라 천자를
등지고, 장관들은 제후를 억압하였고, 혹은 배신(陪臣)은 국권을
손에 쥐는 자들이 있어서[14], 천하의 정권은 사분오열, 실로 이것은
봉건정치의 귀족이 권력투쟁을 하는 시기로, 또 요·순(堯舜)이 서
로 사양하던 풍토[15]를 그리워하는 자가 없고, 세상은 오직 귀족이
있는 것을 알았지 인민이 있음을 모르는 것이다. 그런고로 귀족이
약소한 자를 돕고 그 강대한 자를 제지한다면, 즉 천하의 민심에
합치되어 당대의 권력을 잡았을 것이다. 춘추전국시대의 제(齊)나

---

14) 신분질서가 무너져 제후를 섬기는 배신이 대신 국권을 손에 쥐는 일이 잦
았다. 『논어』 「이씨편(李氏篇)」에 기술되어 있음.
15) 중국의 역사상 이상적 태평의 시대였던 요순시대에는 권력을 세습에 의하
지 않고, 국정에 알맞은 인물을 찾아내어 양도하였던 사례가 있었다.

라의 환공(桓公)과 진(晉)나라의 문공(文公)의 패업(覇業)16)이 곧 이것이다. 이 시기에 즈음하여 공자는 단순히 요순의 정치적 성향을 주장하였고, 형체가 없는 덕의로써 천하를 동화시킨다는 주장을 외치지만, 두말할 것도 없이 현실적으로 실천될 수가 없다. 당시로써 공자의 치적을 보건대, 저 관중(管仲)의 무리17)가 시대의 흐름에 순응하는 능란함에 미치지 못함은 큰 차이가 난다. 맹자에 이르러서는 그러한 문제가 더더욱 어렵다. 당시 봉건귀족들이 가까스로 합일된 방향을 향해 약자를 돕고 강자를 제지한다는 패권(覇權)은 또한 실행으로 옮겨지지 않아서, 강은 약을 멸하고 대는 소를 병합하는 것의 시대로 바뀌고 소진(蘇秦)18)과 장의(張儀)19)의 패거리가 실로 사방을 분주하게 뛰어다니면서, 때로는 그 일을 도와주고 때로는 이것을 깨뜨리고, 합종연횡(合縱蓮衡)의 전쟁으로 겨를이 없는 세상이었기 때문에, 귀족이라고는 하여도 스스로 그 신분을 만족할 수가 없다. 어쩌랴 인민을 염려함에 겨를이 있겠는가. 어쩌랴 (주나라 시대의) 이상적인 토지제도를 뒤돌아보기에 겨를이 있겠는가. 오로지 전 국력을 공격과 방어에 사용하고 주군은 일신의 안전만을 도모할 따름. 설령 혹은 명주인군(名主人君)이 있다 한

---

16) 환공과 문공은 무력으로 국왕을 대신하여 정치를 하였던 패자(覇者. 제후의 우두머리. 패왕)로 악명이 높다.
17) 춘추시대의 제나라의 재상. 환공을 모시다가 재상이 되어 부국강병책을 썼고, 그러한 그를 공자는 긍정적으로 평가하였다.
18) 전국시대의 논객. 합종책을 주장하여 국가 간에 동맹을 맺어 진나라에 대항케 했다.
19) 소진의 합종책에 대항하여, 국가들이 진나라와 동맹을 맺어 국가의 안전을 꾀한다는 연횡책을 주장하여, 진나라를 섬기게 하였다.

들, 맹자의 말을 듣고 인정(仁政)을 베풀면 정치와 더불어 신변의 위협을 받을 염려가 있으니, 이른바 소국인 등(滕)나라가 인접한 대국 제(齊)나라와 초(楚)나라의 틈바구니에 끼어서 어느 쪽을 섬기는 것이 좋을지를 맹자에게 물었던 것도 그 한 예이다[20]. 나는 감히 관중(管仲)이 소진과 장의의 편을 들어서 공맹을 배척한 것은 아니라고 하더라도, 단지 이 두 사람의 대가가 시세를 인식하지 못하고, 그 학문을 당대의 정치에 베풀려고 하다가 오히려 세간의 조롱을 사고, 후세에 도움을 주지 못한 것을 안타까워할 따름이다.

공맹은 일세의 대학자이고, 고래 희유의 사상가이다. 만약 이들로 하여금 탁견을 품게 하여, 당시에 시행되었던 정치의 범주를 벗어나 바야흐로 달리 한 세상을 펼쳐, 인류의 본분을 설파하고 만대에 지장이 없는 교훈을 확립할 수 있게 했더라면, 그 업적이 틀림없이 거대할 수 있었을 터이거늘, 평생 이 범주 안에서 농락되어 한 걸음도 벗어날 수가 없었고, 그 설득해 온 것도 역시 이로 인하여 스스로 체재를 잃었고, 순정한 이론이 아니면서 과반은 정치담을 한데 섞어, 소위 「필로소피」(philosophy)의 품격을 떨어뜨린 자이다. 그 도학을 좇아 섬기는 무리는, 가령 만권의 책을 읽더라도, 정부 편에 서서 일을 하지 않으면 다른 일이 없는 것 처럼, 물러나서 남몰래 불평을 투덜댈 뿐이다. 어찌 이것을 비열하다고 하지 않을 수 있겠는가. 이러한 학류(學流)가 만약에 널리 사회에 만연된다면, 세상 사람은 모두 정부 편에 서서 위세를 부릴 사람들이고,

---

20) 그러나 맹자는 국가로서의 이상적인 자세만을 설명하였다. 『맹자』의 양혜왕(梁惠王)편 하에 보이는 일화.

정부 밑에 있으면서 위세를 받아들이는 자는 없을 것이다. 사람에게 지우와 상하의 차별을 만들고, 그 자신은 스스로 지식인의 위치에 있으면서 어리석은 인민을 다스리고자 하기에 급급하므로, 세속의 정치에 관여하겠다는 마음도 역시 급하다. 결국 열심히 번민하다가 초상집에 기르던 개[21]가 밥도 못 얻어먹고 여위어버렸다는 비방을 초래하기에 이르렀다. 나는 성인에게 이것을 부끄러워하는 것이다.

또 그러한 학류의 도를 정치에 적용한다는 점에 있어서도 큰 문제가 있다, 원래 공맹의 본의는 수심윤상(修心倫常)[22]의 도(道)이다. 필경 형체가 없는 인의와 도덕을 논한 것으로, 이것을 마음의 학문이라 하여도 좋을 것이다. 도덕 역시 순정 무구하다면 이것을 경시해서는 안 된다. 개인적인 신분으로는 그 업적이 매우 크다 할지언정, 덕은 한 개인의 내부에 존재하지, 유형의 객관적인 사물과 접촉하는 것의 기능이 있는 것은 아니다. 그런고로 자연 그대로 자연과 혼연일체가 되어 있으면서도 세상사 적지 않은 사회에 있어서는 인민을 관리하기에 편리하겠으나, 인류사회의 문명이 눈뜸에 따라서 점차 그 힘을 상실하지 않을 수가 없다. 그런데도 지금 내부에 존재하는 형체가 없는 그 무엇을 가지고서 외부에 드러나는 유형의 정치에 시행하고, 옛날의 도(道)로써 현세의 세상사를 처리하고, 정실로써 일반백성을 억압하고자 하는 것은, 심각한 혹

---

21) 『공자가어』(孔子家語), 『사기』(史記)의 공자세가(孔子世家)에 보이는 고사로 말라서 기운이 없는 꼴을 빗대어 하는 말.
22) 마음과 행위를 정하게 해야 한다는 사람이 지녀야 할 마땅한 모습.

닉이라고 할 수가 있다. 그 때와 장소를 인식하지 못하는 것은, 마치 배를 타고 육지를 달리고자 하고, 한여름 철에 털옷을 찾는 것과 같다. 도저히 현실에 적용될 수 없는 방책이다. 그 확실한 증거는 수천 년 오랜 오늘날에 이르기까지, 공맹의 도를 정치에 베풀어서 잘도 천하를 다스린 자가 없는 사실로써 입증할 수 있다.

그런고로 이르노니, 공맹이 중용될 수 없었던 것은 제후의 죄가 아니고, 그 시대의 기운이 방해를 하였던 것이다. 후세의 정치에 그 도가 시행되지 않았던 것은 도의 잘못이 아니고, 이것을 시행함에 있어 때와 장소를 그르쳤던 것이다. 주나라 시대는 공맹에게 적합한 시대가 아니고, 공맹은 이 시대에 있어서 실제로 뜻을 이룰 수 있는 인물이 아니다. 그 도(道) 역시 후세에서는 정치에 베풀 수 있는 도가 아니고, 이론가의 설(필로소피)과 정치가의 정치(폴리티칼 메터)23)와는 크게 차이가 있는 것이다. 후세의 학자들, 공맹의 도에 근거하여 정치의 방식을 구하지 말지어다. 이 문제에 관해서는 책의 내용 속에서 별도로 다시 논하는 바 있을 것이다.

구스노키(楠)씨의 죽음도 역시 시세(時勢)가 그렇게 만든 것이다. 일본에서 정권이 왕실을 벗어난 것은 시절이 이미 지난 지 오래다. 호겐(保元)헤이지(平治)24) 이전부터 병마권은 완전히 겐・페이(源・平) 양씨에 돌아갔고, 천하의 무사들은 모두 그들에게 예속되어 있지 않은 자가 없다. 요리토모25)는 부친의 유업을 계승해 관

---

23) political matters.
24) 헤이안시대 후기의 연호이나, 이때 일어난 호겐의 난, 헤이지의 난 이후 무사가 정치에 영향력을 가지게 되었다.
25) 미나모토노 요리토모(源賴朝).

동에서 일어났고, 일본국 전체의 1인자로서 이에 대항하는 자가 없음은, 세상사람 모두 관동의 병력에 복종하였고, 겐지(源氏)26)가 존재한다는 것을 알면서도 왕실이 존재한다는 것을 모르는 것이다. 호죠(北条)씨가 이어서 정권을 잡았다고는 하여도, 가마쿠라(鎌倉)의 옛 문화를 개혁하지 못했다. 이 역시 겐지의 여광 때문인 것이다. 호죠 씨가 망하고 아시카가 씨가 일어나는 것도 또한 겐지의 문벌을 등에 업고 거사에 성공하였던 자들이다. 호죠와 아시카가의 시절에 여기저기의 무사들이 군사를 일으켰고, 명분은 근왕(勤王)27)이라 하더라도, 기실은 시험 삼아 관동에 저항을 해서, 공명을 기도하는 자이다. 혹은 이 근왕28)을 지향하는 자들로 하여금 과연 그 의미를 알게 하였더라면, 틀림없이 또한 제2의 호죠일 것이다. 제2의 아시카가일 것이다. 천자를 위해 계획을 세운다면 앞문에서 호랑이를 쫓다가 뒷문에서 이리를 만나는 것과 같은 형국일 따름. 오다·도요토미·도쿠가와(織田·豊臣·德川)의 업적을 보아서 이것을 입증할 수 있다. 가마쿠라시대 이후 천하를 도모하였던 자 누구 한 사람 근왕주의를 외치지 않은 자가 없었어도, 대업이 성사한 뒤에는 어느 한 사람도 근왕을 실천한 자가 없다. 근왕은 그저 거사를 도모할 동안의 구실이고, 일이 성사된 뒤의 문제는 사실이 아니다.

역사에서 이르기를, 고다이고 천황이 호죠씨를 멸망시키고, 우

---

26) 미나모토씨를 한자로 음독한 것.
27) 천황에게 충성을 다하자는 운동. 에도시대 말기에는, 도쿠가와 막부 타도의 정치운동이었다.
28) 에도 말기에 도쿠가와 막부를 타도할 것을 계획한 정치운동.

두머리로서 아시카가 다카우지(足利尊氏)29)의 공을 찬양하여 제장 (諸將)위에 두었고, 닛타 요시사다(新田義貞)30)로 하여금 이에 버금가게 하였고, 구스노키 마사시게(楠政成) 를 비롯한 근왕의 공신들은 이들을 버리고 뒤돌아보지 않았으며, 결국 다카우지 씨로 하여금 야심을 달성케 하여, 다시 왕실의 쇠미를 가져오게 하였다 하여, 오늘날에 이르기 까지도 세상의 학자들, 역사를 읽고 이 대목에 이르면, 이를 갈고 주먹을 쥐며 분해하고, 다카우지의 흉악함을 분해하여 천황의 불명(不明)을 탄식하지 않은 자가 없다. 생각건대 시대의 흐름을 모르는 자의 논리이다.

이 시기에 즈음하여 천하의 권세는 무가의 손에 있었고, 무가의 근본은 관동지방에 있다. 호죠를 멸하였던 자 역시 관동의 무사이고, 천황으로 하여금 왕위에 복귀하게 하였던 자 역시 관동의 무사이다. 아시카가 씨는 관동의 명가, 명망은 원래 높다. 당시 관서 지방의 제족이 근왕주의를 외친다 하여도, 아시카가가 향배를 개선하지 않는다면, 어찌 자고 왕위 복원의 업을 이룰 수 있었으리요. 거사를 이룬 날 이것을 최고의 공로로 삼았던 것도, 천황의 뜻이고 다카우지의 전공의 노고를 상찬하였던 것은 아니고, 시대의 흐름에 순응하여 아시카가 가문의 명망에 보답하였던 것이다. 이 한 가지를 보더라도 당시의 형세를 추찰할 수가 있다. 다카우지는 처음부터 왕에게 충성할 의사가 있는 것이 아니고, 그 권위는 왕에게 충

---

29) 무로마치시대의 초대 쇼군(將軍). 고다이고 천황을 배신한다.
30) 남북조시대의 무장. 호죠를 멸하고 아시카가 다카우지를 규슈로 패주케 했다.

성했기 때문에 얻었던 것이 아니고, 아시카가의 가문에 속해 있던
고유의 권위이다. 그 왕에게 충성을 한 것은 한 때, 호죠를 무너뜨
리기 위해서 사적으로 이득이 되기 때문에 충성을 하였어도, 일단
이것을 무너뜨리면 왕에게 충성을 다하는 방식을 쓰지 않더라도
자신의 권위에 손해를 볼 것이 없다. 이것은 그 반복이 끝이 없고
또한 가마쿠라 정권에 의해 자립하였던 이유이다.

　　마사시게와 같은 경우는 즉 그러하지 않다. 가와치(河內)[31]의
한 가난하고 지체가 낮은 집안에서 출발하여 왕에게 충성한다는
명분으로 불과 수백 명의 병사를 모아, 비록 천신만고 생각도 하지
못한 공적을 가져왔다고 할지라도, 어찌하랴 명망이 부족하여서 관
동의 명문의 집안과 어깨를 견주기에 턱없고, 아시카가의 무리들의
안목으로 이것을 보면 노예나 진배없을 따름이다. 천황은 원래 마
사시게의 공을 모르는 것은 아니라 하더라도, 민심을 배반하면서
이것을 최고의 공로의 반열에 둘 수는 없다. 그런고로 아시카가는
왕실을 섬기는 자이자, 구스노키씨는 왕실로부터 섬김을 받는 자이
다. 이 또한 한 시대의 형국이므로 어찌할 수도 없다. 또한 마사시
게는 처음부터 근왕이라는 두 글자에 의해 권력을 얻은 자이므로,
세상에 근왕의 기풍이 활발하면 마사시게도 또한 번창하고, 그렇지
않으면 마사시게도 역시 곤경에 빠진다는 이치이다. 그런데 지금
이 근왕을 맨 먼저 주창한 마사시게가 다카우지의 무리에게 노예
처럼 되어서 이를 만족해하고, 천황도 역시 이것을 어떻게도 할 수

---

31) 오사카의 동부.

가 없었던 것은, 당시 온 세상에 근왕의 기풍이 부족하였던 것을 헤아려 짐작할 수 있다. 그리고 그 기풍이 부족하였던 까닭은 무엇이더냐. 오로지 고다이고 천황의 불명 때문은 아니다.

호겐·헤이지시대[32] 이후, 역대의 천황을 보건대, 그 불명과 부덕은 너무 많아서 일일이 셀 수가 없다. 후세의 사가들 아첨의 붓을 놀리는 것도 또한 자주 그 죄를 두둔할 수는 없다. 부자가 서로 싸우고 형제가 서로 쓰러뜨리고, 그 무신(武臣)에게 의존하는 자들은 오로지 자기네 집안의 골육을 도륙하기 위해서일 뿐. 호죠시대에 와서는 배신(陪臣)으로 천자의 폐위를 담당할 뿐만 아니고, 왕실의 제족이 서로 그 골육을 배신에게 중상하고 모략하여 자리다툼을 하기에 이르렀다. 자기 자신의 상속을 다투기에 겨를이 없고, 또한 천하의 대사(정치)를 돌아보기에 겨를이 없고, 이것을 개의치 않았던 것을 알 수 있다. 천자는 천하의 대사에 관여하는 주인이 아니고, 무가의 권력에 속박된 노예일 뿐.

후시미 천황[33]이 은밀하게 호죠 사다토키[34]에게 명하여 가메야마 천황[35]이 왕위를 계승한다는 도움이 되지 않는 내용을 설명하고, 천황의 황자를 세워서 고후시미제(帝)로 삼았던 것에, 후시미의 사촌동생인 고우다 상황[36]인 사다토키(貞時)에게 호소하여, 고후시미를 폐

---

32) 호겐(保元)(1156.4-1159.4). 헤이지(平治)(1159.4-1160.1)
33) 후시미 천황(伏見天皇. 1265-1317)은 가마쿠라 후기시대의 천황.
34) 호죠사다토키(北條貞時. 1271-1311)가마쿠라 후기의 막부의 대신.
35) 가메야마 천황(龜山天皇. 1249-1305)몽고군이 진격해 왔을 당시의 천황. 재위기간은 1259-1274년까지이나, 1287년까지 섭정을 함.
36) 가메야마 천황의 둘째 아들.

하고, 고우다제(帝)의 둘째 아들을 세웠던 일이 있다.

고다이고 천황이 명군이 아니라고는 하여도, 전대의 여러 임금에 비하면 그 언행이 제법 볼만한 것이 있다. 어찌 단순히 왕실 쇠퇴의 죄를 뒤집어 쓸 이유가 있겠는가. 정권이 왕실을 떠나는 것은, 다른 데서 이것을 빼앗은 때문이 아니고, 다년간의 기세로 인하여 왕실 스스로가 그 권력을 버리고 다른 세력으로 하여금 이것을 줍게 만든 것이다. 이것은 곧 세상의 민심이, 무가가 있음을 알면서 왕실이 있음을 몰랐고, 관동지역이 있음을 알면서 교토(京都)가 있음을 몰랐던 까닭이다. 설령 천황으로 하여금 성명(聖明)토록 하는 것도, 열 명의 마사시게를 얻어 대장군에 임명하여도, 이 다년간에 걸쳐 권력이 점차 쇠퇴하게 되어서야 무엇을 이룰 수 있겠는가. 인력이 미칠 바가 아니다. 이것으로 이런 정황을 보자면, 아시카가가 성취한 업적 역시 우연이 아니고, 구스노키씨의 전사도 우연이 아니고, 모두가 그 그러할 수밖에 없는 소이의 원인이 있어서 그러한 것이다. 그런고로 이르노니, 마사시게의 죽음은 고다이고 천황의 불명(不明) 때문임이 아니고, 시세(時勢) 때문이다. 마사시게는 다카우지와 싸우다 죽은 것이 아니고, 시세와 대적해서 패한 것이다.

앞에서의 지론과 같이, 영웅호걸이 때를 만나지 않았다고 하는 것은, 단지 그 시대에 만연해 있는 보편적인 기풍을 만나지 못해서, 이상이 어긋난 것을 말함이다. 그런고로 그 천재일우의 때를 얻어 대업을 이루었다고 하는 것도, 역시 단지 시세에 맞아떨어져서 인민의 기력을 완수하게 하였던 것을 말할 뿐이다.

1700년대에 아메리카 합중국이 독립하였던 것도 그 주모자 48명의 무사가 창업한 것이 아니고, 「워싱턴」37) 한 사람의 전공(戰功)이 아니다. 48명의 무사들은 단지 13개 주(州)의 인민에게 부여된 독립의 기력을 실제의 상황으로 표출하였고, 「워싱턴」은 그 기력을 전장(戰場)에 사용하였을 뿐. 그런고로 합중국의 독립은 천재일우의 빼어난 공적이 아니고, 설령 당시의 전쟁에서 패해 한 때는 사태를 그르치는 일이 있어도, 달리 또 480명의 무사도 있고, 달리 또 열 명의 「워싱턴」도 있어서, 도저히 합중국의 인민은 독립하지 않을 수가 없는 자들이다. 가깝게는 4년 전 프랑스와 프로시아와의 전쟁에서, 프랑스의 패주는 황제 「나폴레옹」 3세의 실책이면서, 프로시아의 승리는 그 재상 「비스마르크」의 공이라고 하는 자가 있지만, 결코 그러하지 않다. 「나폴레옹」과 「비스마르크」 지우(智愚)의 차가 있는 것이 아니다. 그 승패가 달랐던 까닭은 당시의 기세여서, 프로시아의 인민은 화합해서 강하고, 프랑스의 인민은 패를 갈라서 약했기 때문일 뿐. 「비스마르크」은 이러한 기세에 순응하여 프로시아인의 용기를 기세등등하게 만들었고, 「나폴레옹」은 프랑스인이 지향하는 바에 역행해 그 민심으로 되돌아갔기 때문일 따름.

더욱 명백하게 그 증거를 보이겠다. 지금 「워싱턴」으로 하여금 중국의 황제로 삼고, 「웰링턴」(38)으로 하여금 그의 장군으로 삼

---

37) George Washington(1732-99)미국 초대 대통령.
38) Arthur Wellesley Wellington(1769-1852). 워털루 전쟁에서 나폴레올 1세에

아, 중국의 군세를 이끌고 영국의 군대와 싸우는 일이 일어난다면, 그 승패 어찌 될 것인가. 설령 중국에 철함(鐵艦)과 대포를 육성해 놓았다하더라도, 영국의 황승통(火繩筒)과 대형범선 때문에 격파되었을 것이다. 이런 점에 비추어 보면, 전쟁의 승패는 장수(將帥)에도 의하지 않고, 또 기계화 부대에도 의하지 않고, 오로지 인민의 보편적인 기력에 있을 따름. 혹은 수 만 의 용사를 전투에 투입해 패주하는 경우가 있지만, 이것은 병졸이 알 바가 아니고, 장수의 졸렬함 때문에 병졸의 진퇴를 저해하고, 그 본연의 용기를 힘껏 발휘하게 만들지 못한 죄이다.

또 한 예를 들어 말하겠다. 현재 일본정부에서 정무의 실적이 오르지 않는 것을 문제 삼아 장관의 재능부족으로 돌리고, 오로지 인재를 얻고자 하여 이 사람을 등용하고 저 사람을 발탁해서 이를 시도하지만, 정무의 실적에 변화가 없다. 또 이 인물을 부족하다 해서 이른바 서양 사람을 고용해서, 혹은 이를 교사로 쓰고 혹은 이를 고문으로 앉혀서 국사를 도모하더라도, 정무는 여전히 실적이 오르는 일이 없다. 그 정무의 실적이 오르지 않는 바에 관해서 이를 보건대, 정부의 관원이 정말로 재능이 부족한 것 같고, 교사와 고문 때문에 고용한 서양사람 역시 모두 미련한 사람인 것 같다. 하지만 현재 정부의 부처 내에서 근무하는 관원은 국내의 인재들이다. 또한 그 서양 사람이라 하더라도 미련한 사람을 뽑아서 이를 고용한 것이 아니다. 그렇다면 이른바 정무의 실적이 오르지 않는

승리한 영국의 장군.

것은 달리 원인이 없을 수가 없다. 그 원인이란 무엇이더냐.

정치를 현장에서 실현함에 있어서 틀림없이 어찌 할 수가 없는 사정이 생기니, 이것이 그 원인이다. 이 사정이라는 것은 이것을 말로 표현하는 것이 몹시 어렵기는 하지만, 속된 말로 소위 다세(多勢)에 무세(無勢)39)여서 뜻대로 되지 않는다는 사실이다. 정부가 실책을 저지르는 까닭은, 언제나 이 다세에 무세라는 것에 시달림을 당하기 때문이다. 정부의 장관, 그 실책이라는 것을 모르는 것이 아니다. 알면서 이것을 저지르는 것은 무엇더냐. 장관은 무세이고 중론은 다세이니, 이것을 어찌할 도리가 없다. 이 중론이 원인이 되는 바를 밝히건대, 참으로 그 최초의 출처를 분명히 하지 않을 수가 없다. 흡사 하늘에서 강림한 것 같다 할지라도, 그 힘은 충분히 일개 정부의 정무를 제어 할만하다. 그런고로 정부의 실적이 오르지 않는 것은, 두 세 사람의 관원의 죄가 아니고, 이 중론의 죄이다. 세상 사람은 오해하여 관원의 처사를 책망하지 말지어다. 선인들은 일단 군왕의 잘못을 바로잡는 것으로써 중대사로 삼았다 하더라도, 나의 주장은 이와 다르다. 이 세상에서 가장 시급한 일은 일단 중론의 잘못을 바로잡는 것에 있다.

무릇 관원은 물론 가깝게 국사를 접하는 자인 이상, 그 우국의 마음 역시 또한 자연히 절실하다 하더라도, 중론의 잘못을 염려하고 백방으로 고심하여 이 잘못을 바로잡을 방법을 찾아야 할 터이거늘, 더러는 그러하지가 않아서 그 관원도 또한 그 중론을 형성

---

39) 소수의 힘으로는 대세에 대적할 수 없다는 의미.

하는 무리 가운데 한 사람인지, 아니면 그 중론에 빠져서 이것을 즐기는 자 역시 있을 것이다. 이런 무리는 소위 남을 염려한다는 위치에 있으면서, 남에게 염려할 수 있는 일을 저지르는 자라고 할 수가 있을 것이다. 정부의 처리에 왕왕 스스로 세우고 스스로 깨뜨리는 것과 같은 실책을 저지르는 것도 이런 무리가 하는 바이다. 이 또한 나라를 위해서 어찌 할 수가 없는 사정인 이상, 우국 학자들은 그저 모름지기 문명에 대한 견해를 주장하고, 관민의 구별없이 똑같이 이것을 혹닉 속에서 구해내고, 그로해서 중론의 방향을 개선케 하고자 노력해야 할 따름. 중론이 지향하는 곳에는 천하에 적이 없으니, 어찌 할 것인가 정부의 하찮은 태도를 염려할 것은 없다. 어찌 할 것인가 관원들의 사소한 처신을 책망할 것은 없다. 정부는 물론 중론에 따라서 방향을 개선해야 하는 법이다. 그러므로 이르노니, 지금의 학자들은 정부를 책망하지 말고, 중론의 잘못을 염려해야 할 것이다.

혹자는 이르기를, 이 일 장의 취지에 따르자면, 세상의 사물은 무두 세상 민심에 맡기고 옆에서 이것을 무엇이라고도 참견해서는 안 될 것이고, 세상의 형세는 여전히 더위와 추위가 왕래 하는 것과 같고 초목이 성하고 쇠하는 것과 같아서, 조금도 인위적인 힘을 가해서는 안 되는 것인지, 정부도 세상에 도움이 안 되고 학자도 무용지물, 상인도 기술자도 그저 있는 그대로 맡기고서, 저마다 스스로 노력해야 할 임무가 없는 것과 같다. 이것을 문명진보의 현상이라 하겠는가. 대답하여 이르노니, 결코 그러하지 않다. 앞에서 이미 논한 것처럼, 문명은 인류의 약속이므로, 이것을 달성하는 것은 물론 인류의 목표이다. 그 이것을 달성한다는 시점에 즈음하여 저마다 그 의무가 없어서는 안 될 것이다. 정부는 사물의 순서를 관장하여 당장의 처리를 시행하고, 학자는 전과 후에 유념하면서 미래를 계획하고, 상공업은 민간 기업을 경영하여 몸소 국가의 부를 이룩하는 등, 저마다 의무를 분장하여 문명 일국(一局)에 매진해야한다.

물론 정부라 하더라도 전과 후를 주의해야 할 것이며, 학자도 역시 현재 해야 할 일이 반듯이 있어야 할 것이고, 또한 정부의 관원도 학자들 내에서 배출되는 것이므로 이쪽저쪽의 임무가 같아야 할 것이라고는 하여도, 일단 관과 민이 경계를 나누어, 그 본직(本職)을 정하고 경계를 명확히 하면, 현재와 미래의 경계가 생기게 마련이다.

지금 나라에 사단이 발생하면 그 사단의 선봉에 맞서서 즉시에 가부를 결정하는 것은 정부의 책무이지만, 평소 치밀하게 세상의 형세를 관찰하여 장래의 준비를 하고, 혹은 그러한 사단을 초래하고 혹은 이를 미연에 방지하는 것은 학자의 책임이다. 세간의 학자 더러는 이 이치를 모르고서 함부로 사태를 즐기고, 자신의 본분을 잊고서 세상을 분주히 돌아다니고, 심지어는 관원에게 마음대로 다루어져 눈앞의 이해(利害)를 처리하려 하다가, 그 사태를 성사시킬 수가 없어서 오히려 학자의 품위를 떨어뜨리는 자가 있다. 갈피를 잡지 못하는 것도 정도가 심하다. 생각건대 정부의 역할은 마치 외과의 의술과 같고, 학자의 논리는 마치 양생법(養生法)과도 같다. 그 효능에 지속(遲速)과 완급(緩急)의 차이가 있다고는 하여도,

더불어 신체의 건강을 위해서는 없어서는 안 될 것이다. 지금 정부
와 학자의 역할을 논하건대, 하나를 현재라 하고, 하나를 미래라
한다고 하더라도, 그 역할이 크고 나라를 위해 결여되어서는 안 될
것은 꼭 같다. 단지 가장 중요한 것은 서로 그 역할을 방해하지 않
고서 오히려 서로 도와, 상호 자극하고 상호 격려하며, 문명의 진
보에 추호의 장애도 두지 않는 것에 있을 따름이다.

제 5장

앞의 논의의 속

일국의 문명의 양상은 그 국민의 전반적인 지덕을 보아서 알 수가 있다. 전 장에서 말하는 바의 중론(衆論)이라 함은, 이른바 국내 전체의 대다수의 사람들의 논의이며, 그 시대에 있어서 널리 인민들 사이에 분포된 지덕의 형국을 나타낸 것이므로, 이 중론으로써 민심의 소재를 엿볼 수 있다고는 할지라도, 지금 또한 이 중론이라는 것에 대해서 2개 항목의 변론이 있다. 즉 그 첫 번째 항목의 취지는, 중론이란 반듯이 사람의 수에 의하지 않고, 지력의 분량에 의해 강약이 생긴다는 사실이다. 두 번째 항목의 취지는, 사람들에게 지력이 있기는 하지만 습관에 의해서 이것을 결합하지 않으면 중론의 체재를 이루지 못한다는 사실이다. 그러한 사정 아래와 같다.

첫째 한 사람의 논리는 두 사람의 논리를 이기지 못한다. 세 사람의 동일한 논리는 두 사람을 제압할 수 있다. 그 사람의 숫자가 더욱더 많으면 그 논의의 힘도 또한 더욱더 강하다. 소위 중과부적(衆寡不敵)이라는 것이다. 그렇다고는 하여도 이러한 논의의 경중과 강약은, 단지 재주와 지혜가 동등한 사람들 사이에서 이루어질 뿐. 세상 사람을 일체로 해서 이것을 보면, 그 논리의 힘은 사람 수의 다과에 의하지 않고, 지덕의 양의 다과에 의해 강약이 있는 법이다. 사람의 지덕은 마치 그 근육과 골격의 힘과 같고, 한 사람으로 세 사람을 겸하는 자가 있고, 혹은 열 사람을 겸하는 자가 있다. 그런고로 지금 여러 사람을 모아서 일체로 하고, 그 일체의 강약을 계산하건대, 단지 사람의 숫자의 많고 적음을 보고서 이것을 알 수가 없다. 일체 사이에 분포한 힘의 양을 계산하지 않을 수가 없다. 예컨대 백 사람의 인원으로 1000관[1] 무게가 나가는 물건을 들면, 한 람의 힘으로 저마다 10관 무게가 되지만, 사람들의 역량은 꼭이 같을 수가 없다. 시험 삼아 이 백 사람을 등분하여 오십명씩 2개 조로 만들고, 이 2개 조의 오십 명으로 하여금 저마다 물건을 들게 하면, 한 조의 오십 명은 70관 무게를 들고, 다른 한 조의 오십 명은 30관 무게를 들 수도 있을 것이다. 또한 이것을 4등분하고 또 이것을 8등분해서 이것을 시험해 보면, 틀림없이 점차 불평균이 생기고, 그 최강자와 최약자를 비교해, 한 사람이 충분히 열 사람의 힘을 겸하는 자가 있음을 발견할 것이다. 따라서 또한

---

1) 1관은 3.75kg.

그 백 명 가운데에서 힘세고 다부진 자 스무 명을 뽑아 한 조로 하고, 다른 여든 명을 또 한 조로 해서 이를 시험하면, 스무 명의 조는 60관 무게를 들고, 여든 명의 조는 겨우 40관 무게를 들 수가 있다. 지금 이러한 양상에 관해서 계산하건대, 사람의 수로써 보면 2대 8의 비율이라고 할지라도, 역량으로써 보면 6대 4의 비율이다. 그런고로 역량은 사람의 수로 정할 수가 없고, 그 들어 올리는 바의 물건의 경중(輕重)과 그 인원수와의 비율을 보고서 이를 판단해야 할 것이다.

지덕의 힘은 저울의 추와 저울대를 가지고서 계량할 수 없다고는 할지라도, 그 취지는 확실히 근육과 골격의 힘과 다를 리 없다. 그 강약의 차이에 있어서는 근력(筋力)의 차이보다도 더 심하여, 때로는 한 사람이 백 명을 겸하고 천 명을 겸하는 자도 있을 것이다. 만약 사람의 지덕으로써 주정(酒精)과 같이 되게 한다면, 틀림없이 깜짝 놀라게 할 기이한 광경이 일어날 것이다. 이런 종류의 인물은 열 사람을 증류해서, 지덕의 양 한 되(斗)를 얻었었는데, 그런 종류의 인물은 백 사람을 증류하여 겨우 3 홉을 얻을 수도 있을 것이다. 일국의 국론은 사람의 체질에서 나오는 것이 아니고 그 정기(精氣)에서 발하는 것이므로, 저 중론이라고 주장하는 것도 반듯이 논자가 많은 것 만에 의해서 힘이 있는 것이 아니고, 그 논자의 무리 속에 분포된 지덕의 분량이 많기 때문에. 그 양으로써 인원수의 부족을 보충하고, 마침내 중론의 명분을 얻은 것이다.

유럽제국에서도 인민의 지덕을 평균하면, 국가 전체에서 글을 모르는 어리석은 인민은 과반수가 될 것이다. 그 국론이라고 외치고 중론이라고 칭하는 것은, 모두 중류 이상의 지식인의 주장이며, 다른 어리석은 인민은 단지 그 주장에 뇌동하여 그러한 범주 속에서 농락당해서 감히 일개인의 우(愚)를 마음껏 행사할 수 없을 뿐. 또한 그 중류 이상 안에서도 지우의 차이는 가지가지 한이 없고, 이것은 저것을 능가하고 저것은 이것을 배제하고, 처음으로 서로 접하였다가 그 자리에서 패하는 것이 있고, 오래 서로 우뚝 서서 승패를 결하지 못하는 것이 있다. 천 번을 갈고 백 번을 단련하여, 겨우 일시적인 이설(異說)을 제압할 수 있었던 것을, 국론 혹은 중론이라고 칭할 뿐. 이것이 이른바 신문과 연설회가 활성화하여 여러 사람이 요란스러운 까닭이다. 결국 인민은 국가의 지덕을 위해 편달(鞭撻)되어서, 지덕이 방향을 바꾸면 인민도 또한 방향을 바꾸고, 지덕이 편을 가르면 인민도 역시 편을 가르고, 진퇴와 집산, 모두 지덕에 추종하지 않는 것이 없다.

세간에서 서화 등을 즐기는 자는 중류 이상이고 글을 알고 멋이 있는 인물이다. 그 이것을 즐기는 까닭은, 옛날의 그릇의 역사를 상상하고 서화와 운필(運筆)의 교졸(巧拙)을 비교하여 이것을 즐기는 것인데, 오늘날에 와서는 옛날의 그릇과 서화를 귀히 여기는 풍속이 두루 세간에 유행하여, 글자 한 자을 모르는 무식자라도 다소 돈이 있는 자는 반듯이 서화를 구해서 도코노마[2]에 족자나 편액을 걸고, 희귀한 물건이나 골동품을 모아두고 흐뭇한 표정을 짓는 자들이 많다. 웃을 수밖에 이상하게 여길 수밖에 없다고 할지라도, 틀림없이 이 무식한

---

2) 일본 전통가옥에 바닥을 높혀서 정면의 벽에 서화나 족자 등을 걸고, 바닥에는 장식품이나 화병 등을 두게 하는 곳.

사람도 중류 이상의 풍류에 뇌동해, 부지불식중에 이런 일을 하는 것이다. 그밖에 유행하는 의상과 염직물의 문양 등도 무두 타인의 창의에 뇌동해서 이를 즐기는 것이다.

가깝게 우리 일본의 사정을 가지고서 그 한 증거를 대겠다. 연전에 정부를 일신하고 뒤이어 폐번치현의 쾌거가 있다. 화족·사족(華族·士族)3)은 이로 인해 권력이고 이익이나 봉록이고 더불어 잃었지만, 감히 불평을 주장할 수 없는 것은 어째서일까. 혹자는 말하기를 "왕정제도의 일신은 왕실의 위광에 의한 것이고, 폐번치현은 집정의 영단에 의해 성립된 것" 이라고. 이것은 시세를 모르는 자의 억단이다. 왕실이 만약 실질적인 위광이 있다면 그 복고(復古)가 어찌 반듯이 게이오(慶應) 말년을 기다렸겠는가. 일찍이 도쿠가와(德川)씨를 무너뜨리고도 가능했다. 아니면 아시카가(足利)시대 말기에 정권을 만회하는 것도 가능하다. 복고의 기회는 반듯이 게이오 말년에 한하지 않는다. 그런데도 이 시점에 이르러서 비로소 그 업을 이루었고, 결국 폐번의 대업까지도 이루었던 것은 어째서일까. 왕실의 위광 때문이 아니고, 집정의 영단 때문이 아니다, 달리 그러한 원인이 있을 수밖에 없다.

우리나라의 인민은 오랜 세월 전제의 폭정에 시달렸고, 문벌(門閥)로써 권력의 원천으로 삼았고, 재주와 지혜를 타고난 자일지라도 문벌 때문에 그러한 재능을 활용하지 않았기 때문에 일을 저지를 수가 없었다. 한때는 그 기세에 압도되어서 국가적으로 지력

---

3) 황족 아래의 구교(公卿), 다이묘(大名)의 가족을 화족이라 하였고, 화족 아래의 계급으로 평민보다는 상위인 것이 사족이다.

이 작용할 곳을 찾을 수가 없고, 사사건건 모든 것이 정체하고 유동하지 않는 상태로 존재하는 것처럼 되었다고는 할지라도, 인지 발생의 힘은 멈추고자 하여도 멈출 수가 없다. 이 정체와 유동하지 않는 동안에도 여전히 꾸준하게 걸음을 옮겨, 도쿠가와 시대 말기에 가서는 세인들이 차츰 문벌을 혐오한다는 마음을 일으켰다. 그러한 인물들은, 혹은 유학을 한 한의(韓醫)들 속에 숨어서, 혹은 저술가들 속에 숨어서, 혹은 번사(藩士)4)들 내에도 있고, 혹은 승려와 신관(神官)들 내에도 있고, 모두가 다 글을 알면서 뜻을 이지 못한 자들이다. 그러한 징후는, 덴메이·분카(天明·文化)5)시절에 나온 저서나 시문집 또는 패사소설(稗史小說)6) 속에, 이따금 빗대어서 불평을 호소하는 자 있음을 보아서 알 수가 있다. 물론 그 문장 상 문벌 전제정치를 정의롭지 않다고 하여 분명하게 논란을 일으키는 것은 아니고, 예컨대 국학자 유는 왕실의 쇠미를 안타까워하고, 한학자 유는 귀족 집정의 사치를 풍자하고, 또한 한 무리의 희작자(戲作者)7)는 실없는 소리와 무책임한 말로써 세상을 우롱하는 등, 그 문장에서도 사실에서도 확고부동한 조리는 없다 할지라도, 그 시대에 전개되었던 현상을 달가워하지 않았던 정신은 자연 말로 표현하지 않고서도 드러나는 법이어서, 실은 당사자조차도 호소할 바를 모르면서 불평을 호소하는 것이다. 그러한 정황은 흡사

---

4) 번에 소속된 무사, 혹은 다이묘의 신하.
5) 에도시대의 연호. 1781년-1817년간의, 다누마 오키츠구(田沼意次)가 막부의 로쥬(老中)로 세도를 누리던 시기이다.
6) 옛날 중국에서 민간의 전승을 수집하는 관리인 패관이 기록한 전설이나 소설. 오늘날의 소설.
7) 에도 중기 이후에 유행한 통속문학을 하던 사람.

평생 낫지 않는 지병으로, 비록 육신을 괴롭혀도 스스로 뚜렷하게
용태를 설명할 수가 없다 할지라도, 오직 그러한 고통을 하소연하
는 사람과도 같다.

　대체로 도쿠가와 시대 초기에, 그 정권이 번성하던 시기에는, 세
상의 저술가들 역시 그 위세에 압도되어 추호도 시세를 탓하지 않았
고, 오히려 막정(幕政)에 아첨하는 자가 생긴다. 아라이 하쿠세키(新
井白石)[8]의 저서도, 나카이 치쿠잔(中井竹山)의 『일사(逸史)』[9]등을
보아서도 알 수 있다. 그 뒤 분세이(文政)[10] 시대에 이르러서 저술한
라이 산요(賴山陽)의 『일본외사(日本外史)』에서는, 한결같이 왕정의
쇠퇴를 분노하였고, 문장 속의 어투가 마치 도쿠가와 씨를 향해 그 죄
를 추궁하는 것과도 같다. 지금 그 그러한 연유를 밝히건대, 하쿠세키
와 치쿠잔은 꼭이 막부의 노예는 아니고, 산요는 반드시 천자의 충신
이 아니다. 모두 시세가 그러하게 만든 바이다. 하쿠세키와 치쿠잔은
한 때의 기세에 억압되어 마음먹은 대로 모든 것을 기록할 수가 없었
고, 산요는 다소 그러한 속박을 벗어나서 당시 전개되었던 전제정치
를 분노하여, 『일본외사』의 지면을 이용해 그 노기를 입 밖으로 내었
을 따름이다. 그 밖에도 국학, 소설, 광시(狂詩),[11] 광문(狂文)[12] 등이
성행하는 것은 특히 덴메이·분카(天明·文化)[13]시대 이후 최고조를
이룬다. 모토오리(本居)[14], 히라타(平田)[15], 바킨[16], 쇼쿠 산진(蜀山

---

8) 아라이(1657-1725)는 에도 중기의 유학자,정치가. 그의 저서 『독사여론(讀
　　史余論)』이 있다.
9) 오사카의 주자학자. 『일사(逸史)』는 도쿠가와의 역사와 업접을 기록한 대
　　표적인 저서.
10) 에도 후기의 연호(1818-1830)
11) 에도 중기 이후 유행한 해학을 주제로한 한시체의 시.
12) 에도 중기 이후의 해학과 풍자 속어를 주로 사용한 희문(戱文).
13) 에도 후기의 연호. 덴메이(1781-1789), 븐카(1804-1818).

人)[17], 히라가 겐나이(平賀源內)[18] 등과 같은 무리, 모두가 이상을 품은 사군자였으나, 그 재능을 발휘하기에는 지위가 없으면서도 마음껏 문사(文事)에 자신을 맡기고, 그 하는 일에 의탁하고 혹은 존왕(尊王)의 주장을 외치고, 혹은 충신의사의 실상을 기록하고, 혹은 얼토당토 않은 말을 퍼뜨려 한 시대를 조롱하고, 애써 스스로 불평을 위로하였던 것이다.

그리고 이 국학자 유도 반드시 왕실의 충복은 아니다. 한학자 류도 또한 반드시 국가의 안위를 염려하는 사군자가 아니다. 그 증거로는, 세상을 등지고 숨어 사는 군자라는 자, 비록 평소에 불평을 한다 할지라도, 일단 벼슬길에 발탁이 되게 되면 돌연 그 절개를 바꾸어서 불평한다는 소문을 들어보지 못한다. 오늘날의 존왕(尊王)주의자 역시 관에서 주는 봉록이 두둑하게 되면 내일의 막부 지지파로 변신하고, 어제의 시골 유학자도 역시 등용의 명을 받으면 오늘은 득의만면한 표정을 드러내는 자 많다. 고금의 실제 경험으로 이러한 사실을 찾아볼 수 있다. 그렇다면 다름 아닌 이 일본과 중국의 한학자 유가, 도쿠가와의 말기에 가서 존왕 우국의 심정을 붓끝으로 표현하여 어둠을 틈타 논란의 단을 열었던 것도, 대개

---

14) 모토오리 노리나가(本居宣長)、국학자. 30여 년에 걸쳐 『고지키덴(고사기전)』을 저술, 모노노아와레의 문학평론을 전개하였음.
15) 히라타 아츠타네(平田篤胤)、국학자. 노리나가의 문하인으로서 복고신도(復古神道)를 체계화하였고, 존황운동에 영향력을 행사한 보수적인 학자.
16) 교쿠테이 바킨(曲亭馬琴)、에도 후기의 통속소설가.
17) 쇼쿠 산진(蜀山人)의 본명은 오타 남보。막부의 관리, 광시집을 남기고 있다.
18) 히라가 겐나이(平賀源內)、국학 난학 본초학을 연구, 불연섬유, 한난계 등을 제조, 광산개발, 말년에는 통속문학에 몰두하다.

는 그런 사람의 본성이 아니고, 한 때 존왕과 우국을 명분으로 삼
아서 자신의 불평을 흘렸던 것이리라.

　하지만 지금 그러한 심정이 진실하든 아니든, 또 그러한 논란
이 사사로운 것이든 공적인 것이든 하는 문제는 잠시 제쳐놓고, 본
디부터 이 불평이 생기는 까닭을 묻는다면, 세상의 전제와 문벌에
막혀서 자신의 재능을 신장할 수 없음으로 인해 마음속에 분노를
조성하였던 것이므로, 인간의 정서란 전제정부 하에서 존재하는 것
을 달가워하지 않는다는 확증은 붓끝으로 표현되는 바의 어세(語
勢)를 보고서도 명명백백하다. 다만 폭정이 기세등등하였던 시대에
는 이러한 인간의 정서를 발휘할 수 없을 따름. 바로 이것을 발휘
하든 않든 하는 문제는, 폭정의 위력과 인민의 지력과, 그 강약여
하에 달려 있는 것이다. 정부의 폭력과 인민의 지력과는 실로 서로
상반하는 것이므로, 이것에서 세(勢)를 얻으면 저것에서 권(權)을
잃고, 저것에서 때를 얻으면 이것에서 불평을 일으키고, 그 조화가
마치도 저울이 평형을 이루는 것과도 같다. 도쿠가와씨의 정권은
시종여일 번성하여서 저울은 언제나 편중(偏重)되었지만, 말년에
이르러 인민의 지혜가 조금 진보하여, 비로소 그 한 쪽 끝에 보잘
것없는 저울추를 놓을 수가 있었다. 저 덴메이·분카시대에서 부
터 세상에 유행되었던 저서류는 이른바 이 저울추라고 할 수 있을
것이다. 하지만, 이 저울추라는 것이 너무나도 가벼워서 처음부터
균형을 이루기에 부족하다. 하물며 그 균형을 깨뜨리는 것에 있어
서야. 만약 그 뒤에 개항 문제를 없는 것으로 한다면, 어느 시절에
이 균형을 뒤집고 지력 쪽으로 권세를 얻을 수 있겠는가. 식자가

자세히 알 바가 아니다. 다행히도 가에이 시대[19])에 「페리」[20])가 내항하는 사태가 발생한다. 이것을 개혁의 호기로 삼는다.

「페리」이 내항한 뒤, 도쿠가와 정부에서 서양 여러 나라와 조약을 맺기에 이르렀고, 세인은 비로소 정부의 처리를 보고서 그 어리석으면서도 허약함을 알았고, 또 한편으로는 서양 사람과 접하고 그 언어를 듣고, 혹은 양서를 읽고 혹은 번역서를 보고 더욱더 규모를 크게 하여, 비록 귀신과 같은 정부라 하더라도 인력으로써 이것을 무너뜨려야 할 것임을 깨닫기에 이르렀다.

그 사정을 형용해서 말하자면, 갑자기 귀머거리와 소경이 눈과 귀를 열고 비로소 소리와 색깔을 보고 들을 수 있음을 안 것과 같다. 그리고 비로소 사단을 연 것은 양이론(攘夷論)이다. 무릇 이 논란이 발생하는 원인을 묻건대, 결코 사람의 사사로운 감정이 아니고, 자타의 구분을 명확히 해서 스스로 이 나라를 지키고자하는 순수한 마음에서 비롯되지 않은 것은 없다. 역사가 시작한 이래 처음으로 서양 사람과 접하였고, 캄캄하고 적막한 심야에서 싸움과 소란으로 혼란한 백주(白晝)로 나온 자인 이상, 그 보는 바의 사물이 모조리 죄다 기괴하면서 마음에 드는 것이 없다. 그 마음이란 말하자면 사적인 견해가 아니고, 일본국과 서양 국가간의 경계를 어느 정도 뇌리에 상상하면서, 온몸으로서 조국을 책임지겠다는 생각이므로, 이것을 공(公)적인 것이라고 하지 않을 수가 없을 것이

---

19) 嘉永時代(1848-1854)

20) 페리(Matthew Clabraith Perry,1794-1858). 미해군 동인도함대사령관 페리는 1853년 함대를 이끌고 도쿄인근의 우라가항에 입항하여 개국을 타진한다.

다, 물론 어둠과 광명이 별안간 바뀐 시점을 맞아서, 정신이 현혹되어 그러한 논란에 조리가 치밀한 자가 있을 수 없고, 그 거동도 역시 거칠면서 어리석을 수밖에는 없다. 대체로 말하자면 애국심이 조잡하고 또한 미숙한 자이나, 그 목표는 나라를 위한 것이기 때문에 공(公)이고, 그러한 논란은 서양오랑캐를 몰아낸다는 한 가지 이유이기 때문에 단순하다. 공적인 마음으로써 단순한 논리를 외치면, 그 기세는 틀림없이 강성해지지 않을 수가 없다. 이것이 이른바 양이론의 초기에 권력을 얻은 까닭이다. 세인 역시 일시적으로 이것에 농락되었고, 아직 서양 국가와의 외교의 실리를 보지도 않고서 우선 이것을 증오하는 마음을 조성하고, 세상의 모든 죄악을 모두 서양과의 외교의 탓으로 돌리고서, 만약 국내에 재난이 발생하는 일이 생긴다면, 이것도 서양 사람의 소이라 하고 저것도 서양 사람의 계략이라 칭하고, 거국적으로 서양과의 외교관계를 반기는 자가 없기에 이르렀다. 설사 사적으로 이것을 반기는 자가 있다 하더라도 세상의 보편적인 풍조에 뇌동하지 않을 수 없다.

그런데도 막부는 오직 이 외교의 충격에 즈음하여 서양 사람과 접촉하건대 다소 도리에 근거하지 않을 수가 없을 것이다. 막부의 외교관이 꼭이 외교를 반기는 것은 아니고, 단지 서양 사람의 위세와 구실에 응답할 수가 없어서 도리를 외치는 자가 많다 할지라도, 양이파의 시각으로써 보면 이 도리는 인습과 고식(姑息)일 뿐. 막부는 마치도 양이파와 서양 사람과의 중간에 끼어서 진퇴유곡(進退維谷)의 상태에 빠져서, 마침내 그 균형을 얻지 못하고서 더욱더 약점을 드러내고, 양이파는 더욱더 기세를 얻어 거리낄 바가 없고, 양이와 복고, 존왕과 막부타도를 외치고, 오로지 막부를 무너뜨리고 서양 오랑캐를 물리친다는 일념으로 혼신을 다했다. 그 시기에는 사람을 암살하고 집을 불태우는 등, 사군자가 반기지 않는 거동도 적지 않았다고는 하여도, 결국 막부를 무너뜨린다는 목표에 이르러서는 중론이 일치하였고, 국가 전체의 지력이 모조리 이러한 목표를 향해 게이오 말년[21]에 혁명의 과업을 이루었던 것이다. 이러한 과정에 따르면, 혁명과 복고 후에는 곧장 양이를 몰아내는 거사에 이르러야 할 터이겠으나 오히려 그런 일이 없고, 또한 원수로 여기던 바의 막부를 무너뜨리면 즉 끝나버릴 수밖에 없을 터이건대, 아울러서 다이묘(大名)와 사족까지도 배척하였던 것은 무엇 때문일까. 생각건대 우연이 아닌 것이다. 양이론은 단지 혁명의 효시이고, 이른바 사태의 근인(近因)인 것일 뿐. 보편적인 지력은 처음부터 지향하는 바를 달리 하였고, 그 목표는 복고도 아니고, 또한 양이도 아니다. 복고와 양이라는 주장을 선봉으로 이용해 종래의 문벌과 전제를 정벌한 것이다. 그런고로 이러한 사단을 일으킨 자는 왕실이 아니고, 그 원수로 삼는 바의 대상이 막부가 아니고, 지력과 전제와의 전쟁이자, 이 전쟁을 계획한 원인은 국가 내부의 보편적 지력이다. 이것을 사단의 원인(遠因)으로 본다.

이 원인이라 함은 개항 이후 서양문명의 논리를 끌어들여 원병(援兵)으로 삼아서, 그 세력이 차츰 강성해 간다고는 할지라도, 지전(知戰)을 일으키기 위해서는 선봉이 있어야 할 것이고, 이런

---

21) 게이오(1865-1868) 연호. 1868년에 메이지(明治)유신이 일어났기 때문에, 1868년9월 이후를 메이지 원년으로 부른다.

까닭에서인지 근인(近因)과 합쳐서 그 전쟁터로 향해 갔고, 혁명의 일거를 끝내고 개선하였던 것이다. 선봉의 주장 역시 일시적으로는 용기를 발했지만, 개선한 뒤에 와서 는 점차로 그 구조가 결함이면서 지속할 수가 없음을 알고, 점차 완력을 포기하고 지력의 무리에 들어감으로써 오늘날의 세력을 이룬 것이다. 향후 이 지력에 점차 권력을 얻어서, 저 애국심이 변변치 않은 자들로 하여금 치밀하게 하고, 미숙한 자들로 하여금 능란하게 하고, 그로해서 우리나라의 국체(國體)를 보전할 수 있다면 무량의 행복이라고 할 수 있겠다, 그런고로 이르노니, 왕제(王制)의 복고는 왕실의 위력에 의한 것이 아니고, 왕실은 마치 국가 전체의 지력에 명분을 빌려주었던 것이다. 폐번치현은 집정의 영단이 아니고, 집정은 마치 국가 전체의 지력에 부림을 받아서 그 기능을 실제에 베풀었던 것이다.

이상에서와 같이, 국가 전체의 지력에 의해서 중론을 이루고, 그 중론이 귀착하는 바에서 정부를 개혁하고, 마침내 봉건의 제도까지도 폐지한 것이므로, 이 중론에 관여한 사람을 헤아리면 그 수는 극히 적다. 일본국 전체의 인구를 3천 만으로 잡고, 농공상의 수는 2천5백 만보다도 많아, 사족은 기껏해야 2백 만 명이 못된다. 그 밖에 유의(儒醫)와 신관 승려 떠돌이 사무라이 등속을 모아서 가령 이를 사족으로 간주하여, 대략 5백 만 명을 화·사(華士)족 패거리로 정하여, 2천 5백 만 명을 평민의 무리라 하여, 옛날부터 평민은 국사에 관여하지 않는 관례이므로, 이번의 사태에 관해서도 물론 이를 몰랐다. 그런고로 이 중론의 출처는 틀림없이 사족 패 5백만 명 내이다. 또한 이 5백만 명 내에서도 개혁을 달가워하는 자는 극히 소수이다. 첫째 이것을 가장 달가워하지 않는 자들은 화족이고, 그 다음에 대신(大臣)과 가로(家老)이고, 다음에 많은 급여를 받아오던 무신(武臣)이다. 이 패들은 모두 개혁으로 인해 손해를 보는 자들인 이상, 결코 이를 반길 리가 없다. 몸에 재덕을 지니지 않고서도 집안에 거만금의 재화를 축재하고, 관에 들어가서는 고관직을 차지하고, 민간에서는 부자라는 명망을 얻은 인물이, 나라를 위해서 정의를 부르짖고 재물을 잃고 자신을 희생한 자는 자고이래로 그 예가 몹시 드물기 때문에, 이번의 개혁에 관해서도 이러한 인물은 사족 내에서도 평민들 속에서도 극히 적을 것이다.

단지 이 개혁을 반기는 자는, 번(藩) 내에서 문벌이 없는 자이거나, 아니면 문벌이 있어도 평소 뜻을 이루지 못하고서 불평을 품는 자이거나, 아니면 지위도 봉록도 없이 민간에 섞여서 지내고 있는 가난한 서생이거나, 누구나 모두 어떤 일만 당하면 소득이 있어도 손해를 보지 않는 신분의 사람들 밖에 없다. 일괄적으로 이것을 말하면 개혁의 소동을 반기는 자는 지력은 있어도 돈이 없는 사람이다. 고금의 역사를 보아 이를 알 수 있다. 그런데 이번의 개혁을 기도한 자는 사족의 무리 5백만 명 가운데에 겨우 십분의 일도 되지 않는, 부녀자와 아이를 제외하고 어느 정도의 인수도 없을 것이다. 어디에서 발하였는지도 모르고, 문득 신기한 주장을 외치기 시작하고, 언제랄 것도 없이 세간에 유포시키고, 그 주장에 호응하는 자는 반드시 지력이 왕성한 인물이며, 주위 사람들은 이 때문에 설득되고 이 때문에 협박을 받고, 별다른 생각이 없이 뇌동하는 자도 있고, 어쩔 수 없이 따르는 자도 있어서, 점차 인수도 늘고, 마침내

이 주장을 인정하여 나라의 중론으로 삼아, 온 천지의 기세를 압도해서 귀신과 같은 정부까지도 뒤집어 엎은 것이다. 그 후 폐번치현의 일거도 화·사족 전체에게는 극히 불리해서, 이것을 달가워하지 않는 자는 열에 일곱 여덟, 이러한 풍설을 주장하는 자는 겨우 두세 사람인데, 그 일곱 여덟의 인수는 이른바 고풍주의자들로, 이 패거리 사이에 분포된 지력은 지극히 빈약하여, 두 세 사람의 개혁가 유가 지닌 지력의 분량에 미치지 못함은 많은 차이가 난다. 고풍주의자와 개혁주의자의 그 인수를 비교하면 7, 8과 2, 3의 비율이지만, 지력의 양은 이 비율을 거꾸로 한 것과 같다. 개혁주의자는 단지 이 지력의 양으로써 인수의 부족을 보충하였고, 7, 8의 중인으로 하여금 그 원하는 바를 이루게 하지 못하게 하였을 따름.

현재의 형국으로는 진정으로 고풍주의자로 칭해야 할 자도 극히 적고, 옛 사족 내에 그 녹봉과 관위가 지속될 수 있는 논의를 세우는 자도 없고, 국학과 한학을 하는 고학자 유 역시 거지반 이미 그 주장을 바꾸었고, 더러는 견강부회(牽强附會)[22]하는 논리를 지어내어 은밀히 자신의 평소의 논리를 가장하고, 체면을 유지하면서 개혁주의자의 부류에 뒤섞이겠다고 하는 자도 있다. 이를 비유하면 화목을 명분으로 삼아서 항복을 기도하는 자와 같다. 물론 그 명분은 화목이든 항복이든, 혼동의 상태가 오래 지속되면 마침내는 실제의 방향을 같이 해서, 더불어 문명의 길로 나아갈 수 있기 때문에, 개혁주의자의 패거리는 점차 불어나야 하겠지만, 그 당초에

---

22) 가당치도 않은 말을 억지로 끌어다대어 조리에 닿도록 함.

사태를 계획하고 이를 성취하였던 것은 인수가 많기 때문이 아니고, 오로지 지혜에 의해 중인을 제압하였던 것이다. 오늘이라도 고풍주의자의 패거리에 지혜로운 인물을 만들어 내어, 점차 조직화하여 활발하게 고풍을 외치면, 틀림없이 그들 패거리에 세를 불리고 개혁주의자도 길을 피할 수 있을 것이라고는 하겠으나, 다행히도 고풍주의자한테는 지력이 있는 자가 적고, 혹은 이따금 인물을 만들어내면 돌연 그 패거리에 등을 돌리고 자신의 역할을 하지 못하는 것이다.

사태의 성패는 사람의 수에 의하지 않고 지력의 양에 의한다는 사실은, 전단(前段)의 확증으로써 명백히 알 수가 있다. 그런고로 사회의 물정은 모두 이 지력이 있는 곳을 목표로 삼아서 처리하지 않을 수가 없다. 열 사람의 어리석은 자의 의사에 적합하려 하다가 한사람의 지자의 비방을 초래할 수는 없고, 백 사람의 어리석은 자의 칭찬을 사려고 하다가 열 사람의 지자로 하여금 불평을 품게 해서는 안 될 것이다. 어리석은 자에게 비방을 받는 것도 부끄러워 할 것이 못되고, 어리석은 자에게 칭찬을 받는 것도 기뻐할 것이 못되니, 어리석은 자가 하는 비방과 칭찬은 그것으로써 사태를 처리한다는 기준으로 삼아서는 안 될 것이다. 예컨대 주례(周禮)23)에 기술한 향음(鄕飮)24)의 발상에 근거하여, 후세의 정부가 이따금 술과 안주를 인민에게 베푼다는 예가 있는데, 그 인민의 희

---

23) 주나라 시대의 관제를 기록한 유교의 교전.
24) 향음은 주나라 시대의 관습으로서 각 지방의 학생 가운데에 우수한 자를 군주에게 추천할 때, 지방 장관인 향대부(鄕大夫)가 열어주는 송별 연회.

열하는 모습을 보고서 지방의 민심을 점칠 수는 없다. 적어도 문명을 향한 세상에 살면서, 남이 베풀어주는 음식을 먹고 마시며 이를 기뻐하는 자는, 굶주린 자가 아니면 어리석은 사람이다. 이 어리석은 사람이 기뻐하는 것을 보고서 이를 기뻐하는 자는, 그 어리석은 사람과 같은 어리석은 자일 뿐이다.

또한 고사(古史)에, 국가의 군주가 미복잠행을 하여 민간을 둘러보고, 동요를 듣고서 이에 감동한다[25]는 이야기가 있다. 어찌 그 노래 말의 가사 세상을 에둘러 표현하는 것이 아니더냐. 이것은 옛날에 있었던 일이어서 증명하기에는 족하지 않지만, 오늘날에 있어서 정말이지 이와 유사한 자가 있다. 이른바 그러한 자라 함은 독재자의 정부에 고용되어 있는 바의 간첩, 바로 이들이다. 정부가 폭정을 행사하고 민간에 불복하는 자가 있을 것을 두려워하여, 소인을 파견하여 세간의 정황을 탐색케 하고, 그 말을 듣고 정치를 적절히 조치하고자 하는 자이다. 이러한 소인을 칭하여 간첩이라고 한다. 원래 이 간첩이란 자는 누구를 만나서 무슨 말을 들어야 할 것인가. 당당한 사군자는 남에게 그 무엇을 감출 것이 없다. 혹은 음으로 소란을 기도하는 자가 있으면, 그러한 인물은 틀림없이 간첩보다도 지력이 왕성하므로, 누군가 이 소인으로 하여금 내밀한 일을 캐내게 할 수 있게 해야 할 것이다. 그런고로 간첩이란 자는 그저 금전 때문에 부림을 받아 세간에 배회하고, 어리석은 사람을 만나고 어리석은 주장을 듣고, 본인의 억단을 섞어서 이를 주인에

---

[25] 요순시대에 요순이 미복잠행을 하여 아이들이 노래하는 그 치세를 찬양한 노래를 듣고 기버하였다, 『열자』의 중니(仲尼)편에서.

게 보고할 따름. 사실상 조금도 유익한 것이 없고, 주인에게는 금전을 잃으면서 헛되이 지자의 조롱을 사는 자라고 할 수가 있다.

프랑스의 「나폴레옹」 3세는 다년간 간첩을 활용하였으나, 푸로시아와 전쟁을 할 때에는 국민의 동정을 살필 수 없었던 것이로구나, 단 판에 지고서 생포되었던 것이 아니더냐. 이것을 거울삼지 않을 수 없을 것이다. 정부가 만약 세간의 동정을 알고자 원한다면, 출판을 자유롭게 해서 지자의 논란을 듣는 것만 못하다. 저서와 신문에 제한 조치를 하여 지자의 언로를 막고, 간첩을 활용하여 세정의 동태를 탐색하는 것은, 그 형국이 흡사 생명체를 밀봉해서 공기의 유통을 끊고, 옆에서 그 생사를 들여다보는 것과 같다. 어찌 그야말로 비열하지 않을 손가. 그 죽음을 바란다면 때려서 죽일 것이고, 불태워서 죽일 것이다. 인민의 지력으로써 나라에 해가 생긴다고 한다면, 온 세상에 독서를 금하는 것도 좋고, 세상의 모든 서생을 굴속에 잡아넣어[26) 죽여도 좋다. 진시황의 선례를 본뜰 수가 있을 것이다. 나폴레옹의 영명(英名)도 또한 이 비열함을 면할 수 없다. 정치가의 심성 경멸할 만하다.

둘째 사람의 논리는 모여서 방향을 바꾸는 수가 있다. 겁쟁이 성격을 가진 자라 하더라도 세 사람이 서로 모이면 캄캄한 밤에 산길을 통행하더라도 무서울 것이 없다. 생각건대 그 용기는 한 사람 한 사람에게서 찾을 수가 없고, 세 사람 사이에서 생기는 용기이다. 또 혹은 10만의 용사가 바람소리 학의 울음소리를 듣고서도 달

---

26) 진시황이 함양에서 수백명의 유생을 굴속에 넣어 묻어서 죽인 일이 있다. 분서갱유(焚書坑儒).

리는[27] 수가 있다. 생각건대 그 두려움은 한 사람 한 사람에게서 찾을 수가 없고, 10만 명 사이에서 생기는 두려움이다. 사람의 지력과 논리는 또한 화학적 법칙성을 따르는 물질과도 같다. 소다와 염산을 각각 따로 분리하면 두 가지 다 극약물질이어서, 혹은 금속류까지도 용해하는 힘이 있지만, 이것을 혼합하면 평범한 식염으로 바뀌어 주방의 상용 품으로 제공할 수가 있다. 석탄과 염화암모늄은 어느 쪽도 극약 물질이 아니지만, 이것을 혼합해서 순수 염화암모늄으로 변화시키면 그 냄새만으로도 사람을 기절하게 할 수가 있다. 근래 우리 일본에서 유행하고 있는 여기저기의 회사(會社)라는 것을 보건대, 그 회사가 더욱더 커지면 그 부조리 더욱더 심한 것 같다. 100사람의 회사는 10사람의 회사만 못하고, 열 사람의 회사는 세 세람의 조합만 못하고, 세 사람의 조합보다도 한 사람이 밑천을 들여서 한 사람의 독단으로 장사를 하면 이를 얻는 것도 가장 많다. 대저 현재 회사를 결성하여 장사를 꾀하는 자는 대개가 모두 세간의 재사(才士)이고, 저 고풍을 지키는 완고한 사람이 조상의 유훈을 지키고 초 대신 손톱에 불을 켤 만큼 몹시 가난한 자에 비하면, 그 지력의 차이 처음부터 도저히 비교할 바가 못 된다. 그런데도 이 재사가 서로 모여서 사업을 도모하기에 이르게 되면, 갑자기 그 성향을 바꾸어서 웃음을 참을 수 없는 실책을 저지르고 세간에 조롱당할 뿐만 아니고, 그 회사 내의 재사들도 스스로 그 그러한 연유를 깨닫지 못하고서 망연자실한 일이 있다. 또 현 정부

---

27) 사소한 소리를 듣고도 놀라 두려워한다는 의미.

의 관리도 모두 자국 내의 인물이고, 일본국 전체의 지력은 태반이 정부 부내에 모인다고 해도 무방하다. 하지만 이러한 인물이 정부에 모여서 일을 함에 있어서는, 그 처리가 반드시 지혜롭지 않고, 이른바 중지자(衆智者)가 결합한 변성체(變性體)로, 저 강력한 힘을 가진 소다와 염산이 결합하여 식염을 생성하는 것의 이치와 다르지 않다. 일반적으로 말하면 일본 사람은 동료와 결합하여 일을 함에 있어서는, 그 각자가 지니고 있는 지력에 비해서 어울리지 않는 졸렬함을 죄다 드러내는 종족이다.

서양제국의 인민이 반드시 지자만은 아니다. 그런데도 그 동료와 손잡고 일을 추진하여 세간의 실적으로 드러나는 바를 보면, 지자의 소이와 유사한 점이 많다. 국내에서 벌이고 있는 사업이 모두 동료와의 약정에 의하지 않은 것이 없다. 정부 역시 정치인들과의 합의로 의회원(議會院)이라는 것이 있고, 상업도 상인의 조합으로 컴퍼니(company)[28]라는 것이 있다. 학자에게도 동아리가 있고, 절(寺)에도 동아리가 있다. 벽지의 촌락에 이르기까지도 평민은 저마다 동아리를 형성하여 공적 사적인 업무를 서로 이야기를 나눈다는 식이다. 일단 동아리를 구분하면, 그 동아리마다 제각각 고유한 논의가 있게 마련이다. 예컨대 몇 사람의 붕우이거나, 또는 두세집의 이웃으로 동아리의 관계를 맺으면 이른바 그 동아리에 고유한 주장이 생긴다. 합쳐서 일개 촌락이 되면 일개 촌락의 주장이 있고 하나의 주가 되고 하나의 군이 되면 또한 일 주(一州)·일 군

---

28) 후쿠자와의 회사이론을 실천한 것은, 메이지 2년, 요코하마에서 창업한 현재의 마루젠(丸善)상사가 최초이

(一郡)의 주장이 있다. 이런 주장 저런 주장이 서로 합쳐서 조금 내용을 바꾸고, 또 합치고 통합하여 마침내 일국의 중론을 결정하는 것이므로, 그 내용은 마치 약간의 병사를 모아서 소대로 하고, 합쳐서 중대로 하고, 또한 통합하여 대대로 편성하는 것과 같다. 대대병력은 충분히 적과 대결하여 싸울 수 있기는 하지만, 그 병사 한 개인에 관해서 보면 반듯이 용사인 것만은 아니다. 그런고로 대대병력은 병사 각개의 역량이 아니고, 그 대대를 편성한 것 때문에 각별히 생긴 역량이라고 할 수가 있다. 지금 일국의 중론도 그 결정한 후에 이것을 보면 매우 고상하면서도 세력이 있기는 하지만, 그 그러한 이유는, 고상하면서도 세력이 있는 인물이 주장한 때문만으로써 논의가 활발하였던 것이 아니고, 이 논의에 뇌동하는 동료들이 훌륭한 조합을 이루어서, 동료 전체가 자연히 논의의 용기를 일으켰던 것이다. 일반적으로 말하면, 서양제국에서 널리 통하는 중론은 그 나라의 인민 각 개인이 지니고 있는 재지(才智)보다도 한층 더 고상하여서, 그 사람들은 인품에 걸맞지 않은 견해를 주장하고 걸맞지 않은 행동을 하는 자들이라 할 수 있다.

　이상과 같이 서양 사람은 지혜에 걸맞지 않은 훌륭한 견해를 주장하고 어울리지 않는 공적을 세우는 자들이다. 동양 사람은 지혜에 걸맞지 않은 우설(愚說)을 토하고 어울리지 않는 졸속(拙速)을 다하는 자들이다. 지금 그 그러한 이유에 대한 원인을 추궁하건대, 오로지 습관이라는 두 글자에 기인할 따름이다. 습관이 오랜 세월에 이르면 제 2의 천성으로 바뀌고, 부지불식중에 행동을 할 것이다. 서양제국의 의회 법도 수십 수백 년 과거에서부터 대를 이

은 습관에서 그러한 풍속을 이룬 것이므로, 오늘날에 와서는 무의
식적으로 자연히 체제화된 것이리라. 아시아제국(諸國)에서는 즉
그러하지 않다. 인도의 「카스트」(caste) 처럼, 사람의 격식을 정해
서 편중 의 세를 이루고, 그 이해(利害)를 달리하고 그 득실(得失)
을 특별히 하여, 자연히 피차 박정할 뿐만 아니고, 포악한 정부의
풍습으로 특별히 결사(結社)를 금한다는 법을 제정해서 다중의 의
견교환을 막고, 인민 역시 또한 오로지 무사태평을 원하는 심리에
서 결사와 집회와의 분별을 변론하는 기력도 없고, 그저 정부에 의
존하여 국사에 관여하지 않고, 백만 명의 인민은 백만 명의 마음을
가슴에 품고서 저마다 한 집안에서 한가히 지내고, 문밖은 마치 딴
나라와 같이 생각하여 아직껏 마음으로 관여하지 않고, 동네의 우
물 청소를 하자는 논의조차도 할 수가 없고, 더군다나 도로를 수선
하는 공사에 있어서야. 행려병자를 보면 달아나 지나치고, 개똥을
보면 피해서 지나치고, 세속적으로 이른바 연루되는 것을 피하기에
급급하기 때문에, 어찌 중론을 계획하기에 겨를이 있으리오. 오랜
습관이 그 풍속을 만들고, 마침내 지금의 형국으로 빠져버린 것이
다. 이것을 비유하면 세상에 은행(銀行)이라는 것이 없어서, 인민
모두가 그 여재(餘財)를 집안에 모아두고, 사회의 유통을 막아 나
라의 대업을 도모할 수 없는 것과 같다. 전국의 가가호호를 찾아가
보면 자본금이 없는 것이 아니다. 그저 집집마다 모아 놓아서 나라
에 도움이 되지 않을 따름이다. 인민의 논의도 역시 이와 마찬가지
이다. 집집마다 묻고 각 사람마다 묻는다면 저마다 소견이 없지 않
겠지만, 그 소견이 백 천 만의 수로 갈리어, 이것을 결합하는 수단

을 얻을 수 없어서 나라 전체를 위해 도움이 되지 않는 것이다.

세간의 학자들의 주장에, 인민이 모여서 토론을 하는 것은 당연히 바람직한 일이지만 무식한 인민은 안타깝지만 전제의 치하에 서지 않을 수 없다. 그런고로 의회(議會)를 시작하기 위해서는 시기를 기다려야 할 것이라고 하는 자들이 있다. 생각건대 그 시기라 함은 인민에게 지혜가 생기는 시기일 것이라고는 하겠으나, 사람의 지혜는 여름의 초목처럼 하룻밤 사이에 성장하는 것이 아니고, 설령 혹은 성장하는 경우가 있더라도 습관에 의해서 사용하지 않으면 성공하기 어렵다. 습관의 힘은 몹시 강성한 것으로, 이것을 키우면 그 작용이 무한대일 수밖에 없다. 마침내는 사유재산을 보호하겠다는 민심까지 억압하기에 충분하다.

그 한 예를 들겠다.

지금 우리나라에 정부의 세입의 대략 5분의 1은 화·사족의 녹봉으로 사용하고, 그 금전과 곡식의 출처는 농상 밖에는 없다. 지금 이 녹봉을 폐하면 농상의 출처는 공물은 5분의 1을 감하고, 미곡 다섯 섬을 매년 바치는 공물은 네 섬이 될 것이다. 인민이 어리석다 할지라도 넷과 다섯을 구별하는 지력이 없다고는 할 수가 없다. 농부의 신분이 되어서 한편에서 생각하면 복잡한 문제가 아니다. 그저 본인이 생산한 쌀을 나누어서 관련도 없는 사람을 부양하는 것이므로, 주든지 말든지 하는 두 가지 의견이 있을 뿐. 또한 사족의 신분이 되어서 생각하면 물려받는 녹봉은 조상 전래의 가산이다. 조상에게 공로가 있어서 받아온 것이므로 자연 날품을 팔아서 번 돈과는 다르다. 지금 나에게 병역의 의무가 없기 때문이라

하여 어찌 조상이 포상으로 받은 녹봉을 마다하고 가산을 잃을 리 있겠는가. 사족을 필요 없다 하여 그 가문에 속한 봉록을 빼앗는 것이라면, 부상(富商)과 호농(豪農)으로 무위도식하는 자도 그 재산을 빼앗지 않을 수가 없다. 어찌 오로지 나의 재산을 줄여서 아무런 관련도 없는 농부와 상인을 살찌우려하느냐 하고. 이렇게 주장을 하면 또한 일리가 없지는 않지만, 사족 내에서도 이런 논의가 있다는 말을 듣지 못했다. 농부고 사족이고 눈앞에 자신의 사유재산을 얻고 말고 하는 경계에 있으면서도, 태연하게 다른 세상의 이야기를 듣는 것처럼, 자연의 화복(禍福)을 기다리듯이, 그저 가만히 앉아서 사태의 추이를 관망할 따름. 참으로 괴이하지 않을 수 없는 일이 아니더냐. 설령 서양제국에서 이런 유의 사태가 일어나게 한다면 그 세론이 어떠할 것인가. 많은 사람들이 흥분하듯이 한꺼번에 설전을 벌려 큰 난리였을 것이다. 나는 물론 집안 대대로 내려오는 녹봉을 주거나 빼앗는 것에 대한 득과 실을 여기에서 논하는 것은 아니지만, 다만 일본인이 논의도 하지 않는 습관에 압도되어서, 만족해서는 안 될 간단한 문제에 만족하고, 열어야 할 입을 열지 않고, 밖으로 드러내어야 할 할 논의를 드러내지 않는 것을 놀라워 할 따름이다.

이를 다투는 것은 옛 성현의 금구이지만, 이를 다투는 것은 곧 리(理)를 다투는 일이다. 지금 우리 일본은 서양 사람과 이를 다투고 리를 다투는 시기이다. 나라 안에 거주하면서 담백[29]한 자는 나

---

29) 경우가 바르고 욕심이 없는 것

라 밖에 대해서도 또한 담백하지 않을 수 없고, 안에서 우둔한 자는 밖에서 활발할 수가 없다. 사족과 평민의 우둔과 담백은 정부의 전제에는 편리하겠지만, 이 사족과 평민을 의지한 서양 국가와의 관계는 몹시 불안하다. 일국의 인민으로서 지역의 이해(利害)를 논하겠다는 기상이 없고, 한 사람의 인간으로서 독립적인 한 개인의 영욕(榮辱)을 존중한다는 용기가 없으면, 어떤 일을 이야기하더라도 무익할 따름. 생각건대 그 기상이 없고 또 그 용기가 없음은, 천부적인 결함이 아니고, 습관에 의해서 잃어버린 것이므로, 이를 회복하는 방법도 역시 습관에 의하지 않으면 이루어질 수 없다. 습관을 바꾸는 것은 중요하다고 할 수가 있다.

제 3권

제6장 지덕의 변

지덕(智德)의 변(弁)

전 장까지의 논의에서는, 지덕이라는 두 글자를 숙어로 사용하여, 문명의 진보는 일반 세인의 지덕의 발생에 관한 것이라는 사정을 설명하였는데, 지금 이 장에서는 지와 덕을 구별해서 그 취지가 다른 바를 보여주겠다.

덕이라 함은 덕의(德義)라고 하는 것으로, 서양어로 모럴(moral)이라고 한다. 「모럴」이라 함은 마음의 행의(行儀)라고 하는 것이다. 한 사람의 마음속에 즐거우면서도 남이 보지 않는 곳에서도 부끄러운 행동을 하지 않는 것[1]이다.

지라 함은 지혜(智惠)라고 하는 것으로, 서양어로 「인텔렉트」(intellect)라고 한다. 사물을 판단하고 사물을 이해하고 사물을 납득하는 작용이다. 또 이 덕의에도 지혜에도 각기 두 가지의 구별이

---

1) 시경의 불괴옥루(不愧屋漏)를 인용한 것.

있어서, 첫째 정실(貞實)2), 결백, 겸손, 성실 등과 같은 하나의 마음속에 속하는 것을 사덕(私德)3)이라고 하고, 둘째 염치, 공평, 불편부당(不偏不黨), 용강(勇剛)4) 등과 같은 외부의 세계를 접해서 대인관계에서 나타나는 바의 작용을 공덕(公德)이라고 일컫는다. 또 셋째 사물의 이치를 규명해서 이에 상응하는 작용을 사지(私智)라 일컫고, 넷째 세상사의 경중과 대소를 분별하고 경과 소를 뒤로 하고 중과 대를 선으로 해서 그 시기와 장소를 관찰하는 작용을 공지(公智)라고 한다. 그런고로 사지 혹은 이를 신중한 소지(小智)라고 하여도 무방하다, 공지 혹은 이를 총명의 대지(大智)라고 하여도 무방하다. 그리고 이 네 가지 안에서 가장 중요한 것은 네 번째 조목인 대지이다. 생각건대 총명·예지의 작용이 없으면 사덕·사지를 확산하여 공덕·공지로 변화시킬 수 없다. 혹은 공과 사가 서로 되돌아가서 서로 해를 입힐 수도 있을 것이다. 예날부터 분명하게 이 4개의 조목을 들어서 논한 것이 없다고 하더라도, 학자들의 논의로도 속간의 상식으로도, 곰곰이 그러한 의미가 내포하는 바를 음미하면 역시 이러한 구별이 있음을 발견할 수 있다.

『맹자』에 측은(惻隱)5), 수오(羞惡)6), 사양(辭讓), 시비(是非)는 인간심리의 네 가지 근본7)이고, 이것을 확대할 경우에는 불길

---

2) 여성의 정조가 바르고 독실한 것.
3) 후쿠자와는 지덕을,사덕 공덕 사지 공지로 나누어 사용하였고, 특히 공덕과 공지를 중시하였다.
4) 씩씩하고 굳셈
5) 가엽고 애처러운 것.
6) 자기의 옳지 못함을 부끄러워하고 남이 선하지 못함을 미워함.
7) 인의예지(仁義禮智)의 네가지 덕에 이르는 실마리라는 뜻.

이 비로소 타오르고 샘물이 비로소 흐르기 시작하는 것처럼, 충분히 이것을 충족한다면 사해(四海)를 보전할 수 있고[8], 이것을 충족할 수가 없으면 부모님조차도 공양하기 힘든다[9]라 쓰여 있다. 생각건대 사덕을 확산해서 공덕에 이른다는 뜻일 것이다. 또 지혜가 있다 하더라도 여세에 편승하는 것만 못하고, 땅을 팔 수 있는 곡괭이가 있다고 하더라도 때를 기다리는 것만 못하다[10]라고 쓰여 있다. 생각건대 시세(時勢)의 완급을 관찰하고 사지를 확산해서 공지로 만든다는 뜻일 것이다. 또 속간의 설에 아무개는 사회의 앞면에 내세워 나무랄 데가 없는 인물, 공식적인 인재로는 최적이지만, 개인적 행실에 있어서는 언어도단이다 고 하는 경우가 있다.

프랑스의 재상 「리슈루」[11]와 같은 자가 이것이다. 생각건대 공지·공덕에는 결함이 없으면서도 사덕이 부족한 까닭이다. 또 아무개는 바둑, 장기, 주판은 물론, 무슨 일에도 발상이 뛰어나건만, 흔히 말하는 실제 바둑의 수, 수의 계산에, 아무튼 무분별한 인물이라고 말하는 경우가 있다. 생각건대 사지는 있어도 공지가 없음을 평하는 말이다.

앞에서와 같이 지덕의 네 가지 구분은, 배운 사람이고 배우지 않은 사람이고 모두가 인정하는 바인 것이므로 이것을 보편적인 구분이라고 하지 않을 수 없다. 일단 이러한 구분을 정하고 다음에 그 작용을 논하는바 다음과 같다.

---

8) 전 세계를 집배할 수가 있다는 의미
9) 『맹자』의 「공손축장구(公孫丑章句)」 상에 있는 내용.
10) 『맹자』의 「공손측장구」 상에 있는 내용.
11) Richelieu(1595-1642)루이 13세 절대 왕정기 치하의 재상.

앞에서 말한 것과 같이 총명과 예지의 작용이 없으면 사지를 확산하여 공지로 변화시킬 수 없다. 예컨대 바둑, 가루타[12], 시나다마[13]등과 같은 기예도 사람이 머리를 짜내서 만든 것이고, 과학과 기계 등의 기술도 역시 사람이 머리를 짜낸 것이어서; 꼭 같이 정신을 수고한 것이지만, 그 내용의 경중과 대소를 자세히 관찰하여 중하고 대한 쪽에 종사하고 그로해서 세간에 도움을 준다면, 그 지혜의 작용하는바가 다소 크다고 할 수가 있을 것이다. 혹은 또 스스로 그 일을 손수 하지 않더라도, 사물의 이와 해, 득과 실을 관찰하는 것은 「아담 스미스」이 경제의 법칙을 주장한 것과 같아서, 자연히 세상의 민심을 인도하여 인민에게 부유의 근원을 깊게 하는 일이 생기면, 지혜의 작용이 최고조에 이른 것이라고 할 수가 있다. 어찌되었던 간에 작은 지혜로부터 발전하여 큰 지혜에 이르기 위해서는 총명과 예지의 견식이 없어서는 안 될 것이다. 또한 사군자들이 하는 말에, 온 천하를 물을 뿌리고 쓸고 닦아 청소를 한다 하더라도, 집 마당의 청소와 같은 주변의 사소한 일은 아무런 가치가 없다[14]는 둥하고, 치국평천하(治國平天下) 의 수단을 찾아 크게 소득은 있을지언정, 일신과 일가(一家)를 다스릴 줄 모르는 자가 있다. 혹은 오직 한 마음으로 성실함을 지키고 집밖의 일을 모르고, 심지어는 살신성인하여 세상에 이바지하지 않는 자가 있다. 모두가 다 총명의 역할을 결여하여 사물의 관계를 오판하고

---

12) carta. 폴투갈 어. 딱지놀이
13) 구슬을 공중에 던져서 받는 곡예
14) 『후한서(後漢書)』의 진번열전(陳蕃列傳)에서 진번이 한 말.

대소와 경중을 분별할 수가 없어서 수덕(修德)의 조화를 잃은 자들이다.

　이러한 사실에 입각해서 생각하면 총명과 예지의 기능은 흡사 지덕을 지배하는 것인 고로, 덕의(德義)에 관해서 논할 때는 이것을 대덕(大德)이라 하여도 무방하다고는 할지라도, 여기에 세상의 보편적인 민심에 따라서 문자 그대로의 의미로 사용해온 유래에 의하면 이것을 덕(德)으로 명명하지 않을 수 없는 까닭이 있다. 생각건대 과거 우리나라의 정서상 덕의라고 칭하는 것은, 오로지 한 개인의 사덕에만 명칭을 부여한 글자이므로, 그러한 생각이 유래하는 바를 관찰하건대, 고서에 온양공겸양(溫良恭謙讓)[15]이라 하여, 특별히 정책을 세워 통제를 하지 않아도 덕으로써 세상을 다스린다[16]고 하였고, 성인은 마음속에 미혹이 없고, 잡념으로 번민하게 되지 않으므로 꿈같은 것을 꾸지 않는다[17]고 하였고, 덕망이 높은 군자는 그것을 겉으로 드러내지 않으므로, 얼핏 어리석은 것처럼 보인다[18]고 하였고, 천명(天命)에 만족하고 욕심에 동요되지 않는 인자는 부동의 산과도 같다[19]고 하는 등, 온통 이런 취지로써 본디의 뜻으로 삼았고, 결국 겉으로 드러나는 기능보다도 내재하는 것을 덕의로 칭할 따름으로, 서양어로 말하면, 「패시브」(passive)라 하여[20], 내가 행동으로 옮기지는 않으면서 사물에 대해서 수동적인

---

15) 온후함, 순수함, 공손함, 조신함, 겸손한 태도. 『논어』의 학이편(學而篇)에서 공자의 5덕을 칭송한 말.
16) 『논어』의 위령공편(衛靈公篇)에 있는 말.
17) 『장자』의 대종사편(大宗師篇)에 있는 말.
18) 『사기』의 노자한비열전(老子韓非列傳)에 있는 말을 인용한 것으로 보임.
19) 논어의 옹야편(雍也篇)에 있는, 인자는 산을 즐기다에 근거한 것으로 보임.

자세가 되어, 그저 사인(私人)으로서의 생각을 내버린다는 것 하나로써 요령으로 삼는 것과 같다. 경서(經書)를 생각해보건대 그 주장 모두가 수동적인 덕(德)만을 논하는 것은 아니다. 더러는 생동감이 넘치는 훌륭한 점이 있는 것 같기는 하여도, 어찌하랴 문장전체의 기풍에서 그 민심으로 느끼는 바를 보건대 단지 인내와 비굴의 취지를 권장하는 것에 지나지 않는다. 그 외에 신불(神佛)의 교훈도 덕을 수양하는 문제에 와서는 대동소이할 따름. 이 교훈으로 육성되어진 우리나라의 인민이므로, 보편적인 사람의 마음에 의거할 경우 덕의 한자적 의미는 지극히 좁아서, 이른바 총명 혹은 예지 등의 작용은 이 한자적인 의미 속에 함유하지 않는다.

대체적으로 언어의 의미를 해석하려면, 학자가 확정한 자의에 구애받지 않고서 세상의 여러 사람의 의중을 헤아리고, 그 여러 사람이 생각하는 바의 의중을 취할 것을 가장 확실한 것으로 한다. 예컨대 선유산(船遊山)[21] 이라고 하는 자구와 같다. 하나하나 자의를 규명하면 매우 조화롭지 못하지만, 세상 사람이 보편적으로 생각하는 바로는, 이 단어 속에 산에서 노닌다는 의미를 함유하지는 않는다. 덕이라는 글자도 또한 이와 같다. 학자의 유에 따라서 의미를 규명한다면 그 의미는 매우 광범하다고 할지라도, 세인이 해석하는 바로는 즉 그러하지가 않다. 세속에서 욕심이 없는 산사의 노승을 보건대 이를 덕망이 높은 큰 스님으로 받들어 모실지언정, 속세에 물리, 경제, 이론 등과 같은 학문에 능한 인물이 있으면, 이

---

20) 후쿠자와는 일본과 동양의 정체의 원인의 하나로써 이 말을 이해하고 있다.
21) 배를 타고 노니는 것.

를 덕행을 실천하는 군자라 하지 않고 재사나 아니면 지자라고 칭하는 것 필정(必定)이다. 혹은 또 고금의 인물이 큰 업적을 이룬 자가 있으면 이를 영웅호걸로서 칭찬하기는 하지만, 사람의 덕의에 관해서 칭하는 바는, 단지 사덕 하나에만 관심을 가질 뿐, 공덕이 보다 더 존중해야 할 것은 오히려 이것을 덕의의 조목 속에 보태지 않고 이따금 망각하는 일이 있는 것과 같다. 세인이 해석하는 바로 덕이라는 글자의 자의가 좁은 것으로써 판단할 수가 있다.

생각건대 그 마음에 스스로 지덕의 네 가지 양태의 차이를 모르는 것은 아니나, 때로는 이것을 아는 것도 같고 또 때로는 모르는 것도 같고, 결국 세상의 보편적인 기풍에 억압되어서 그 중요한 것이 사덕이라는 것이 한 편으로 편중된 것일 것이다. 그런고로 나도 이 세상의 보편적인 민심에 따라서 자의를 정한다면, 총명과 예지의 기능은 이를 지혜의 조목 속에 올리고, 저 덕의라고 칭하는 것은 그 자의의 영역을 축소하여 다만 수동적인 사덕에 한정시키지 않을 수가 없는 것이다. 제 6, 7장에서 기술하는 바의 덕의 자의는 모두 이러한 취지에 따라서 사용한 것이므로, 그 논의에 있어서, 지혜와 덕의를 비교하여, 지(智)의 기능은 무거우면서도 광범위하고, 덕의 기능은 가벼우면서도 좁고, 때로는 편집적인 것 같겠지만, 학자들 만약 여기에 기술하는 바의 취지를 잘 이해하면 이 문제에 당혹할 것은 없을 것이다.

무릇 미개의 상태에서 사덕의 교훈을 주장하고 인민도 역시 그 풍조를 따르는 것은 오직 우리나라만이 아니고, 전 세계가 모두 그러하지 않은 곳이 없다. 생각건대 국민의 정신이 아직도 형성되지 않아서 금수(禽獸)를 벗어난 지 멀지 않은 시대에 있어서는, 일단 그 거칠고 천박하고 잔인한 행동을 제어해서 개인의 심성을 완화하고 정비되지 않은 인간 본연의 양심을 찾게 하는 일로 분주해지면, 복잡하게 얽힌 사회적인 관계에 관해서는 이를 뒤돌아볼 겨를이 없다. 더군다나 의식주라는 것에 있어서도, 세상이 처음 시작되었을 때는 이른바 손수 직접 먹고 살아가야 하는 것이어서, 아직 가옥이나 의상에 관한 것을 돌이켜볼 겨를이 없는 것과 마찬가지다. 그런데도 문명이 점차 진보하면 세상사도 또한 복잡한 쪽으로 나아가고, 사덕(私德)이라는 「기계」(器械) 하나로 세상을 지배할 수 있다는 원리는 결코 존재할 수 없다고 할지라도, 예로부터의 습관과 천성적으로 타고난 나태한 삶으로 말미암아 과거를 그리워하고 현재에 만족하며, 한 편으로 편중해서 균형을 잃었던 것이다.

물론 그 사덕이 갖추고 있는 조목은, 만세에 전해도 변할 수가 없고, 온 세상에 통용해도 상이점이 있을 수가 없고, 가장 단순하면서도 가장 훌륭한 것이므로, 후세로부터 이것을 개정할 수가 없음은 물론이라고 하더라도, 세상의 역사에 따라서 이것을 활용하건대 장소를 고르고, 또한 이것을 활용할 방법을 연구하지 않으면 안 된다. 예컨대 먹을 것을 구하는 일은 만고불변이지만, 옛날에는 손수 직접 입으로 가지고 간다는 방법이 있었지만, 후세에 이르면 음식이라는 것에도 천 가지 만 가지의 조리법이 있는 것 같다. 또 이것을 비유하면 사덕을 갖춘 인간의 심성은 이목구비를 갖춘 인간의 생체와 같다. 물론 그 유·무용을 따질 수는 없다. 적어도 사람이라는 명칭을 가지고 있다면 반듯이 이것이 없지 않을 것이다. 이목구비의 유무에 관한 논란은 신체불구자들이 사는 세상에서 벌어질 수 있는 일이겠으나, 적어도 불구자보다 나은 단계로 올라가면 역시 수다스러운 이야기를 할 만한 가치가 없다. 생각건대 신유불이든, 또 예수교이든, 어느 것 할 것 없이 먼 옛날 문명이 어두운 세상에 살면서 흡사 불구의 시절에 주장했던 풍설이므로, 그 시절에 있어서 필요한 것은 물론 말할 필요도 없겠다. 후세의 오늘날에 이르기 까지도 전 세계의 인구, 10에 8, 9가 불구자일 것이라면, 덕의의 교훈도 또한 결코 등한시하기 어렵다. 더러는 이로 인해서 수다스럽지 않을 수가 없는 기세도 일어날 것이다.

유자(儒者)의 도에 성(誠)을 숭상하고, 신불의 교훈에 일향일심(一向一心)[22]을 권하는 등, 하류(下流)의 민간에게는 제일 긴요한 일이다. 예컨대 지력이 아직 발달하지 않은 어린이를 양육하고, 혹은 무지하고 수단이 없는 어리석은 사람을 접해서, 무조건 덕의와 같은 것은 인간이 그렇게 까지 귀하게 여겨야 할 것이 아니라고 말한다면, 역시 오해를 일으켜서, 덕은 당연히 무시해야 하고, 지혜는 당연히 귀히 여겨야 하는 것으로 이해하고, 그 지혜를 또다시 오해해서, 미덕을 버리고 간사한 지혜를 추구하는 것의 폐해에 빠져, 순식간에 인간관계를 망가뜨린다는 우려가 없지 않은 이상, 이런 무리를 향해서는 덕의에 관해 수다스러운 변명이 없을 수가 없다 하겠으나, 온 정성을 다한 사덕으로써 인류의 본분으로 삼고, 그로해서 세상의 만사를 지배하겠다고 하는 것과 같은 것은, 그 폐해 역시 또한 지극히 위험할 수 있는 것이다. 장소와 시기를 분별하여, 그 지향하는 바, 고상한 경지를 기하지 않을 수 없을 것이다.

---

22) 한결같은 마음가짐, 전심전력.

하지만 문명의 본질은 다년간에 걸쳐 움직여서 진보하는 것에 있는 것이므로, 먼 옛날의 무사(無事)와 단일(單一)에 만족할 수가 없다. 현재의 인간으로서 먹을 것을 구하건대 손으로 직접 입으로 가지고 간다는 방식을 즐겁다 하지 않고, 자신의 신체에 이목구비를 갖추는 것 역시 자랑할 만한 것이 못 된다는 사실을 알면, 사덕 한 쪽만을 쌓는 것도 아직 진인사(盡人事)를 한 것은 아니라는 이치가 명백할 것이다.

문명사회의 세상사는 지극히 복잡함을 요하고, 세상사가 복잡하면 이에 응하는 마음의 작용도 역시 복잡해지지 않을 수가 없다. 만약 사덕 하나로써 만사에 적응할 수 있는 것이라고 한다면, 현재의 여성의 덕행을 보고 이에 만족하는 것도 일리가 없다고 할 수는 없을 것이다. 중국이나 일본에서 풍속이 방정한 가문의 부녀자에게, 온량공겸(溫良恭謙)23)의 덕을 갖추고, 언어에 진심이 담겨있고, 행동은 정겹고 공손하여, 훌륭하게 집안일을 처리하는 재주 있는 자가 드물지 않다고는 할지라도, 이 부녀자를 세간의 공적인 일에 활용할 수가 없음은 어째서 일까. 인간이 해야 할 일을 처리함에 있어서는 사덕만으로써 충분하지 않다는 증거이다. 결국 나의 소견은 사덕을 인생의 사소한 행위로서 바라지 않는 것은 아니지만, 과거 우리나라의 인민이 정서상으로 느끼는 것처럼, 다만 이 한 쪽으로만 치우쳐서 논의의 목표를 정하는 것을 달가워하지 않는 것이다. 사덕을 필요가 없다 하여 버리는 것은 아니지만, 이것

---

23) 온화 양순하고 공손하고 겸손한 것

을 권장하는 것 외에 또한 소중한 지덕의 역할이 있다는 것을 제시하고자 할 따름이다.

지혜와 덕의라 함은 흡사 사람의 마음을 양단해서 각각 그 한쪽을 지배하는 것이므로, 어느 쪽을 무겁다 하고 어느 쪽을 가볍다 할 수 없다. 양자를 겸비하지 않는다면 이를 완전한 인간이라고 할 수 없다. 그런데도 과거 학자들이 주장하는 바를 보건대, 10에 8, 9는 덕의 한쪽을 주장해서 사실을 그르치고, 그 그릇됨이 심한 경우에는 완전히 지혜라는 것을 필요하지 않다고 하는 자 없지 않다. 세상에 가장 염려해야 할 폐해지만, 이 폐해를 변론함에 있어서 하나의 난관이 있다. 왜냐하면 현재 사회에서 지혜와 덕의와의 차이를 논하여 구폐를 바로잡고자 하건대, 우선 이 양자의 경계를 명확히 하고, 그로해서 그 효용성의 소재를 지적하자면, 사상(思想)이 일천한 사람의 안목으로써 이것을 볼 때는, 혹은 그 논리는 덕을 경시하고 지를 중시하여 함부로 덕의의 영역을 범하는 것이라 하여 불만을 품는 자도 있을 것이다. 혹은 그 논리를 가볍게 간과해서, 덕의는 인간에게 필요하지 않다 하여 오해하는 자도 분명 있기 때문이다.

무릇 세상의 문명을 위해서 지와 덕이 공히 필요한 것은, 역시 인체를 돌보기 위해서 채소와 곡식, 생선과 육류로 양쪽 모두 결여할 수 없는 것과 같다. 그런고로 지금 그 지덕의 효용을 제시하고 지혜가 등한히 해서는 안 되는 것임을 논하는 것은, 자신의 건강을 돌보지 않는 채식주의 자를 향해 육식을 권장하는 것과 다르지 않다. 육식을 권장하기 위해서는 반듯이 육식의 효용을 설명하여 채소와 곡식의 폐해를 설명하고, 채식과 육식을 함께 섭취해도 양쪽 모두 상반하지 않는다는 이치를 명확히 하지 않으면 안 된다. 그런 데도 이 채식주의자 라고 하는 자들, 그 일방적으로 하는 말을 믿어서, 어떤 일이 있어도 채소와 곡류를 금하고 생선과 육류만을 먹겠다고 하는 일이 생긴다면 대단한 망상이다. 이것을 오해라고 하지 않을 수 없다. 은밀히 생각건대 고금의 식자 역시 지와 덕의 분별을 모르는 것은 아니겠으나, 단지 이 오해에서 오는 폐해를 두려워하여서 말을 하지 않았던 것은 아닐까. 하지만 알고도 이를 말하지 않는다면 한이 없을 것이다. 무슨 일이라도 도리에만 어긋나지 않는 일이라면 열사람은 열사람 모두가 오해하는 것이 아니다. 혹은 가끔 열에 두 셋의 오해가 있어도 역시 말하지 않는 것이 훌륭했다. 두 세 사람의 오해를 꺼려서 일곱 사람 여덟 사람의 지견(知見)을 막을 수는 없다. 필경 세인의 오해를 두려워해서 당연히 말해야 할 논리차도 감추려 들고, 혹은 그 논리를 위장해서 아리송할 때에 사람을 유도하려 하고, 이른바 상대방에 따라서 수단을 바꾸겠다는 방책을 강구하는 것은, 같은 무리들이 벌리는 활발한 논의를 얕보겠다는 행동이라 할 수 있다. 세인이 어리석다 하더라도 흑과 백은 구분하는 법이다. 같은 부류의 인간에게 극심한 지우(智愚)는 있을 수 없다. 그런데도 나의 판단으로써 남의 어리석음을 관찰하고, 그 오해를 억단하여 사태의 진면목을 알리지 않는 것은, 경애(敬愛)의 도를 상실한 것이 아니더냐. 군자가 해야 할 일이 아닌 것이다. 적어도 내게 옳다고 하는 바의 것이 있으면 노골적으로 이것을 진술해서 감출 것이 없고, 그 옳고 그름에 대한 판단은 남에게 맡겨도 좋다. 이것이 곧 내가 감히 논쟁을 즐겨하여 지덕(智德)의 분별을 논하는 까닭이다.

덕의는 한 사람의 마음속에 내재하는 것이지 남에게 보이기 위한 작용은 아니다. 수신(修身)이라 하고 진독(愼獨)[24]이라 하여, 모두 외부의 세계와는 관계가 없는 것이다. 예컨대 욕심이 없는 것과 정직한 것은 덕의이나, 남의 비방을 두려워하고 세간의 악평을 꺼려서 욕심이 없는 정직한 행동을 하는 것은, 이를 진정한 무욕과 정직이라고 할 수가 없다. 악평과 비방은 다른 것이다. 외부 세계 때문에 움직이는 것은 덕의로 칭할 수 없다. 만약 이것을 덕의라고 말하면, 일시적인 사정으로 세간의 비난을 피할 수 있을 때는, 탐욕적이고 부정직한 일을 저지르더라도 덕의에 있어서 지장이 없을 것이다. 이와 같은 것은 이를테면 사이비군자와 진정한 군자와의 분별은 있을 수가 없다.

그런고로 덕의라 함은 일절 외부 세계의 변화와 관련이 없고, 세간의 비난과 칭찬을 염두에 두지 않고, 무력이나 권위에도 굴할 수 없고, 빈천(貧賤)도 빼앗을 수가 없고[25], 확고부동, 내부에 존재하는 것을 말하는 것이다. 지혜는 이른바 이와 다르다. 외부 세계를 접해서 그 이해(利害)와 득실을 고려하고, 이러한 사안을 실천해서 유익하지 않으면 그 방법을 쓰고, 나에게 유용하다고 생각하는 것도 여러 사람이 이것을 무익하다고 말하면 바로 또 이것을 변경하고, 일단 유익하다고 확인된 것도 더욱더 또한 유익한 것이 있

---

24) 남이 보이지 않는 곳에서도 방정하여 행동을 삼가는 것.
25) 『맹자』 손문공(勝文公)편 하

으면 이것을 취하지 않을 수 없다. 예컨대 마차는 가마보다도 편리할지라도, 증기의 힘을 이용해야 할 수 있음을 알면 또 증기선(蒸氣船)을 제작하지 않을 수가 없을 것이다. 이 마차를 연구하여 증기선을 발명하고, 그 이해(利害)를 관찰해서 이를 이용하는 것은 지혜의 작용이다.

이와 같이 외부 세계와 접해 임기응변으로써 처리하는 것이므로, 그 취지는 완전히 덕의와 상반하여 이를 외부의 작용이라고 하지 않을 수가 없다.

덕망이 있는 군자는 홀로 집안에 거처하여 묵좌(黙坐)하더라도, 이를 악인이라고 말할 수 없기는 하지만, 지자가 만약 무위도식하며 외부 세계와 접하는 일이 없다면, 이를 어리석은 자라고 불러도 좋다.

덕의는 한 사람의 행위여서 그 영향이 미치는 바는 일단 한 가정 내에 있다. 주인의 행실이 정직하면 집안 식구는 저절로 정직으로 향하고, 부모의 언행이 온순하면 자식의 마음 역시 저절로 온순해 질 것이다. 혹은 친척과 붕우들 사이, 서로 선을 채근하여 덕의 문으로 들어가야 한다[26]고는 하지만, 결국 충고에 의해서 타인을 선으로 인도한다는 범위는 매우 좁다. 이른바 모든 사람에게 진리를 가르치고 논할 수는 없다 함이 즉 이것이다. 지혜는 즉 그러하지 않다. 일단 사물의 이치를 발견해서 이것을 사람들에게 알리면, 순식간에 일국(一國)의 민심을 움직이게 하고, 더러는 그 발견이

---

26) 『맹자』 이루(離婁)편 하

대단하기에 이르게 되면, 한 사람의 힘이 충분히 전 세계의 면모를
일변시킬 수가 있다.

「제임스 와트」27)는 증기기관을 연구해서 전 세계의 공업이 이
로 인해 그 내용을 일변하였고, 「아담 스미스」28)는 경제의 법칙을
발견했고 전 세계의 경제가 이 때문에 면목을 새로이 했다. 그 이
것을 인류에게 전파하였구나, 혹은 말로써 하고 혹은 글로써 할 것
이다. 한번 그 말을 듣고 그 글을 보고 이를 실행에 옮기는 사람이
생기면, 그 사람은 실로 「와트」과 「스미스」과 다를 바가 없다. 그
런고로 어제의 어리석은 자는 오늘의 지혜로운 자가 되고, 전 세계
에 몇 천만의 「와트」과 「스미스」을 낳을 것이다. 그 전수가 신속하
고 그 실행되는 바의 영역이 광대함은, 저 한 사람의 덕의로써 가
족과 붕우에게 충고한다는 유가 아니다.

혹자는 이르기를, 「토마스 클락슨」29)이 진심으로 이 세상에
노예매매의 악법을 없애고, 「존 하워드」30)가 연구 끝에 감방에서
벌어지고 있는 폐풍을 일소한 것은, 덕의의 작용이므로, 그 공덕이
미치는 바가 역시 홍대하고 한량없다고 하지 않을 수 없다 하고.
대답하여 이르노니, 사실 그 말이 맞다. 이 두 사람의 사군자는 사
덕을 확산해서 공덕으로 만들었고, 그 공덕을 홍대하고 한량없게
만든 것이다. 무릇 두 사람의 사군자가 일을 추진함에 즈음하여 천
신만고를 마다않고서 머리를 짜내어서, 혹은 책을 저술하고 혹은

---

27) James Watt, 1736-1819, 영국의 발명가.
28) Adam Smith, 1723-1790, 영국의 경제학자.
29) Thomas Clarkson, 1760-1846, 영국의 노예 금지론 자.
30) John Howard, 1726-90, 영국의 감옥개혁의 선구자.

재산을 탕진하면서, 곤경을 이겨내고 위험을 무릅쓰고, 세간의 민심을 움직이게 하였고, 마침내 잘도 그 대업을 이루었던 것은, 바로 사덕의 공이 아니고, 이른바 총명과 예지의 성과라고 칭할 수가 있는 것이다. 사군자 두 사람의 공이 크다고 하더라도, 세상의 민심을 추종하여 덕의 자의를 해석하였고, 또한 덕의 한 쪽에 대해서 이것을 보면, 살신성인하는 것밖에 되지 않는다.

지금 여기에 인자(仁者)가 있어서, 어린아이가 우물에 빠진 것을 보고 이를 구하고자 하여함께 목숨을 잃는 것[31]도, 「존 하워드」이 수만의 인명을 구하고서 마침내 살신(殺身)한 것도, 그 측은지심(惻隱之心)[32]을 비교하면 모두가 다 심천(深淺)의 차이가 있을 수 없다. 단지 그는 한 어린이를 위해서 희생을 하였고, 이 사람은 수 만 명을 위해서 희생하였으니, 그 사람은 일시적인 공덕을 쌓았고, 이 사람은 만대(萬代)에 공덕을 남긴다는 차이가 있을 뿐. 희생을 한다는 단계에 가서는 이 사람과 그 사람의 사이에 덕의의 경중은 없다. 그 수 만의 인명을 구하여 만대 후에 공덕을 남긴 것은, 「하워드」이 총명과 예지의 작용에 의해 그 사덕을 크게 활용하였고, 그렇게 해서 공덕이 미치는 바를 확산하였던 것이다. 그런고로 이 인자는 사덕을 지니면서도 공덕과 공지가 부족한 자이고, 「하워드」은 공과 사 양면 모두 이를 지닌 자이다.

이것을 비유하건대, 사덕은 가공하기 전의 바탕 쇠(鐵)와 같고 총명의 지혜는 세공(細工)과 같다. 바탕 쇠에 세공을 가하지 않으

---

31) 『맹자』의 공손축(公孫丑)편 상
32) 불쌍하게 여기는 마음.

면 철도 그저 무거우면서 견고할 뿐인 물건이지만, 여기에 조금 세공을 가해서 쇠망치로 바꾸고 솥으로 바꾸면, 즉 쇠망치와 솥의 효용성이 생긴다. 또한 조금 연구를 해서 주머니칼로 바꾸고 톱으로 바꾸면, 즉 주머니칼과 톱의 효용성이 생긴다. 또한 그 세공을 정밀하게 하면 거대한 경우는 증기기관으로 변할 수도 있고, 정밀한 것은 시계의 용수철이 될 수도 있을 것이다. 지금 세간에서 큰 가마솥과 증기기관과를 비교한다면, 누구 한 사람 증기기관의 효용성을 크다 하여 이를 귀히 여기지 않을 자 있으리오. 그 이것을 귀히 여기는 것은 어째서 일까. 큰 가마솥과 증기기관과 바탕 쇠와의 차이가 아니고, 오로지 그 세공을 귀히 여기는 것이다. 그런고로 철로 만든 도구나 기계를 보고서 그 바탕 쇠를 논할 경우는, 솥이고 증기기관이고 망치고 단검이고 실로 하나같아도, 그 여러 물품 속에 귀중한 것과 미천한 것과의 차이가 생기는 것은, 여기에 세공(細工)을 많이 하였느냐 적게 하였느냐에 달린 것이다.

지덕의 균형도 또한 이와 같다. 저 어린아이 목숨을 구하고자 하였던 인자(仁者)도「존 하워드」도, 그 덕행의 바탕 쇠에 관해서 볼 경우는 경중과 대소의 차이가 없다고 할지라도,「하워드」은 이 덕행에 세공을 해서 그 효용성을 성대하게 바꾼 자이다. 그리고 그 세공을 가한 자는 즉 지혜의 역할이므로,「하워드」의 인물됨은 이를 평가하여 단순히 덕행을 실천한 군자라고만 할 수는 없을 것이다.

지덕을 겸비하고 게다가 그 총명의 지력은 고금에 유례가 없는 인물이라고 할 수 있다. 만약 이 사람으로 하여금 지력을 없게 했더라면, 평생 동안 바보로서 집안에 칩거하고, 성인의 언행을 기록한 한 권의 책을 읽고 생을 마치고, 그 덕의로써 훌륭하게 처자식을 감화시킬 수 있을까, 아니면 그렇게 할 수 없을 수도 있을 것이다. 어쩌랴 이 대업을 계획하여 유럽 전역의 폐풍을 없앨 수 있으랴. 그런고로 이르노니, 사덕의 효용성은 협소하고 지혜의 작용은 광대하다. 덕의는 지혜의 작용에 따라서 그 영역을 넓히고 그 광채를 발하는 법이다.

덕의는 예로부터 결정되어서 유동하지 않는다. 예수교의 십계(十戒)라는 것을 예로 들면, 첫째 「곳도」(God)외에 신이 있다고 생각하지 말라, 둘째 우상 앞에서 무릎을 꿇지 말라, 셋째 「곳도」의 이름을 헛되게 하지 말라, 넷째 예배일을 모독하지 말라, 다섯째 네 부모를 공경하라, 여섯째 살인하지 말라, 일곱째 부정한 언행과 생각을 피하라, 여덟째 가난할지라도 도적질하지 말라, 아홉째 고의로 속이지 말라 또한 거짓을 즐기지 말라, 열째 남의 물건을 탐하지 말라, 이상 10개 조이다.

공자의 도(道) 가운데 오륜(五倫)이라 함은, 첫째 부자유친(父子有親)이라 하여 부모 자식이 서로 화목한 것이고, 둘째 군신유의(君臣有義)라 하여 임금과 신하의 사이에는 의리를 지켜서 부실한 거동이 있을 수가 없다는 것이고, 셋째 부부유별(夫婦有別)이라 하여 남편과 아내가 너무 친밀하게 처신하여서 볼꼴사납게 빠져서는 안 된다는 것이고, 넷째 장유유서(長幼有序)라 하여 젊은이는 무슨 일이고 조심하고 나이 든 사람을 공경해야 한다는 것이고, 다섯째 붕우유신(朋友有信)이라 하여 친구사이에는 속여서는 안 된다는 것이다. 이 십계와 오륜은 성인이 정한 교훈의 대강령이고 수 천

년 예로부터 이것을 바꿀 수가 없다. 수 천 년 예로부터 오늘에 이르기까지 성덕(盛德)의 사군자는 배출하였어도, 단지 이 대강령에 관해 주해(註解)를 달았을 뿐 별도의 일개 조항도 늘린 적이 없다. 송(宋)나라 시대에 유학이 번성하였노라 할지언정 오륜을 바꾸어서 육륜(六倫)으로 만들 수는 없다. 덕의의 항목이 적어도 변혁할 수 없다는 것의 명증이다. 옛 성현은 이러한 항목을 깡그리 몸소 실천하였을 뿐만 아니라 남에게도 가르쳤던 것이므로, 후세의 인물이 제아무리 열심히 노력하고 고심한다 하더라도 결코 그 보다 더 뛰어날 수가 없다. 이를 비유하건대 성인은 눈을 희다 하고 석탄을 검다고 하였던 것과 같다. 후세의 사람이 이것을 어찌할 수 있겠는가. 덕의의 도에 관해서는 흡사 성현에게 전매권을 독점당해, 후세의 사람은 단지 거간꾼이 하는 일밖에 달리 방법이 없다. 이것이 이른바 예수와 공자의 후대에 성인이 없는 이유이다. 그런고로 덕의는 후세에 와서도 진보할 수가 없다. 천지가 개벽한 시절의 덕도 오늘날의 덕도 그 성격에 차이는 없다.

지혜는 이른바 그러하지 않다. 옛사람이 하나를 알면 요즘 사람은 백을 알고, 옛사람이 두려워하는 바의 것은 요즘 사람은 이것을 업신여기고, 옛사람이 신비스러워하는 바의 것은 요즘 사람은 이를 비웃고, 지혜의 항목이 날로 증가해서 그 신발견이 많은 것은 자고이래로 일일이 셀 수가 없다. 금후의 진보도 역시 측량할 수가 없다. 가령 옛날의 성현으로 하여금 오늘날에 존재케 하여, 지금의 경제 무역의 논리를 들려주고, 혹은 지금의 증기선에 태워서 대양의 파도를 건너고, 전신(電信)으로써 만 리 이역의 최신의 정보를 순간에 듣게 하는 등의 사태가 생기면, 이에 낙담하는 것은 논할 필요도 없이 자명하다. 혹은 이들을 놀라게 하기에 꼭이 증기선과 통신을 요하지 않고, 종이를 제조해서 글을 쓰는 것의 방법을 가르치고, 혹은 목판 조각술을 제시하는 것도 역시 이들을 탄복케 하기에 족할 것이다. 왜냐하면 이 증기선, 전신, 제지, 인쇄술은 모두 후세 사람의 지혜로써 달성할 수가 있었던 것이므로, 이 발명과 연구를 하는 동안에 성현의 말씀을 듣고 덕의(德義)의 도를 실천하였던 일이 없고, 옛 성현은 꿈에서도 이를 몰랐기 때문이다. 그런고로 지혜로써 논한다면 고대의 성현은 지금의 세 살짜리 아이와 같은 것이다.

덕의는 형체로써 가르칠 수 없다. 이를 배워서 얻든 배우지 안든 그것은 배우는 사람의 마음의 노력 여하에 달렸다. 예컨대 경서에 기록한 극기복례(克己復禮)라는 네 글자를 가리켜 그 자의를 인식케 하는 것도 물론 아직은 도를 전했다고 말 할 수는 없을 것이다.

그런고로 이 네 글자의 의미를 한층 명확히 해서, 극기라 함은 일신의 사욕을 억제하는 것이고, 복례라 함은 자신의 양심에 입각해서 자신의 분수를 아는 것이라고, 정중하게 반복적으로 이것을 설득해야 할 것이다.

교사의 역할은 오로지 여기까지이고, 달리 도(道)를 전할 방법이 없다. 이 이상은 그저 인간의 노력이어서, 더러는 성현의 글을 읽고 더러는 요즘 사람들의 언행을 견문해서 그 덕행을 본받을 수밖에 없을 뿐. 이른바 이심전심(以心傳心)이라는 것으로, 혹은 이를 덕의(德義)의 풍화33)(風化)라고 한다.

풍화란 물론 무형적인 것인 이상, 이에 감화하든 감화하지 안 든 그것은 시험할 방법이 없다. 혹은 실로 사욕을 남용하면서도 스스로에게는 사욕을 억제하였다고 생각하고, 혹은 분수에 맞지 않는 짓을 하면서도 스스로에게는 분수를 안다고 생각하는 자도 있을 것이라고는 하나, 그 생각하든 생각하지 안 든 그것은 가르치는 자가 도저히 관여할 수 있는 것이 아니다. 오로지 이것을 배우는 사람의 마음의 노력에 달렸을 따름. 그런고로 극기복례의 교훈을 듣고, 마음속으로 크게 각성하는 자도 있고, 더러는 크게 오해 하는 자도 있고, 아니면 이것을 멸시하는 자도 있고, 때로는 이것을 이해하더라도 오히려 외견을 가장해서 남을 속이는 자도 있다. 그 내용이 천태만상이여서 진위를 구별하는 일이 심히 힘들다. 설령 이 교훈을 멸시하는 자일지라도, 외견을 가장해서 남을 속이든가, 또는 이것을 오해하면서도 이것을 믿고, 진정한 극기복례가 아닌 것을 옳다고 하여 의심하지 않는 자가 있을 때는, 옆에서 이를 어떻게도 할 수가 없다. 이런 경우가 되면 규범을 가지고서 입증할 수 있는 것이 없기 때문에, 때로는 이런 사람에게 고하건대 하늘을 두려워하라고 하고, 혹은 스스로 양심에 물어보라고 하는 것 밖에, 방법이 있을 수 없다. 하늘을 두려워하고 양심에 묻는 것은 개인의 마음속의 문제이고 진정으로 하늘을 두려워하는 것도 거짓으로 하늘을 두려워하는 것도 타인의 안목으로써 즉시 간파할 수 있는 바

---

33) 덕망이 있는 사람으로부터 자연히 영향을 받는다는 의미.

가 아니다. 이것이 곧 세상에 사이비 군자라는 자들이 생기는 연유
이다.

　사이비군자가 심각한 지경에 가면, 단지 덕의라는 것을 듣고
그 의미를 해석하는 것만이 아니고, 스스로 덕의에 대한 논리를 주
장하고, 혹은 경서의 주해서를 저술하고, 혹은 우주의 이치, 종교를
논하고, 그 논의가 자못 순정무잡(純情無雜) 하여서, 그 저서만을
골라 이것을 읽는다면 후세에 또 한 사람의 성인을 출현시킨 것 같
은 존재이기는 하나, 물러나서 그 사람의 사적인 것에 관해서 이를
보면 언행이 일치하지 않음에 실로 놀랄 것이고, 판단이 어리석음
에 실로 웃을 이다.

　한퇴지(韓退之)34)가 「불골(佛骨)을 논한 표」35)라는 상소문을
바쳐 천자에게 간한 것은 너무도 충신답고, 조주(潮州)로 좌천되었
을 때에는 시문 등을 지어 충의에서 생긴 분한 감정을 입 밖에 흘
리면서, 그 뒤, 멀리서 도읍의 권문세가에 편지를 띄어, 비굴하게도
다시 벼슬길에 오르기를 탄원하였던 것은36), 이야말로 사이비군자
의 장본인일 지어다. 이런 부류를 열거하자면 고금을 통해 중국에
도 일본에도 서양에도 한퇴지의 수하(手下)가 없지 않다. 교언영색
(巧言令色)37)과 금전을 탐하는 자는 논어를 강론하는 사람들 속에

---

34) 당나라의 시인이자 문장가 한유(韓愈)를 말함.
35) 819년에 당의 황제 헌종에게 상소문을 바쳤고, 한유는 미움을 사 좌천된
　　다.
36) 좌천된 한유는 새 임지인 조주에서 「조주 칙사가 사죄하는 상표」(上表)를
　　보내어 사죄하였다.
37) 남의 환심을 사기위해 번지르르하게 발라맞추는 말과 아첨하는 낯빛. 『논
　　어』의 「학이(學而)」편에서.

있다. 무지를 기만하고 소·약을 위협하고 명리(名利)를 아울러 양쪽 모두 이를 갖으려 드는 자는, 예수가 세운 기독교를 신봉하는 서양 사람들 속에 있다. 이런 소인배의 패거리는, 형체가 없는 덕의에 시험(試驗)이라는 규범이 없는 것을 이용하고, 덕의의 문에 들락거리며 잠시라도 밀매행위를 하는 자라고 할 수가 있을 것이다. 필경 덕의의 기능을 활용하여 남을 지배할 수가 없다는 것의 명증이다.

　　서경(書經)에 금문(今文)과 고문(古文)이라는 구별이 있다.[38] 진(秦)나라 시황제가 세상의 책들을 불태워 서경까지도 함께 사라졌고, 한(漢)이 흥하여 문제(文帝)의 시대에 제남(濟南)의 노학자 복승(伏勝)이 능란하게 29편을 암기하여 이것을 전하였던 것을 금문(今文)이라 이름을 붙였고, 그 뒤 공자의 고택을 허물고 벽 속에서 고서를 얻었다 하여 이것을 고문(古文)이라고 이름을 짓는다. 그런고로 지금의 서경 58편 속에는 금문 29편 고문 29편이 있다. 그런대 지금 이 금문의 문장을 비교하건대 완전히 그 체재를 달리하여, 금문은 난삽(難澁), 고문은 평이(平易), 그 문장의 의미와 어조가 명확하게 두 편의 모양이 차이가 나서, 몇 사람의 눈으로써 보아도 분서갱유(焚書坑儒) 이전에 이루어진 동일한 서적가운데 하나로는 생각되지 않는다. 반드시 그 하나는 위작인 것임을 면할 수 없는 것이다. 특히 벽속에서 얻은 고문(壁中古文)이 세상에 유행하였던 것은 진(晉)나라 시대이고, 그 이전, 한대(漢代)에 책 중의 일편진서(一篇秦誓)[39]라 하여 모든

---

38) 서경을 포함한 유교의 경전에는 금문과 고문이 있다. 금문은 한나라시대의 예서체로 쓴 경서이고, 고문이라 함은 진나라 시대 이전의 문자로 기술한 경서이다.
39)『서경』주서(周書)의 편명(篇名).

유자가 인용하였던 것을, 진(晉)의 시대에 위진서(僞秦誓)라 이름을 붙여 이것을 폐하였던 적이 있다. 모두 다 서경의 유래는 불분명한 것이라 하지 않을 수가 없다. 하지만 후세에 이르러서는 사람들의 신뢰가 더욱더 굳어져서, 첫째 이것을 성인이 남긴 책으로 정했고, 채침(蔡沈)40)이 『서경집전』(書經集伝)의 서(序)에서도, 성인의 심정으로 쓴 글로 표현한 것이라 하였다. 의심할 수밖에 없지 않으냐. 생각건대 채침(蔡沈)의 의중은 금문과 고문의 차이를 논하지 않을 지라도, 문장 속에 기술하였던바 성인의 취지에 꼭 맞기 때문이라 하여 이것을 성현이 저술한 책으로 간주하였던 것이겠거늘 하겠으나, 금문과 고문 속에, 그 어떤 문장은 훗날 성현의 의중에 영합하여 조작한 문장인 이상, 이를 사이비 성현의 책이라 하지 않을 수가 없다. 그러니까 세상에 사이비 군자가 많은 것은 물론, 더러는 거짓 성현을 만들고 엉터리 성현의 책까지도 지어내어야하는 것으로 인식해야 할 것이다.

지혜(智惠)는 이른바 그러하지 않다. 세상에 지혜의 분량이 충분하다면 가르치지 않고서도 서로 이를 익히고, 자연히 인간을 변화시켜서 지혜의 세계로 들어가게 하는 것, 또한 저 덕의의 풍화와 다르지 않다 할지라도, 지혜의 힘은 반듯이 풍화에 의해서만 그 기능을 신장시키는 것은 아니다. 지혜는 이것을 학습하건대 형체로서 하여 명확하게 그 흔적을 볼 수가 있다. 가감승제(加減乘除) 의 방법을 배우면 즉시 가감승제의 문제를 실행할 수 있다. 물을 끓게 하여 증기로 바꿀 수 있는 이치를 듣고, 기구를 제작해서 이 증기의 힘을 이용하는 것의 방법을 전수하면, 즉 증기기관을 제작할 수가 있다. 일단 이를 제작하면 그 효용은 「와트」이 만들었던 기관과

---

40) 남송(南宋)의 학자로 주희(朱熹)에 사사함. 저서 『서경집전』 60권이 있다.

다르지 않다. 이를 유형의 지교(知教)[41]라 한다.

그 가르침에 형식이 있다면 또한 이것을 실험하는 데에도 유형의 규칙과 규범이 있다. 그런고로 지혜의 법칙과 기술을 남으로부터 전수받았다고 하더라도, 이것을 실천으로 옮기는 것에 대해서 여전히 심리적으로 불안한 부분이 있다면 이를 그 현장에서 시험해야 할 것이다. 이것을 시험하고도 아직도 현장에서 실천할 수 없는 자가 있다면, 더욱더 현장 시행의 순서를 배워야 할 것이다. 누구도 모두 형식을 가지고서 배울 수 없는 것은 없다. 이를 테면 여기에 수학 교사가 있을 것이다. 12를 등분해서 6을 얻는 방식을 학생에게 가르치고, 곧 이것을 현장에서 실행할 수 있는지 없는지를 실험하건대, 12개의 구슬을 주고 이것을 둘로 나누게 하여, 명확하게 그 방식을 얻을 수 있든 없든 그것을 증명할 수가 있다. 학생이 만약 틀려서 이 구슬을 둘로 나누어서 8과 4로 한다면, 아직 방식을 파악하지 못한 것이다. 만약 그러한 때는 재차 설명해서 이를 시험하고, 이번에는 12개의 구슬을 등분하여 6과 6으로 하는 것을 터득하면 이 한 단계의 교습은 끝이 나고, 그 학습해서 얻은 방식의 숙련도는 교사와 다를 것이 없고, 마치 이 세상에 두 사람의 교사를 탄생시킨 것과 같다. 그 전습이 신속하면서도 시험이 명료한 것은 실제로 눈과 귀로 견문할 수가 있다.

항해술을 시험하건대 배를 타고 바다를 건너도록 해야 할 것이다. 상술을 시험하건대 물건을 매매하게 해서 그 손익을 볼 수가 있

---

41) 구체적인 지식.

고, 의술의 교졸(巧拙)은 환자의 완치와 불치를 보고서 알 수가 있고, 경제학의 교졸은 가정의 빈부(貧富)에 의해 증명할 수가 있다.

이와 같이 일일이 증거를 보고서 그 방법을 얻었는지 아닌지를 규명하고, 이것을 「지술유형(智術有形)의 시험법」이라고 한다. 그런고로 지혜에 관해서는 외견을 꾸며서 세상을 속인다는 방법이 없다. 부도덕한 자는 가장을 해서 덕망이 높은 자의 외견을 드러낼 수 있다하겠으나, 어리석은 자는 가장을 해서 지자의 흉내를 낼 수 없다. 이것이 이른바 세상에 사이비군자는 많아도 사이비 지자(僞智者)가 적은 연유이다.

혹은 저 경제를 잘 아는 사람이 세상의 경제를 논해서 가정 살림을 지키는 방법을 모르고, 항해를 잘 아는 사람이 논리는 훌륭하여도 배를 탈 수 없는 부류는, 세상에 그 예가 적지 않다. 이러한 것은 소위 사이비 지자와 유사하다 할지라도, 결국 세상 물정에 있어서는 이론과 실제가 상이해야만 한다는 이유는 없다.

다만 덕의(德義)에 관해서는 이 이론과 실제와의 상이를 명확히 할 수 있는 기준이 불충분할 따름이다. 지혜의 영역에 있어서는 설령 이 사이비 지자를 만들어내는 것도 또한 그 진위를 규명할 수 있는 수단이 있다.

그런고로 항해를 잘 아는 사람이 배를 탈 수가 없고, 경제를 잘 아는 사람이 살림을 잘 꾸리지 못하는 일이 생긴다면, 그 사람은 틀림없이 아직도 진정한 방법을 모르는 자이거나, 아니면 각별히 그 배워 얻은 방법을 방해하는 원인이 있어서 그러한 것이다.

예컨대 경제를 잘 아는 사람이 사치를 즐기고, 항해를 잘 아는 사람이 신체가 허약해서 그 기술은 빼어나지만 이를 현장에서 실천할 수 없는 자들을 말한다.

그리고, 그 기술이든 또한 이것을 방해하는 바의 원인이든, 모두 이것은 유형적인 것이므로, 그 유형을 규명해서 진정으로 그러한 방법을 얻은 자인지 그렇지 않은 자인지를 증명하는 것은 어려운 일이 아니다. 일단 그 진위를 입증할 때는, 또한 곁에서 논의해서 이들에게 가르친다는 방법도 있을 것이고, 혹은 스스로 연구하고 타인에게 배우는 것의 방법도 있을 것이다. 결국 지혜의 세계에는 사이비 지자를 용인할 수 있는 단계를 남겨두지 않는 것이다. 그런고로 이르노니, 덕의는 형체를 가지고 사람을 교화할 수 없고, 형체를 가지고 진위를 규명할 수 없고, 오로지 무형적인 상태[42]에서 사람을 변화시킬 수 있을 뿐. 지혜는 형체를 가지고 사람을 가르칠 수가 있고, 형체를 가지고 진위를 입증할 수가 있고, 또한 무형적인 상태에서 사람을 감화시킬 수가 있다.

덕의는 마음의 노력에 의해서 진퇴하는 것이다. 예를 들면 여기에 두 사람의 청년이 있어, 시골 산골에서 태어나 천성이 근면 성실한 것, 두 사람이 추호도 차이가 없는 자들, 장사나 혹은 학문 때문에 도회지에 진출해, 그 초기에는 몸소 친구를 골라 이들과 사귀고, 스승을 선택하여 이 선생에게 배우고, 도회지의 인정이 경박한 것을 보고 몰래 한탄하였을 정도였지만, 반년을 지나고 한 해를

---

42) 추상적인 지식을 뜻함.

경과하는 사이에, 그 한 사람은 과거의 시골사람의 근성을 바꾸어서, 도시의 화려한 것만을 배운 결과 방탕과 무뢰(無賴)에 빠져서 평생 신세를 그르쳤고, 한 사람은 그러하지 않고 더욱더 심신을 수양하고 그 행실이 시종여일하여서 아직껏 시골의 순박한 양심을 잃지 않아, 두 사람의 덕행이 갑자기 하늘과 땅처럼 크게 차이가 나는 일이 생긴다. 그러한 사실은 오늘날 도쿄에 있는 학문을 하는 생도를 보아서도 알 수가 있다. 만약 이 두 청년으로 하여금 고향에 살고 있게 했더라면, 두 사람 다 근면하고 정직한 사람으로, 세월이 감에 따라 덕망이 높은 어른이 되었을 터이거늘, 중년이 되어 한 사람은 덕보다는 부덕에 빠지고, 한 사람은 훌륭하게 그 자신을 보전하였던 자이다. 지금 그 그러한 연유를 묻건대, 두 사람이 서로 천품이 다른 것이 아니고, 또한 그 교류하는 바의 인물도 같고 배우는 바의 학문도 같으므로, 교육의 질이 좋고 나쁨에 달린 것이라고는 할 수가 없다. 그런데도 그 덕행이 서로 현격한 것이 이와 같음은 무엇인가. 그 한 사람의 덕의(德義)는 갑자기 취향을 바꾸어서 퇴보하고, 한 사람은 그 옛것을 지키고 이를 잃지 않았던 것이므로, 외부 사회의 작용에 강약이 있는 것이 아니고, 마음의 노력에 동(動)·부동(不動)의 차이가 있어서, 한 사람은 물러나고 한 사람은 진보하였던 증거이다.

또 청년기 때부터 사치와 방탕을 상사로 저지르고, 물건을 훔치고 사람을 해치고 악행이 미치지 않는 곳이 없어서, 친척과 붕우와의 교분까지 잃고, 거의 세상에 자신을 받아 줄 수 있는 곳이 없기에 다다른 자일지라도, 일단 속 시원하게 마음씨를 고쳐서, 지난날의 잘못을 회개하고 장래의 행·불행을 곰곰이 생각하며, 근신 노력하면서 반생을 마치는 자가 있다. 그 평생의 마음가짐을 보건 대 확연히 전후 두 단계로 나누어, 한 생애를 살면서 실로 두 개의 생애를 이루었고, 마치 복숭아나무의 접대에 매실의 싹을 접목하 여, 나무가 다 자란 뒤에 그저 매화꽃만을 보고서 그 뿌리가 복숭 아나무임은 이를 변별할 수 없는 것과도 같다.

시험적으로 사회에 그러한 실증을 찾는다면, 옛날의 노름꾼이 지금의 염불수행을 하는 신도로 변했고, 이름을 떨치던 악당이 견 실한 상인으로 변한 유는 드물지 않다. 이런 무리는 모두 타인의 지시에 따라서 마음가짐을 고친 것이 아니고, 전심전력 노력에 의 해 개심(改心)한 자들이다.

옛날 구마가이 나오자네(熊谷直實)[43]가 다이라노 아츠모리(平 敦盛)를 무찌르고 불문에 귀의하였고, 혹은 사냥꾼이 새끼를 밴 원 숭이를 쏘고서 평생 사냥을 그만두었다고 하는 것도 이런 유일 것 이다. 구마가이도 불문에 귀의하면 즉 염불행자이지 옛날의 무작스 런 사무라이가 아니고, 사냥꾼도 총포를 팽개치고 쟁기를 손에 들 면 즉 양순한 농부이지 그 살생을 일삼던 자가 아니다. 무작스런 사무라이에서 염불행자로 변하고, 살생을 일삼던 자에서 농부로 변 신한 사건은, 타인 가르침을 요하지 않고 전심전력 노력으로써 순 간적으로 행할 수가 있다. 덕과 부덕의 사이에 조금의 간격도 없는 자이다.

---

43) 가마쿠라(鎌倉)시대 초기의 사무라이. 무상을 느끼고 중이 됨. 『헤이케모 노가타리』(平家物語)의 주요 등장인물의 한 사람이기도 하다.

지혜의 문제가 되면 크게 그러한 취지를 달리했다. 인간의 탄생은 무지하다. 배우지 않으면 진보할 수가 없다. 갓 태어난 아기를 사람이 살지 않는 산속에 버려두면, 다행히 죽지 않는다 할지라도 그 지혜는 거의 금수와 다를 수 없을 것이다. 아니면 꾀꼬리가 둥지를 트는 것과 같은 능란한 기술은, 배우지 않은 인간이 평생 머리를 써서는 할 수가 없을 것이다. 사람의 지혜는 오로지 교육에 달려 있을 따름. 이를 가르치면 그 진보도 역시 무한할 수밖에 없다. 일단 진보하면 또한 퇴보가 있을 수 없다. 두 사람의 청년이 천성적으로 서로 동일하다면, 이를 가르쳐서 또 함께 진보할 수가 있다. 혹은 쌍방의 진보에 느리고 빠름이 있는 자는, 그 천성이 서로 같지 않음인지, 그 교육의 방식이 같지 않음인지, 아니면 두 사람의 근면함과 나태함이 한결같지 않기 때문에 그러한 것이다. 어떤 사정이 있다 하더라도 전심전력 노력으로써 갑자기 지혜를 개발하는 것의 방법은 있을 수가 없다. 어제의 노름꾼은 오늘의 염불 행자로 변신할 수 있다 하더라도, 사람의 지우(智愚)는 외부 세계와 접하지 않고서 하루 사이에 변화할 수 없다. 또 작년의 근면 성실한 사람은 금년의 방탕아로 변해서 그 근면 성실의 모습조차 볼 수가 없다 하더라도, 사람이 일찍이 체득한 지견(知見)은 건망증에 걸리지 않는다면 이것을 잃을 수 없다.

맹자는 호연지기(浩然之氣)[44]라 하였고, 송나라 시대의 유학자들의 주장으로는 「일단 의문이 시원히 해결되어 진리를 터득한

---

[44] 『맹자』 「공손축(公孫丑)」편에 있는 말. 정신이 자유롭고 느긋한 것.

다」이 하였다.[45], 선가(禪家)에서는 「오도」(悟道)[46]라는 것이 있다고는 하나, 모두 이것은 무형의 마음으로 무형의 사물을 연구한다는 것일 뿐 그 실체를 눈으로 확인할 수가 없다. 지혜의 영역에서는, 일단 속 시원하게 이것을 깨우쳐, 그 왕성한 효과, 저 호연지기와 같은 것은 있을 수가 없다. 「와트」이 증기기관을 발명하였고, 「아담 스미스」이 경제의 원리를 주창하였던 것도, 묵거독좌(黙居獨坐)[47], 일단 속 시원하게 깨우친 것이 아니고, 다년간 유형(有形)의 자연과학을 연구하여 그 공적이 점차 사실로서 드러난 것이다. 달마대사(達磨大師)로 하여금 벽면을 향해서 90년 동안 좌선을 하여 깨달음을 얻게 한다 하여도[48] 증기와 전신의 발명은 있을 수가 없다. 지금의 유학자 유로 하여금 일본과 중국의 경서 만권을 읽게 하고, 무형의 은혜와 위엄으로써 인민을 다스린다는 묘책을 강구하게 한다 하여도, 현재의 세상에서 만연하는 정치와 경제의 문에는 갑자기 도달할 수가 없다.

고로 이르노니, 지혜는 배워서 진보할 수가 있고, 배우지 않으면 진보할 수가 없다. 일단 배워서 이것을 얻으면 또 퇴보할 수가 없다. 덕의는 가르치기 어렵고 또 배우기 어려우며, 더러는 전심전력의 노력으로 별안간 진퇴를 할 수도 있는 것이다.

세상의 덕행으로 소문난 사람의 말에 이르기를, 덕의는 백사

---

45) 주자의 『대학』(大學)의 「격물보전」(格物補傳)
46) 불법을 깨우치다의 뜻.
47) 홀로 가만이 앉아 있다는 뜻.
48) 달마대사는 중국의 고산 소림사에서 9년에 걸쳐 좌선을 하고 득도를 했다고 전한다. 여기서 90년으로 표현한 것은 과장일 것이다.

(百事)의 대본(大本), 인간이 마땅히 해야 할 일이요, 덕에 근거하지 않으면 이룰 수 있는 것이 없고, 일신의 덕을 쌓으면 이룰 수 없는 것이 없으니, 그런고로 덕의는 가르치지 않을 수가 없고, 또한 배우지 않을 수가 없으니, 인간만사 이것을 방치한다 하여도 지장은 없다. 우선 덕의를 수양한 연후에 도모해야 할 것이니, 세상에 덕교(德敎)가 없음은 또한 캄캄한 밤에 등불을 잃은 것과 같아서, 사물의 방향을 볼 수가 없고, 서양의 문명도 덕교가 초래하는 바이다. 아시아가 반개(半開)인 것도 아프리카가 야만인 것도, 그 원인은 오직 덕의 수양의 심천(深淺)에 따라서 그러한 것이다. 덕교는 또한 더위와 추위와 같고 문명은 또한 온도계와 같아서, 이것에 증감이 생기면 돌연 그것에 반응하고, 1 도(度)의 덕(德)을 올릴 경우 1 도의 문명을 증진시키는 것이라 하여, 사람의 부덕을 애통해 하고 사람의 불선을 염려하고, 혹은 예수교를 들어오게 해야 한다 하고, 혹은 신도가 쇠퇴한 것을 복구해야 한다 하고, 혹은 불법을 존속시키고 확산해야 한다 하고, 유학자들에게도 주장이 있고, 국학자들에게도 논란이 있어서, 이설쟁론(異說爭論)이 저마다 열심히 시끄러워, 그 애통해하고 걱정스러워하고 탄식하는 형국은, 흡사 물과 불이 바야흐로 집채를 집어 삼키려드는 형상과 맞아떨어지는 것 같다. 어찌 그것이 크게 당황스럽지 않겠는가. 내 안목으로는 스스로 또한 달리 보는 바가 있다.

무릇 사물의 극단을 제안한다 하더라도 이것으로 인하여 논의가 중단되는 것을 결정해서는 안 된다. 지금 불선하고 부덕하다 하여 극단적인 상황을 표준으로 정하고, 그저 그 한 쪽을 구하겠다고 한다면 물론 매우 위급한 것 같아 보이겠으나, 이 한 쪽의 모자라는 것만을 보충한다 해서 지금까지 세상사를 완전무결하게 했다고는 말할 수가 없다. 더구나 저 손수 직접 입으로 가져간다는 음식물의 획득 방법 역시 인간의 생활방식을 달성하였다고는 할 수 없을 것 같다. 만약 사물의 극단을 보고서 논의를 정해야 하는 것이라고 한다면, 덕행의 교육도 역시 무력하다고 하지 않을 수 없다. 만약 지금 덕교만을 가지고서 문명의 대본(大本)으로 삼아, 전 세계의 인민으로 하여금 모두 예수교의 성경을 읽도록 하고, 이것을 읽는 것 외에는 할 일을 없애버리게 한다면 어찌될 것인가. 선가(禪家)의 불립문자(不立文字)[49]의 교훈을 성행하게 하여, 세상의 인민이 글자를 잊어버리기에 이른다면 어찌될 것인가. 고지키(古事記)[50]와 오경(五經)[51]을 암송해서 충의와 도덕의 도를 배우면서도 호구지책(糊口之策)도 모르는 자가 생긴다면, 이를 문명한 사람이라 말할 수 있겠는가. 5관(五官)[52]의 탐욕을 버리고 간난신고를 견디고 인간세계가 무엇인지를 모르는 자가 생긴다면, 이를 개화한 사람이라 할 수 있겠는가. 길가에 석상이 있고, 세 마리의 원숭이를 조각해서, 하나는 눈을 가리고, 하나는 귀를 가리고, 하나는 입을 가렸다. 생각건대 보지 않고 듣지 않고 말하지 않는다는 비유로, 인내의 덕의를 표현한 것이리라. 이러한 취지에 따른다면, 사람

---

49) 문자나 언어로서가 아니라 마음에서 마음으로 전하는 것이라고 하는 선종의 가르침.
50) 현존하는 일본의 가장 오래된 역사서(712년).
51) 유교의 5종의 경전. 역(易)·서(書)·시(詩)·예(禮)·춘추(春秋)
52) 5감을 일으키게 하는 감각기관, 시각 청각 후각 미각 감촉을 말함.

의 귀 눈 입은 부덕과 인연을 맺게 하는 도구이므로, 조물주가 사람을 태어나게 한 것은 이에 부여하건대 부덕의 도구로서 삼았던 것과 진배없다. 귀 눈 입을 해롭다고 한다면 수족도 역시 악행의 방편일 것이다. 그런고로 장님과 귀머거리와 벙어리는 아직도 완전한 선인은 아니다. 진작부터 사지(四肢)의 활동까지도 빼앗는 것이 상책이다. 혹은 이러한 불구의 생명체를 창조하기보다도, 차라리 세상에 인류를 없애버리게 하면 상책중의 상책일 것이다. 이것을 조화로운 약속이라고 하겠는가. 내가 좀 의문을 품지 않을 수 없다.

하지만 예수교의 성경을 외우고, 불립문자의 가르침에 귀의하여, 충의와 도덕의 도를 공경하고, 오관과 육체의 정욕을 버리는 자는, 덕교를 믿어 의심치 않는 자이다. 가르침을 믿어 의심치 않는 자는 설령 무지하다 하더라도 이를 악인으로서 책할 이유가 없다. 무지를 질책하는 것은 지혜가 할 일이지 덕의가 관여할 바가 아니다. 그런고로 극단적으로 논한다면, 덕교에 있어서는 사덕이 결여되어 있는 사람을 보고서 일률적으로 이것을 악인으로 규정하고, 교육의 목적은 오로지 세상에서 이 악인의 수를 적게 한다는 것에 있는 것 같다. 그렇다고는 하여도 차분히 널리 민심의 작용을 관찰해서 그 결과로 나타나는 바를 소상히 밝힌다면, 이 악인을 적게 한다는 한 가지만을 가지고서 문명이라고 말할 수 없는 이유가 있다. 지금 시골에 사는 토착민과 도시의 시민과를 비교해서 사덕의 양을 달아보면, 어느 쪽에 많은지 명확하게 이를 가리기 어렵다 할지라도, 세간의 보편적인 논리에 따른다면 일단 시골의 풍속을 꾸밈이 없고 수수하다고 하여 기뻐할 것이다. 설령 이것을 기뻐하지 않더라도, 시골의 도덕적 교화가 부족하다 하고 도회의 교화가 두텁다고 보는 자는 없을 것이다. 상고시대와 근세와를 비교하고, 아이와 어른과를 비교하는 것도 역시 이와 같다. 그런데도 그 문명의 어떠함을 논할 경우는, 도회는 문명하다 하고 근세는 문명 진보하였노라 하지 않을 자 없다.

그렇다면 이른바 문명은 오직 악인의 많고 적음으로써 그 진보와 퇴보를 점칠 수는 없다. 문명의 대본은 사덕 한 쪽에 있지 않은 것 명백하게 증명할 수 있다 하더라도, 그 덕행을 베푸는 식자들은 애초부터 논리의 극단에 멈추어서, 사상에 여지를 나기지 않고서 한 쪽으로만 몹시 치우쳐서, 문명의 광대함을 모르고, 문명의 조잡함을 모르고, 그 유동하는 것임을 모르고, 그 앞으로 나아가는 것임을 모르고, 민심의 작용이 복잡다기한 것임을 모르고, 그 지덕에 공과 사의 구별 이 있는 것임을 모르고, 그 공과 사가 서로 견제하는 것임을 모르고, 서로 조화를 이루는 것임을 모르고, 모조리 사물을 일체로 모아서 그 전체적인 득과 실을 판단한다는 방식을 모르고서, 그저 일심일향(一心一向)으로 이 세상의 악인들을 감소시키고 싶어 하여, 그 폐해가 마침내 지금의 세상의 인민으로 하여금 태고시대에 살았던 인민들처럼 되게 하고, 도시로 하여금 시골처럼 되게 하고, 어른으로 하여금 아이처럼 되게 하고, 중생으로 하여금 돌로 만든 원숭이처럼 되게 하겠다는 좁은 소견에 빠져버린 자들이다. 필경 신・유・불과 예수교 역시 그 본래의 취지는 이처럼 한 쪽으로 몹시 치우친 것이 아니었던 것은 물론이기는 하나,

그러나 어찌할 것이냐. 세간의 보편적인 기풍이어서 그 교훈을 전하고 또 이것을 수용함에 있어서 민심으로 느끼는 바의 결과를 보건대, 결국 이 좁은 소견에서 오는 폐해를 벗어날 수가 없다. 그러한 분위기를 형용해서 말하면, 위장이 몹시 허약한 자한테는, 어떤 음식물을 주더라도 모두 위장이 나빠져서 영양분의 효과를 가져올 수 없는 것과 같다. 음식이 죄가 아니고 고질병이 야기하는 결과이다. 학자들은 이 점에 주의해야 할 것이다.

또 그 식자가 심각하게 세상의 부덕을 염려하는 연유를 묻건대, 결국 세상 사람을 모두 악인이라고 생각해서 이들을 구제하겠다는 취지일 것이다. 그 노파심(老婆心)은 진정으로 존경해 마땅하다 하겠으나, 세인을 죄업이 많은 범부(凡夫)[53]로 일컫는 것은, 이른바 자리를 보고 타이르겠다는 방편일 따름, 기실은 반듯이 그렇지 않다.

인류는 평생 동안 부지런히 악행만을 일삼는 존재가 아니다. 고금을 막론하고 전 세계에서 어떤 선인이라 하더라도 반드시 악행이 없음을 보증할 수 없고, 어떤 악인이라 하더라도 또한 반드시 선행이 없음을 기할 수 없다. 사람의 평생의 품행을 평균하면, 선과 악이 서로 혼재하면서 선행 쪽이 많게 마련일 것이다. 선행이 많으면 세상의 문명도 점차 진보할 것이다. 그리고 그 선행은 모두 교육의 힘만으로 생긴 것은 아니다. 사람을 유혹해서 악에 빠뜨리려 하다가, 그러한 계략이 반드시 백발백중이 되지 않을 경우가 생

---

53) 번뇌에 얽매여 생사를 초월하지 못하는 사람이라는 말(불교).

기면, 즉 이 계략을 거꾸로 하여 선에 이용할 수도 또한, 반드시 사람을 인도해서 선으로 돌릴 수 없다는 것을 증명할 수 있다. 아무리해도 사람의 마음속에 존재하는 선과 악은 인간의 노력에 달린 것이어서, 곁에서 마음대로 여탈할 수 있는 것이 아니다. 교육이 두루미치지 않던 고대의 인류에 선인이 있고, 지력이 발생하지 않은 어린이 속에 정직한 자가 많음을 보건대, 사람의 성정은 평균적으로 선하다고 하지 않을 수 없다,

덕교의 큰 취지는 그 선의 발생을 방해하지 않는 것에 있을 따름. 가족과 붕우 사이에 선을 채근한다 함은, 그 사람의 천성에 없는 것을 곁에서 부여하는 것이 아니고, 그 선한 마음을 방해하는 것을 제거하는 방법을 가르치고, 본인의 노력으로써 자신의 선으로 돌아가게 만드는 것일 따름. 그런고로 덕의는 인위적인 교육만으로써 만들 수 있는 것이 아니고, 이를 배우는 사람의 노력에 의해서 발생하는 법이다.

또한 그 이른바 덕행이라 함은 이 장의 첫머리에서도 기술한 바와 같이 단지 수동적인 사덕이어서, 그 결국은 일신의 사욕을 버리고, 재산을 아까워하지 않고, 이름을 탐하지 않고, 훔치지 않고, 속이지 않고, 맑은 정신을 결백하게 하여 성실을 위해서는 목숨까지도 던질 것을 가리켜서 하는 말이므로, 이를테면 참고 견디는 마음이다. 참고 견디는 마음, 물론 잘못된 것이 아니다. 이를 그 욕심 인색, 사기 도적질, 대악무도(大惡無道)한 부덕과 비교하면 도저히 비교를 할 수 없다고 할지언정, 사람의 품행에 있어서 이 참고 견디는 선한 마음과 이 부덕한 악한 마음과의 사이에는 여전히 천태

만상의 작용이 있게 마련이다.

앞의 단락에서 지덕의 항목을 네 가지로 분류하였는데, 그 세목을 열거하면 거의 한도가 없을 것이다. 마치 선악을 혹심한 더위와 추위의 양극단으로 해서, 그 사이에는 봄도 있고 가을도 있고 초여름도 있고 초겨울도 있어서, 냉온의 도에 끝이 없는 것과 같다.

만약 인류로 하여금 그 천성을 온존할 수 있게 한다면, 혹심한 추위와 같은 악심(惡心)은 처음부터 이미 이를 벗어나 훨씬 높은 단계에 있어야 할 것이 아니더냐. 사람에게 도적질과 사기를 할 마음이 없다고 해서 어찌 이를 미덕이라 하기에 족할쏜가. 도적질하지 않고 사기를 하지 않는 등의 문제는 인간의 품행 속에 계산해 넣어야 할 것은 아니다. 만약 무릇 탐욕 사기 도적질이 대악무도한 것이라면, 사람이면서도 사람이 아닌 자들이다. 그 마음속에 싸서 감추어두면 세상의 멸시를 받고, 그 소업을 외형으로 드러낼 때는 사회 관련 법규로써 이를 벌할 것이다. 어느 것이고 모두 인과응보의 과정은 자명해서, 징악(懲惡)의 도구는 외부에서 준비되고, 권선(勸善)의 기회는 마음속에 있는 것이라고 할 수가 있다. 그런데도 지금 부지런히 사덕 한 쪽을 가르치고, 만물의 영장인 인간으로 하여금 겨우 이 비인간의 부덕을 벗어나게 할 것을 힘쓰고, 이를 벗어남으로써 생애 최고의 목표로 삼고, 이런 교육만을 시행해서 한 시대를 농락하고자 하다가 오히려 평생 타고난 재능인 지력을 위축시키게 하는 것은, 결국 사람을 멸시하고 사람을 압제해서 그 자연 그대로를 방해하는 거동이라 하지 않을 수 없다. 일단 정신적으로 압제를 받으면 이것을 신장시키는 것이 매우 쉽지 않다. 저 아미타불을 정신없이 신봉하는 정토진종(淨土眞宗)의 신도들은 스스로 인정하여 범부(凡夫)[54]라 칭하고, 타인의 힘에 의존해 극락왕생을 찾고, 전심전력으로 아미타불을 염불해서 나무아미타불 여섯 자의 명호를 외치는 것 외에, 도무지 생각하는 것이 없다.

한학자 유학자가 공맹의 도에 심취해 경서를 거듭 읽는 것 외에 생각하는 것이 없고, 국학자가 신도를 신봉해서 고서를 파고드는 것 외에 생각하는 것이 없고, 양학자 유가 예수의 교훈을 기꺼워하여 날로 새로워지는 학문을 망각하고, 한 권의 「바이블」을 읽는 것 외에 생각하는 것이 없는 것과 같은 것도, 모두가 정토진종의 패거리이다. 물론 이런 유의 사람도. 그 믿는 바를 믿기에 일신의 내부를 수양하고 몸소 사회의 풍속을 아름답게 한다는 효과는 세상에 유익한 항목이므로, 결코 이를 불필요한 것이라 해서 책할 이유는 없다. 이를테면 문명에 기여하는 일을 지덕이 만들어내는 하나의 짐으로 간주하여, 사람들이 이 짐을 짊어져야 할 것이라고 한다면, 가르침을 믿고 일신의 덕을 수양하는 것은 이른바 그 절반의 짐을 지는 자이므로, 한 편의 책임은 벗어난 것이기는 하지만, 그저 그 믿어야 할 것을 믿는 것일 따름이고 열심히 일해야 할 것을 하지 않은 죄는 벗어나기 어렵다, 그러한 사정은 마치 뇌(腦)를 가지고도 신경이 없는 것과 같고, 머리를 다 쓰면서도 기량을 상실하는 것과 같다. 결국 인류의 본분을 달성하고 그 천성을 완수한 자가 아닌 것이다.

---

54) 번뇌에 속박되어서 헤메는 사람.

이상에서와 같이 사덕은 타인의 힘으로써 용이하게 조성할 수 있는 것이 아니다. 설령 용케 이것을 만들어낸다 하더라도 지혜에 의존하지 않으면 구실을 할 수가 없다. 덕은 지에 의존하고, 지는 덕에 의존하고, 지가 없는 덕의는 무덕(無德)과 동일하다.

다음에 그 증거를 보이겠다. 지금의 학자, 예수의 종교를 유익하다 하고서 신·유·불(神儒佛)을 우원(迂遠)하다고 하는 것은 무엇이던가. 그 교리에 사(邪)와 정(正)의 다름이 있더냐. 그 정 그 사는 내가 감히 알지 못하는 바, 이것을 가리는 것은 본서의 취지가 아니므로 잠시 미루어두고, 그 민심으로 느끼는 바의 효용에 관해서 논할 때, 예수의 교리 역시 반듯이 항상 유용한 것은 아니다. 유럽의 선교사가 동양의 여러 지역 및 그 밖의 미개한 지역에 와서, 그 토착민을 개종시켰다는 예는 예로부터 적잖았다. 그런데도 오늘날에 이르기까지 토착민은 전과 다름이 없는 옛 토착민이고, 그 문명의 형국 물론 유럽과 비교할 수 없다. 부부의 구별도 모르는 벌거숭이 토착민이 교회당에 떼를 지어 모이고, 한 어미와 여럿의 아비 사이에 태어난 그 자식에게, 「예수 정교」(正敎)[55]의 세례를 하는 것 역시 단지 이것은 개종의 의식일 따름. 더러는 그 지역에 문명의 단서를 열고 진보를 향했던 것도 드물게 이런 현상이 있기는 하지만, 그 문명은 반드시 선교사가 전하고 가르친 학문·기예와 더불어 진보하였던 것이므로, 단지 종교 한 가지 만에 의해서 발생한 결과는 아니다, 종교는 표면적인 의식이라고 할 수 있을

---

55) 사교가 아닌 정식의 종교란 의미.

뿐. 또 한 편에 관해서 보면, 신·유·불의 교훈으로 육성된 일본의 인민이라 하더라도 그저 문명이라는 명칭을 부여할 수가 없을 뿐, 그 마음씨에 이르러서는 모두 이를 악당이라고 할 수 없고, 정직한 자도 역시 매우 많다. 이러한 취지로 보건대 신·유·불의 도(道)가 반듯이 무력하고, 예수교만 오로지 유력한 것은 아니다, 그렇다면 곧 이를테면 무엇을 가지고 예수의 가르침을 문명에 유익하다 하고 신·유·불의 도를 우원(迂遠)하다고 할 것인가. 학자의 사고 전후가 합당하지 않은 것 같다.

지금 그러한 논리로 인해 생기는 원인을 따지고, 그러한 견해가 있는 곳을 허물없이 이를 살피건대, 예수의 교리는 문명한 나라에서 널리 통하고 문명과 더불어 나란히 설 수가 있고, 신·유·불의 교리는 무식한 나라에서 널리 통하고 문명과 더불어 나란히 설 수가 없는 고로, 이를 우원하다 하고 그것을 유익하다고 하였던 것이리라. 하지만 그 널리 통하는 것과 널리 통하지 않는 이유는, 교리의 본질에 있어서 힘의 강약이 있는 것이 아니고, 그 본질을 가장하고 광명을 불릴 수 있는 지혜의 작용에 교졸(巧拙)의 차이가 있기 때문이다. 서양제국에서 예수교를 신봉하는 사람은 대개 모두 문명의 은혜를 입은 자들이며, 특히 그 선교사와 같은 경우는 단순히 성경만을 읽는 것이 아니고, 반듯이 학교 교육을 받고 학문과 기예의 소양이 있는 인물이므로, 지난해에 선교사가 되어 먼 나라에 여행하였던 자도, 금년에는 자국에 거주하면서 법률과 관련이 있는 사업을 할 수가 있고, 오늘은 성낭에 거주하면시 설법을 히더라도 내일은 학교에 가서 교사가 될 수 있고, 종교와 세속을 겸하면서 종교교리와 더불어 학예를 가르치고 사람을 지혜의 세계로 인도하기 때문에, 문명과 병립하면서 서로 이전의 상태로 되돌아가지 않을 따름이다.

그런고로 사람이 이 종교를 경멸하지 않는 것은 다만 그 교리의 10계(誡)만을 신봉하는 것이 아니고, 선교사의 언행이 자연히 우원하지 않고서 오늘날의 문명에 적합하기 때문에 이에 귀의하는 것이다. 지금 만약 예수교의 선교사로 하여금 무학에 재주도 없는 것 마치 우리나라의 산사(山寺)의 중처럼 되게 한다면, 설령 그 품행은 올발라서 성인처럼 될지라도, 신구약서(新舊約書)는 암송해서 아침저녁으로 이것을 떠들지라도, 문명의 사군자로써 누가 이 교리를 신봉할 자 있으리오. 우연히 이것을 믿는 자가 생긴다면 즉 그 자는 시골의 농군과 촌놈, 염주를 어루만지고 아미타불을 염불하는 패거리 뿐, 이 패거리의 안목으로 보면 예수고 공자고 석가고 대신궁(大神宮)56)이고 차이가 날 수 없다, 합장을 하고 절을 하는 것은 여우고 멧돼지고 모두 신불(神佛)이다. 의미도 모르는 독경을 듣고 눈물을 흘리는 그 어리석은 백성에게 무엇을 가르치고 어떤 성과를 이룰 수 있겠는가. 결코 문명의 성과를 이룰 수 없다. 이 무식한 어두운 암흑 속에 살고 있는 어리석은 사람들 속에 들어가서 억지로 예수 성교(聖敎)를 가르치려 들고, 이를 타이르고 설득하고, 심지어는 돈을 주어 이를 끌어들이고, 마침내는 이에 귀의하는 자가 생기기에 이르더라도, 기실은 단지 불법(佛法) 속에 예수

---

56) 일본 황실의 종묘인 이세신궁(伊勢神宮)을 말함.

라 칭하는 한 파를 세운 것과 같을 따름. 이와 같은 것은 즉 결코 식자의 본래의 뜻이 아니다. 식자는 반드시 박학다재한 예수교의 선교사를 받아들여서, 종교와 더불어 그 학문과 기예를 배우고, 그것으로써 우리 문명을 달성하겠다고 하는 의견일 것이다.

하지만 학문과 기예는 지혜의 분야이다. 지혜를 가르치는 것은 반듯이 예수교의 선교사에 한하지 않는다. 지혜가 있는 자 밑에서 배울 수 있을 따름. 그렇다면 곧 저 예수교를 유익하다 하면서 신·유·불을 우원하다고 하였던 것은 식자의 그릇된 생각이 아니더냐. 나는 처음부터 예수교의 선교사를 미워하는 것이 아니다. 지혜만 있는 자라면 예수교의 선교사이던 소학교의 교사이던 좋고 싫은 차별을 하지 않는다. 그저 박학다재하면서 품행이 곧은 사람을 좋아할 따름. 만약 세상에 예수교의 선교사를 제외한 외에는 올곧은 인물이 없다고 한다면, 물론 이 선교사만을 따라서 무슨 일이고 전수해야 할 것이라 하더라도, 예수교라는 종파는 반듯이 올곧은 자만이 독점하는 곳이 아니다. 드넓은 세상에는 자연히 박학 정직한 사군자도 있을 것이다. 이를 선택하는 것은 사람들의 감정(鑑定)에 맡겨야 할 수밖에. 어찌 오로지 예수교의 명분에 구애받을 리 있겠는가.

어느 것이고 종교의 본령에는 편·불편(便不便)이 있을 수 없다. 단지 이것을 신봉하는 인민의 지우에 의해서 가치를 변화시키는 것이다. 예수의 가르침도 석가의 가르침도 어리석은 사람들의 수중에 넘어가면 어리석은 사람들의 필요를 충족시킬 따름. 지금의 신·유·불의 교훈도 오늘날의 신직(神職), 승려, 유자(儒者)의 패거리의 수중에 있고 오늘날의 인민에게 가르치면 당연 우원하니, 만약에 이런 패거리의 사람들로 하여금 -기대하기 어려운 일이라고 는 할지라도- 크게 배우는 일이 있게 해서, 학문과 기예로써 그 교훈을 위장하고, 문명한 사람의 귀를 빌려 이를 설파하는 일이 생긴 다면, 틀림없이 그 교훈에 백배의 가치를 불려서, 혹은 다른 사람으로 하여금 이를 부러워하게 만들기에 이를 것이다. 이를 비유하면 교훈은 또한 칼과도 같고, 교훈이 횡행하는 나라의 인민은 또한 장인(匠人)과도 같다. 예리한 칼이 있다 하더라도, 엉터리 기술자의 수중에 있으면 그 역할을 다하지 못한다.

덕행 역시 무식한 인민을 만나면 문명의 효용을 다하지 못하는 것이다. 저 덕행을 쌓은 식자는 장인의 능란함과 서투름을 오인해서 칼날이 예리 혹은 무딘 것으로 판단한 것이라고 할 수 있다.

그런고로 이르노니, 사덕은 지혜에 의해서 그 광명을 발하는 법이다. 지혜는 사덕을 인도하여 그 효용을 확실하게 해주는 것이다. 지와 덕 양쪽 모두를 겸비하지 않으면 세상의 문명은 기할 수 없는 것이다.

새로이 종교를 받아들이는 것의 득과 실을 논의하는 것은 이 장의 취지가 아니지만, 논란의 과정이 여기에 이르렀기에, 겸사겸사 조금 말하지 않을 수 없다. 대체로 그 무엇을 추구한다 함은 나에게 없는 물건이든가 아니면 부족한 것을 얻고자하는 것이다. 여기에 두 가지항목의 구하는 것이 있고, 그 어느 것인 전후와 완급을 정하건대, 우선 내가 소유한 정황을 고려하여, 그 전혀 나에게 없는 물건인가, 아니면 두 개 중 제일 부족한 것을 관찰해서 이를 구하지 않을 수 없을 것이다. 생각건대 하나를 구하고 하나를 필요치 않다 하는 것이 아니고, 양쪽 모두 필요하기는 하나, 이를 구하건대 전후와 완급의 차이가 있을 따름. 문명은 일국의 인민의 지덕을 밖으로 드러낸 현상이라는 사실은 앞에서 이미 이를 논했다. 그리고 일본의 문명은 서양제국의 그것에 미치지 못한다는 사실도 널리 사람들이 인정하는 바이다. 그렇다면 즉 일본이 아직도 문명에 도달하지 못한 것은, 그 인민의 지덕에 부족한 곳이 있어서 그러한 것이므로, 이 문명을 달성하고자 하기 위해서는 지혜와 덕의를 추구하지 않을 수 없다. 이른바 이것이 현재 우리나라의 경우 두 개 항목의 요구이다. 그러므로 문명한 학자는 널리 일본국 전체를 조망하여 이 두 개의 항목의 분량을 가늠하고, 어느 쪽이 많고 어느 쪽이 적은지를 관찰하지 않으면, 그 요구의 전후와 완급을 명확하게 분별할 수 없을 것이다. 어떤 불민한 자라 하더라도, 일본 전체의 인민을 평가하여 덕의는 부족하나 지혜는 남음이 있다고 말할 자는 없을 것이다. 그 증거로 삼을 수 있는 조항은 너무도 많고 또한 명백해서 일일이 헤아리기에 겨를이 없으며, 또한 헤아릴 것까지도 없을 정도이나, 만약을 위해서 한두 가지 예를 들겠다.

무릇 일본에서 시행되어 온 덕교는 신·유·불이고, 서양에서 시행되어 온 것은 예수교이다. 예수와 신·유·불이 그 설파하는 바는 동일하지 않다 할지라도, 그 선을 선이라 하고 악을 악이라고 한다는 큰 정신에 있어서는 서로 크게 다른 것이 없다. 예컨대 일본에서 흰 눈(雪)은 서양에서도 희고, 서양에서 검은 탄(炭)은 일본에서도 검은 것과 같다. 또한 덕교에 관해서는 동서의 학자가 줄곧 자신의 교의(敎義)를 주장하고, 혹은 그 책을 저술하고 혹은 다른 주장을 반박하여 논쟁을 멈추는 일이 없다. 그 논쟁의 취지를 보더라도 게다가 그 때문에 동서의 교의에 심각한 우열이 없음을 비추어 볼 수가 있다. 무릇 그 어떤 것의 역량이 대략 상호 대등하지 않으면 쟁론은 일어날 수 없다. 소와 고양이가 싸운 것을 보지 못했고, 씨름꾼과 어린아이가 싸운 것을 듣지 못했다. 쟁투가 일어나는 것은 반드시 그 힘, 백중지세에 있는 법이다. 저 예수교는 서양인의 지혜로써 다듬고 치장해서 지켜온 종교이므로, 그 정교 세밀함은 도저히 신·유·불이 미치는 바가 아닐 것이라고 하더라도, 서양의 선교사는 일본에 와서 열심히 그 교의를 주장하고 신·유·불을 배척하여 자기네의 지위를 얻고자 했고, 신·유·불의 학자는 당치 않으면서도 주장을 내세워서 이에 적대하고자 하여, 하여간 싸움과 쟁론의 체재를 갖춘 것은 어째서일까. 서양의 교의가 반드시 소와 씨름꾼 같지 않고, 일본의 교의가 반드시 고양이와 어린아이 같지 않아서, 동서의 교의, 실로 백중지세에 있다는 명증이라고 할 수가 있다. 그 어느 것이 백(佰)이고 그 어느 것이 중(仲)인지는 내가 관여할 바가 아니라 할지라도, 우리 일본인도 상응하는 교의를 신봉하고 그 덕교의 은혜를 입은 사람이므로, 사덕의 후(厚)하고 박(薄)함을 논할 경우는, 서양 사람과 비교해서 백(佰)은 아니라 할지라도 틀림없이 중(仲)이다. 혹은 교의의 논란과 관계없이 사실에 입각하여 보건대, 백(佰)에 속한 자는 오히려 무식한 일본인 속에 많을 수도 있을 것이다. 그런고로 덕의 분량은 설령 우리나라에 부족할 수가 있어도 절박한 문제가 아닌 것은 분명하다.

지혜는 전혀 이와 다르다. 일본인의 지혜와 서양인의 지혜를 비교하면, 학문 기술 상업 공업, 가장 큰 것에서 가장 작은 것에 이르기까지. 하나에서 헤아려 백에 이르더라도 또 천에 이르더라도, 하나같이 그들보다 나을 것이 없다. 그들과 적대할 자 없고, 그들과 적대하고자 기도하는 자도 없다. 이 세상의 가장 어리석은 자가 아닌 것 외에는, 우리의 학문과 기술 상공업을 가지고서 서양제국과 나란히 섰다고 생각하는 자는 없을 것이다. 그 누가 수레를 가지고서 증기선과 비교하고, 일본도(刀)를 가지고서 소총과 비교하는 자 있겠는가. 우리에게 음양오행설을 주장하면, 그들에게는 60원소(元素)57)의 발견이 있다. 우리는 천문으로써 길흉을 점쳤는데 그들은 이미 혜성의 운행 법칙을 만들어 대양(大陽)과 대음(大陰)58)의 실질까지도 음미하였다. 우리는 움직이지 않는 평지에서 살아온 셈이었던 것인데, 그들은 그 둥글고 움직이는 물체라고 하는 것을 알았다. 우리는 우리나라를 가지고 지존한 신국(神國)으로 생각했는데, 그들은 이미 전 세계를 분주하게 뛰어다니면서 영토를 개척하고 나라를 세우고, 그 정치상의 법체제와 상업의 체제가 정연함은 오히려 우리보다 훌륭한 것이 많다. 이러한 제반 사항에 이르러서는, 지금의 일본의 형국으로서 결코 서양에 맞서 자랑할 만한 것이 없다. 일본인이 자랑하는 것은 단순히 자연적인 물산이 아니면 산수풍경 밖에. 인공적인 것은 일찍이 이것이 있노라 하는 것

---

57) 현재는 107개의 원소가 알려지고 있는데, 후쿠자와의 시대에에는 63개의 원소가 있었다.
58) 양극과 음극

을 듣지 못했다. 우리한테 싸울 의향이 없으면 그들 역시도 싸우지 않는다. 서양 사람은 흔히 자국의 문제에 관해서 자부하는 자들이지만, 아직도 증기선의 편리함을 이야기하고 수레의 불편함을 반박하였다는 이야기를 듣지 못했다. 필경 피아의 지혜의 차이는 소와 고양이와 같아서 서로 싸움의 실마리를 열지 않는 것이다.

이런 시각에서 이를 보면, 지금 우리나라가 시급히 요구하는 것은 지혜가 아니고서 무엇이더냐. 학자여러분 생각하지 않을 수 없다.

또 한 예를 들어 이를 보이겠다. 시골에 인물이 있고, 옛 번의 사족(士族)이라 한다. 폐번(廢藩) 전에 가록(家祿) 2, 3백 석을 받고, 군주를 모시고 충, 부모를 모시고 효, 부부유별, 장유유서, 빌린 돈은 반듯이 갚고, 교제상의 의리는 반드시 지키고, 추호도 부채를 갚기를 태만히 한 적이 없다. 하물며 사기와 도둑질에 있어서야. 더러는 권력을 이용하여 농부와 상인을 억압하였던 적은 있어도, 처음부터 신분상 당연지사여서 내심 부끄러울 바가 없다. 집안은 극히 검약, 신체는 매우 강건, 궁마(弓馬)의 병술, 창검 술, 통달하지 않은 것이 없다. 단지 학문을 하지 않았을 뿐. 지금 이 사람을 위해 여러모로 요량하건대 이를 어찌해야 할 것인가. 덕을 줄 것인가, 아니면 지를 줄 것인가.

시험 삼아 이 자를 덕으로 인도하여, 느닷없이 예수의 10계명을 보여 줄 수 있다면, 제4계까지의 계명은 선천적으로 모르기 때문에. 혹은 이를 마땅히 들어야 한다 하더라도, 제5계 이하에 가서는 이 사람 틀림없이 말할 것이다. 「나는 부모를 공경하였고, 나는 사람을 죽일 생각이 없다. 그러니 어찌 음란한 짓을 하겠는가. 어찌 도적질을 하겠는가」하고, 하나하나 항변해서 쉽게 승복하지 않을 것이다. 물론 예수의 가르침은 이 10계명 본문만을 가지고서 다할 수 있는 것이 아니고, 틀림없이 의미심장한 것인 이상, 부모를 공경함에도 자연히 공경의 법도가 있고, 사람을 죽이지 않는 것에도 자연히 죽이지 않는다는 정신이 있고, 음란하지 않음에도 인간의 도리가 있을 것이고, 도적질을 하지 않는 것에도 인간이 지켜야할 도리가 있을 것이다. 그런고로 이 사람에게 설득하건대 정중하게 반복적으로 자주 그러한 취지로 최선을 다하고, 마침내는 이 사람의 마음을 감동시킬 수도 있을 것이라고 할지언정, 어쨌든 덕행의 문제에 관해서는, 이 사족의 평생의 몸가짐에 있어서, 적어도 초급단계의 소양은 갖춘 자라 하지 않을 수 없다. 그런데도 한 쪽에서 그 지혜에 관해서 소양을 시험하건대, 온몸이 마치 공허한 것같다. 다섯 가지 색갈의 구별은 겨우 분별한다 하더라도 자연이 만들어내는 일곱 가지 색깔의 이치는 물론 이를 모르고, 추울 때와 더울 때 하는 인사는 하더라도 온도계의 오르내림의 이치는 이를 모른다. 식사를 하는 시간은 실수하지 않더라도 시계의 사용 방법은 이해할 수가 없다. 태어난 지방 외에 일본이 있음을 모르고, 일본 밖에 서양이 있음을 모르고, 어찌 안의 형편을 알리요, 어찌 밖의 세상을 알리오, 고풍을 숭모하고 옛 법도를 지키고, 한 가정은 흡사 하나의 소건곤(小乾坤)59)이어서, 그 안목이 미치는 바는 그저

---

59) 하늘과 땅, 천지.

가족 내로 한정하고, 문밖으로 나가는 것은 고작 한 걸음이어서 세상 만물이 모두 캄캄한 자와 같다. 폐번이라는 일대거사로써 이 소건곤을 뒤엎고, 오늘에 와서는 그저 어찌할 바를 모를 따름. 대체적으로 이런 인물을 평하자면 우직(愚直)하다는 것 외에는 말로 표현할 수 없다.

이런 어리서고 고지식한 인민은 단지 옛 번의 사족에만 한하지 않고 세간에 그러한 부류가 매우 많다. 사람이 널리 아는 바로, 학자고 정부고 더불어 염려하는 바의 문제이다. 그런데도, 저 덕행을 쌓은 식자는 여전히 이 어리석은 사람에게 설득하여 예수 정교를 전하고 그 덕의를 향상시키고자 하는 것에 분주해하면서, 그 지혜의 유무는 모른 채하면서 따지지 않는지. 식자의 눈에는 그저 어리석으면서 정직하지 않은 자만을 보는 것이 될 것이라고 하더라도, 세간에는 어리석으면서도 정직한 자도 지극히 많다. 식자는 이를 향해 어떤 조치를 취하고자 하는가. 그 정직으로 하여금 더욱더 정직하게 하고, 그 어리석음으로 하여금 더욱더 어리석게 하기를 바라는가. 그 무엇을 추구하건대 전후와 완급의 변별이 없는 것이라고 할 수 있겠다.

서양사람 식을 따르는 사람은 항상 일본과 중국의 옛 학문을 우원하다[60]하여 닦아세우지 않더냐. 그 이것을 닦아세우는 것은 어째서이더냐. 사실상 지혜의 작용이 없음을 책하는 것이리라. 남을 탓하다가 스스로 그 전철을 밟고, 스스로 구축하고 스스로 깨뜨

---

60) 직접 도움이 되지 않는다, 실용성이 없다는 의미.

리는, 갈팡질팡도 이만저만이 아니다.

　종교는 문명진보의 정도에 따라서 그 취지를 바꾸는 법이다. 서양에서도 예수교의 종지(宗旨)가 일어난 그 초기는 로마시대이다. 로마의 문물이 발달하였다고는 하더라도, 오늘날의 문명으로써 보면 대체적으로 이를 무지·야만의 시대라고 하지 않을 수 없다. 그런고로 예수교도 그 시절에는 오로지 허탄(虛誕)과 망설(妄說)을 외치고, 바로 당시의 인지(人智)에 영합하였고, 세속으로부터 비난받지도 않고 세속을 놀라게 하지도 않고, 수 백 년 간, 세상과 더불어 변해서 점차 사람의 믿음을 얻고, 그즈음에 자연히 일종의 권력을 얻어서 오히려 인민의 정신을 억압하고, 그 정황이 마치 포악한 정부가 전제로써 대중을 고통스럽게 한 것과 같았지만, 인지 발생의 힘은 대하가 흐르는 것처럼, 이를 막으려 하다가 오히려 이와 충돌하고, 종지의 권력이 일시에 그 성가를 떨어뜨리기에 이르렀다. 즉 서기 1500년대에 시작된 종문의 개혁이 이것이다. 이 개혁은 로마의 천주교를 배격하고「프로테스탄트」신 교파를 일으킨 것으로, 이에 근거하여 양파가 조직을 달리하여 비록 상호 흘립(屹立)한다 할지언정, 오늘날의 기세로는 신교 쪽이 점차 위력을 얻은 것 같다. 무릇 이 양 교파는 원래 동일한 예수교에서 출발한 것이며, 그 신앙하는 바의 목표도 쌍방 공히 다르지 않다고는 할지언정, 신교가 활발한 까닭은, 종교 의식을 간소하게 개혁하고, 구습인 허탄과 망설을 생략하고 바로 요즈음의 인심의 동향에 부응하고, 그 지식이 진보의 형국에 적합했기 때문이다.

　대략적으로 말하면 구교는 농밀(濃密)하면서도 어리석고 못난 것에 가깝고, 신교는 담백(淡白)하면서도 활발한 것의 차이가 있다. 세태와 인정 법도의 차이를 표출한 것이라 할 수가 있다

앞에서 기술한 것에 따르면, 유럽 각국에서 문명이 앞선 자는 반듯이 신교를 따르고, 뒤진 자는 반듯이 구교를 신봉해야 할 터이거늘, 또 결코 그렇지는 않다. 예컨대 지금 스코틀랜드와 스웨덴의 인민은 망탄에 혹닉하는 자가 많아서, 프랑스인의 예민 활발함에 미치지 못하는 것 큰 차이가 난다. 그런고로 스코틀랜드와 스웨덴은 무식하고 프랑스는 문명국이라 하지 않을 수 없다. 그런데도 프랑스는 시대에 뒤진 천주교를 신봉하고, 스코틀랜드와 스웨덴은 신교인 「프로테스탄트」에 귀의했다. 이러한 내용을 보고 판단한다면, 천주교도 프랑스에서는 그 종풍(宗風)을 개선해서 스스로 프랑스인의 기상에 잘 맞은 것인지, 그렇지 않다면 프랑스인은 종교를 개의치 않고 뒤돌아보지 않는 것일 것이다. 신교도 스코틀랜드 와 스웨덴 양국에서는 그 성향을 바꾸어 자연히 인민의 치우(痴愚)에 적합한 것이리라. 종교는 문명의 정도에 따라서 형태를 개선한다는 명증이라고 할 수 있다. 일본에서도 먼 옛날 산야의 암자에 기거하며 불도수행을 하던 수행스님의 종지(宗旨), 또는 천태종(天台宗), 진언종(眞言宗)과 같은 것은 오로지 불가사의를 외치고, 더러는 상극하는 수화(水火)가 연을 맺는다 하였고, 혹은 가지기도(加持祈禱)[61]의 묘법을 수양한다 하였고, 그것으로써 사람을 홀려서, 옛날의 인민은 이런 망탄을 신앙케 했던 적이 있었는데, 중고(中古)시

---

61) 중생이 부처와 하나가 되는 경지로 들어가기 위한 기도,

대[62]에 정토진종(淨土眞宗)이 일어나기에 이르러서는 불가사의를 말하는 일이 적고, 그 종교의 분위기가 대체로 간소와 담백을 위주로 하여 역시 중고시대의 문화에 적합하여, 마침내 모든 종교를 압도하고 혼자서 권력을 독차지했다. 세상의 문명이 점차 진보하면 종교 역시 반드시 간소를 따르고, 얼마간 도리에 입각하지 않을 수 없다는 증거이다. 가령 오늘 날에 홍법대사(弘法大師)[63]를 다시 태어나게 하여, 그 옛 성현을 홀리게 하였던 바의 불가사의를 외치게 할 수가 있어도, 메이지(明治)시대의 사람들에게는 이를 신봉하는 자 매우 드물 것이다.

그러므로 이 시대의 인민은 실로 이 시대의 종지에 적합하고, 종지 역시 인민에게 만족하고, 인민도 종지에 만족해서, 서로 불평이 생길 수가 없다. 만약 일본의 문명이 지금보다 점차 진보하고, 지금의 정토진종도 허탄하다고 하여, 이를 마다하기에 이른다면, 틀림없이 또 다른 정토진종을 생기게 할 수도 있을 것이다. 혹은 서양에서 유행하고 있는 종지를 그대로 채용할 수도 있을 것이다. 결국 종지는 이를 개의치 않을 수 있을 따름. 학자가 최선을 다 하더라도 정부가 권력을 사용하더라도 어찌 할 수가 있는 것이 아니다. 단지 자연의 추세에 맡길 수밖에. 그런고로 책을 저술하여 종지의 잘잘못을 바르게 하고 사악함을 따지고, 법을 제정하여 종지의 교리를 지배하고자 하는 자는, 세상에서 가장 어리석다고 할 수가 있다.

덕망을 쌓은 선인이 반드시 선을 행하지 않고, 무덕한 악인이

---

62) 상고시대 이후의 헤이안(平安)시대를 말함.
63) 헤이안 시대의 진언종(眞言宗)의 개조인 구카이(空海)스님을 말함.

반드시 악을 행하지는 않는다. 과거 서양제국에서 종지 때문에 전쟁을 일으켜 사람을 죽인 예는 역사를 보아서 알 수가 있다. 그 가장 심각한 것은 펄시큐션(persecution)이라 하여, 자신이 믿는 바의 종지와 다른 자를 뒤쫓아 가 이를 살육하는 것이다. 과거 프랑스와 이스파니아(Hispania)에서 그러한 예가 가장 많다. 유명한 바르조로뮤의 도륙(屠戮)[64]에서는, 8일 간 무죄한 인민 5000명을 살해했다고 한다.

사건은 『사양사정』 2편 「프랑스의 사기」(史記)에 있다.

그 참혹함은 시비를 따질 여지가 없겠으나, 도륙을 행한 당사자의 입장에서 보면, 처음 오직 한 마음으로 종지를 믿고, 믿음의 세계에 있어서는 조금도 거리낄 바가 없고, 흔히 말하는 남이 보지 않는 곳에서도 부끄러운 행동을 하지 않는 착한 사람이다. 이런 선인으로써 이 큰 악행을 저지르는 것은 무엇이더냐. 사덕이 족하지 않은 것이 아니고, 총명의 지혜가 부족한 것이다.

어리석은 사람에게 권력을 주어서, 이로 하여금 소신이 생기게 하면, 어떤 큰 악행일지라도 저지르지 않을 것이 없다. 세상에 제일 무서워해야 할 요괴(妖怪)라고 할 수가 있다. 그 후 여러 나라의 문물이 점차로 번창함에 이르러, 오늘날은 이제 「펄시큐션」이 있다는 말을 듣지 못한다. 이것은 고금의 종지에 차이가 있는 것이

---

64) 1572년 8월 24일, 성 바조로뮤 제일(祭日)로부터 8일간에 걸쳐, 파리의 카톨릭 교도들이 프로테스탄트 5000명을 학살한 사건.

아니고, 문명이 앞서고 뒤짐에 의해서 그러한 것이다. 동일하게 이것은 예수교의 종지이건대, 과거에는 이 종지 때문에 사람을 죽이고, 지금은 이 종지로써 사람을 구원한다 함은 어째서 일까. 사람의 지우(智愚)에 관해서 그 원인을 찾는 것 외에는 방법이 없을 것이다. 그런고로 지혜는 덕의의 광명을 불릴 뿐만 아니라, 덕의를 보호하여 악을 피할 수 있게 해주는 것이다. 가까이는 우리 일본에서도, 미토 번(水戶藩)내에 정당(正党)·간당(姦党)이라는 것이[65] 있다. 그 유래는 지금 여기에서 논할 필요가 없다 하더라도, 결국 충의 두 글자를 논쟁하여 무리를 편 갈랐던 것이고, 그 내막은 종지에 관한 논쟁과 다를 것이 없다. 정(正)이라 하고 간(姦)이라 하는 것 역시 그 글자에 의미가 있을 수는 없다. 스스로 칭하여 정이라 하고 남을 평해서 간이라고 이름을 붙일 뿐. 양쪽의 무리가 더불어 충의를 실천하고, 그 한 사람의 언행에 관해서 이를 보면 뱃속에 든 큰 항아리와 같은 넓은 마음을 품은 자들이 많다. 그 사이 비 군자가 아니라는 증거는, 이들 무리가 일을 그르칠 때를 당해서 항상 태연 침착하고, 죽음에 대해서 낭패하는 자 없음을 보고 알 수가 있다. 그런데도 근래에 논쟁 때문에 무고한 인민을 죽인 예가 많은 것은 미토 번을 으뜸으로 친다, 이 역시 착한 사람들이 악행을 저지른 한 예이다.

도쿠가와 이에야스(德川家康)는 난세(亂世)의 뒤를 이어받아

---

65) 막부 말기에, 지금의 이바라키 현의 미토 번에서 근왕(勤王)사상을 외치던 과격파는, 자칭 정당(正党)이라 하여 다른 파당을 가리켜 간당(姦党)이라 하여 배격하였다.

질풍욕우(疾風浴雨)[66], 고난을 마다 않고 마침내 300년의 태평을 열었고, 천하를 태산의 반석 위에 올려놓았다 하여, 오늘에 이르기까지도 그 훌륭한 공적을 칭송하지 않는 자 없다. 실로 아시카가(足利)의 말기, 나라 전체가 소란한 시기를 만나 오다(織田)와 도요토미(豊臣)의 공적도 아직 그 기초를 굳힐 수가 없다. 이 시기에 이에야스(家康)가 없더라면 어느 때 태평을 기할 수가 있겠는가. 참으로 이에야스는 300년간 「태평의 부모」라고 할 수가 있다. 그런데도 이 사람의 일신에 관한 그 덕의를 자세히 관찰하면, 남에게 부끄러워해야 할 일 적지 않다. 특히 그 다이코(太閣)[67]가 후세에 남긴 당부를 배반하고 오사카(大阪)를 보호하겠다는 의지가 없고, 특히 부탁을 받았던 히데요리(秀賴)[68]를 도와주지 않고 오히려 그 방탕과 어리석고 겁이 많은 것을 키워주고, 이시다 미츠나리(石田三成)를 마땅히 제거해야 할 것을 제거하지 않고서[69] 후일 오사카를 함락시키는 중개자로 남겨둔 것과 같은 것은 이루 말로 표현할 수 없는 간계(奸計)라고 할 수가 있다. 이 한 가지 사건과 관련하여서는 이에야스의 신상에는 일 점의 덕의도 없는 것 같다. 그런데도 이러한 덕이 없음을 가지고서 300년의 태평을 열어 대중을 도탄(塗炭)에서 구원 한 것은 기담(奇談)이 아니더냐. 그 밖에 요리토모(賴朝)[70]고 노부나가(信長)고, 일신의 행적을 논한다면 잔인함

---

66) 거센 비바람을 맞으며 고경을 헤매는 것.

67) 관백(關白)의 자리를 물려준 사람에 대한 칭호.

68) 도요토미 히데요시의 아들. 오사카 성이 함락되자 모친과 함께 자결함.

69) 1558년, 가토 키요마사(加藤淸正)에 쫓기던 이시다 미츠나리(石田三成)를, 도쿠가와 이에야스는 이미 미츠나리가 모반을 할 것임을 예측하고서 숨겨주었던 것을 말한다.(『일본외사』 권제21)

각박함, 속임수의 반복, 증오해야 할 것이 많기는 하지만, 무두 한 때의 창과 방패를 그만두고 인민의 살육을 최소화 하였던 것은 무엇이던가. 악한 사람도 반드시 선을 실천하지 않는 것은 아니다. 필경 이런 무리의 영웅은, 더러는 사덕에 결함이 있다고는 할지라도, 총명과 예지의 재능을 가지고서 선의 크나큰 공적을 이룬 인물이라고 할 수 있다. 한 점의 흠결을 보고서 앞에 있는 벽(壁)의 가치를 평가할 수는 없는 것이다.

이상에서 논한 바를 요약해서 말하면, 덕의는 한 사람의 행적이고 그 효능이 미치는 바가 협소하나, 지혜는 사람에게 전달되는 것이 신속하고 그 미치는 바 광대하고. 덕의는 인류 역사이래 이미 확정되어 진보할 수가 없고, 지혜의 효능은 날로 증진하여 한량이 없다. 덕의는 유형의 수단으로써 남에게 가르칠 수가 없고, 이를 얻느냐 마느냐는 사람들의 연구에 달렸고, 지혜는 이와 반대로 사람의 지우(智愚)를 규명하는 데에 시험하는 방법이 있다. 덕의는 갑자기 나아가고 물러서는 일이 있고, 지혜는 이것을 얻고 나서 잃는 일이 없다. 지혜는 서로 의존하여 그 효능을 드러내는 것이고, 착한 사람도 악행을 저지를 수가 있고 악한 사람도 선행을 할 수 있다는 사실을 설명해 보인 것이다.

무릇 덕의를 사람들에게 전수함에 있어서는 유형적인 방법이 없고, 충고가 미치는 바는 고작 친족과 붕우 사이 뿐이기는 하지만, 그 감화가 도달하는 영역은 매우 광대하다. 만 리 밖에서 출판한

---

70) 미나모토노 요리토모(源賴朝). 가마쿠라(鎌倉)막부의 초대 쇼군이자 무가 정치의 창시자.

저서를 보고 크게 발견할 수도 있고, 성현의 언행을 듣고 스스로 이리저리 궁리한 끝에 마침내 스스로를 개심(改心)하는 자가 생긴다. 백이(伯夷)[71]가 남긴 가르침을 전해 듣고 다시 일어선다 함이 이런 것이다. 적어도 사람으로서 세상을 해하겠다는 생각이 없다면 일신의 덕의를 수양하지 않을 수 있겠는가. 이름 때문이 아니고, 이익 때문이 아니고, 참으로 이것은 인류의 한 사람으로써 스스로 책임져야 할 덕의의 책무이다. 자신의 나쁜 마음을 방비하기 위해서는, 용사가 적을 향해 싸우듯이, 폭군이 백성을 억압해 이를 괴롭히듯이 하고, 선을 보고 이를 택하는 것은 수전노가 돈을 탐해서 만족을 모르는 자와 같이 하고, 일단 일신을 수습하고 또 훌륭하게 일가(一家)를 교화하고, 여전히 여력이 있으면 이른바 널리 타인에게 미치게 해서 이들을 설유(說諭)하고, 중생으로 하여금 덕의 문으로 들어서게 하여, 한 걸음이라도 덕의의 영역을 넓힐 것을 노력해야 할 것이다. 이것 역시 인간의 일대 과업이며, 문명을 돕는 것의 효과 물론 광대한 고로, 세상에 선교사라는 부류가 있어서 덕의와 관련한 것을 권장하는 것은 참으로 바람직한 일이기는 하지만, 그저 덕의 한 쪽만으로써 온 천지를 농락하려 들고, 더러는 그 심한 경우에 가서는 덕교 가운데 한 파를 주장해서 다른 교파를 배제하고, 한 파로써 세상의 덕교를 강제로 빼앗고, 겸하여 또한 지혜의 영역까지도 범해, 흡사 인간의 책무는 덕교라고 하는 한 가지에

71) 중국 고대 은나라의 현인. 동생인 숙제(叔齊)와 더불어 주나라의 무왕에게 충언을 하였는바, 모함을 받아 수양산으로 귀양을 가 결국 굶어죽었다는 고사의 인물. 백이의 청렴한 유풍을 접한 사람은 모두 감화되어 발분한다는 의미.

머물러서 또한 다시 그 내부의 한 파벌에 한정된 것과 같이 하여, 사람의 생각을 속박해서 자유를 얻게 하지 않고, 오히려 사람을 무위(無爲)와 무지에 빠뜨려 실질적인 문명을 해치는 것과 같은 일은, 내가 가장 좋아하지 않는 바이다.

수동적인 사덕으로써 세상의 문명을 살리고, 세인으로 하여금 그 은혜를 입는 일이 있는 것은 우연히 이룬 칭찬할 만한 일이라고 말할 수 있을 따름.이를테면 내 땅 안에 집을 지어서 아따금 이웃집의 울타리가 된 것과 같다. 이웃 사람에게는 매우 편리하기는 하지만, 원래 우리 집을 세운 것은 나를 위해서 했지 이웃 사람을 위해서 한 것이 아니다, 우연의 편리하고 할 수 있을 뿐. 사덕을 수양하더라도 원래 일신을 위해서 하는 것이고 남을 위해서 하는 것이 아니다. 만약 타인을 위해서 덕을 수양하는 자가 있다면, 이른바 이것은 사이비 군자이고, 덕행을 실천하는 자가 증오해야 할 것이다. 그런고로 덕의의 본분은 일신을 수양함에 있다. 그 이것을 수양해서 문명에 유익한 일이 생기는 것은 우연적으로 생기는 기릴 만한 일일 따름. 우연적인 일로 한 세상을 지배하겠다고 하는 것은 큰 잘못이라고 할 수가 있다. 원래 사람으로 이 세상에 태어나고, 고작 일신의 생계를 꾸린다고 해서, 아직 사람다운 직분을 마쳤다고 하기에는 부족하다. 시험적으로 묻노라. 덕행을 쌓은 군자들아, 하루에 먹고 입는 바의 물품은 어디에서 오더냐. 조물주의 은덕이 홍대하다고는 하지만, 의복은 산에서 생기지 않고, 먹을 것은 하늘에서 내리지 않는다. 하물며 세상의 문명이 점차 진보하면 그 편리, 단지 의복과 음식만이 아니고, 증기 전신의 편리함이 있고, 나

라의 법령과 상업의 편리함에 있어서야. 모두 이 지혜의 선물이 아
닌 것이 없다. 인간이 동일한 취지를 따르면, 가만히 앉아서 남이
주는 선물을 받을 수만은 없을 것이다. 만약 덕행을 쌓은 군자로
하여금 오이처럼 하는 일 없이 안이하게 매달려 있게 하여 지낸다
고 한다면 그것은 그것대로 아무 문제는 없을 것이다.[72] 적어도 밥
을 먹고 옷을 입고, 증기 전신의 편리함을 편리함으로, 나라의 법
령과 상업의 편리함을 편리함으로 받아들이게 된다면, 역시 그 책
임을 마땅히 져야 할 것이다. 뿐만 아니고 육체적인 편리함은 이미
풍요롭고 일신의 사덕은 이젠 부끄러울 것이 없다고 하지만, 아직
이러한 형국에 머물러 만족할 것은 못된다. 그 풍요롭다 하고 부끄
러울 것이 없다고 하는 것은, 고작 오늘의 문명에 있어서 족한 것
일 뿐, 아직 그 최고점에 도달하지 않은 것은 자명하다. 사람의 정
신이 발달하는 것은 한이 없게 마련이고, 조화의 방식에는 법칙성
이 있게 마련이다. 무한의 정신으로써 법칙성의 원리를 규명하고,
마침내는 유형과 무형을 막론하고, 온 세상의 사물을 모두 인간의
정신 속에 모두 포함시켜서 빠뜨리는 것이 없기에 이를 것이다. 이
런 단계에 가서는 어찌 구구한 지덕을 식별하여 그 경계를 다투기
에 만족하리요. 마치 인간과 자연이 함께 공존하고 번영하는 형국
이다. 천하 후세에 기어코 그 날이 있을 지어다.

---

72) 논어 양화(陽貨) 편

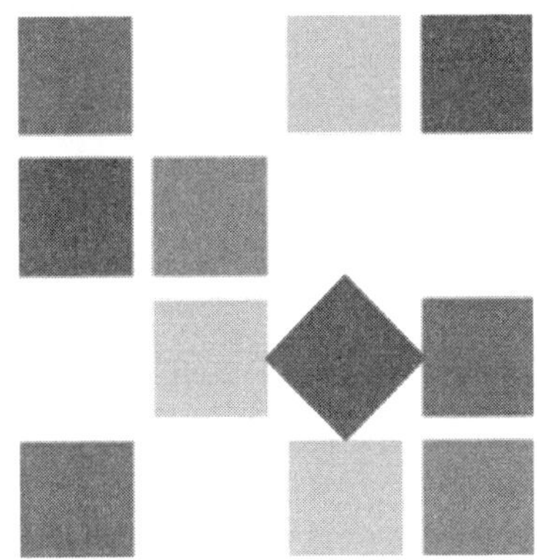

제 4권

제 7장

지덕(智德)이 시행되어야 할 때와 장소를 논함

사물의 득실(得失)과 편·불편(便不便)을 논하기 위해서는 시대와 장소를 고려하지 않을 수 없다. 육지에 편리한 수레도 바다에 있어서는 불편하다. 옛날에 편리한 것으로 삼았던 바의 것도 오늘날에 와서는 이제 불편하다. 또 이것을 반대로 해서 오늘날의 세상에서는 몹시 편리한 것이라 하더라도, 이것을 먼 옛날에 시행할 수 없는 것이 많다. 시대와 장소를 고려의 밖에 두면, 어떤 것이라도 편리하지 않은 것이 없고, 어떤 것이라도 불편하지 않은 것이 없다.

그런고로 사물의 득실과 편·불편을 논한다 함은, 그 사물이 마땅히 시행되어야 할 시대와 장소를 자세히 관찰한다고 하는 것과 다르지 않다. 시대와 장소에만 들어맞으면 사물에 있어서 참으로 득과 실은 없는 법이다. 중고(中古) 시대의 발명인 자루가 긴 창은 중고시대의 전쟁에 편리하기는 하나, 이를 메이지 시대에 사용할 수는 없다. 도쿄(東京)의 인력거는 도쿄 시내에서 편리하기는 하나, 이를 「런던」「파리」에서 사용할 수 없다. 전쟁은 나쁜 행위이기는 하나, 적과 대면하면 싸우지 않을 수 없다. 사람을 죽이는 것은 무도하기는 하나, 전시에는 죽이지 않을 수 없다. 군주 전제의 폭정은 경멸해 마땅하기는 하나, 「피터」 대제[1]의 소업을 보고 심하게 비난할 수 없다, 충신 의사의 행태는 가상히 여길만하다고는 하나, 군주가 없는 합중국(合衆國)을 평해서 야만이라 칭할 수 없다. 그것도 과거의 한 때 어떤 장소에서나 통하던 것이고, 이것도 과거의 한 때 어떤 장소에서나 통하던 것이다. 요컨대 세상사에는, 죽을 때까지 변하지 않고 관철해야만 할 사안(事案)이 존재할 수 없다. 오로지 때와 장소에 따라서 나아가야 할 따름.

　　때를 살피고 장소를 보는 것은 매우 어렵다. 예로부터의 역사에서 사람의 실책으로 일컫는 것은, 모두 이 때와 장소를 그르친 것이다. 그 기릴만한 일, 성대한 업적이라고 칭하는 것은 흔히 이 양자에 적합하였던 것이다. 생각건대 그 이러한 것을 확인한다는 것의 어려움은 무엇이더냐. 장소에는 유사한 곳이 많고, 때에는 전후와 완급의 시기가 있기 때문이다. 이를테면 친자와 양자와는 서로 같은 유에 속하기 때문에, 양자를 다루기 위해서 친자를 대우한다는 방법으로써 해서 크게 실패하는 일이 생긴다. 혹은 말과 사슴

---

1) Pyotr(1672-1725) 러시아의 황제.

이 서로 닮았기 때문에, 말을 사육한다는 방식을 쓰다가 사슴을 잃는 일이 생긴다. 혹은 신사와 사찰을 착각하고, 혹은 등롱과 종을 착각하고, 혹은 기마병을 늪지대에 활용하고 무거운 대포를 산길로 끌게 하는 일이 생긴다. 혹은 도쿄와 「런던」을 잘못 판단해서 「런던」에서 인력거를 사용하고자 하는 등, 이런 유의 실책은 이루 셀 수 없이 많다.

또 때에 관해서 논하자면, 중고시대의 전쟁과 지금의 전쟁이 유사하다 하여, 중고시대에 유용했던 긴 자루가 달린 창을 지금 시대에서는 사용할 수가 없다. 소위 때가 왔노라 일컫는 것은 대개는 진정한 기회에 늦은 때이다. 식사의 때는 밥을 먹는 때이고, 밥을 짓는 것의 때는 그 이전에 있어야만 된다. 밥을 짓지 않아서 공복(空腹)을 느끼고, 이른바 때가 왔노라 하고 말한다 하더라도, 그 때는 다 지은 밥을 먹어야 할 때이고, 밥을 지어야 할 때는 아니다. 또 잠에 취했다가 오전에 일어나고, 그 일어난 때를 아침이라고 생각한다 하더라도, 진정한 아침은 일출시에 있고, 그 때는 수면 중에 이미 지난 것과 같다. 그런고로 장소는 선택하지 않을 수가 없다. 시절은 기회에 늦어서는 안 될 것이다.

앞의 장에서는 지혜와 덕의의 구별을 지적하여 그 효용이 다른 바를 논했다. 지금 또 그 시행되어야 할 시절과 장소에 대한 것을 논하고, 그것으로써 이 장을 마칠 것이다.

인류의 역사 이래, 야만을 벗어난 것이 멀지 않았을 시절에는, 인민의 지력이 아직 발생하지 않아서 그 분위기가 흡사 소아와 다르지 않고, 내부에 있는 것은 그저 공포와 희열의 마음 밖에. 지진,

천둥, 풍우, 물과 불, 모두 무섭지 않은 것이 없다. 산을 두려워하고 바다를 두려워하고, 가뭄을 두려워하고 기근을 두려워하고, 온통 그 시대의 인지로써 제어할 수 없는 것은, 이를 천재(天災)라 이름을 붙여 오로지 공포를 느낄 따름. 혹은 이 천재라는 것을 기다려도 오지 않든가, 또는 왔다가 신속하게 사라져 버리는 일이 생기면, 이를테면 이를 천행(天幸)이라 이름을 붙여 그저 기뻐할 따름. 이를테면 가뭄 끝에 비가 내리고, 기근 끝에 풍년이 드는 것과 같다. 그리고 이 천재와 천행이 오고 가자, 인민으로서는 모두 그 그러한 현상을 예측하지 못하고서 그러한 것이므로, 첫째 이를 우연으로 돌리고, 이제껏 인위적인 연구를 하려는 자가 없다. 깊이 생각을 활용하지 않고서 화복을 만나는 경우가 생기면, 인간적인 감정으로서 그 원인을 인류를 초월하는 것으로 귀착시키지 않을 수가 없다. 이를테면 신령에 대한 외경심을 일으키는 연유이며, 그 재앙의 원인을 이름을 지어서 악(惡)의 신이라고 하고, 복의 원인을 이름을 지어서 선(善)의 신이라고 한다. 무릇 이 천지간에 존재하는 하나하나의 모든 사물, 모두 이를 관장하는 바의 귀신이 있게 마련이다. 일본의 풍습으로 말하면 야오요로즈노 가미(八百萬神)[2]와 같은 것이 이것이다.

그 선의 신을 향해서는 행복을 내려 줄 것을 바라고, 악의 신을 향해서는 재난을 피할 것을 바라고, 그 소망이 이루어지고 않고는 자신의 골똘한 생각에 달려있는 것이 아니라 귀신의 힘에 달려

---

2) 수많은 신이라는 뜻.

있다. 그 힘을 일컬어서 신력(神力)이라고 하고, 신력의 도움을 바라는 것을 일컬어서 기원(祈願)이라고 한다. 즉 그 시대에 행하여지는 기도라고 하는 것이 이것이다.

이 인민들이 두려워하고 또한 기뻐하는 바의 것들은, 단지 천재와 천행뿐이 아니고, 세상사에 있어서도 또한 이와 같다. 도리에 어두운 세상이므로, 강대한 자가 완력으로써 소약한 자를 못살게 구는 것도, 도리로써 이를 저지할 방법이 없이는 그저 이를 두려워할 따름. 그 형국은 거의 천재와 다르지 않다, 그런고로 소약한 자는 한쪽의 강대한 자에 의존해서 다른 강력하고 폭력적인 자를 막는 것 외에 수단이 있을 수 없다. 이러한 의뢰를 받은 자를 칭하여 추장이라 한다. 추장은 그 완력에 겸해서 약간의 지덕을 지니고, 다른 강력한 폭력을 제압해서 소약을 보호하고, 이를 보호하는 것이 더욱더 돈독하면, 인망을 얻는 것도 또한 더욱더 견고하게 되어, 마침내 일종의 특권을 장악하고, 혹은 이를 자손에게 물려주는 일이 생긴다. 전 세계 어떤 나라에서도, 미개한 시절의 초기에는 모두가 그러하지 않은 나라가 없다. 우리나라의 왕조시대에 있어서는, 천자가 국권을 장악하였고, 중고(中古)시대에는, 관동(關東)지역에서 미나모토(源)씨가 권력을 전횡하였던 것도 그 한 예이다.

이 추장(酋長)인 자, 일단 권력을 얻는다고 하더라도, 무지한 인민은 반복이 변화무상하여 이것을 유지하는 일이 매우 힘들다. 이들에게 고상한 도리로써 타이를 수가 없고, 또 이들에게 영원한 이익으로써 설득할 수가 없다. 그 방향을 하나같이 더불어 한 종족의 체제를 지켜가기 위해서는, 그저 그 천연적으로 구비되어 있는 공포와 희열의 심리에 의존해서, 목전의 화복과 천재와 요행을 보여준다는 하나의 방법이 있을 뿐. 이를 주군의 은위(恩威)3)라고 한다. 이런 까닭에서인지 비로소 예악(禮樂4))이라는 것을 만들고, 예(禮)는 더욱 윗사람을 공경하는 것을 주로 해서 스스로 군주의 권위가 고귀함을 알리게 하고, 악(樂)은 더욱 무언 가운데서 어리석은 인민을 화합하게 해서 스스로 군주의 덕망을 우러르는 정서를 일으키게 하고, 예악으로써 민심을 빼앗고, 정벌(征伐)로써 민의 완력을 제압하고, 대중을 이끌어 부지불식중에 그 자리를 찾게 하고, 착한 자를 칭찬하고 그 기쁜 마음을 만족시켜주고, 악한 자를 벌하고 그 공포의 심리를 위축시켜, 은혜와 위엄이 나란히 시행되어 인민도 자연히 고통이 없는 것처럼 보인다.

하지만 그 이러한 것을 칭찬하고 이러한 것을 벌하는 것은 모두 군주의 마음으로써 결정하는 것이므로, 인민은 그저 이 포상과 징벌을 받고 공포를 느끼고 또한 희열할 따름. 포상과 징벌에 의해서 초래하는 연유에 대한 이치는 이를 알 수가 없다. 그 사정은 마치 하늘의 재난과 행복을 받는 것과 같고, 무두 그 그러함을 예측하지 못하고서 그러한 것이므로, 하나하나 모든 사물 역시 우연적으로 일어나지 않는 것이 없다.

그런고로 한 지역의 군주는 우연적인 화복(禍福)에 의해 초래하는 바의 근원이므로, 인민으로부터 이를 공경하고 스스로 또한 평범한 인간 이상의 관점을 이루지 않을 수 없다. 중국에서 군주를

---

3) 은혜와 위광, 권위.
4) 사회의 질서를 지키기 위한 예절과 마음을 달래주는 음악.

숭상해서 천(天)의 자(子)로 칭하는 것도 생각건대 이러한 사정에서 연유하여 생겨난 명칭일 것이다. 예컨대 옛 역사에 이따금 농부의 전조(田租)5)를 면한다고 하는 것이 있다. 정부에서 제아무리 검약을 실천한다 하더라도 군주를 위시하여 의식주에 드는 비용과 다소의 공식적인 경비는 부족해서 안 된다. 그런데도 수년 동안 연공(年貢)을 받지 않고서도 여전히 이 모든 경비에 지장이 없는 것은, 지난해의 조세가 가혹해서 그 당시에 남은 경비가 있었던 증거이다. 이 가혹한 세금을 내면서도 인민은 그 내는 연유를 모른다. 지금 느닷없이 몇 년간, 세금을 없애는 정책을 편다 하더라도, 인민은 그 무세(無稅)로 바뀐 연유를 모른다. 가혹한 시기에는 이를 천재로 생각하여 두려워하였고, 관대한 시기에는 이를 천행(天幸)으로 생각하여 기뻐할 따름이다. 그 재도 그 행도 천자한테서 내려온 것이므로, 천자는 마치 벼락과 피뢰침(避雷針) 두 가지 모습의 힘이 있는 존재와 같다. 천둥이 진동하는 것도 천자의 명이고, 이 천둥을 피하게 하는 것도 천자의 명이다. 인민은 이를 향해 오로지 기원(祈願)을 하는 것 한 가지 방도가 있을 뿐. 그 천자를 숭상하는 것 귀신을 모시듯 하는 것 역시 이치에 맞지 않는 것은 아니다.

　　요즘 사람들의 심정으로 이상의 사정들을 고려하면 매우 불합리한 것 같아도, 시대의 추세가 그렇게 하는 바, 결코 이를 책망할 도리가 없다. 이 시대의 인민을 향해서는 더불어 지혜를 이야기할 수가 없고, 더불어 규칙을 정하기가 어렵고, 더불어 약속을 지키기

---

5) 논에 부과하던 토지세.

힘들다. 예컨대 요순(堯舜)의 시대에 지금의 서양제국의 법률을 활용하려 한다 하더라도, 그 법률의 취지를 해석해서 곧잘 이를 추종하는 자가 없을 것이다. 그 이를 따르지 않는 것은 인민이 바르지 못한 것이 아니고, 그 법률의 취지를 해석할 수 있는 지혜가 없기 때문이다. 이 인민을 풀어주어 저마다 그 향하여 갈 곳으로 향하게 해준다면, 어떤 못된 짓을 저지르고 세상에 어떤 재해를 일으킬 수 있을지조차 예측할 수가 없다. 다만 추장은, 혼자 잘도 그 시대의 변화하는 기운을 알고, 은혜로써 이를 기쁘게 해주고, 위엄으로써 이를 위협하여, 한 종족의 인민을 보기를 한 가정의 자식과 같이 하고, 이를 보호하고 잘 지켜가서, 크게는 생살여탈(生殺與奪)의 형벌에서, 작게는 일상의 가계(家計)의 사사로운 것에 이르기까지도, 군주가 관여하여 모르는 것이 없다. 그 내용을 보면 천하는 바로 한 가정과 같고 또한 한 학교와도 같아서, 군주는 그 집안의 부모와 같고 또한 교사와 같고, 그 위엄과 덕망이 헤아릴 수가 없음은 귀신과도 같고, 한 사람의 역할로써 부모 교사 귀신의 세 가지 직책을 겸임하는 자이다.

이런 형국으로 국군(國君)은 용하게 사욕을 억누르고 자신을 비워서 덕의를 쌓으면, 설령 지혜는 적다하더라도 인군(仁君) 또는 명천자(明天子)라는 평판이 따른다. 이것을 야만의 태평이라 일컫는다. 그 시대에 있어서는 물론 어쩔 수 없는 일이고, 또한 이를 기릴만한 일이라고 할 수 있다. 요순 3대의 치세가 바로 이것이다. 더러는 그러하지 않아서 군주가 사욕을 실컷 채우고, 덕을 베풀지 않고 단지 권력만을 사용할 때는, 이른바 폭군이라는 이름이 따른다. 소위 야만의 폭정이라는 것으로, 인민은 그 생명까지도 안심할 수 없다. 결국 야만의 시대에는 인간 관계에 다만 은혜와 위엄이라는 두 개 조항이 있을 뿐. 이른바 은덕이 아니면 폭위(暴威)이고, 인혜(仁惠)가 아니면 약탈이다. 이 양자 간에 지혜의 작용이 있음을 보지 못한다.

고서(古書)에, 두 개의 도(道)가 있으니, 인(仁)과 불인(不仁)이라 한다6) 함은, 이것을 말하는 것이다. 이런 경향은 단지 정치적으로만 만연되었던 것이 아니고, 사람의 사적인 품행에 있어서도 모두 쌍방의 극도에 머물러서, 분명하게 그 경계를 갈랐다. 일본과 중국에서 저술한 고서를 보건대, 경서에서도 사류(史類)에서도, 도를 설명하고 사람의 품행을 평가함에는 모두 덕의로써 목표로 삼고, 인(忍)·불인(不忍), 효 불효, 충불충, 의불의, 확실히 절박하게 대립해서, 백이숙제(伯夷叔齊) 가 아닌 자는 도둑이고, 충신이 아닌 자는 역적이라 하여, 그 사이에 지혜의 작용을 받아들이지 않는다. 이따금 지혜라는 것을 문제 삼는 자가 나타나면 이를 세행말사(細行末事)7)라 칭하여 돌아보는 자가 없다. 필경 야만 무식한 시절에 있어서는, 인간의 관계를 지배하는 것은 오직 일편의 덕의 뿐이고, 그 밖에 쓸 만한 것이 있지 않다는 명증이다.

인문(人文)이 차츰 개화하고 지력이 점차 진보함에 따라서, 사람의 마음에 의문을 일으키고, 온 세상의 사물과 마주쳐 가볍게 이것을 간과하지 않고, 사물의 작용을 보면 그 작용의 원인을 찾고자

---

6) 『맹자』「이루(離婁)」편 上에 있는 공자의 말씀.
7) 사소한 행동 하찮은 일.

하고, 설령 혹은 진정한 원인을 탐색할 수가 없는 일이 있다 하더라도, 일단 의문의 마음을 일으키면 그 작용의 이(利)와 해(害)를 선별하고, 이를 따르고 해를 피하는 연구를 두루두루 해야 할 것이다. 풍우의 해를 피하기 위해서는 가옥을 견고하게 하고, 강과 바다가 범람하는 것을 막기 위해서는 제방을 쌓고, 물을 건너기 위해서는 배를 짓고, 불을 막기 위해서는 물을 이용하고, 의약을 제조해서 병을 치료하고, 수리(水理)를 다스려서 가뭄에 대비하고, 얼마간 인력에 의존해서 편안한 지위를 만들기에 이를 수 있을 것이다.

일단 인력으로써 스스로 지위를 얻는 것의 방법을 알면, 천재(天災)를 무서워하는 것의 어리석은 마음은 차차 소멸하고, 어제까지 의존해왔던 귀신에 대해서도 절반 정도는 그 신앙을 잃어버리지 않을 수 없다. 그런고로 지혜에 일보 나아가면 한층 더 용기가 생기고, 그 지혜가 더욱더 나아가면 용력(勇力)의 발생도 역시 끝이 없게 마련이다. 시험 삼아 오늘날의 서양문명으로써 그 정신을 보건대, 무릇 신체 이외의 만물, 특히 사람의 5관(五官)으로 느끼는 것이 있으면 우선 그 사물의 성질을 찾고 그 작용을 규명하고, 따라서 또한 그 작용의 원인을 탐색해서, 작은 이득이라 하더라도 취해야 할 것은 이를 취하고, 사소한 해라 하더라도 없애야 할 것은 이를 없애고, 현세의 인력이 미치는 바는 최선을 다하지 않을 것이 없다. 물과 불을 제어해서 증기를 만들면 태평양의 파도를 건널 수 있고, 「알프스」 산맥의 높이도 이를 부수면 수레를 달리게 할 수 있다. 낙뢰를 피하는 방법을 발견한 후에는 천둥도 그 힘을 마음껏 다 발휘할 수가 없고, 화학의 연구 점차로 실효를 거두어서 기근도 또한 사람을 죽일 수 없다. 전기의 힘, 무서워할 만하다 할 지언정, 이를 사용하면 파발꾼을 대용하게 할 수 있다. 광선의 성 질, 미묘하다 할지라도, 그림자를 포착하여 사물의 실상을 베낄 수 가 있다. 바람과 파도의 피해를 미치게 하지 않겠다는 구조물이 있으면, 항구를 축조하여 선박을 보호하고, 유행병이 내습하려고 하는 징후가 발생하면, 이를 몰아서 인간에게 닥아 갈 수 없게 만 든다.

대략적으로 이것을 말하면, 사람의 지혜로써 자연의 위력을 범 하고, 점차 그 경계로 침입해서 조화의 비결을 발하고, 그 작용을 속박하여 자유롭지 못하게 하고, 지혜와 용기가 향하는 곳은 이 세 상에 적이 없고, 인간으로써 하늘을 부리는 자와도 같다. 이제 이 를 속박하고 이를 부릴 때는 또한 어찌 이를 두려워하고 숭배할 수 있겠는가. 누군가 산을 받들어 모시는 자가 있을 것이다. 누군가 강을 받들어 모시는 자가 있을 것이다. 산과 계곡, 강과 바다, 바람 과 비, 해와 달의 유는 문명한 인간의 노예라고 할 수 있을 따름.

일단 자연의 위력을 속박하고 이것을 나의 범주 속에서 농락 하였다. 그렇다면 이를테면 어찌 혼자 인위적인 힘을 두려워하여 이에 농락당할 리 있겠는가. 인민의 지력이 점차 생기면, 세상사에 있어서도 또한 그 작용과 작용의 원인과를 탐색해서 경솔하게 간 과할 것이 없다. 성현의 말씀도 일일이 믿을 것이 못되고, 경전의 가르침도 의심해야 할 것이 생긴다. 요순의 치적도 부러워할 것이 못되고, 충신 의사의 행적도 따르지 않아야 할 것이다. 성현은 옛날에 존재했고 옛날의 일을 했던 자이다. 나는 현재에 존재하고 현재의 일을 하는 자이다. 어찌 옛날에서 배워 현재에 실현할 수 있으리오 하고, 전신이 마치 속이 시원하도록 이 세상에 한 사물로써 내 마음의 자유를 방해할 자 없기에 이를 것 같다.

일단 정신의 자유를 얻었으니, 또 어찌 신체의 속박을 받으리오. 완력이 차츰 권력을 잃고 지력이 점차 지위를 차지하여, 양자가 서로 병립할 수 없으면서도 인간의 관계에서 우연적인 화복(禍福)을 입을 자는 적다. 세간에 포악을 자행하는 자가 있으면 도리로써 이에 대응하고, 도리에 머리를 숙이지 않는다면 대중의 힘을 합쳐서 이를 제압해야 한다. 이(理)로써 폭(暴)을 제압한다는 형세에 이르게 되면, 폭위(暴威)에 근거한 명분도 역시 이를 무너뜨릴 수가 있다.

그런고로 정부이며 인민이며 하지만, 그저 그 명목을 달리하여 직분을 나누었을 뿐, 그 지위에 상하의 차이가 있음을 허용하지 않는다. 정부가 잘 인민을 보호하고 소약(小弱)을 도와서 폭력을 억제하는 것은 이른바 그 맡은 바 직무이고, 이를 과분한 공로라고 칭할 것은 못되며, 단지 분업의 정신으로 되돌아가지 않을 뿐. 혹은 군주라는 자가 몸소 덕의를 쌓고, 예악(禮樂)과 정벌(征伐)로써 은위를 베풀겠다고 하더라도, 인민은 일단 그 군주가 어떤 인물인가를 관찰하고, 그 은위가 어떤 것인지를 소상히 밝히고, 받아서는 안 될 사적인 은혜는 이를 받아들이지 않고, 두려워해서는 안 될 폭위는 이를 두려워하지 않고, 추호도 빌려주지 않고 추호도 빌리지 않고, 오로지 도리를 목표로 삼아서 머무를 곳에 머물러야 할 것을 노력해야 할 것이다. 지력이 생긴 자는 잘 스스로 그 신체를 지배하고, 마치 일신(一身) 내에서 은위를 행하는 고로 남의 은위에 의존할 것을 요하지 않는다. 이를테면 선행을 하면 마음속으로 유쾌한 칭찬이 있고, 선행을 할 수밖에 없다는 이치를 아는 고로, 스스로 선행을 하는 것이다. 타인에게 아첨하지 않고, 성현을 기리지 않는다. 악을 행하면 양심에 부끄러워하는 벌이 따르고, 악행을 저질러서는 안 된다는 이치를 아는 고로 악행을 저지르지 않는 것이다. 타인을 꺼리는 것이 아니고, 성현을 두려워하는 것이 아니고, 어찌 우연히 나타난 사람의 은위를 우러러보고 이를 두려워하고 기뻐할 수 있겠는가.

정부와 인민의 관계에 대해서, 문명한 사람의 심정에 묻는다면 다음과 같이 대답할 것이다. 국가의 군주라 하더라도 같은 부류의 사람일뿐. 우연적인 탄생에 의해서 군주의 지위에 있는 자이거나, 또는 한 때의 전쟁에 승리하여 정부의 높은 곳에 서는 자일 수밖에 더되지 않고, 더러는 대의사(代議士)[8]라 하더라도 원래 우리의 선거제도로써 등용한 일국의 신하일 뿐, 어찌 이런 패거리의 명령에 따라 일신의 덕의와 품행을 개선할 자 있으리오. 정부는 정부이고, 나는 나이다. 일신의 사적인 것에 관해서는 아주 하찮은 일이라 할지라도 어찌 정부로 하여금 말참견을 하게 하겠는가. 혹은 군비 형법 징역과 관련한 법령도 나의 개인적인 입장에서는 불필요한 것들이고, 이 때문에 세금을 내는 나의 책무가 아니라고 하더라도 악

---

8) 중의원의원(국회의원).

한 사람이 많은 세상에서 이들과 섞여서 살기 위해서는 부득이 하
므로 당분간 이것을 납부하고, 기실은 그저 이 악한 사람들에게 투
자할 수밖에, 그러한 것을 어찌 정부에서, 종교와 학교에 관련한
업무를 지배하고, 농공상의 법령을 고지하고, 심지어는 일상의 살
림살이를 지시하여, 즉각 나를 향해 선을 권장하고 인생을 살아가
는 도를 가르치기 위해서라 하여 세금을 내도록하겠다고 하는 것
에 있어서야, 너무나도 터무니없는 것이며, 누군가 무릎을 꿇고 남
에게 부탁하여 「내에게 선을 권해라」하고 요구할 자 있겠는가, 누
군가 돈을 내놓고 무지한 사람에게 의뢰하여 「내게 세상 살아갈
방도를 가르쳐 주오」 하고 탄원하는 자 있겠는가 하고.

문명한 사람들의 생각을 베껴서 그 취지를 기록한다면 대체로
이와 같다. 이런 패거리를 향해 형체도 없는 덕화(德化)가 미치게
하고 사적인 은위로써 이를 인도하려 하는 것 역시 무익하지 않겠
는가. 물론 지금의 세상의 형국에서 어떤 지역이라 하더라도 지역
전체의 인민 모두가 지혜를 지닌 것은 아니라 하더라도, 인류의 역
사가 시작된 이래 서서히 오랜 시간이 지나 그 지역의 문명이 뒷걸
음치는 일이 없다면, 인민의 지혜는 틀림없이 진보하여 보편적으로
균형을 이룰 수밖에 없기 때문에, 설령 혹은 구습에 침윤하여 군주
의 은위를 우러러보고 일반 민중의 기력이 몹시 모자라는 것처럼
보이는 자가 있다 하더라도, 온갖 세상 물정을 접하면서 이따금 의
심을 일으키지 않을 수 없다.

이를테면 일국의 군주를 「성명(聖明)」[9]이라고 칭하면서 기실
은 성명하지 않은 경우가 있고, 「민(民)을 보기를 자식을 보듯이

애정으로 대한다」라고 하면서도 기실은 부모와 친자식이 조세의
다과를 다투고, 부모는 자식을 위협하고 자식은 부모를 속이고, 그
추태 차마 눈뜨고 볼 수가 없는 경우가 있다. 이런 경우에 즈음하
여서는 보통사람보다 못한 어리석은 인민이라 하더라도 뭇사람의
잘못된 언행을 의아해하고, 설령 이를 향해 저항하지 않더라도, 그
처리를 수상하게 여기지 않는 자가 없다. 이미 이를 의심하고 또
이를 수상쩍어하는 마음을 일으킬 때는, 믿음에 귀의한다는 생각은
순식간에 단절되고 또한 이를 제어하건대 덕으로 감화시키는 묘법
을 쓰지 않을 수 없다. 그 명백한 증거는 역사를 읽어서 알 수가
있다.

일본과 중국에서도 서양에서도, 인군이 세상에 나타나 훌륭하
게 나라를 다스린 것은 오랜 옛날의 시절이다. 일본과 중국에 있어
서는 근세에 이르기까지도 이런 군주를 만들고자 하였으나 늘 이
것을 그르쳤고, 서양제국에서는 1600-700년경부터 인군이 점차 적
어져서, 1800년대에 들어서는 인군이 없을 뿐 만 아니라 지군(智
君)도 없기에 이르렀다. 이것은 국가 군주의 종족에 한해서 덕이
쇠퇴한 것이 아니고, 인민이 보편적으로 지덕을 키워나갔기 때문에
군주의 인덕(仁德)을 빛나게 할 곳이 없는 것이다.

이것을 비유하건대 지금의 서양제국에 인군을 배출한다 한들
밝은 달밤에 쓸데없이 제등을 밝히는 것과 같을 따름. 그런고로 이
르노니, 어진 정치는 야만 무식한 세상이 아니면 필요하지 않고,

---

9) 천자(天子)의 존칭.

어진 군주는 야만 무식한 인민을 만나지 않으면 고귀하지 않다. 사덕은 문명이 진보함에 따라서 점차 권력을 잃는 법이다.

덕의는 문명이 진보함에 따라서 점차 권력을 잃는다고 한다 하더라도, 세상에 덕의의 분량을 줄이는 것이 아니고, 문명이 진보함에 따라서 지덕도 더불어 양을 늘리고, 사(私)를 확산하여 공(公)으로 바꾸고, 사회 전반에 공지(公智) 공덕(公德)이 미칠 장소를 넓혀서 점차 태평으로 나아가고, 태평하게 하는 기술은 날로 진보하고 쟁투(爭鬪)는 달마다 쇠퇴하여, 그 극도에 이르러서는 토지를 둘러싸고 다투는 자도 없고 재산을 탐하는 자도 없을 것이다. 더군다나 군주의 지위를 다투는 것과 같은 비열한 행위에 있어서야. 군신(君臣)의 명분 같은 것은 이미 진작에 완전히 없어져버리고 아이들의 장난에서도 이것을 말하는 자가 없을 것이다. 전쟁도 그만할 것이고, 형법도 폐할 것이다. 정부는 세상의 악을 멈추게 하는 기관이 아니고, 사물의 순서를 지켜고 시간을 덜고 이로움이 없는 수고를 줄이기 위해서 세울 따름, 세상에 약속을 어기는 자가 없으면 대차(貸借)증서도 단지 비망(備忘) 때문에 기록할 뿐, 훗날 소송의 증거로 사용하는 것이 아니다. 세상에 도적이 없으면 창과 문은 단지 풍우를 막고 개와 고양이가 들어오는 것을 막을 뿐이고 자물쇠를 사용할 필요가 없다. 길에서 유실물을 줍는 자가 있으면 나졸[10]은 단지 유실물을 습득하여 주인을 찾기에 분주할 따름. 대포 대신에 망원경을 만들고, 감옥 대신에 학교를 짓고, 병사와 죄인의 모

---

10) 나졸(邏卒), 경찰.

습은 겨우 옛날 그림에 존재하던가, 아니면 연극을 보지 않으면 상상을 할 수가 없다. 아내의 예의범절이 독실하면 또한 스님의 설법을 들을 필요가 없고, 온 나라는 한 가족과 같이, 가가호호 절과 같다. 부모는 교주와 같고, 자식은 종도(宗徒)와 같다. 온 세상의 인민은 흡사 예양(禮讓)11)의 큰 도량에 안기어서 덕의의 바다에 미역을 감는 자라고 할 수가 있다. 이것을 문명의 태평이라 칭한다.

지금으로부터 몇 천 년 만 년을 지나 이런 형국에 다다를 수 있을지. 내가 알 바는 아니다. 다만 이를 꿈속의 상상이라고 하더라도, 만약 인력으로써 잘도 이 태평의 극도에 도달할 수 있다면, 덕의의 효용성도 역시 광대무변(廣大無邊)하다 하지 않을 수 없다. 그런고로 사덕은 야만 미개의 시대에 있어서 그 효용성이 가장 현저하고, 문명이 점차 진보함에 따라서 차츰 권력을 잃고, 그 취향을 개혁하여 공덕의 모습로 바뀌고, 결국 수천만 년 후를 추측하여 문명의 극도를 몽상하면 또한 보편적으로 그 은혜를 볼 수 있을 것이다.

이상은 덕의가 통하는 시대를 논한 것이다. 지금 또 여기에 그 장소에 관한 것을 이야기하겠다. 야만의 태평은 내가 바라는 바가 아니다. 수 천만 년 뒤를 기다려 문명의 태평을 기하는 것 역시 쓸모없는 이야기일 뿐. 그런고로 지금의 문명의 형국으로 덕의가 통할 수 있는 장소와 통할 수 없는 장소를 구별하는 것은, 문명의 학문에 있어서 가장 중요한 요결이다.

---

11) 예의를 다하고 겸양하는 것.

일국의 인민이 야만으로부터 점점 멀어지면 이런 구별도 역시 점점 분명할 수밖에 없을 터이거늘, 무식한 사람은 걸핏하면 이을 모르고서 크게 목표를 그르치고, 야만의 태평을 유지하다가 바로 문명의 태평에 도달하기를 바라는 자가 많다. 이른바 국학자 유의 사람들이 현세에 있으면서 옛날을 그리워하는 것도 그 원인은 생각건대 이 구별과 순서를 오판하는 것에 있다. 그러한 사정의 난해함은 나무에 기대어서 물고기를 구하는 것과 같고, 사다리를 사용하지 않고서 지붕 위에 오르겠다는 것과 같다. 그 마음으로 생각하는 바와 실질적으로 실행되는 바가 항상 어긋나기 때문에, 명확하게 그러한 소신을 남에게 이야기할 수가 없을 뿐만 아니라, 스스로 자문자답도 할 수가 없고, 심기가 뒤숭숭하여 난마와 같고, 사려분별을 못하고, 평생 동안 모호함 속에서 혹닉하면서 나아 갈 바를 모르고, 따라서 지었다가는 따라서 부수고, 스스로 주장하고 스스로 반박하고, 평생의 업적을 가감승제(加減乘除)하면 영(零)과 다름없을 뿐. 어찌 불쌍하게 생각하지 않을 수 있겠는가. 이런 패거리는 이른바 덕의를 행하는 자가 아니고 덕의로 고통을 당하는 노예라고 할 수가 있을 따름, 지금 그러한 사정을 다음에 보여주겠다.

부부와 친자가 한 가정 안에서 있는 것을 가족이라고 한다. 가족 사이는 정(情)으로써 관계를 엮고, 물건에는 정해진 주인이 없고 주고 빼앗는 것에 규칙이 없다. 잃더라도 아까워 할 것이 못되고, 얻더라도 기뻐할 것이 못된다. 무례를 꾸짖지 않고 서투름을 부끄러워하지 않고, 아내와 자식의 만족은 부친의 기쁨이 되고, 부친의 고뇌는 아내와 자식의 근심이 된다. 혹은 스스로를 박하게 하고 남을 후하게 하고, 남의 만족을 보고 오히려 마음속으로 유쾌함을 느끼는 법이다.

이를테면 사랑하는 자식이 병으로 고통스러워할 때는, 만약 이 병고를 부모의 몸에 나누어서 자식의 고통을 가볍게 한다는 방법이 있다고 하는 자가 나타난다면, 온 천하의 부모된 자는 틀림없이 자신의 건강을 포기하여 자식을 구하게 될 것이다. 일반적으로 말하자면 가족 간에는 사유(私有)를 보호한다는 마음이 없고, 체면을 지킨다는 마음이 없고, 생명을 중시한다는 마음도 역시 없는 것이다. 그런고로 가족의 관계에서는 규칙을 요하지 않고, 약속을 요하지 않고, 더군다나 교묘한 술수와 책략에 있어서야. 이를 이용하고자 하더라도 이용할 수 있는 곳이 없고, 지혜는 고작 가계를 꾸려가는 한 수단으로 활용할 뿐, 한 가족의 관계는 오로지 덕의에 의해 풍화의 미를 다해왔다.

골육의 인연이 조금 멀어지면 조금 이 취향을 달리하여, 형제자매는 부부친자보다도 멀고, 숙부 조카는 형제보다도 멀고, 종형제는 타인의 시작이다. 혈연이 멂에 따라서 그 관계에 정분을 나누는 것도 역시 점점 감소하지 않을 수 없다. 그런고로 형제도 성장해서 가정을 달리하면 사유재산의 구별이 생긴다. 숙부, 조카, 종형제에 가서는 더더욱 그러하다. 혹은 붕우의 관계에도 정분이 행해지는 일이 있다. 문경지교(刎頸之交)12)라 하고 막역지교(莫逆之

---

12) 그 친구를 위해서라면, 비록 목이 잘려도 후회하지 않을 만큼 친한 사귐.

交)13)라 하는 것과 같은 것은, 그 관계의 친밀함이 거의 친자 형제와 다르지 않다 하더라도, 지금의 문명한 형국에서는 그러한 세계가 매우 좁다. 수십 명의 친구를 만나서 오래 막역지교의 교분을 나누었다고 하는 예는 고금의 역사에서도 아직 보지 못한다.

또 혹은 세상에 군신(君臣)이라는 자들이 있어서, 그 관계는 거의 가족 골육 처럼하여, 함께 간고(艱苦)를 겪고, 더불어 생사를 같이 하고, 충신의 순수한 정애에 이르러서는, 친자 형제를 죽이고 주군을 위해 행동하는 자가 있다. 고금과 사회 통념상, 이러한 행위가 유래하는 것은 전적으로 그 군주와 그 신하와의 교정(交情)에 귀착되는 것일 뿐 달리 원인을 찾을 것이 없다. 하지만 이러한 세론은 오로지 일방의 빛으로 비치어지고 군신의 명분에 쌓여 져서, 그러한 소견은 아직도 사태의 본질에 도달하지 않은 것이다. 만약 다른 빛으로써 사실을 규명하면, 틀림없이 달리 크나큰 원인이 있는 바를 볼 수가 있을 것이다. 생각건대 그 원인이라 함은 무엇이더냐. 사람이 천부적으로 지니게 된 소속되고자 하는 마음과, 그 시대에 만연된 인간의 기풍(氣風), 이 두 가지가 즉 이것이다.

군신관계의 당초에 사람의 수가 적어서, 이를테면 호죠 소운(北條早雲)14)이 여섯 명의 부하와 더불어 검을 지팡이 삼아서 관동(關東)으로 왔을 때와 같은 경우는, 그 교정이 틀림없이 두터워서 친자 형제보다도 가까웠을 것이라고는 할지라도, 일단 한 영지(領地) 한 영국(領國)을 차지하여 신하의 수도 따라서 증가하고,

---

13) 의견이 전혀 다를 수가 없는, 서로 마음이 통하는 친한 친구.
14) 전국시대의 무장

그 군주가의 위상도 점차 자손으로 계승됨에 이르러서는, 군신의 관계가 결코 당초와 같이 될 수 없다. 이런 시기에 와서 군신이 더불어 그 선조의 형국을 입으로 전하고, 군주는 신하의 힘에 의존하여 그 가통(家統)을 지키고자 하였고, 신하는 군주가의 계통을 숭배하여 그 가문에 복속하였고, 자연히 일종의 조직을 맺고, 변고가 생기면 신하가 힘을 다해 군주의 가문을 수호하고, 겸해서 역시 일신의 사유물을 보호하고, 혹은 기회를 틈타 이득을 얻는 일도 있고, 혹은 그 시대의 기풍으로 일세에 공명을 떨칠 수 있는 일도 있기 때문에, 분골쇄신(粉骨碎身)의 행동까지 하는 일이 있다. 반듯이 그 시대의 군신 관계에 문경지교(刎頸之交)가 있는 것이 아니다.

그런고로 충의가(忠義家)가 하는 말에, 사직(社稷)은 중하다 하고 주군은 경하다[15] 하여, 쓸모가 없는 인물이라고만 판단되면 한 가문에서 유일한 가장(家長)이라 하더라도 이를 처리함에 있어서 비상한 도(道)로써 하는 일이 있다. 이를 정분이 두터운 것이라고 말할 수는 없다. 또 저 전장에서 전사하고 성이 함락되었을 때에 할복하는 자라 할지라도, 대개는 그 당시의 기풍(氣風)이고, 목숨을 버리지 않으면 무사의 체면을 세우지 못한다 하여 일신의 명예 때문에 하는 자이거나. 아니면 도망을 치더라도 목숨이 구원받을 수 있는 희망이 없는고로 목숨을 다하는 자이다.

태평기(太平記)[16]에 가마쿠라의 호죠가(北條家)가 멸망 시, 겐

---

15) 『맹자』의 「민심(民心)」편 하에. 사직이 있음으로써 주군이 존재하는 것이고로, 주군보다 국가가 더 중요하다는 내용.
16) 40권으로 된 전쟁소설. 작자미상. 가마쿠라(鎌倉) 막부의 호죠 다카토키(北條高時) 의 실정, 건무중흥(建武中興)을 비롯하여, 남북조(南北朝)시

코(元弘)3년 5월 25일, 도쇼지(東勝寺)라는 절에서 다카토키(高時)와 함께 자살한 장사 870여명, 이외에 그 혈족과 가신, 이 소식을 전해 듣고 뒤따라 죽은 자 가마쿠라 전역에 6000 여명이었다고 기록하고 있다[17]. 호죠 다카토키(北條高時), 얼마만큼이나 인군이면 이 6800명의 신하와 사귀었고 그 교정 친자 형제와 같이 두터울 수 있었더냐. 결코 있을 수가 없는 일이다. 이런 사태를 보건대 전사 할복 등의 많고 적음에 의해서 그 군주의 덕의 후박(厚薄)을 점칠 수 없다. 폭군 때문에 죽고 인군을 위해서 죽는다 하더라도, 사실 군신의 정에 강요되어 목숨을 바치는 자는 의외로 적은 법이다. 그 원인은 달리 이를 찾지 않을 수 없다. 그런고로 덕의의 효과는 군신 사이에 있어서도 그 통하는 바는 매우 협소하다. 빈민구제소 병원 등을 세워 가난한 사람을 구제하는 것은 덕의 혹은 정분(情分)에서 비롯되는 일이지만, 원래 이런 사업을 일으키는 것은 가난한 사람과 베푸는 사람과의 사이에 친분이 있는 것이 아니고, 한 쪽은 부자이자 한 쪽은 가난하기 때문에 성립된 일이다. 베푸는 사람은 부자이고 또한 어질지만, 베품을 입는 자는 그저 가난할 뿐이어서, 그 덕·부덕은 이를 알 수 없다. 다른 세계의 사람들까지를 자세히 확인하지 않고 이와 교분을 나누어야 할 리는 없다. 그런고로 빈민 구제를 위한 기구를 성대히 하는 것은, 널리 사회에서 시행될 수 있는 사항은 아니다, 그저 어진 사람이 여재를 풀어서 도덕적 양심

대 50여 년간의 전란을 주제로 한 소설.
17) 태평기(太平記) 제 10권. 「다카토키 및 일문 이하 도쇼지에서 자살한 내용」에 기술.

을 사적으로 위로할 뿐인 것이다. 시주를 하는 사람의 본심은 남을 위해 하는 것이 아니고, 스스로를 위해서 하는 것이므로, 물론 칭송해 마땅한 훌륭한 일일지라도, 빈민구제의 기구가 점점 성대하고 그 실천이 점점 오래 지속되면, 가난한 사람들은 틀림없이 이에 길들여져서 그 베품을 덕으로 여기지 않을 뿐만 아니라, 이를 정해진 방식의 소득으로 생각하고, 얻는 바의 구호품이, 이전보다 감소하면, 오히려 시주를 하는 사람을 원망하는 일이 생긴다. 이와 같은 것은 이를테면 금전을 소비하고도 원한을 사는 것과 다르지 않다. 서양제국에서도 빈민구제에 관해서는 식자들의 논의가 매우 활발하고 아직도 그 득과 실을 가리지 못한다는 하지만, 결국 증여(贈與)에 관련한 법은 이를 받아야 할 사람의 정황과 인물을 규명하고, 손수 그 사람을 면접하고, 사적으로 물품을 줄 수밖에 달리 방법이 없을 것이다. 이 또한 덕의로써 광범하게 세간에 미치게 하지 않을 수 없다는 것의 증거이다.

　이상의 사정으로써 이를 고찰하면, 덕의의 힘이 충분히 통하게 되어 추호도 문제가 되지 않는 곳은 단지 가족 밖에. 집 밖으로 나가면 순식간에 그 힘을 발휘할 수가 없는 것과 같다. 하지만 사람들의 주장에 「가족의 관계는 천하태평의 본보기이다」라고 하는 말이 있어도, 수천 만 년 후에는 온 세계가 한 가족처럼 된다는 시절도 있으려나. 또한 세상의 사물은 활동을 해서 항상 진퇴(進退)하는 것이므로, 오늘날의 문명에 있어서 그 진퇴 여하를 묻는다면, 이를 진보 중에 있다고 하지 않을 수 없다. 그렇다면 이른바 설령 전도는 멀어서, 천 리 길, 겨우 한 걸음을 나아간다 하더라도, 진

(進)은 곧 진이다. 전도가 영원한데 몸 둘 바를 모르고 스스로 선을 긋고 나아가지 않을 리 없다. 지금 서양제국의 문명과 일본의 문명과를 비교하건대, 단지 이 한 걸음의 전과 후가 있을 뿐이며, 학자의 논의 역시 다만 이 한 걸음의 진퇴를 다툴 뿐.

무릇 덕의는 정애가 있는 곳에 행해지고 규칙 내에서는 행하여 질 수 없다. 규칙의 효능을 보면 흔히 정애를 만들어내기는 하지만, 그 행해지는 바의 형식은 이른바 그렇지가 않아서, 규칙과 덕의는 실로 상반하며 양쪽 모두 받아들일 수 없는 것과 같다. 또한 규칙 속에 구분이 있어서, 사물의 순서를 정리하기 위한 규칙과, 사람의 악행을 막기 위한 규칙과, 두 가지 로 나눌 수가 있다. 갑(甲)이 규칙을 범하는 것은 인간의 과오이고, 을(乙)이 규칙을 범하는 것은 인간의 악심(惡心)이다. 지금 여기에서 논하는 바의 규칙이라 함은 인간의 악행을 막기 위한 규칙을 가리켜 말하는 것이므로, 학자 여러분은 이를 오해해서는 안 될 것이다. 예컨대 가족의 문제를 정리하기 위해, 가족은 아침에는 6시에 기상하고 밤에는 10시에 잠자리에 들어야 한다고 규칙을 세울 수는 있을 것이라고는 하지만, 가족의 악한 마음을 막기 위해서가 아니다. 이 규칙을 범했다 해서 죄인이라고 할 수는 없다. 다만 한 가족의 편리 를 위해 합의하여 정한 규칙이어서, 서면으로 작성할 것까지는 없고, 가족의 마음으로써 스스로 시행되는 것이다. 이 밖에 정말로 화목한 친족 붕우 사이에 금전을 대차하는 것도 이런 유이다.

하지만 지금 널리 세간에서 유통되는 증서, 약조서 또는 정부의 법률, 각국의 조약서 등을 보건대, 혹은 민법 형법 등의 구별이 있고 사물의 순서를 정리하기 위한 규칙 역시 적지 않다고 하겠으나, 보편적으로 그 소용 여하를 묻는다면, 모두가 악을 방지하기 위한 장치라고 말하지 않을 수가 없다. 통 털어 규칙서의 취지는 이해(利害)를 안팎으로 열거하여 사람들에게 보여주고, 그 사람이 개인의 견해로써 이를 선택하게 한다는 책략이다. 예컨대 1000양의 돈을 훔치면 징역 10년이라 하고, 어떤 조약을 1일 연기하면 배상금이 100양이라고 하는 것과 같다. 1000양의 돈과 10년의 징역, 100양의 배상금과 10일의 위약을 양쪽에 걸고, 사람의 개인적인 견해로 하여금 그 유익하다고 판단되는 쪽으로 향하게 만든다는 취지이므로, 덕의의 정신은 추호도 존재하지 않고, 그 상황이 흡사 굶주린 개나 고양이에게 먹을 것을 보여주고 옆에서 몽둥이를 치켜들고, 먹으면 패겠다 하고 위세를 보이는 것과 같다. 그 형식만을 보면 결코 이를 정애라고 말할 수는 없다.

또 덕의가 행해지는 장소와 규칙이 행해지는 장소가 그 경계를 분명히 하기 위해서 다음에 그 한 예를 들겠다. 여기에 갑을 두 사람, 금전을 대차(貸借)하는 일이 있을 것이다. 두 사람은 서로 친애하여서, 이것을 빌려주는 것도 덕으로 생각하지 않고, 빌리고 나서 갚지 않아도 원한으로 삼지 않는다., 거의 사유에 대한 분별이 없는 것은 정애가 깊은 때문이며, 그 교정은 전적으로 덕의에 기인하는 것이다. 혹은 변제 기한과 이자율과를 정하고, 잊어버렸을 때를 대비하여 이를 종이에 기록하고 이 문서를 돈을 꾸어 준 사람에게 넘겨주어도, 그 교성은 아직 덕의의 영역을 넘지 못한다, 하지만 그 문서에 날인을 하고 증서에 인지를 붙이고, 혹은 보증인을 세우고 혹은 저당을 잡기에 이르러서는, 이제 덕의의 영역을 벗어나, 쌍방이 공히 단지 규칙에 의존해서 상접할 따름. 이 대차(貸借)에 관해서는 차용인의 정직·부정직을 신뢰하기 어렵기 때문에 이를 부정직한 자로 인정하고, 금전을 변제하지 않으면 보증인에게 책임을 전가하고, 여전히 변제하지 않으면 정부에 호소하여 재판을 받든지, 아니면 그 저당물을 압수하고자 하는 취지이므로, 이른바 이득과 손실을 안팎에 내세워, 몽둥이를 치켜들고 개(犬)를 위협하는 꼴이다. 그런고로 규칙에 의존해서 사물을 정리하는 곳에는 덕의의 형태는 추호도 존재할 수가 없다. 정부와 인민과의 사이에서도, 회주(會主)와 그 회원(會員)과의 사이에서도, 판매자와 구매자와의 사이도, 차용주와 차용인과의 사이도, 혹은 돈을 받고 학문과 기예를 가르치는 교사와 생도와의 사이에서도, 규칙만으로써 서로 모이는 것은 이를 덕의의 관계라고 말할 수 없다.

예컨대 정부의 관청에 동료 두 사람이 있어서, 갑(甲)은 진지하게 공무에 심혈을 기울여 성실을 다하고, 관청에서 귀가해서 밤에도 자지 못할 정도로 수고를 하는데, 을(乙)은 그러하지 않아서 술을 마시고 방탕을 일삼고 일찍이 공무를 마음속에 두지 않는다. 하지만 아침 8시에 출두하여 오후 4시에 퇴출하기까지의 사이에는, 을도 노력해서 그 역할은 조금도 갑과 다르지 않아서, 해야 할 말을 하고, 기록해야 할 것을 기록하고, 공무에 지장이 없으면 이를 나무랄 수 없다. 갑의 성의도 빛을 드러낼 수 없는 것이다.

또 인민이 조세를 납부하건대, 정부에서 독촉을 하지 않으면 이를 납부하지 않더라도 가하며, 이를 납부하건대 위폐로써 하더라도 이를 수납하면 수납이 된 것이지만 과실이고, 실수해서 과다 징수를 하더라도 일단 건네지면 납부된 것이지만 손실이다. 물건을 팔 때 바가지요금을 말하더라도 이를 사면 산 자의 손해이고, 거스름돈을 많이 주는 것도 일단 이를 건네주면 건네준 자의 부주의이고, 돈을 빌려주더라도 그 증서를 분실하면 빌려주는 쪽의 손해이고, 화폐교환 역시 그 기한을 넘기면 화폐 소지자의 손해이고, 물건을 주워 이를 은닉하더라도 남이 아는 자가 없으면 주은자의 이득이고, 그 뿐만 아니라 남의 물건을 훔치더라도 세상에 드러나지 않으면 이를 도둑질해서 얻은 이득이라 하지 않을 수가 없다. 이런 형국을 보고서 이를 생각하면, 지금의 세상은 온통 악인이 모인 곳이어서 덕의의 흔적조차 찾을 수 없고, 그저 매정한 규칙에 의존해서 겨우 사물의 순서를 지키고, 못된 생각이 마음속에 충만하더라도 규칙에 지배되어서 이를 사실의 흔적으로 드러내지 못하고, 규칙이 허락하는 바의 극한의 한계에 이르러서 이른바 멈추어서, 마치 예리한 칼날 위를 걷는 것 같다. 어찌 크게 놀라지 않을 수 있으리오.

민심이 당연히 경멸하는 것이 이와 같고, 규칙의 매정함 또한 이와 같다. 갑자기 그 외형을 일견하건대 차마 경악하지 않을 수 없다 할지라도, 지금 일보 전진해서 이 규칙이 생기는 까닭에 대한 원인과, 이로 인해서 얻는 바의 효용을 관찰하면, 결코 매정한 것이 아니다. 이를 현사회의 「지선」이라고 하지 않을 수가 없다. 규칙은 악을 멈추게 하기 위한 것이라고는 할지라도, 세상사람 모두 악인이기 때문에 이를 만드는 것이 아니고, 선악이 혼재하여 분간

할 수 없는 고로, 이를 만들어 착한 사람을 보호하고자 하기 위해서이다. 악인의 수는 설령 만 명에 한 사람이라 하더라도, 기필코 그 존재하지 않음을 보증할 수 없으면, 만 명 가운데서 시행되는 규칙은 악인을 다스린다는 취지를 따르지 않을 수 없다. 이를테면 위폐를 판별하는 것과 같다.

1만 엔(円) 가운데에 가령 1 엔이라도 위폐가 섞여 있을 것을 불안해 할 때는, 모두 1 만 엔의 돈을 바꾸지 않을 수 없다. 그런고로 인간의 관계에 있어서, 그 규칙은 날로 복잡하더라도 규칙의 외형은 매정한 것 같이 되는 것 역시, 결코 이것을 무시할 도리가 없다. 더더욱 이를 확고히 하고 더더욱 이를 준봉(遵奉)하지 않으면 안 될 것이다.

오늘날의 형국에서 세상의 문명을 발전시키는 수단은 규칙을 빼고서 달리 방편이 있을 수 없다. 사물의 외형을 꺼려하고 그 실질적인 효용을 포기하는 것은 지자(智者)가 해서는 안 된다. 악인의 악을 막기 위해 규칙을 세운다 하더라도, 착한 사람이 선을 행하는 것이 방해가 되는 것은 아니다. 규칙이 번거롭고 복잡한 이 세상에서도 착한 사람은 마음먹은 대로 선을 행할 수 있다. 오로지 천하 후세를 위해 가늠하건대, 더욱더 이 규칙을 번거롭게 만들어서 점차 이를 필요없게 하겠다는 것을 기원할 따름이다. 그 시기는 수 천 년 후에 있을 것이다. 수 천 년의 오랜 세월을 기약하며 이제부터 규칙을 만들지 않을 도리가 없다. 시대의 변천을 자세히 관찰하지 않을 수 없을 것이다.

과거 야만 무식하던 시절에, 군주와 인민이 일체가 되어 세상이 한 가족이어서, 법을 3장으로 요약하고[18], 인군 현상(賢相)은 성심으로써 인민을 위무하고, 충신 의사는 목숨을 바쳐서 군주위해 희생하였고, 만민은 군주의 덕에 감화하여 상하 공히 제자리를 잡았던 것과 같은 것은, 규칙에 의존하지 않고서 정실을 주로 하였고, 덕으로써 태평스럽게 하였던 것이므로, 갑자기 이를 상상하면 혹은 부러워해 마땅한 것 같아 보이겠으나, 기실은 이 시대에 규칙을 멸시하여 이용하지 않았던 것이 아니고, 이를 이용하려 하더라도 그 이용할 곳이 없는 것이다. 이와 반대로 사람의 지혜가 점차 생기면 세상사도 역시 점차 번잡해지지 않을 수가 없다. 세상사가 번잡해지면 그 규칙도 따라서 증가할 수밖에 없다. 또한 사람의 지혜가 발달함에 따라서 규칙을 깨뜨리는 것의 방법도 자연히 교묘해질 수 있는 고로. 이를 방지하는 것의 방법도 역시 치밀해지지 않을 수 없다. 그 한 예를 들면, 과거에는 정부가 법을 제정해서 인민을 보호했던 것이나, 지금은 인민은 법을 만들어 정부의 전제를 막고, 그것으로써 스스로 보호하기에 이르렀다. 과거의 관점으로써 이러한 형국을 보면, 앞뒤 순서가 뒤바뀌고 상하의 명분이 송두리째 없어진 것 같을지라도, 조금 그 분별력을 명확하게 해서 소견을 넓힌다면, 이 때 스스로 사물의 도리가 문란하지 않은 것이 있었기에, 정부도 인민도 서로 체면을 잃을 염려가 없었다. 지금의 세상에 살면서 일국의 문명을 발전시키고 그 독립을 지키고자 하기 위해서는 단지 이 한 가지 방법만이 있을 뿐.

---

18) 과거 중국의 유방(劉邦)이 법을 간략하게 정리하여 선정을 하였다는 고사. 『사기』(史記)의 고조본기(高祖本紀).

시대의 변천에 따라서 사람의 지혜가 발생하는 것은 또한 아이가 성장해서 어른이 되는 것과 같다. 아이 때는 자연히 아이가 하는 짓을 일로 삼아서, 그 희로애락의 정, 자연히 어른과 다르다. 세월이 흘러 부지불식중에 어른으로 바뀌기에 이르면, 일찍이 즐거웠던 소꿉친구도 지금은 더더욱 낙으로 삼을 정도가 못되고, 일찍이 무서웠던 괴담 역시 지금은 이제 두려움으로 여길 수준이 못되는 것은 자연의 이치이다. 또 그 아이의 생각, 어리석다고 하더라도, 굳이 이것을 탓할 것이 못된다. 아이는 아이의 시기에 살고 아이가 하는 짓을 하였던 자이므로, 두말할 것도 없이 그러한 정도이므로, 이에 많은 것을 요구할 수 없다. 다만 아이가 떼를 지어 모여 있는 집안은 가세가 약해서, 다른 집안과 상대해서 대등한 교제를 잘 하지 못할 뿐. 지금 이 아이가 성장하는 것은 가문을 위해서 축하해 마땅한 일이 아니더냐. 그런데도 그 몇 해 전 일찍이 어린이였던 연유로써 구태여 이를 아이와 같이 취급하여, 소꿉친구로써 이를 기쁘게 해주고, 괴담으로써 이를 겁주겠다 하고, 심지어는 옛날의 아이의 언행을 기록해서 지금의 어른의 본보기로 삼고, 이 본보기에 따르지 않는 자를 칭해서 불순·난폭으로 부르는 것과 같은 것은, 지덕이 통해야 할 시대와 장소를 그르치고 간혹 가문을 약화시킨다는 화를 초래할 뿐,

가령 또 규칙의 취지를 매정한 것으로 못을 박고, 이를 지키는 사람의 마음까지도 무시해야 할 것으로 간주한다 하더라도, 여전히 세상사에 이바지하는 점 크다. 예컨대 물건을 주어서 이를 주인에게 돌려주면, 그 물건을 반으로 나누어서 주운 자한테 준다는 규칙

이 있다. 지금 여기에 물건을 주워서 오직 그 반절의 이득을 얻기 위해서 이를 그 주인에게 돌려주는 자가 있다면, 그 생각은 참으로 경멸해 마땅하다. 하지만 이 규칙을 비열하다 하여 폐지하는 일이 생기면 세상에 분실한 물건은 틀림없이 주인의 손에 돌아가는 것을 기약할 수 없다. 그렇다면 반절의 법도 덕의로써 따진다면 흥미를 가질 수 있는 것은 아니지만, 이를 문명의 양법(良法)이라고 말하지 않을 수가 없다.

또 상업상 목전의 작은 이익을 탐해서 파렴치한 짓을 하는 일이 있다. 이를 상인의 부정(不正)이라고 한다. 예컨대 일본인이 생사(生絲)와 잠란지(蠶卵紙)[19]를 제조하건대 부정을 저질러 한때의 이를 탐하여, 결국 국산품의 품가를 떨어뜨려서 오래도록 국가적 대리(大利)를 잃고, 끝내는 부정을 저지른 자도 함께 손해를 입는 것과 같은 일은, 체면도 이익도 모두 이를 돌보지 아니한 자이다.

이와 반대로 서양제국의 상인은 거래를 확실하게 해서 사람을 속이지 않고, 아주 작은 견본을 보여주고서 수만 필의 직물을 파는데, 아직껏 견본품과 다르지 않고, 이를 사는 자도 상자 안을 검사하지 않고 안심하고 당연하게 짐을 인수해야 한다. 이런 광경을 보면 일본인은 부정직하고 서양인은 정직한 것 같다. 하지만 꼼꼼히 그 사정을 소상히 밝히면, 서양인의 마음이 성실하고 일본인의 마음이 불성실한 것은 아니다. 서양인은 장사를 폭넓게 해서 영원한

---

19) 누에가 알을 슬어 낳는 종이.

대리(大利)를 얻고 싶어 하는 자여서, 거래를 성실하지 않으면 후일에 장애가 되기 때문에 자신의 이윤이 되는 길을 막는다는 두려움이 있기 때문에, 어쩔 수 없이 부정한 짓을 저지르지 않을 따름. 진심에서 나온 성실이 아니고, 타산적인 성실이다. 말을 바꾸어서 말하자면 일본인은 욕심이 작은 민족이고 서양인은 욕심이 큰 민족이다. 하지만 지금 서양인의 성실은 욕심을 위한 성실이므로 깔보아 마땅하다 하여, 일본인이 노골적으로 정직하지 못한 것을 배운다는 원칙은 없다. 욕심을 위해서도 이윤을 위해서도 성실을 다해서 장사의 규칙을 지키지 않으면 안 된다. 이 규칙을 준수하면 장사도 순조로워서 문명의 진보를 도울 수 있는 것이다. 오늘날의 사회에서 가족과 친우를 제외한다는 것 외에는, 정부도 회사도 장사도 대차(貸借)도, 매사 모두가 규칙에 의존하지 않은 것이 없다, 규칙의 형태가 더러는 경멸해야 할 것이 있다고는 하더라도, 이를 무규칙의 재앙과 비교하면 그 득과 실은 비교가 되지 않는다.

현재 서양제국의 형국을 보건대, 사람의 지혜는 날로 진보해서 결행의 용력(勇力)을 더하고, 흡사 천지간에는 자연적인 것이든 인위적인 것이든 사람의 생각을 방해하는 것이 없는 것과 같아서, 자유로이 사물의 이치를 규명하고 자유로이 이에 대응하는 것의 법칙성을 연구하고, 천연적인 물질에 대해서는 일단 그 성질을 알고 또 그 작용을 알고, 그 성질에 따라 이를 다룬다는 법칙성을 발견한 것이 매우 많다. 세상사에 있어서도 또한 이와 마찬가지이다. 인간의 천성과 능력을 추구하여 마침내 그 법칙성을 들여다보고, 그 성격과 작용에 따라서 이를 다스린다는 방법을 얻고자 하는 추세에 진입했다.

그 진보의 한두 가지를 들면, 법률이 치밀해서 나라에 무고죄가 적고, 상법이 명확해서 사람에게 편리를 더하고, 회사법이 반듯해서 큰 사업을 계획하는 자가 많고, 조세법이 정교해서 사유재산을 잃는 자가 적다. 병법(兵法)의 정통함은 사람을 죽이는 수단이기는 하나, 오히려 이 때문에 인명을 해치는 것의 재앙을 줄이고, 만국공법(萬國公法)[20]도 엉성해서 벗어날 수 있다고 하더라도, 다소 살육을 관대하게 보는 것의 방편이 되고, 의회는 따라서 지나치게 강한 정부를 조화롭게 할 수가 있고, 저서와 신문은 더욱 강대한 폭거를 막을 수가 있다. 머지않아 또한 만국공회(萬國公會)[21]라는 것을 벨기에의 수도에 설치해 전 세계의 태평을 도모하고자 한다는 설이 있다. 이러한 것들은 모두 규칙이 점점 더 정밀하고 중요한 것이므로, 규칙으로써 대덕(大德)을 얻는 사업을 행하는 것이라고 할 수가 있다.

---

20) 국제 법
21) 1874년 유럽의 열강이 전쟁에 의한 피해를 줄이기 위해 벨기에의 브뤼셀에서 열었던 평화회의.

제8장

서양문명의 유래

지금의 서양의 문명을 기술하고 그 유래를 탐색하는 것은 이 소책자가 능히 할 수 있는 바가 아니다. 그러므로 여기에는 프랑스의 학사(學士) 「기조」 씨 저술의 문명사[1]와 다른 제 서적을 인용하여, 그 백분의 일의 대의를 기술한 것, 다음과 같다.

서양의 문명이 타 문명과 다른 것은, 사회적 관계에 있어서 그 설이 한결같지 않고, 제설이 서로 병립하고 서로 화합하는 것이 없다는 사실에 있다. 예컨대 정치의 권(權)을 주장한다는 설이 있고, 종교의 권을 자행한다는 견해가 있다. 혹은 군주정치라 하고 신권정치라 하고, 혹은 귀족집정(貴族執政)[2] 혹은 중서위정(衆庶爲

---

1) 기조(F, Guizot)는 프랑스의 프로테스탄트 사가로서 파리대학 근대사교수로 출발하여 교육부 장관 수상을 거치는 등의 정치 경력이 있다. 저서 『유럽 문명사』(Histoire de La civiisation en Europe)는, C, S, Henry 에 의한 영어 번역본이 일본에서 유행하였다.
2) aristocratic(귀족정치).

政)3)이라 하여, 저마다 그 지향하는 곳을 향해 저마다 그 주장하는 바를 주장하고, 서로 다툰다고 하더라도 서로 잘 이를 절제할 수가 없다. 하나도 이기는 자가 없고 하나도 지는 자가 없다. 승패를 오래도록 결정짓지 못하고 서로 적대하므로, 설령 불만스럽다고 하더라도 공히 동시에 존재하지 않을 수 없다. 일단 동시에 존재할 수 있으면 설령 적대하는 자라고 하더라도 서로 그 사정을 알고 서로 그 할 바를 인정하지 않을 수가 없다. 자신에게 전승(全勝)의 기세를 얻지 못하고서 다른 쪽의 소행을 용인한다는 경우에 이르게 되면, 저마다 자기주장을 펼쳐서 문명의 한판 승부를 벌려, 마침내는 통합하여 하나가 될 수 있다. 이것이 다름 아닌 자주와 자유가 생성하는 연유이다.

지금의 서양문명은 로마가 멸망한 때를 발단으로 한다. 기원 300년대 경부터 로마제국의 권세는 차차 쇠퇴기로 접어들고, 400년대에 이르러서 가장 심하게, 야만종족이 사방에서 침입하여 또한 제국의 전권을 보존할 수가 없다. 이 종족 내에서 가장 강력한 자를 게르만 민족이라고 한다. 「프랑크」 족(族)4)도 말하자면 이런 민족이다. 이 야만의 제족, 제국 (帝國)을 유린하여 로마 수 백 년의 옛 문화를 일소하고, 사회에 널리 통하는 자는 오로지 완력밖에. 무수한 야만족, 무리를 이루어서 침략과 약탈 이르지 않는 곳이 없다. 따라서 나라를 세우는 자가 생기면 따라서 병합되는 자가 생긴

---

3) democratic(민주주의, 민주정치)
4) 민족의 대이동 시, 지금의 프랑스 북부와 벨기에에 세력을 가지고, 5세기 말, 프랑크 왕국을 건설. 800년대에 서로마제국이라 하였지만, 9세기경에 분할되어 독일·프랑스·이태리 3국의 기원이 된다.

다. 700년대 말에 「프랑크」족의 추장 샤루루마뉴(Charlemagne)5)라는 자, 지금의 프랑스, 독일, 이탈리아 지역을 통솔하여 하나의 큰 제국의 기초를 세우고, 얼마간 유럽 전역을 통일하고자 하는 세력을 이루었지만, 제왕의 사후에는 나라가 또다시 분열하여 돌아갈 곳이 없다. 이러한 때를 맞이하여 프랑스이든 독일이든 그 나라의 명칭은 있어도, 아직 국가의 체제를 갖추지 못한다. 사람들은 저마다 하나의 완력을 행사하고 저마다 하나의 욕망을 채웠을 뿐. 후세에 이 시대를 평하여 야만의 시대 또는 암흑의 시대로 부른다. 즉 로마 말기에서 기원 900년대에 이르기까지 무릇 700년간이다.

이 야만 암흑의 시대에 있어서 예수교 성당은 스스로 그 체면을 다해서 존립할 수 있었다. 로마 멸망 후에는 성당도 공히 멸망할 것 같았어도 결코 그렇지 않다. 성당은 야만 속에 한데 섞여서 지내며 단지 존재할 뿐만이 아니고, 오히려 이 야만의 인민을 감화시켜 자기네 종교 속에 농락할 것을 힘썼다. 그 대담한 지략도 역시 대단하다 할 수가 있다. 생각건대 무지한 야만을 인도하기 위해서는 고상한 논리를 가지고서 하지 않으면 안 된다. 이를테면 뻔질나게 의식을 마련하고 외형적인 허식으로써 사람들의 이목을 현혹시키고, 아리송한 가운데서 마침내 그 신심을 일으키게 하기에 이르렀다. 후세에서 이것을 논하자면 망탄(妄誕)6)으로써 인민을 고혹(蠱惑)7)한다는 비방을 피하기 어렵다고 하더라도, 이 무정무법

---

5) 프랑크왕국의 왕. 786년에 즉위.
6) 허망하고 터무니없음, 거짓말.
7) 흐려서 마음을 쏠리게 하는 것.

(無政無法)한 세상에 적어도 천리와 인도의 존귀함을 아는 자는 다만 예수의 종교가 있을 뿐. 만약 이 시대에 이 교가 존재하지 않게 하였더라면, 유럽의 전 지역은 한바탕 금수의 세계일 것이다. 그러니까 예수교의 공덕도 이 시대에 있어서 작다고 말할 수는 없다. 그 권력을 얻는 것도 역시 우연이 아니다. 일반적으로 말하면 육체를 다스린다고 하는 것은 세속적인 완력에 속하고, 정신을 다스린다고 하는 것은 성당의 권력으로 돌아가, 속권(俗權)과 법권(法權)8)이 서로 대립하는 양상과 같다. 그뿐만이 아니고 성당의 신부가 속사(俗事)에 관여해서 로마 시에 거주하는 민간의 공무를 관장하는 것은 로마시대에서부터 유행하는 습관이므로, 이 시기가 되기까지도 그 권력을 잃지 않았다. 후세의 의회에 신부가 출석하는 것도, 그 인연은 멀리 오랜 옛날에 있었기에 존재하는 것이다.(「寺院」권력이 있다.)

처음 로마 국을 건설하자 수많은 도시와 촌락이 합중(合衆)한 형태가 된다 로마의 관할, 곳곳마다 도시와 촌락이 아닌 곳이 없다. 그 결합된 도시와 촌락 내에는 저마다 자치적인 성문법이 있어서, 자치적으로 한 도시 한 촌락의 정치 행정을 실시하여 로마 황제의 명에 복종하였고, 합중함으로써 한 제국을 이루었지만, 제국의 멸망 후에도 시민회의의 모습은 변함없이 이를 존속함으로써 후세에 문명의 원소가 되었다. (민서위정(民庶爲政)9)의 원소)

---

8) temporal power(세속적인 힘)과 spiritual power(종교의 힘). 즉 법권은 종교의 힘을 말함.
9) 민주정치

로마 제국이 멸망하였다고는 하더라도, 과거 수백 년간 이 나라를 일컬어 제국이라 칭했고, 그 군주를 존경하여 제왕으로 명명하였고, 그 명칭은 인민의 폐와 간에 깊이 새겨 잊을 수 없다. 일단 황제 폐하의 이름을 잊지 못하면 전제와 독제의 관념도 이 명성과 더불어 존재하지 않을 수 없다. 후세에 군주제의 주장 역시 그 근원은 생각건대 여기에 있는 것이다. (군주정치의 원소)

이 시대에 있어서 천하에 횡행하는 야만종족이라는 자들, 고서에 실린 바를 보아 명확하게 그 기풍과 성격을 자세히 규정하기는 어렵다 하더라도, 당시의 사정을 추찰해서 이를 살펴보건대, 호방한 기상과 불의를 참지 못하면서 인정을 모르고, 그 무식 암우(暗愚)함이 거의 짐승에 가까운 자와 같다. 하지만 지금 일보를 나아가, 그 내막에 관해서 면밀하게 허물없이 이를 음미하면, 이 암우와 거칠고 강함 속에 자연히 용감하고 의협심이 강한 기개를 지니고서 불기독립(不羈獨立)10)하려는 기상이 있다. 생각건대 이러한 기풍은 인간의 양심에서 초래한 것이어서, 이른바 스스로 판단해서 독립적인 한 사람의 장부로 생각하고, 스스로 쾌감을 느끼는 심정이고, 대장부의 기개이고, 의지가 솟구치는 것을 막으려 해도 막을 수 없다고 하는 용맹한 기상이다. 옛날 로마시대에도 자유를 외치는 주장이 없는 것은 아니고, 예수교의 패거리 안에서도 이 주장을 외치는 자 없지는 않았더라도, 그 자유 자주라고 외치는 것은 한 종족의 자유이고, 개인의 자유를 외치는 자 있다는 말을 듣지 못했

---

10) 불기는 속박되지 않는 것. 아무 것에도 속박되지 않고 스스로 자립함.

다. 개인의 불기독립을 주장하고 개인의 이상을 이루겠다는 기풍은, 「게르만」의 길들여지지 않은 원주민에게 처음으로 그러한 원소가 있음을 보았다. 후세 유럽의 문명에 있어서, 일종의 둘도 없는 아주 소중한 것으로서 오늘날에 이르기까지도 귀중한 바의 자유·독립의 기풍은, 이를 「게르만」의 은혜라 말하지 않을 수 없다.(자유·독립의 기풍은 게르만의 야만에서 배태되었다.)

야만과 암흑의 시대가 이윽고 끝나고 일정한 지역에 정주하지 않고 이동하면서 생활하던 인민도 거주를 확정하고, 이 시기에 있어서인가 봉건할거(封建割據)11)의 기세로 바뀌었다. 이 기세는 900년대에 시작하여 천 5, 600백에 가서 패멸하였던 것이다. 이 시대를 「퓨덜·시스템」12)의 시기라 칭한다. 봉건적인 시대에는 「프랑스」이든 「이스파니아」이든, 저마다 그 나라의 명칭을 가지고 각 국이 군주가 없는 것은 아니지만, 군주는 그저 실권이 없는 지위일 뿐. 국내의 무인들은 여기저기에 할거하여 하나의 부락을 이루고, 산에 모여들어 성을 쌓고, 성 아래에는 부하들을 모으고, 인민을 노예시하여 스스로 귀족이라고 칭했고, 실제로 독립적인 체제를 갖추어 거리낌 없고, 무력으로써 서로 공적을 다툴 따름. 암흑시대에 있어서는, 이 세상의 자유라는 것이 개인 한 사람 보다 앞에서 실현되었다고 할지라도, 봉건적인 시대에 와서는 크게 그 방향을 달리하여, 자유권은 토지 인민의 주인인 귀족 한 개인에 속했고, 이를 다스리건대 보편적인 국법이 없고, 이들의 결점을 비판하건대

---

11) 봉건시대로서의 세력권을 형성하였다는 의미.
12) feudal system. 봉건제도.

인민의 논의도 없고, 일개 성(城)내에 있어서는 더없이 존귀한 군주라고 하지 않을 수가 없다. 단지 그 전제를 방해하는 것은 적국이거나 외환(外患)이 아니면 자력이 부족한 것일 뿐. 유럽의 각국이 대개 이런 모습을 이루었고, 나라에 사는 인민은 모두 귀족이 있음을 알면서 국왕이 있음을 모른다. 저「프랑스」과「이스파니아」과 같은 나라도 아직 프랑스 국, 이스파니아 국이라고 부를 수 있는 국체(國體)를 이루지 못한 것이다. (봉건할거)

이처럼 봉건 귀족이 오로지 권력을 전횡하는 것 같아도, 결코 그 독립적인 권력을 가지고 유럽 전역의 형세를 지배하는 것이 아니다. 종교는 이미 야만족의 민심을 농락해서 그 신앙을 빼앗고, 기원 천 백년에서 200년대에 와서는 가장 최고조로 강성하였다. 생각건대 그 권력을 얻은 내력을 캐묻는다면 역시 결코 우연이 아니다. 무릇 인류가 탄생하여 성장해온 모습을 보건대, 세태의 변천에 따라서 혹은 일시의 영광을 빛내게 할 수도 있고, 힘이 있으면 그로해서 백만의 적을 멸망시킬 수도 있고, 재주가 있으면 그로해서 온 세상의 부(富)를 가질 수 있고, 세상만사 재력에 의해 마음먹은 것처럼 될 수 있을 것 같아 보여도, 오직 생과 사 저승의 이치에 가서는 일률적인 해석을 할 수가 없는 법이다. 이 저승의 이치와 마주할 때,「샤를마뉴」13) 의 빼어난 무용(武勇)이라 할지라도, 진시황의 맹위(猛威)라 할지라도, 추호의 힘을 이용하건대 부질없고, 쓸쓸하게 낙담을 하고, 부귀는 한갓 떠도는 구름, 인생은 아침 이

---

13) 샤를마뉴 대제(大帝)(Charlemagne. 742-814. 서로마 제국 즉 프랑크 왕국의 황제.)

슬처럼 허무하다는 사실을 한탄하지 않을 수 없다. 사람의 마음의 제일 허약한 부분은 실로 여기에 있는 법이므로, 방어전으로써 말하자면 사전에 준비를 갖추지 않은 요새와 같고, 사람의 신체로써 말하자면 예민한 급소와도 같아서, 한번 이러한 일을 당하게 되면 순식간에 피하기 쉽지 않고, 자신의 미약함을 드러내지 않을 자 없다.

종교의 본분은 이 심오한 진리를 설명하고 자연의 순리를 명백히 밝히는 것이라고 칭하여, 감히 사람의 의혹에 답하는 것이므로, 적어도 생명을 지니고 있는 인류의 입장에서 그 누가 이에 마음을 빼앗기지 않을 자 있겠는가.

뿐만 아니고 당시의 인류의 문명이 개화되지 않았고, 경솔하고 경신하는 세상이어서, 허탄과 망설이라고 하더라도 일찍이 이를 수상히 여기는 자 없고, 세상은 순순히 따르고 복종하는 것이라 하여 종지와 신앙의 풍격을 이루었고, 일의전심으로 교리의 취지를 믿게 할 따름이어서 도무지 사적인 논란을 허락하지 않고, 그 전제 억압의 취지는, 왕과 제후가 폭정으로 민중을 괴롭히는 것과 다르지 않다. 당시의 사정을 대체로 평하면, 인민은 마치도 그 신체를 두 동강내어 정신과 육체 두 부분으로 나누고, 육체의 운동은 왕과 제후 속권의 제어를 받고, 정신적인 작용은 로마 가톨릭의 명령에 따르는 자와도 같다. 속권은 신체 즉 유형의 세계를 지배하는 것이다. 종교는 정신 즉 무형의 세계를 지배하는 것이다.

종교는 일단 정신의 세계를 지배하여 사람의 마음을 빼앗고, 왕과 제후의 속권에 대항한다고 하더라도, 여전히 이에 만족하지 않고 이르기를, 「정신과 육체, 어느 쪽이 소중하드냐, 육체는 끝부분(末)이고 또 밖(外)이다. 정신은 근본(本)이고 또 안(內)이다. 나는 이미 그 본을 다스리고 안을 지배하였노라, 어쩌랴 그 밖과 끝을 버릴 리 있으리오. 반듯이 이를 나의 범위 내에서 농락하지 않을 수 없노라」하고, 점차로 국왕과 제후의 권력을 범하고, 혹은 그 나라를 빼앗고, 혹은 그 지위를 박탈하고, 로마의 법황(法皇)14)은 흡사 천상과 지하의 독존(獨存)인 것 같다. 게르만의 황제 「하인리히」15) 4세가 법황 「그레고리우스」의 노여움을 사, 엄동과 풍설 속에서 맨발로 걸어가서 로마의 성문에 선 것은 3일간의 낮과 밤, 울면서 법황에게 애걸하였다고 하는 것도 이 시대의 일이다. (종교의 권력 크게 성하다.)

야만의 횡행이 점차 진정되고 할거의 세를 이루어, 일단 성을 쌓고 집을 짓고 그러한 거주생활에 만족하게 되면, 단지 기근과 추위를 피하는 것을 가지고 이에 만족할 수는 없고, 점차 사람들한테 멋을 부리게 해서, 의복은 가볍고 따뜻한 것을 원하고 음식은 맛을 즐기고, 모든 방면의 수요가 일시에 발생하고 또한 과거의 조잡함을 감수하는 자가 없다. 일단 그 수요가 발생하면 따라서 또한 이를 공급하는 자가 있을 수밖에 없다. 이런 까닭에서인지 비로소 조금 상공의 길을 개척하고, 사방에 도시의 체재를 이루고, 더러는 그 시민 가운데에 부자가 된 자도 있다. 즉 로마시대 이후 도시가

---

14) 교황
15) Heinrich 4세(1050-1106). 신성로마세국의 왕세. 서임권 투쟁으로 힌때 교황 그레고리우스 7세에 굴복하였으나, 반격하여 크레멘스 3세를 옹립하여 왕권을 탈환하였다.

재흥한 것이다. 생각건대 이 시민이 서로 모여 무리를 이루어도, 그 초기에 있어서는 결코 권력을 가진 집단은 아니다. 야만의 무인이 옛 형국을 회고하여 난폭과 약탈의 유쾌함을 잊을 수 없다고 하더라도, 시대의 추세가 이제 자리를 잡으면 멀리 출정하건대 부질없고, 그 근방에 살면서 약탈을 자행할 수 있는 상대는 오직 일종의 시민이 있을 따름. 시민의 눈으로써 봉건적인 귀족 즉 무인을 바라보면, 물건을 팔 때는 손님과 같고, 물건을 빼앗길 때는 강도처럼 보이는 고로, 상업상 이들과 교류한다고 하더라도, 미리 또한 그 난폭함을 방어하기 위한 준비를 마련하지 않을 수가 없다. 이른바 도시 주변에 성곽을 쌓고, 성안의 주민은 상부상조해서 외부의 적을 방어하고, 그로해서 이득과 손해를 공유 한다는 취지에서, 군중집회가 열릴 때는 종을 울려서 주민을 모으고, 서로 변심하지 않기를 맹세하여 신의를 표하고, 이 회동 시에 있어서 대중 내에서 몇 사람의 인물을 뽑아, 성안의 우두머리로 삼아서 공방의 정권을 관장하게 한다는 식이다. 이 우두머리, 일단 선거에 임하여 권력을 잡을 때는, 그 전제, 마음먹은 대로 되지 않는 것이 없다. 거의 군주독제의 체제일지라도, 오직 시민의 권리로써 새로이 타인을 선거해서 이에 대신하게 한다는 법칙이 있다.

이와 같이 시민이 무리를 이루어 독립하는 것을 「프리・시티」[16]라 이름하고, 더러는 제왕의 명을 거부하고 더러는 귀족의 군대와 전쟁을 하고, 쟁란이 거의 없는 날이 없다

---

16) 자유도시. 자유로운 개인이 모여서 만든 도시.

「프리·시티」은 자유로운 도시의 정의이고 그 인민은 곧 독립적인 시민이다.

기원 1000년경부터 유럽 여러 나라에 자유로운 도시를 세우는 사례가 많고, 그 유명한 것은 이탈리아의 「밀라노」「롬바르디아」, 게르만에서는 「한세틱·리규」[17]라 하여, 1200년대 초기부터 「류벡」, 및 「함부르크」 등의 시민이 서로 모여 공회(公會)를 결성하고, 그 세력이 점차 번성해서 한 때는 85개 도시의 연합을 이루어 왕후(王侯) 귀족도 이들을 다스릴 수가 없는, 더욱이 조약을 맺고 그 독립을 인정하고, 각 도시에 성곽을 쌓고 군비를 두고, 법률을 제정하고 정치행정을 실시할 것을 허락하여, 흡사 독립국의 체제를 이루기에 이르렀다.(민정(民政)의 원소)

이상 기술한 것처럼, 기원 3, 4백 년경부터 성당이든지, 전제 정부든지, 귀족이든지, 대중이든지, 모두가 다 그러한 체제를 이루어서, 저마다 다소의 권력을 지니고, 마치 인간관계에서 필요한 여러 가지 조건은 갖추었다하더라도, 아직 이를 통합하여 하나로 만들어, 하나의 국가를 만들고 하나의 정부를 세운다는 시점에는 이르지 않아서, 인민이 투쟁하는바 저마다 한정된 부서와 구역에 머물러, 아직 전체라는 것을 모르는 것이다.

기원 1096년, 십자군 원정이 있다. 이 전쟁은 유럽의 인민, 종교 때문에 힘을 합쳐서 소아시아 지역을 정벌하였고, 전 유럽지역을 아군으로 삼아서 아시아에 적대하였던 것이며, 인민의 마음속에

---

17) 함부르크, 류벡 등 독일의 북부도시국가들이 만든 Hansa 동맹도시.

처음으로 유럽과 아시아라고 하는 「내외」(內外)의 구별을 상정하여 그 방향을 하나로 하였고, 동시에 유럽 각국에서도 역시 일국(一國) 전체의 대사건이므로, 전 지역의 인민이 지향하는 바를 같이하여 국가적인 이해(利害)로써 관심을 갖기에 이르렀다. 그런고로 십자군의 사태는 유럽의 인민으로 하여금 유럽이 존재함을 인식하게 했고, 각국의 인민으로 하여금 각국이 존재함을 인식하게 했던 것이라고 할 수 있다. 이 전쟁은 1096년에 시작되어, 따라서 끝났다가 따라서 일어나, 전후 여덟 번의 정벌을 하여, 그 완전히 끝난 것은 1270년의 일이다.

십자군의 원정은 원래 종교적 열정에서 일어난 사태이기는 하나, 200년간 오랜 세월을 거쳐서도 그 성과를 가져오지 못한다. 인간의 마음으로 이를 혐오하지 않을 수 없다. 각 나라의 군주의 입장에서도 종교 권력을 다투는 것은 정치 권력을 다툰다는 중대함에 미치지 못한다. 아시아에 가서 토지를 강제로 빼앗는 일은, 유럽에 있으면서 국경을 개척한다는 유익함에 미치지 못함을 인식하였고, 또한 전쟁에 종사하겠다고 하는 자가 없다. 인민도 역시 점차 그러한 소견을 크게 가지고, 제 나라에 산업을 일으킬 것을 계획해야 할 것이라는 점을 깨닫고 원정을 달가워하지 않는다. 정벌의 열정도 모호한 사이에 흩어져 없어져 사태는 결국 끝나고, 그 결과는 웃을 수밖에 없는 것처럼 보였지만, 당시 유럽의 거친 병사들이 동방의 문명의 현상을 목격하고 이를 자국에 이식하였고, 그로해서 자연히 사물의 진보를 도왔고, 또 한편으로는 동서를 비교하여 내외의 차이를 인식하고, 그로해서 국가의 체제를 확립하였던

것은, 이 십자군의 결과라고 칭할 수가 있다. (십자군이 가져온 성
과는 크다)

봉건시대에 있어서는 각국의 군주는 단지 실권이 없는 명분만
을 지닐 뿐이라고는 하더라도, 물론 태연하고 태평한 심정일 수는
없다. 또 한 편에서는 국내의 인민도 점차 지견을 넓히고, 오랜 세
월 귀족의 굴레에 얽매이는 것을 달가워하지 않는다. 이 때문에서
인지 또한 사회에 일종의 변란을 일으켜서 귀족을 제압한다는 단
초를 열었다. 그 한 예를 들어 말하면, 1400년대 말, 프랑스의 왕
「루이」 11세가 귀족을 타도하고 왕실의 권력을 회복하였던 것과
같은 것이 이것이다. 후세에서 이 군주의 업적을 평하면, 그 사기
와 교활, 경멸할 수밖에 없어 보이겠으나, 또한 크게 그러하지 않
은 것이 있다. 생각건대 시세(時勢)의 변혁, 이것을 자세히 관찰하
지 않을 수 없다. 과거에는 세간을 다스리건대 단지 무력만 있었지
만, 오늘날에 와서는 이 대신에 지력으로써 하고, 완력 대신에 교
활로써 하고, 폭력 대신에 위계(僞計)로써 하고, 혹은 회유하고 혹
은 유혹하고, 교묘하게 책략을 짜내었던 추세를 보면, 설령 이런
인물의 심사는 비열한 것처럼 보이더라도, 그 기하는 바는 다소 원
대하여, 무를 경시하고 문을 중시한다는 취향이 있다고 하지 않을
수 없다.

이 시대에 있어서 왕실에 권력을 집중시킨다는 것은, 프랑스만
이 아니고 영국, 게르만, 이스파니아의 여러 국가에서도 또한 모두
그러하다. 그 국가의 군주가 이를 추진하는 것은 물론 말할 것도
없다. 인민도 또한 왕실의 권력을 빙자하여 그 원수인 귀족을 멸하

고자 하였고, 상하 투합하여 그 속을 무너뜨리겠다는 식이 되었고, 국가 전체의 정치적 명령이 점차 한 방향으로 귀착하여 다소 정부의 체제를 이루기에 이르렀다. 또 이 시대에는 화기의 사용법이 점차로 세상에 확산되고, 궁술과 마술은 점차 폐기해서, 혈기만 믿고 날뛰는 필부를 무서워하는 자가 없다. 또 동시에 문자를 판각하는 기술을 발명하여, 마치 세상에 새로이 뜻이 잘 통하는 가도(街道)를 개척한 것과 같고, 사람의 지혜가 갑자기 발달하여 사물의 경중을 달리하고, 지력이 지위를 차지하고, 완력은 길을 피하고, 봉건의 무인은 날로 권력을 잃고 그 의지할 곳을 잃고, 상하의 중간에 있으면서도 고립하는 것 같다. 대체적으로 이 시대의 형세를 평하자면, 국가의 권력은 차츰 중심인 한 개의 정부에 집중하려고 하는 형국으로 향한 것이라고 할 수 있다. (국세(國勢)의 합일)

성당은 이미 오래도록 특권을 자행하여 거리낄 바 없고, 그 형상은 흡사 과거의 못된 정부가 여전히 존재하여 무너지지 않은 것과 같고, 내부의 모습은 패하여 무너져 버렸더라도, 오로지 옛 문물을 굳게 지키면서 변화와 적응을 모른다. 돌이켜 세상을 보면 사람의 지혜는 날로 나아가고 또 과거의 소홀과 경신만이 아니고, 글자를 아는 일은 오로지 신부의 독점에 속하지 않고, 속인이라고 하더라도 역시 글을 읽는 자가 있다. 일단 글을 읽고 이(理)를 구한다는 법을 알면, 사물에 대해서 의문이 없을 수가 없다. 그런데도 이 의(疑) 한 글자는 실로 성당의 금구(禁句)여서, 그 세력은 양쪽 모두가 서로 수용할 수가 없다. 이 때문에서인가 세상에 종교변혁의 대사건을 일으켰다.

1520년, 유명한 개종의 주창자 「루터」[18]씨, 최초로 로마 교황에 반역하여 새로운 논리를 주장했고, 천하의 민심을 흔들어서 그 기세 거의 대적할 수 없다. 하지만 로마도 역시 병든 사자처럼 생명력은 쇠약하다 하더라도 사자는 이른바 사자다. 구교는 사자와 같고, 신교는 호랑이와 같아서, 그 승패가 쉽게 결판이 날 수 없다. 유럽 각국은 이 때문에 사람을 죽인 것 거의 그 수를 알지 못한다. 결국 「프로테스탄트」라는 한 종파를 개척하였고, 신 구 공히 그 지위를 잃지 않아서 「루터」의 진력도 그 공로가 헛되지 않기는 하지만, 살인의 재앙을 계산하면 그 신·구교의 가치는 싸다고 할 수가 없다. 하지만 그 싸고 싸지 않고는 잠시 제쳐놓고, 결국 이 종지(宗旨)와 관련한 논리의 안목을 캐보면, 쌍방 공히 종교의 정사(正邪)를 주장하는 것은 아니고, 단지 인간의 정신적의 자유를 허락하느냐 않느냐를 다투는 것이다. 예수의 종교를 시비하는 것은 아니고, 로마의 정권을 다툰다는 취지이다. 그런고로 이러한 쟁론은 인민의 자유의 기풍을 겉으로 표출한 것이어서, 문명진보의 징후라 할 수가 있다. (종교의 개혁은 문명의 징후)

1400년대 말부터 유럽 각국에 있어서 그 국력이 점차 정부 편으로 집결하였고, 그 초기에 있어서는 인민 모두 왕실을 앙모하였을 따름으로, 스스로 정치에 관여한다는 권리가 있다는 것을 몰랐다.

국왕도 또한 귀족을 무너뜨리고자 하건대 민중의 힘에 의존하

---

18) Martin Luther(1483-1546)

지 않을 수 없다. 한 때의 편의 때문에 마치 국왕과 인민이 도당을 결성해서 서로 그 이득이 되는 바를 이용하고, 스스로 인민의 위상을 높게 끌어 올리고, 혹은 정부에서 허락해서 특별히 인민에게 권력을 부여한 적도 있다. 이러한 추세에 따라서 천 5-600년쯤에 가서는, 봉건 귀족도 점차 종적을 끊었고, 종지와 관련한 논쟁 역시 아직 평탄하게 정리되지는 않았다고는 하나, 얼마간 그 방향을 정해, 나라의 형세는 겨우 인민과 정부라고 하는 둘로 귀착한 것 같다. 하지만 권력을 마음대로 행사하고자 하는 것은 권력을 가진 자의 널리 알려진 습성이어서, 각국의 군주도 이러한 버릇을 벗어날 수 없다. 이런 까닭에서인지 인민과 왕실 사이에 싸움의 발단이 마련되었고, 이러한 사단의 선구를 이루었던 것은 이른바 영국이다.

이 시대에 있어서는 왕실의 권력이 성대하지 않은 것은 아니라 하더라도, 인민도 역시 장사와 공업에 힘써서 가산을 저축하고, 혹은 귀족의 토지를 사들여 지주가 된 자도 적지 않다. 이제 가산과 토지를 가지고 생업에 진력하고, 내외의 상업을 독점하고 국가 재정의 주체인 이상, 또한 가만히 앉아서 왕실의 전제를 방관할 수가 없다. 과거에는 로마에 적대해서 종지의 개혁이 일어났다. 현재는 왕실에 대항해서 정치개혁이 일어나려 하는 추세에 이르렀고, 그러한 내용은 종교와 세속 사이의 차이는 있을지언정, 자주와 자유의 기풍을 밖으로 흘려서 문명의 징후인 것임은 동일하다. 생각건대 오랜 옛날에 시행되었던 「프리·시티」의 원소도 여기에 와서 가까스로 발생한 것이리라. 1625년, 「찰스」 1세가 왕위에 즉위한 후에는, 민권의 주장과 더불어 또한 종교의 투쟁도 떠들썩하여, 혹은 의회를 열고 혹은 이를 폐회하고, 물론 봉기, 마침내 1649년에 가서 국왕의 위를 폐하고, 한 때 공화정치의 체재를 이루었지만 영속할 수가 없고, 그 후 가지가지 국난을 거쳐서 1688년, 「윌리암」 3세가 왕위에 오르고 부터, 비로소 크게 정부의 방침을 개혁하여, 자유와 관대의 정신에 입각해사 군주와 인민이 함께 정치에 참여하는 정치체제를 확립함으로써 오늘날에 물려주었다.

프랑스에서는 1600년대 초 「루이」 13세 때에, 총리대신 「리슈류」[19]가 힘으로써 더욱더 왕실의 권위를 빛나게 하였고, 1643년 「루이」 14세가 왕위를 계승하였을 때는, 나이가 비로소 5 세여서 아직 국사를 모르고, 그뿐만 아니고 국내외적으로 사건이 많았을 때였어도, 국력을 떨어뜨리기에 이르지 않았고, 왕이 나이를 먹음에 따라 천자영매(天資英邁)[20], 훌륭하게 선조의 유업을 계승해서 온 나라를 감복시켰을 뿐만 아니고, 누차 외국과 군대로 맞서 싸워서 승리하지 않은 적이 없다. 재위 72년간 국왕의 위세 혁혁하기 그지없기에 이르렀고, 프랑스에서 왕실이 번성한 것은 특히 이 시대를 가지고 최고로 칭한다. 하지만 그 말년에 가서는, 군대의 위력 다소 발휘하지 못하고, 정강정책은 차츰 느슨해지고, 은연중에 왕실은 몰락의 조짐을 보는 것 같다. 생각건대 「루이」 14세가 노후한 것은 단지 그 사람이 늙은 것만이 아니고, 유럽이 전반적으로 바야흐로 왕권이 노쇠한 것이라고 말할 수 있다. 「루이」 15세[21]는

---

19) Armand Jean du plessis, Due de Richelieu, 루이 13세의 재상.
20) 천성적으로 재주와 지혜가 출중한 것.
21) 루이 15세는 루이 14세의 증손자임.

더욱더 정부가 추악의 극한에 이르러서 거의 정치도 국법도 없는 극한에 빠졌고, 이를 과거의 모습과 비교하면, 프랑스는 흡사 전후(前後) 두 개의 국가가 있는 것 같다.

하지만 또 한편에서 나라의 문명 여하를 묻는다면, 정치 파멸의 이 시기에 있어서, 문물의 번성 전대무비라고 말할 수 있다. 1600년간에도 학자의 논의에 자유로운 사상이 없는 것은 아니라하더라도, 그 소견이 더러는 협소함을 면치 못하였지만, 700년대에 와서는 다시금 그 면목을 개선하여, 종지의 교리이든, 정치학이든, 논리학이든, 자연과학이든, 그 연구하는 바에 제한이 없고, 이를 추구하고 이를 의문하고, 이를 규명하고 이를 시험하고, 활발한 사고(思考)로서 그 지향하는 바를 방해하는 것이 없는 것 같다. 대략적으로 이 시기의 사정을 논하자면, 왕실의 정치는 물 흐르듯이 흐르지 않고 정체할 때에 부패를 초래하였고, 인민의 지력은 진보적이고 쾌활하기 때문에 생기를 더하고, 왕실과 인민 사이에 어김없이 격동이 없을 수 없다는 기세라고 할 수 있다. 즉 1700년대 말에 프랑스의 대혼란은, 이 격동의 현상에서 등장한 것이다. 단 그러한 사태가 터지자, 영국에서는 1600년대의 중반에 터졌고, 프랑스에서는 1700년대 말에 터졌고, 전후 100 여년의 차이가 있지만, 사태의 원인과 그 결과가 서로 조응(照應)한다는 취지는, 바로 동일한 전철을 밟는 것이라고 할 수 있다.

이상은[22] 서양문명의 대략이다. 그 상세한 것은 세간에 문명

---

22) 버클과 기조의 문명사를 위시한 당시의 번역서를 말함.

사의 번역이 있으니, 참고해 볼 것이다. 학자여러분 부디 그 책의 전체적인 내용에 착목하여, 반복해 숙독하여 전후를 참고하는 일이 있다면, 틀림없이 크게 소득이 있을 것이다.

제 5권

제 9장 일본문명의 유래

일본문명의 유래

전장에서 말한 것처럼 서양의 문명은, 그 인간의 관계에 여러 주장이 병립하다가 점차 서로 거리를 좁히고, 마침내 통합으로 발전함으로써 그 과정에서 자유를 가지게 되었던 것이다. 이를 비유하면 금·은·동·철 등과 같은 제 원소를 용해하여 한 덩어리로 만들어, 금이 아니고, 은이 아니고, 또한 동과 철이 아닌, 일종의 혼합물을 만들어내어 저절로 그 균형을 이루고, 서로 함께 지탱하여 전체를 유지하는 것과 같다. 회고하여 우리 일본의 형국을 자세히 관찰하면 크게 이와 같지 않다. 일본의 문명도 그 인간의 관계에 있어서 물론 원소가 없을 수는 없다. 군주이든 귀족이든, 종교이든 인민이든, 모두 옛날부터 우리나라에 존재하여 저마다 버젓한 집단을 이루었고, 저마다 자기주장이 없는 것은 아니라고 하더라도, 그 모든 주장이 병립할 수는 없으며, 서로 거리를 좁힐 수가 없고, 합일이 될 수가 없다. 이를 비유하면 금·은·동·철로 된 여러 품목은 있다고 하더라도, 이를 용해해서 한 덩어리로 만들 수 없는 것과 같다. 만약 혹은 합일이 된 것 같은 것이 있다고 하더라도, 기실은 여러 품목의 비율을 평균해서 혼합한 것은 아니다. 반드시 어느 한 쪽이 무겁고 가볍고, 하나로써 다른 것을 없애고, 다른 것으로써 그 본색을 드러내게 할 수 없게 하는 것이다. 마치 저 금과 은으로 된 화폐를 제조하건대 10분의 1의 구리를 혼합한다 하더라도, 구리는 그 본색을 드러낼 수가 없고, 그 만들 수 있었던 것은 순전한 금과 은의 화폐인 것과 같다. 이를 사물의 편중(偏重)이라고 칭한다.

무릇 문명의 자유라 함은 다른 자유를 소비하여 살 수 있는 것이 아니다. 많은 사람의 권리를 인정하고 많은 사람의 이익을 얻게 하고, 많은 사람의 의견을 수용하여 많은 사람의 힘을 마음껏 발휘하게 하고, 저편과 이편이 균형 사이에서 존재할 따름. 혹은 자유는 부자유 속에서도 생길 수 있다고 할 수도 있다. 그런고로 인간의 관계에 있어서, 혹은 정부, 혹은 인민, 혹은 학자, 혹은 관리, 그 지위여하를 불문하고 그저 권력을 가진 자가 있다면, 설령 지력도 완력도, 그 힘과 명성 아래에서는 반듯이 제한이 있게 마련이다. 대체로 인류가 지니는 권력은 결코 순정(純情)할 수가 없다. 반듯이 그 속에 천성적인 악폐를 배태해서, 혹은 비겁하기 때문에 사태를 그르치고, 혹은 과격하기 때문에 그것을 해치는 것, 천하 고금의 실례에 의해 눈으로 확인할 수 있다. 이를 편중의 재앙이라고 칭한다. 권력을 쥔 자는 항상 스스로 경계하지 않을 수 없다. 우리나라의 문명을 서양의 문명과 비교하여, 그 방향이 다른 점은 특히 이 권력의 편중에 관해서 확인할 수 있다.

　　일본에서 권력의 편중이라 함은, 널리 그 사회 전반에 침윤(浸潤)하여 이르지 않은 곳이 없다. 본서 제2장에, 일국 인민의 기풍이라고 말한 것이 있다. 즉 이 권력의 편중도 그 기풍 가운데 하나의 조항이다. 지금의 학자, 권력을 논하건대, 그저 정부와 인민의 관계만을 비교하여, 혹은 정부의 전제를 개탄하고 혹은 인민의 발호를 책하는 자 많다고 하더라도, 자세히 실태를 소상히 밝혀서 면밀히 음미하면, 이 편중은 관계의 더없이 큰 것에서부터 더없이 작은 것에 미치고, 대소를 불문하고 공사(公私)에 관계없이, 적어도 여기에 관계가 있으면 그 권력이 편중하지 않는 것이 없다. 그 추세를 형용해서 말하면, 일본국 전체에 천 개 백 개의 저울로 무게를 달아, 그 저울이 크든 작든, 죄다 모두 한 쪽으로 치우쳐서 균형을 잃은 것 같고, 혹은 또 삼각 사면의 결정체를 분쇄하여, 1,000분 10,000 분하여 마침내 잘게 가루로 만든다 하더라도, 그 한 개의 분자는 여전히 삼각 사면의 본색을 잃지 않고, 또한 이 분쇄된 것을 합쳐서 한 개의 작은 조각으로 만들고 또 합쳐서 하나의 덩어리로 만든다하더라도, 그 물체는 변함없이 삼각 사면의 형태를 유지하는 것과 같다. 권력편중이 널리 보편화하여서 사사건건 미세(微細)와 치밀(緻密)의 극에 까지 달통하는 형국이 이와 같다 할지라도, 학자가 특히 이에 주의하지 않는 것은 어찌된 일인가. 다만 정부와 인민과의 사이는 관계가 막중하고도 공적인 것이어서 현저히 사람의 이목을 끌기 때문에, 그 논의 역시 이것을 목표로 삼는 것이 많을 따름. 지금 실제적으로 편중이 존재하는 곳을 설명하겠다. 여기에 남녀의 관계가 있으면 남녀사이에 권력의 편중이 존재하고, 여기에 부모자식의 관계가 있으면 부모자식 사이에 권력의 편중이 존재한다. 형제의 관계에서도 이것이 있고, 장유(長幼)의 관계에서도 이것이 있고, 집안을 벗어나 세간을 본다 하더라도 역시 그러하지 않은 것이 없다. 사제, 주종, 빈부와 귀천, 신참과 고참, 종가와 분가, 어느 것이고 모두 그 사이에 권력의 편중을 존재하게 했다. 더욱 한걸음 나아가서 인간이 어느 정도 종족상태를 이룬 바의 그 시절에 대해 이를 관찰하면, 봉건시절에 대번(大藩)과 소번(小藩)이 있고, 사찰에 본산(本山)과 말사(末寺)가 있고, 신사에 본사(本社)와 말사(末社)가 있어, 적어도 인간관계가 성립하면 반듯이 그 권력에 편중이 있게 마련이다. 혹은 또 정부의 부처 안에도 관리의 직위 계급에 따라서 이 편중이 있음은 매우 심하다. 정부의 관리가 평민에 대해서 권력을 휘두르는 모습을 보면, 틀림없이 권력이 있는 것 같아보여도, 이 관리가 정부의 부처 내에 있어서 상급자를 대할 때는, 그 억압을 당하는 것 평민이 관리에 대하는 것보다도 오히려 심한 면이 있다. 예컨대 지방의 하급 관리 등이 촌장(村長)과 같은 부류를 호출하여 담판을 할 때는 그 오만 당연히 마다해야 할 것 같아도, 이 하급관리가 장관을 접하는 모습을 보면 역시 비웃을 만 했다. 촌장이 하급관리를 만나서 무리하게 혼이 나는 모양은 불쌍하지만 촌에 돌아와 하층의 가난한 농부를 무리하게 혼내는 형국을 보면 역시 증오하지 않을 수 없다.

갑은 을에게 짓눌리고 을은 병에게 억압당하고, 강압과 억제의 순환, 마지막 끝이 있을 수 없다. 역시 기이한 광경이라 하지 않을 수 없다. 물론 인간의 부귀와 귀천, 지우와 강약의 유는 그러한 모습-컨디션-이어서 몇 단계이고 끝이 있을 수 없다. 이 단계를 간직하는 것도 관계에 지장이 있을 수 없다 할지라도, 이 모습이 같지 않음에 따라서 진작부터 또한 그 권리(right)까지도 같지 않은 것이 많다. 이를 권력의 편중이라고 칭하는 것이다.

지금 세간의 사물을 피상적으로 판단하면 권력을 지닌 자는 오로지 정부뿐인 것 같아도, 가만히 정부가 어떤 것인지를 음미하고 그 그러한 까닭을 찾는다면, 다소 논란이 세밀한 것에 달할 수 있다. 원래 정부는 나라에 사는 사람들이 모여서 일을 하는 곳이다. 이 장소에 있는 자를 군주라 칭하고 관리라 칭할 따름이다. 그리고 이 군주와 관리는 태생적으로 요로에 있는 권력을 가진 군주와 관리가 아니다. 설령 봉건시대에 계급과 관직을 세습하는 풍습이 있다 하더라도, 실제로 권력을 장악하는 자는 대개는 우연적으로 선발된 인물이다. 이런 인물이 일단 정부를 대표하는 지위에 오른다 해서 느닷없이 평소의 심사를 개선할 리가 없다. 그 더러는 정부의 부처 내에 재직하면서 권력을 자행하는 일이 있는 것은, 이른바 평소의 본색을 드러낸 것일 뿐. 그 증거로는 봉건시절에도 천민을 천거하여 정부의 요로에 기용하였던 일이 없는 것은 아니라고 하더라도, 그 인물의 소업을 보면 결코 신기한 것이 없다. 단지 종전에 하던 식에 따라서 조금 일을 능란하게 하는 것 밖에 달리 없다. 그 능란함은 이른바 권력을 멋대로 행사하는 능란함이어서,

인민을 아껴서 어리석게 하는 것이 아니면, 이를 위협해서 움츠러들게 하는 것이다. 만약 이 인물로 하여금 민간인의 신분으로 살게 한다면, 틀림없이 민간인으로 있으면서 이런 일을 할 것이다. 촌에서 살면 촌에서 할 것이고, 도시에 살면 도시에서 할 것이니, 도저히 우리국민(國民) 대부분이 피할 수 없는 유행병이므로, 오로지 이 사람에 한해서 이를 탈각할 수는 없을 것이다. 다만 정부에 소속되어 있으면 그 일을 성대히 해서 능히 세간의 이목을 접촉함으로써, 사람들의 입소문도 타는 것이다.

고로 정부는 오직 권력 전횡의 원천이 아니고, 권력을 전횡하는 자를 모이게 하는 부서이다. 권력 전횡을 일삼는 자에게 자리를 빌려주어서 평소의 본색을 드러내어 맹렬하게 일을 추진하게 하기에는 때마침 적당한 장소이다. 만약에 그렇지 않아서 권력 전횡의 원천이 특히 정부에 있다고 한다면, 전국의 인민 단지 재관(在官) 중일 때에만 이 유행병에 감염되고 재관 전후에는 생각했던 대로 무병할까, 도리에 맞지 않다고 해야 할 것이다. 무릇 권력을 자행하는 것은 권력을 지닌 자의 통폐이므로, 일단 정부에 소속되어 권력을 지니면 그 권력으로 인해 스스로 현혹되어 더욱더욱 이를 농락한다는 폐단도 있을 것이고, 혹은 또 정부 권력의 관행으로, 권력 전횡이 아니면 업무를 실천할 수 없다는 추세도 있을 것이라고는 하더라도, 이 보편적인 대다수의 인민에게도 평소 교육이나 습관에 한 번도 없던 바의 것을, 단지 정부라고 하는 기관과 상대한다고 해서 느닷없이 이를 터득하여 실행한다는 이치는 결코 있을 수가 없는 것이다.

이상의 논의에 따르면, 권력을 자행하여 그 힘이 편중되는 것은 결코 정부만이 아니고, 이를 전국의 인민의 기풍이라고 하지 않을 수 없다. 이 기풍은 이른바 서양제국과 우리 일본과를 구별하는 데에 명백한 경계이므로, 지금 여기에 그 원인을 찾지 않을 수 없다고는 하더라도, 그것은 매우 복잡하다. 서양 사람의 저서[1]에 아시아 지역에 권력 전횡이 횡행하는 원인은, 그 기후가 온난하면서 토지가 비옥한 것으로 인해 인구가 과다하고, 토지의 상태는 산과 바다가 험준하고 광활함으로 인해 망상과 공포심이 심한 것 등에 있다는 주장도 있기는 하나, 이런 주장을 받아들여 즉각 우리 일본의 상황에 적용하고, 그것으로써 미심한 점을 판단해야 할 것인지, 아직 알 수가 없다. 설령 이에 의해서 미심쩍은 것을 판단한다 하더라도, 그 원인은 모두 태생적인 것이므로 인력으로써 이를 어떻게도 할 수가 없다. 고로 나는 단지 사태의 추이를 설명하고, 권력 전횡이 만연하는 유래를 명백히 밝힐 것을 원할 따름. 그 유래가 일단 명백해지면 역시 이에 대응할 조치도 있을 것이다.

무릇 우리 일본국도 역사가 처음 시작된 초기에 있어서는, 전 세계의 다른 여러 나라처럼, 약간의 인민이 한 무리를 짓고, 그 한 무리 가운데서 완력이 가장 강하고 지력이 가장 강성한 자가 있어서 이를 지배하든가, 아니면 다른 지방에서 와 이를 정복하고 그 추장이 되었던 것이리라. 역사에 의하면 진무천황(神武天皇)[2], 서

---

1) 버클의 『영국문명사』를 말함.
2) 일본고대사에 최초의 천황으로 기록되어 있는 가공의 인물. 추장은 곧 진무천황을 말함.

쪽에서 전쟁을 일으켰다고 기록하고 있다. 한 무리의 인민을 지배한다 함은 물론 한 사람의 힘으로써 능히 할 수 있는 것이 아니므로, 그 추장에 복속하여 사태를 도운 자가 있게 마련이다. 그 인물은, 혹은 추장의 친척, 혹은 붕우들 내에서 뽑고, 더불어 힘을 모으고, 자연히 정부의 체제를 이룬 것이리라. 일단 정부의 체제를 이루면, 이 정부에 속한 자는 인민을 다스리는 자이고, 인민은 그 지배를 받는 자이다. 이 때문에서인지 비로소 치자와 피치자와의 구별을 낳고, 치자는 상(上)이고 주(主)이고 또한 안(內)이고, 피치자는 하(下)이고 객(客)이고 또한 외(外)이다. 상하 주객 내외의 구별, 판연하게 보지 않을 수 없다. 생각건대 이 양자는 일본 사회에서 가장 현저한 경계를 이루고, 마치 우리 문명의 두 개의 원소라고 할 수 있는 것이다. 오랜 옛날부터 오늘에 이르기까지 관계를 맺어온 종족은 적지 않다고 하더라도, 결국 그 도달점은 이 두 개의 원소로 귀착하고, 하나도 독립하여 자기 자신의 본분을 지키는 것이 없다.(치자와 피치자가 서로 분립하다)

인간을 다스린다 함은 그것은 물론 쉽지 않다. 고로 이 치자의 무리에 들어가는 자는 반듯이 완력과 지력을 겸하고 또 다소의 부(富)가 있어야 한다. 일단 육체적 정신적인 힘이 있고, 또 이에 부유를 겸할 때는, 틀림없이 사람을 다스린다는 권세를 얻을 수 있다. 그런고로 치자는 반듯이 권력을 지니는 자가 아닐 수 없다. 왕실은 이 권력을 지니는 자의 위에 서서, 그 힘을 집결시킴으로써 나라를 지배하고, 싸움에서는 이기지 않는 싸움이 없고, 정벌해서 항복시키지 않는 전쟁이 없다. 또 피치자인 인민도, 왕실의 유래가 유구한 까닭으로 더욱더 이에 복종하여, 진구(神功)왕후3)시대부터 여러 차례 외국을 정벌한 일4)도 있고, 국내에서는 위복(威福)5)으로써 인민을 복종하게 만들어 나라에 근심이 없었던 것은 짐작하여 알 수 있다. 이후 인문(人文)이 차차로 발달하여, 양잠과 조선술, 베를 짜고 바느질을 하는 기구와 농기구, 의학서와 유불교의 서적, 그밖에 문명의 제반 사항이, 혹은 조선(朝鮮)으로부터 전래되고, 혹은 자국에서 만들어 내어, 인간의 생생한 모습은 점차 성대하기에 이르렀다고 할지라도, 이 문명의 제반 사항을 실행에 옮기는 권한은 모두 정부의 한 손에 속하고, 인민은 그저 그 지휘를 따를 뿐. 뿐 만 아니라 전국의 토지, 인민의 신체까지도, 왕실의 사유물이 아닌 것이 없다. 이러한 형국을 보면 피치자는 치자의 노예와 다르지 않다. 후세에 이르기까지도 「어(御) 국가」, 「어 전지」(御田地), 「어 농부」 등의 호칭이 존재한다. 이 어라는 글자는 정부를 존경한 말이고, 일본국 전체의 논밭도 인민의 신체도 모두 정부의 사유물이라는 의미이다. 닌토쿠(仁德)천황6)이 민가의 부뚜막에서 피어오르는 밥 짓는 연기를 보고 「짐은 이미 배가 불렀다」7)고 했던 것도, 결국 인민을 사랑하는 심정에서 나왔고, 민이 풍요로운 것은 또한 내가 풍요로운 것과도 같다는 취지이므로, 과

---

3) 삼한(三韓)을 정벌했다는 신화 속의 인물.
4) 삼한(마한 변한 진한)을 정벌했다는 가공의 역사를 말함.
5) 때로는 권력으로 억압하고 때로는 복과 덕을 베품.
6) 5세기초기의 천황.
7) 집집마다 밥짓는 연기가 피어오르는 것을 보고 백성이 이처럼 풍요로운 생활을 하고 있는 것은, 그 백성을 다스리는 자신이 풍요로운 것과 같은 것이라고 하였다. 『일본서기』(日本書紀)제 11권.

연 마음을 비운 태평한 인군이라고 칭할 수 있기는 할지라도, 천하를 한 가족처럼 간주해서 이를 사유하겠다는 기상은 짐작해 볼 수가 있다. 이런 추세로 천하의 권력은 모두 왕실로 돌아가고, 그 힘은 언제나 한 쪽으로 치우치고, 그로해서 왕조시대의 종말에 이르렀다. 생각건대 권력의 편중은 앞에서 말한 것처럼 가장 큰 것에서부터 가장 사소한 것에 이르고, 인간관계를 천만가지로 나누면 천만 단계의 편중이 있고, 모아서 100으로 하면 100가지 단계의 편중이 있다. 지금 왕실과 인민과의 두 단계로 나누면, 편중도 역시 이 사이에 생기고, 왕실의 한 쪽으로 치우친 것이다.(국력 왕실에 치우치다)

겐페이(源平)8)양 세력이 발흥하기에 이르러 천하의 권세는 무가로 귀착하였고, 이로 인해 더러는 왕실과 권력의 균형을 이루어, 사회의 판세가 일변할 것 같았어도, 결코 그러하지 않다. 겐페이이든, 왕실이든, 이들은 모두 치자 가운데 일부여서, 국가권력이 무가로 돌아간 것은, 치자 가운데의 이 부분에서 저 부분으로 힘을 이동한 것일 뿐. 치자와 피치자와의 관계는 여전히 상하와 주객의 판세를 갖추고, 추호도 지난날과 다른 것이 없다. 단지 다른 것이 없는 것뿐만이 아니고, 지난 고닌(光仁)천황9), 호키(宝龜)10)시대에 전국에 영을 내려서 군인과 농민과를 분류하고11), 농민이 부유하면

---

8) 11세기말 12세기말 약 100년에 걸쳐 중요한 권력집단으로서 원씨가문과 평씨의 가문이 대두하였고, 이들은 각자 무사단을 거느렸다.
9) 나라(奈良)시대 후기의 천황.
10) 770년.10.1-781년.1.1
11) 『속일본기』(續日本紀)의 고닌천황 보귀11년의 조(條)및 『일본외사』 제1권에 기록.

서 무력이 있는 자들을 뽑아서 군인으로 활용하고, 그 신체가 허약한 자로 하여금 농사를 짓게 했다 [12]고 기술하고 있다. 이 명령의 취지를 따르면, 인민이 부유하면서 강한 자는 무력으로써 소약자를 보호하고, 그 가난하면서 약한 자는 농사를 지어서 무인들에게 공급하는 것이므로, 빈약은 더욱더 빈약으로 전락하고, 부강은 더욱더 부강으로 나아가, 치자와 피치자의 경계가 더욱더 판연하여, 권력의 편중은 더더욱 심각해지지 않을 수가 없다.

여러 책자를 조사하건대, 미나모토노 요리토모(源賴朝)[13]가 60여주의 무사단의 총 사령관이 되어서, 지방정부마다 치안 유지관을 두고, 장원(莊園)에 책임관을 명함으로써, 종전의 지방관, 장원 관리관의 권한을 약화시킨 이후, 여러 영지의 군인들 가운데서 혈통도 있고 인품까지도 갖춘 자는 지방정부의 치안 유지관 혹은 장원의 책임관직에 임명하였고, 그 이하의 지위에 있는 자는 고케닌(御家人)이라 칭하여 치안 유지관과 책임관의 지휘를 받았으며, 모두 막부정권이 소유하는 군졸이 되었고, 혹은 백일교대(百日交代)로 가마쿠라(鎌倉)에 숙영하는 예도 있다고 한다. 호죠(北條)시대[14]에도 대저 같은 형국으로, 온 나라 안에 어디고 병사들이 없는 곳이 없다. 죠큐(承久)의 난[15]에 호죠 야스토키(北條泰時)가 기마병 18기로 가마쿠라 정권을 세운 것은 음력 5월 22일의 일인데, 동 25

---

12) 『일본외사 』제1권에 수록.
13) 무가정치의 창시자. 가마쿠라 막부의 초대 쇼군(將軍)
14) 호죠토키마사 호죠요시토키이후, 호죠가는 가마쿠라 막부의 최고 실력자
　　가 되어 집권한다.
15) 죠큐3년(1221년) 고토바(後鳥羽)상황이 가마쿠라 막부를 타도하기 위해
　　거병하였으나 실패.

일까지 3일 사이에 관동지역의 병사 모조리 집합하여, 도합 19만 기라고 기술되어 있다.[16] 이에 근거하여 고찰하면, 여러 지방정부의 무인이라는 자, 평소부터 출진준비에 바빴고, 애초부터 농업에 종사할 여유가 있을 수 없었고, 틀림없이 다른 젊은이의 힘에 의지해서 먹고 지냈던 사실을 확실하게 알 수 있다. 병농(兵農)의 경계가 마침내 확실하게 정착되었고, 인구가 증가함에 따라서 무인의 수도 점차 증가하였던 것이리라. 요리토모의 시대에는 대체적으로 관동지역의 충성스러운 무사들로 하여금 여러 지방정부의 치안 유지관으로 배치하였고, 3년 혹은 5년 교대근무였는데, 그 후 언젠지도 모르게 대대로 가계를 계승하여 세습적으로 봉록을 받는 직책으로 변했고, 호죠가 멸망하고 아시카가(足利)의 시대[17]에 와서는, 이 치안 유지관이라는 자들, 서로 타 지역을 공략하여 병합하고, 혹은 흥하고 혹은 망하고, 더러는 토호에게 몰리고 더러는 부하에게 약탈되어, 점차로 봉건의 형세를 이루었던 것이다.

왕권시대 이후의 형국을 대체적으로 말하면, 일본의 무인은, 처음에는 국내의 이곳저곳에 흩어져서 각자 권력을 휘두름으로써 왕실의 명에 복종하였던 것이, 가마쿠라시대에 와서는 점차 합세하여 몇 개인가 소집단을 이루다가, 비로소 다이묘(大名) 쇼묘(小名)[18]라는 호칭이 생겨났다. 아시카가 시대에 와서는 또다시 병합

---

16) 이에 대한 기록은 『독사여론(讀史餘論)』제 1 권, 『일본외사 』제 4 권 등에 있다.
17) 가마쿠라시대가 가소 무로마치시대에 와서 막부의 쇼군가(將軍家)가 된다.
18) 남북조·무로마치시대에 관할지역을 사령(私領)화한 지방 유지관을 다이묘라 하였고, 규모가 작은 것은 쇼묘라 하여, 영지와 부하를 거느린 유력 무사를 칭함.

하여 덩치가 큰 세력을 이루었지만, 그 세력과 세력이 통합할 수 없다. 말하자면 오닌(応仁)[19] 이후의 난세여서, 무인이 가장 번성한 시절이다. 이와 같이 무인의 세계에는 이합집산이 있고, 진퇴와 성쇠가 있지만, 인민의 세계에는 어떤 형태의 변화가 있다는 말을 들어보지 못했다. 그저 농업에 진력하여 무인의 세계에 실어 나를 따름이다. 그런고로 인민의 눈으로써 보면, 왕실이고 무가이고 구별이 있을 수 없다. 무인의 세계에 치란(治亂)과 흥패(興敗)가 일어나는 것은, 인민에게는 마치 날씨와 계절이 변화하는 것과 다르지 않다. 단지 말없이 그 과정을 보고 있을 따름.

　　무가가 흥해서 군주정권이 혹닉을 일소한 것의 이점은 원전 제2장 35쪽에 논하였다

아라이 하쿠세키(新井白石)의 주장[20]에, 천하의 대세 아홉 번 변해서 무가시대가 되었고, 무가 시대 또한 다섯 번 변해서 도쿠가와(德川)의 대에 이르렀다 하였고, 그밖에 제가(諸家)의 설 역시 대동소이하지만, 이 주장은 그저 일본에서 정권을 잡은 사람이 신진교대(新陳交代) 한 현상을 보고 몇 번이고 라고 말했을 뿐인 것이다. 온통 지금까지 일본에서 이루어진 역사는 오로지 왕실의 계보를 세세한 부분에 까지 파헤친 것이거나, 혹은 군자와 대신 그리

---

19) 오닌(연호)시대. 즉 1466년-77년. 교토를 중심으로 동서 양대 세력 간에 무력충돌이 일어나다. 「오닌문명의 난」.
20) 『독사여론』의 권두에 제시한 시대구분. 가마쿠라시대 이전을 9기로, 그 이후를 5기로 구분하였다.

고 관리 등의 정치적 이해관계를 논한 것이거나, 아니면 전쟁 승패 담을 기술하여, 강석사(講釋師)[21]의 전쟁담과 비슷한 것이거나, 십 중팔구 이런 항목 일수밖에 없다. 드물게 정부와 무관한 것이 있다 면 불교도의 허탄과 망설뿐이다, 읽을 만한가치도 없다. 대체적으 로 말하면 일본국가의 역사는 없고 일본정부의 역사가 있을 따름 이다. 학자의 부주의이자 국가의 일대 결함이라 할 수 있다. 아라 이 선생의 『독사여론』과 같은 것도 말하자면 이런 유의 역사이고, 그 책 속에 「천하의 세 변」이라 되어 있는데, 실은 천하의 대세가 변한 것이 아니고, 천하의 세는 일찍이 이미 왕조시대에 정립되어, 치자와 피치자라고 하는 2 개의 원소로 구별하고, 병농(兵農)이 구 분되기에 이르러 더욱더 이 경계를 명확히 해, 오늘날에 이르기 까 지 단 한 번도 변한 사실이 없다.

그런고로 왕대의 말기에 후지와라(藤原) 혈족이, 권력을 전횡 하고, 혹은 상황(上皇)[22]이 정사를 자문하는 경우가 있다 하더라 도, 단지 왕실 내의 일이므로, 말할 것도 없이 세상의 형편과는 당 연히 관계가 없다. 다이라(平) 혈족의 계보가 멸망하고 미나모토 (源) 씨족이 일어나서, 새로이 가마쿠라에 정부를 여는 것도, 호죠 (北條)가 배신(陪臣)으로 나라의 명령을 집행하는 것도, 아시카가 가 남조(南朝)에 적대해 역적으로 불리게 되는 것도, 오다(織田)도 도요토미(豊臣)도 토쿠가와(德川)도 저마다 전일본국을 통솔해서 이를 다스렸다고 하더라도, 바로 이것을 제압하는 데에는 그저 솜

---

21) 전쟁이야기를 전문적으로 연기하는 전문 연기자가 있었음.
22) 천황양위 후의 존칭.

씨의 능란함과 서투름이 있을 뿐이다. 천하의 형세는 여전히 옛 모습과 다르지 않다. 그런고로 호죠와 아시카가로 즐거워하였던 것은, 도쿠가와 역시 이를 즐거워했고, 갑(甲)이 슬퍼하는 것은 을(乙)도 이것을 슬퍼하고, 그 기쁨과 즐거움에 대처하는 방법 역시 갑과 을에게 있어서는 추호도 다를 것이 없다. 이를테면 호죠·아시카가의 정부에서 오곡이 풍요롭고 인민이 유순함을 기뻐하는 심정은, 도쿠가와의 정부도 이와 마찬가지이다. 호죠·아시카가의 정부에서 두려워하던 바의 모반자의 유는, 도쿠가와의 시대에서도 그 유를 달리하지 않는다.

회고하여 저 유럽 제국의 모습을 보면 크게 취향이 다른 바가 있다. 그 국민들 사이에 종지(宗旨)를 둘러싼 새로운 주장[23]이 마침내 유행하게 되면 정부도 역시 이에 따라서 조치를 취하지 않을 수가 없다. 과거에는 봉건 귀족만을 두려워하였지만, 세간의 상공업이 점차 번성하여 중류층의 인민 중에 권력을 지니는 자가 생기기에 이르면, 역시 이를 반기고 혹은 이를 두려워하지 않을 수 없다. 그런고로 유럽 각국에서는 그 국세가 변함에 따라서 정부도 또한 그 방향을 바꾸지 않을 수 없다고 하더라도, 오직 우리 일본은 그렇지가 않아서, 종지고 학문이고 상업이고 공업이고 모두 정부 내에서 농락하였던 것이므로, 그 변동을 걱정할 것이 못되고, 또 이것을 두려워할 것도 못된다. 만약 정부의 의도에 맞지 않는 것이 있으면 이른바 이를 금해도 좋다. 유일한 걱정은 같은 무리들 중에

---

23) 종교개혁을 말함.

서 일어나는 자가 있어서 정부가 신진대사를 할 것을 두려워 할
따름.

<blockquote>같은 무리 가운데에서 생기는 자라 함은 치자(治者) 가운데서 생
기는 자를 말한다</blockquote>

고로 건국 2500여 년 간, 나라의 정부라고 하는 조직은 똑같은
일을 반복하고, 그 상황이 흡사 초판본을 수차례에 걸쳐 반복적으
로 읽고 또 읽는 것과 같고, 같은 제목의 연극을 몇 번이고 공연하
는 것과 같다. 아라이씨가 천하의 대세 아홉 번 또 다섯 번이라고
말한 것은, 즉 이 연극을 아홉 번 공연하고 또 다섯 번 공연한 것
일 뿐. 모 서양인의 저서에, 아시아 지역의 여러 나라에서도 변혁
과 국난이 일어나는 것은, 유럽과 다르지 않다고 할지라도, 그 변
란 때문에 나라의 문명을 발전시킨 일이 없다는 주장이 있다. 생각
건대 까닭 없지 않은 것이다.(정부는 신구 교체하여도 국세는 변함
없다.)
　이상에서와 같이 정부는 경우에 따라서는 변혁과 교체를 하는
일이 있어도, 국세는 즉 그러하지 않고, 그 권력은 항상 한 편으로
치우쳐서, 마치 치자와 피치자와의 사이에 높고 큰 격벽을 만들어
서 그 통로를 끊는 것과 같다. 유형의 완력도 무형의 지덕도, 학문
도 종교도, 모두 치자의 무리에 가담하고, 그 도당들이 상호 의존
하면서 저마다 권력을 늘리고, 부도 여기에 모이고 재능도 여기에
모이고, 영예와 치욕도 여기에 있고, 염치도 여기에 있고, 아득히

먼 상류의 지위를 독점하여 일반 민중을 제어하고, 치란과 흥패, 문명의 진퇴, 모두가 치자만이 아는 바이고, 피치자는 이제껏 마음 속에 이를 관여하지 않고, 태연히 여기어 길가에서 일어나는 일을 견문하는 것 같다.

예컨대 옛날 일본에 전쟁이 있었다. 혹은 고에츠(甲越)의 전투[24]라 하고, 혹은 죠코쿠(上國)[25]와 관동과의 전투라 하여, 그 명분을 물으면, 양 지역 영주국이 서로 적대하여 싸우는 것 같기는 하나, 기실은 결코 그렇지 않다. 이 전투는 그저 양 지역 영주국의 무사와 무사와의 싸움으로, 인민은 이제껏 이에 관여하는 일이 없다. 원래 적국이라 함은 국가 전체의 인민의 보편적인 심정으로써 서로 적대하는 것이므로, 비록 스스로 무기를 휴대하고 전장으로 가지 않는 것도, 우리 지역의 승리를 바라고 적국의 불행을 빌고, 사사건건 하찮은 것에 이르기까지도 적과 자기편의 취지를 잊지 않는 것이 곧, 진정한 적대적인 두 나라라고 할 수 있다. 인민의 애국심은 이 부근에 있는 법이다. 그런데도 우리나라의 전쟁에 있어서는 자고이래 아직도 그러한 예를 보지 못한다. 전쟁은 무사와 무사와의 싸움이지, 인민과 인민의 전쟁이 아니다. 가문과 가문과의 싸움이지, 영주국과 영주국 간의 싸움이 아니다. 양가의 무사가 전쟁을 시작할 때는, 인민은 이를 방관하고, 적도 자기편도 그저 강한 자를 무서워할 따름. 고로 전시에 쌍방의 깃발의 색깔이 어떠하냐에 다라서, 어제 우리 편의 군수물자를 운송했던 자도 오늘은 적

---

24) 야마나시와 니가타 간의 전투.
25) 왕실이 있는 교토를 중심으로 한 지역.

의 군량미를 짊어져야 할 것이다. 승패가 결판나서 전쟁이 끝날 즈음, 인민은 그저 소동이 잠잠해지고 장원의 책임관이 교체되는 것을 볼 따름, 그 승리를 명예로 삼는 것이 아니고, 또 그 패배를 오욕으로 삼는 것이 아니다. 더러는 새로운 치안 유지관의 명령이 관대하여 고액의 연공 미(年貢米)26)를 감하는 일도 생기면 이를 허리를 굽혀 절하고 기뻐할 따름. 그 한 예를 들어 말하겠다.

고호죠(後北條)국의 관할은 관동 8주27)이다. 일단 도요토미와 도쿠가와에 적대하여 패망하였고, 패망후 곧장 8주를 점령한 자는 원수인 도쿠가와이다. 도쿠가와 이에야스(德川家康)가 어떤 인물이었기로서니 한꺼번에 8주의 많은 적을 복종시킬 수 있었겠느냐. 생각건대 8주의 인민은 적도 아니고 자기편도 아닌, 호죠와 도요토미와의 전쟁을 구경하였던 구경꾼이다. 도쿠가와가 관동으로 옮긴 뒤, 적의 잔당을 수습하고 토벌하였다 함은, 단지 호죠가(北條家)의 멸망한 왕조의 신하들을 토벌하였을 뿐인 것으로, 농부와 상인 등의 처리에 있어서는 거의 손으로 그 머리를 쓰다듬어 즉시에 안도하였던 것이다.

이런 예를 헤아리면 자고이래 일일이 셀 수 없을 만큼 많다. 오늘날에 와서도 아직 그 모습이 바뀐 것을 보지 못한다. 그런고로 일본은 자고이래 아직도 국가를 이루지 못한다고 해도 가할 것이다. 지금 만약 이 나라 전체로써 서양과 대적하는 등의 사태가 발

---

26) 장원의 영주나 다이묘가 농민에게 부과한 세금.
27) 오다와라호죠(小田原北條)씨가 지배하던 관동지역을 말함. 하코네에서 동쪽으로, 사가미(相模) 무사시(武藏) 아와(安房) 가즈사(上總) 시모우사(下總) 히타치(常陸) 고즈케(上野) 시모츠케(下野)

생하면, 일본국 전체의 인민으로 가령 병기를 휴대하고 출진(出陣)하지 않는다 하더라도, 싸울 것을 관심을 가진 자를 전사라 칭하여, 이 전사의 수와 저 소위 구경꾼의 수를 비교해서 어느 쪽이 많아야 하겠느냐, 미리 이를 계산해서 그 다소를 알 수 있다. 일찍이 내가 한 주장에, 일본에는 정부는 있어도 국민(nation : 본문에 「네이션」으로 표기 되어 있음)은 없다[28]고 하였던 것도 이런 이유이다. 물론 유럽제국에서도 전쟁에 의해 타 국가의 영토를 합병하는 일은 여러 차례 이것이 있다고는 하더라도, 그 이것을 병합하는 것 매우 쉽지가 않으며, 엄청난 병력으로써 압박을 하던가, 그렇지 않으면 그 영토의 인민과 약속을 하고 얼마간의 권리를 부여하지 않으면, 이를 우리 국토로 들어올 수 없다고 한다. 동서의 인민 그 기풍을 달리하는 것으로서 판단할 수 있다.(일본의 인민은 국사(國事)에 관여하지 않는다)

그런고로 이따금 민간에 재덕을 지닌 자가 나타나면, 자신의 신분에 있으면서 이 재덕을 활용하건대 방법이 없기 때문에, 스스로 그 신분을 벗어나 상류 계층 속으로 들어가지 않을 수가 없다. 고로 어제의 평민이 오늘은 장수나 재상으로 변신한 사례 고금에 그러한 예 적지 않다. 이를 일견하면 저 상하의 격벽 역시 없는 것 같아도, 이런 사람은 그저 그 신분을 벗어나 다른 신분으로 달아났을 따름. 이를 비유하자면 땅이 낮고 습한 것을 피해서 지대가 높고 건조한 곳으로 이주한 것과 같다. 개인을 위해서는 상황이 유리

---

28) 기죠의 영향. 『가쿠몬노스스메』4편.

할 것이라 할지라도, 원래 그 습지에 몸소 흙을 쌓아올려서 지대가 높고 건조한 지형을 만든 것은 아니다. 고로 습지는 옛 습지이고, 목하 내가 자리를 차지한 지대가 높고 건조한 땅과 비교하면, 그 격벽은 여전히 있어서 상하의 차이는 조금도 내용을 바꾼 것이 없다.

또 옛날 오와리(尾張)의 기노시타 도키치(木下藤吉)29)가 다이코(太閤)30)가 되었으나, 오와리의 인민은 옛날의 농부로 그 모습을 개선하지 않았던 것과 같은 것이 이것이다. 도키치는 단지 농부의 무리에서 탈주해 무가의 패에 가담하였던 것이다. 그 입신은 도키치 한 사람의 입신이고, 농부들의 전반적인 지위를 높게 만들었던 것이 아니다. 물론 그 때의 여세이므로 지금에 와서 논할 수는 없다, 이를 논하는 것 역시 전적으로 무익하기는 하나, 만약 도키치로 하여금 그 옛날 유럽의 독립된 도회지에 살게 했더라면, 시민들은 틀림없이 이 영웅의 거동을 반기지 않았을 것이다. 혹은 또 지금의 세상에 도키치를 살게 하고 토키치가 한 행위를 하게하고, 저 독립적인 시민을 현세에 다시 태어나게 하고 그 업적을 평가하게 한다면, 이 시민들은 틀림없이 도키치를 보고 매정한 인물이라고 할 것이다. 조상의 묘소가 있는 땅을 돌아보지 않고, 동료인 농부를 내버려둔 채 돌보지 않고, 홀로 무가에 의탁해 일신의 명리를 탐한 자는, 우리 편 사람이 아니라 하여 이 자를 매도할 것이다. 도

---

29) 도오토미 히데요시(豊臣秀吉)의 본명. 1
30) 섭정 혹은 태정대신의 경칭. 흔히 도요토미 히데요시를 일컫는 용어로 쓰임.

저히 도키치와 이 시민들과는 그 주장하는 원소를 달리하는 것이기 때문에, 그 거동의 조밀관맹(粗密寬猛)[31]은 서로 비슷해보여도, 시세에 편승하지 않고 세태에 구애받지 않고, 예부터 지금에 이르기 까지 끝끝내 서로 용납할 수가 없는 것이다.

생각건대 유럽에서 12-300년대 경, 활발하게 전개된 독립시민과 같은 것은, 그 행동이 물론 난폭과 과격, 혹은 고루하고 무지한 부분이 있다고는 하더라도, 결코 남에게 의존하지 않는, 그 본업으로는 상업을 힘쓰고, 그 상업을 보호하기 위해 군사적인 조치까지도 마련하고, 몸소 그 지위를 견고히 하였던 자들이다. 근세에 이르러 영국과 프랑스 그 외의 국가에서, 중산층의 인민들이 점차 부를 축적하고 따라서 또한 그 품행을 고양하고, 의회 등에서 논설을 떠들썩하게 하는 자가 있다 하더라도, 단지 정부의 권력과 싸워 일반 인민을 압제하겠다는 힘을 탐하고자 하는 것이 아니고, 스스로 자신의 지위의 이익을 거두어서 타인의 압제를 제압하기 위해 노력한다는 취지일 뿐. 그 지위의 이익이라 함은, 지역과 관련하여 「로칼 인터레스트」[32]가 있고, 직업과 관련하여 「클래스 인터레스트」[33]가 있어, 저마 그 사람이 거주하는 지역, 혹은 그 영업을 함께하는 등의 교분에 의해서, 저마다 자신의 논리를 주장하고 자신의 이익을 보호하고, 이 때문에 더러는 목숨까지도 버리는 자 없지 않다. 이런 모습을 보면, 자고이래로 일본인이 자신의 지위를 돌아

---

31) 조잡하고 정밀함과 완만하고 엄격함.
32) local interest(지역의 이권).
33) class interest(계급의 이권).

보지 않고 유리한 쪽에 붙어, 남에게 의존하여 권력을 찾던가, 혹은 타인에게 의존하지 않으면, 스스로 남을 대신해서 남의 일을 하고, 폭력으로써 폭력을 대신하고자 하는 것과 같은 것은, 너무나도 비열한 방법이다. 이를 서양의 독립된 인민과 비교하면 천양지차라고 하지 않을 수 없다.

옛날 중국에서 초(楚)나라의 항우(項羽)가 진시황(秦始皇)의 행렬을 보고, 「저자를 죽여 없애고 내가 대신할 것이다」이 하였고, 한(漢)나라의 고조(高祖)는 이것을 보고서, 「사나이 대장부야말로 이같이 되어야 한다」[34]고 말한 일화가 있다. 지금 이 두 사람의 심중을 헤아리건대, 자신의 지위를 지키고자 하기 위해서 진(秦)나라의 폭정을 분개하는 것이 아니고, 실은 그 폭정을 호기로 삼아서 자신의 야심을 채우고, 진시황의 왕위를 빼앗고 진나라의 국사를 돌보겠다는 것에 불과하다. 혹은 그 포악함이 진나라같이 되지 않는다 하더라도, 조금 국사를 능란하게 처리해서 인망을 살 따름. 그 전횡으로써 인민을 통제한다는 한 가지 사실에 있어서는 진황(秦皇)이고 한조(漢朝)이고 차이가 있을 것이 없다. 우리나라에서도 자고이래로 영웅호걸로 일컫는 자가 적지 않기는 하나, 그 업적을 보면 항우가 아니면 한조이다. 역사가 시작된 이래 오늘날에 이르기까지, 일본국 전체에서 독립시민 등과 같은 것은 몽중(夢中)의 환상으로 망상을 한 적도 없을 것이다.(국민 그 지위를 중히 여기지 않는다)

---

34) 『사기』의 항우본기(項羽本紀), 고조본기(高祖本紀)에 있는 일화.

종교는 사람의 마음속에 작용하는 것이어서, 가장 자유롭고 독립적이자, 추호도 남의 제어를 받지 않고, 추호도 남의 힘에 의존하지 않고서, 세상에 존재해야 할 터이거늘, 우리 일본에 있어서는 이른바 그러하지 않다. 원래 우리나라의 종지는 신불(神佛) 양 도(道)라고 하는 자가 있기는 하나, 신도는 아직 종지의 체제를 갖추지 못한다. 가령 오랜 옛날에 그러한 주장이 있다 하더라도, 이미 불교 속에 농락되어, 수 백 년 간 본색을 드러낼 수가 없다. 혹은 근일에 이르러서 조금 신도라는 명칭을 듣는 것 같기는 하나, 정부의 변혁에 즈음하여 간신히 왕실의 여광을 빌려 미미한 운동을 하려고 할 뿐으로, 그저 한 때의 우연한 일이므로, 나의 소견으로서는 이를 확실한 종지로 인정할 수 없다. 하여간 자고이래로 일본에 널리 통하고 문명의 한 국면을 수행한 종지는, 유일한 불교가 있을 뿐, 그런데도 이 불교 역시 처음 유포되었을 때부터 치자의 무리 속에 들어가 그 힘에 의존하지 않는 자가 없다. 자고이래로 명승으로 지식이 높은 스님으로 일컫는 자, 혹은 당나라에 가서 불법을 구하고, 혹은 자국 내에 있으면서 신교(新敎)를 개척하여, 사람을 교화하고 사찰을 건립하는 자 많다고 하더라도, 대개가 모두 천자와 쇼군 등이 특별히 보살펴주는 것을 요행으로 삼아, 그 여광을 빌려서 불법을 널리 알리려 할 따름. 심지어는 정부로부터 작위를 받고 영예로 삼기에 이르렀다. 승려가 승정(僧正), 승도(僧都)35)등의 지위에 보해진다는 예는 가장 진부하고, 엔키시키(延喜式)36)에

---

35) 승정의 다음가는 승관(僧官).
36) 헤이안(평안) 시대 중기의 율령 세칙과, 의식 제도 등을 한문으로 기록한

승도 이상은 3위에 준한다 하고, 고다이고(後醍醐) 천황 겐무(建武)2년의 선지(宣旨)[37]에는, 대승정으로 하여금 2위 대납언(大納言), 승정으로 하여금 2위 중납언(中納言) 권승정으로 하여금 3위 참의에 준한다고 되어 있다.(『釋家官班記』)[38]이 취지를 보면, 당시의 학덕이 높은 명승도 천자가 주는 관위를 몸에 지니고, 그 지위로써 조정의 여러 신하들과 상하의 반열을 다투고, 한 자리 앞서고 뒤서는 것으로써 영예와 수치로 삼았던 것이리라.

이 때문에 일본의 종지에는, 예나 지금이나 그 종교는 있기는 하나 자립한 종단이라는 것이 있음을 듣지 못한다. 덧붙여 그러한 실증을 얻고자 한면, 오늘이라도 국내의 유명사찰에 가서 그 유래기(由來記)를 볼 것이다. 쇼무(聖武)천황 텐표(天平) 연중에, 일본의 영주국마다 고쿠분지(國分寺)[39]를 세우고, 간무(桓武)천황 엔랴쿠(延曆) 7년에는 전교(傳敎)대사가 히에산(比叡山)을 개척하여 곤폰(根本)중당[40]을 세워 왕성의 귀문(鬼門)[41]을 누르고, 사가(嵯峨)천황 고닌(弘仁) 7년에는 고호(弘法)대사가 고야산(高野山)을 개척하고 천황으로부터 사찰 건립의 칙허를 받아 그 대가람[42]을 건립했다. 그 밖에 남부의 여러 산과 교토(京都)의 여러 절, 중고(中古)

50권의 율령서.

37) 왕이 내리는 명령. 어명.

38) 후시미천황의 아들 송엔뉴도신노(尊円入道親王)선. 승려의 관위, 그 기원 승진의 순서 등에 대한 기록.

39) 국가의 안녕을 기원하여 각처에 세운 관립 사찰.

40) 히에산 엔랴쿠사(寺)의 중심이 되는 건물.

41) 음양도에서 귀신이 출몰한다는 동북방 쪽.

42) 대규모의 사찰.

시대에는 가마쿠라(鎌倉)의 5 산[43], 근세에는 우에노(上野)의 도에
이산(東叡山)[44], 시바(芝)에 있는 조죠지(增上寺)[45]등, 어느 곳 할
것 없이 모두 정부의 힘에 의존하지 않은 것이 없다. 그 밖에 역대
천자들 스스로 불교에 귀의하여, 혹은 신노(親王[46])로서 승려인자
도 매우 많다. 시라카와(白河)천황에게 8 남이 있었고, 여섯 사람
은 중이었다고 한다. 이 역시 종교에 권력을 얻은 한 원인이다. 단
지 정토진종(淨土眞宗)은 자립에 가까운 것이라고는 하나 역시 이
폐해를 면하지 못한다. 아시카가(足利)시대 말기, 다이에이(大永)
원년,[47] 혼간지(本願寺)의 종주로 있던 지츠뇨 상인(實如上人)의
시절에, 자금의 부족으로 천자 즉위식이 거행되지 못하는 것을 차
마 볼 수가 없어서, 혼간지 절에서 자금을 헌상하였고, 그 상으로
영원히 종문의 본사에 준한다 하여 호신노(法親皇)[48]에 준하는 작
위를 하사받은 일이 있다. 왕실이 쇄미하고 빈곤에 빠지는 것을 안
타깝게 생각하여 남는 돈을 나누어주는 것은 승려의 신분으로서
당연한 일이겠지만, 기실 그렇지가 않다. 산죠니시 사네타카(三條
西實隆)[49]가 중개를 하여 금전으로 관위를 산 일이 있다. 이를 비
열하다고 해야 할 것이다.

　　그런고로 자고이래로 일본국내의 대사원이라고 칭하는 것은,

---

43) 가마쿠라에 지은 5대선사(禪寺).
44) 도쿄 우에노의 간에이지(寬永寺)가 서 있는 산.
45) 도쿄 미나토구(區) 시바.
46) 왕위를 승계할 수 없는 적출의 황손.
47) 1521년 8월.
48) 황자가 출하 후에 신노(親王)까 되는 것.
49) 모로마치시대의 학자. 우대신(右大臣).

천자나 황후의 칙명으로 국가수호와 왕정체제의 안온을 기원하는 절이 아니면, 쇼군(將軍)이 집권 중에 건립한 것이다. 일반적으로 이를 어용사찰이라고 하지 않을 수 없다. 그 절의 유래를 듣자면, 쇼군의 허락 도장이 찍힌 문서는 몇 백 석, 주지의 자격은 어떠어떠하다 하여, 그 모습이 흡사 역력한 사족이 자신의 가문을 이야기하는 것과 다르지 않다. 한번 듣기만 해도 혐오감을 일으킬 수 밖에 없다. 절문 앞에는 하마찰(下馬札)[50]을 세우고, 문을 나서면 추종세력을 거느리고, 사람들을 물러나게 하여 길을 비키게 하고, 그 위세는 봉건시절의 다이묘(大名)보다도 등등한 자들이 있다. 그리고 그 위세의 근원을 캐면, 종교의 위력이 아니고, 단지 정부의 위력을 차용한 것이어서, 결국 속권(俗權) 중의 일부분이었음에 지나지 않는다. 불교가 활발하였다고는 하더라도, 그 교리는 모두 정권 속으로 섭취되어, 사방 온 세상에 널리 비추는 것은, 불교의 광명이 아니고, 정권의 위광(威光) 같다. 사찰에 독립적인 종교가 없는 것도 역시 이상하게 여길 것이 아니고, 그 교리에 귀의하는 무리에 신앙의 양심이 없는 것도 역시 놀랄 것이 아니다.

그 하나의 증거를 들자면, 자고이래로 일본에서 종지 때문에만 전쟁까지 간 적은 극히 드문 것을 보더라도, 역시 신앙인의 나약함을 짐작하여 알 수 있다. 그 교리에 있어서 심신이 귀의(歸依)하는 외양으로 드러나는 모습은, 무지하고 무식한 시골 농부나 노인이 눈물을 흘리며 우는 사람들이 생기는 것에 불과하다. 이런 모습을

---

50) 절이나 신사의 경내에, 거기에서는 말에서 내려야 한다는 것을 적어서 세운 팻말.

보면, 불교는 단지 이것이 문맹 세계의 하나의 도구로, 가장 어리석고 가장 천박한 인간의 마음을 완화시키는 것의 방편일 따름. 그 외에는 어떤 효용도 없고, 또한 어떤 힘도 없을 뿐이다. 그 힘이 없는 것도 유만부동이지, 도쿠가와 시대에 파계승이라 하여, 세속의 죄를 범하는 것이 아니고, 단지 종문과 관련하여 계(戒)를 어긴 자가 생기면. 정부에서 직접 이를 체포하여, 시중에 널리 띄게 하여 유형(流刑)에 처한다는 예가 있다. 이와 같은 것은 곧 「승려는 정부의 노예」이라고 할 수 있다. 근간에 이르러서는 정부에서 전국의 승려에게 육식과 대처(帶妻)를 허락한다는 명이 있다. 이 명에 의하면, 종래 승려가 고기를 먹지 않고 부녀자를 가까이 하지 않았던 것은, 그 종교의 취지를 지키기 위해서는 아니고, 정부의 면허가 없기 때문에 삼가 스스로 금했던 것이리라. 이러한 취지를 보면, 승려는 단지 정부의 노예일 뿐만 아니고, 일본국 전체에 이미 종교가 없다고 하여도 무방하다.(종교 권리 없다)

종교 여전히 또한 그러하다. 하물며 유도(儒道)의 학문에 있어서야. 우리나라에 유서(儒書)를 전한 것은 세월이 이미 오래다. 왕조시대에 박사를 두고, 천자가 친히 한서를 읽고, 사가(嵯峨) 천황 시절에는 대납언(大納言) 후지와라노 후유츠구(藤原冬嗣)가 간가쿠인(勸學院51))을 지어 종가의 자제를 가르치고, 우다(宇多)천황 시절에는 중납언(中納言) 아리와라노 유키히라(在原行平)가 쇼가쿠인(獎學院)52)을 설립하는 등, 한학도 점차로 개발되었고, 특히

---

51) 821년, 후지와라의 스승과 제자들이 세운 교육시설.
52) 881년, 아리와라노 유키히라가 황족과 귀족을 위해 세운 교육시설.

와카(和歌)의 교육은 예부터 활발한 것이기는 하나, 온통 이 시대의 학문은 그저 제왕의 재위 중 그 자제에게만 미쳤을 뿐, 저술된 책이라고 하더라도, 모두 관의 손으로 이루어 진 것이다. 물론 인쇄술의 발명도 아직 없었기 때문에, 민간에 교육이 다다를 수 있는 방법이 있을 수가 없다. 가마쿠라 시대에 오에노 히로모토(大江廣元)[53] 미요시 야스노부(三善康信)[54] 등, 유학으로 등용되었다 하더라도, 이 역시 정부에 속한 자로, 인민 사이에 학자가 있다는 것을 듣지 못한다. 죠큐(承久)3년[55], 호죠 야스토키(北條泰時)가 우지세타(宇治勢多)에 쳐들어갔을 때, 고토바 상황(後鳥羽上皇)[56]으로부터 어명(御命)이 하달되어, 따르던 병사 5000여 명 가운데서 이 어명을 읽을 수 있는 자를 하고 물었던 즉, 무사시노(武蔵)국의 주민 후지타 사부로(藤田三郎)라는 자 한 사람을 얻었다고 한다.[57] 세간의 문맹 그것으로써 알 수가 있다. 이때부터 아시카가 시대 말기에 이르기까지, 학문은 전적으로 승려의 것이 되고, 글을 배우고자 하는 자는 반듯이 절에 의존하지 않으면 그 방법을 얻지 못한다. 후세에 습자(習字[58])를 공부하는 생도를 일컬어 「데라코(寺子)」[59]라고 하는 것도 그런 인연이다. 혹자가 주장에, 일본에 목판본이 생

---

53) 가마쿠라(鎌倉)시대 초기의 관리.
54) 가마쿠라시대 초기의 정치인.
55) 1221년.
56) 가마쿠라 초기의 천황. 1198년에 양위하고 상황이 됨.
57) 『독사여론』 제1권에 「호죠가 대대로 천하의 권력을 맡아 행사함」에 나오는 내용.
58) 글자를 쓰는 방법을 익히는 것.
59) 서당에 다니며 공부하는 아이.

304 문명론의 개략

긴 것은 가마쿠라의 오산(五山)[60]을 기원으로 한다고 했다. 과연 믿을 수 있을까. 도쿠가와 정권 초기에 그 시조 이에야스(家康)는, 수장의 신분으로 후지와라 세이카(藤原惺窩)[61]를 중용하였고. 하야시 도슌(林道春)[62]을 등용하였고, 태평이 지속됨에 따라 대학자들을 배출함으로써 근세에 이른 것이다. 이처럼 학문의 성쇠는 세상의 치란과 보조를 함께 하고, 독립적인 지위를 얻지 못하고, 수 십수 백 년 무력으로 난리를 겪는 동안. 완전히 이것을 승려의 손에 맡긴 것은, 학문의 불명예라고 말하지 않을 수 없다. 이 한 가지를 보더라도 유(儒)는 불(佛)에 미치지 못함 그것으로 알 수가 있다.

하지만, 전란의 시기에 학문이 쇠퇴하는 것은 오직 우리 일본만이 아니고, 전 세계 모든 나라가 그러하지 않은 것이 없다. 유럽에서도 옛날 중세의 암흑시절에서부터 봉건시대에 이르기까지는, 학문의 권리가 전적으로 카토릭교회의 사제(司祭)들에게 돌아갔고, 사회에 마침내 학문이 개방된 것은 실로 1600년 대 이후의 일이다. 또 동서의 학풍이 그 취지를 달리하여, 서양제국은 실험 실천의 학설을 주로 하고, 우리 일본은 공맹의 이론을 좋아하여, 허와 실의 차이, 처음부터 너무 커서 동시에 이야기할 수 있는 것이 아니라고는 하더라도, 역시 일률적으로 이를 책할 수가 없다. 어쨌든 우리 인민을 야만의 영역에서 구원하여 오늘날의 문명에 이르게 한 것은, 이를 불교와 유학의 은혜라고 말하지 않을 수 없다. 특히 근세

---

60) 아시카가 요시미츠(足利義滿)의 정권이 가마쿠라에 세운 5개의 절.
61) 도쿠가와막부 초기의 유학자.
62) 하야시 라잔(林羅山)으로 불린다. 후지와라 세이카에게서 주자학을 수학하였고 학문에 기여한 공이 크다.

에 유학이 활기를 띠기에 이르러, 속간에 만연한 신불(神佛)을 믿는 자들의 허탄과 망설을 배척하고 민심의 현혹을 물리친 것과 같은 것은, 그 공이 매우 적지가 않다. 이런 한 쪽 방면에서 보면, 유학도 역시 유용한 것이라고 할 수 있다. 고로 지금 동서의 학풍의 득과 실은 잠시 제쳐두고, 단지 그 학문이 널리 퍼진 사정에 대해서, 현저한 두 가지 양상의 차이를 들어서 여기에 이를 제시할 따름.

생각건대 그 차이란 무엇이더냐. 난세 후, 학문이 일어남에 즈음하여, 이 학문이라는 것이, 서양제국의 경우에는 보편적인 인민들 사이에서 일어났고, 우리 일본에서는 정부 안에서 일어났다는 사실이다. 서양제국의 학문은 학자들의 사업이어서, 그 널리 통하는 것이 관민의 구별 없이, 그저 학자들의 세계에 존재한다. 우리 나라의 학문은 이른바 치자의 세계의 학문으로, 바야흐로 정부의 한 부분인 것에 불과하다. 시험적으로 보자, 도쿠가와의 치세 250년간, 국내에 학교라고 하는 것은, 과거 정부의 설립이 아니면 제 번(藩)의 것이다. 혹은 고명한 학자가 없는 것이 아니고, 혹은 상당한 저술이 없는 것이 아니라 할지라도, 그 학자는 반듯이 힘 있는 사람의 부하다. 그 저서는 반듯이 관이 발간한 책이다. 더러는 떠돌이 낭사(浪士) 중에 학자도 있을 것이고, 개인적인 장판(藏版)도 있을 것이라고는 하더라도, 그 낭사는 힘 있는 사람의 부하이기를 바라면서도 이루지 못한 자이다. 그 개인적인 장판도 관에서 제작한 목판이기를 희망하면서도 뜻대로 되지 않은 자이다. 국내에 학자들의 결사[63]가 있다는 말을 듣지 못하고, 학술발표와 신문 등의 출판이 있다는 말을 듣지 못하고, 기예를 가르치는 교습소를 보지 못하고, 다중이 모여 회의를 하는 회의장을 보지 못하고, 대체로 학문과 관련해서는 추호도 개인적인 계획이 있는 일이 없다.

간혹 석학과 대유(大儒), 가숙(家塾)을 열고 사람을 가르치는 자가 있으면, 그 생도는 반듯이 사족에 한하고, 세록(世祿)을 받고 주군을 섬기는 여업[64]으로 글을 배우는 자일 따름. 그 학류도 역시 치자의 명의에 거역하지 않으므로, 전적으로 사람을 다스린다는 도(道)를 찾고, 수천 수백 권의 한서를 독파하는 것도, 벼슬길에 오르지 않으면 쓸모가 없는 것과 같다. 혹은 드물게 은둔군자라고 칭하는 선생이 있다고 하더라도, 기실은 마음속으로 만족해서 은둔하는 것이 아니고, 몰래 불우를 탄식하고 남을 원망하는 자이든가, 그렇지 않으면 세상을 잊고 다른 것에 마음을 빼앗겨 멍청해 있는 자이다. 그 모습을 형용해서 말하면, 일본의 학자는 정부라고 이름을 붙인 바구니 속에 가두어져, 이 바구니로 하여금 자신의 하늘과 땅으로 삼고, 이 소우주 속에서 번민하는 자라고 할 수가 있다. 다행히도 세상에 한유(漢儒)의 교육이 두루 미치지 않아서 학자의 수가 많지 않았던 것이 두드러져, 만약 선생이 마음먹은 대로 무수한 학자를 낳는 경우가 생긴다면, 좁은 바구니 속에 혼잡해서 몸을 넣어 둘 수 있는 자리도 없어서, 원망은 점점 더 많이, 번민은 점점 더 심하지 않을 수 없다. 안타깝기 짝이 없는 형국이 아니더냐.

이처럼 제한된 바구니 속에 한없는 학자들을 만들어 내고, 바

---

63) 학회와 같은 성격의 학자들의 결사를 말함.
64) 본업이외의 다른 일.

구니 밖에 인간세계가 있음을 모르는 자이므로, 자신의 지위를 만들어낼 방도를 얻지 못한다. 오로지 그 시대의 권력자에게 의존해서, 어떤 경멸을 받더라도 일찍이 이를 부끄러워할 줄 모른다. 도쿠가와 시대에 학자의 뜻을 이룬 자는 정부와 제 번에 유학으로 등용된 관리이다. 이름은 유관(儒官)이라 하더라도, 기실은 긴 소매 옷을 입는 신분65)이라 하여, 이를 존경하지 않고, 그저 일종의 기계와 같이 다루어서, 일찍이 본인들이 좋아하는 정치적인 일에도 관여하게 하지 않고, 겨우 백미 다섯 되의 봉록을 주어서 소년들에게 글 읽기 교육을 받게 할 뿐. 글을 아는 자가 드문 세상이므로, 그저 그 부자유한 것을 때우기 위해 이용하였을 정도여서, 이를 비유하면, 가죽 세공에 한해서 에타(穢多)66)에 명하는 것과도 같다. 비굴과 천열(賤劣)의 극이라 할 수 있다. 이런 패거리를 향해 또 무엇을 바라겠는가, 또 무엇을 책하겠는가. 그 패거리 속에 독립적인 조직체가 없음도 이상할 것이 못되고, 확고한 철학이 없는 것도 역시 놀랄 것이 못되는 것이다. 그뿐만 아니고, 정부의 전제가 흔히 사람을 속박한다고 하고, 다소 기개가 있는 유자는 여차하면 이를 향해 불평을 품는 자 없는 것이 아니다. 하지만 찬찬히 근본을 캐보면, 그 사람은 스스로 씨를 뿌리고 이를 배양하고, 그 모종이 무성하기 때문에 오히려 스스로 고통을 당하는 것이다. 정부의 전제, 이를 가르치는 자는 대체 누구더냐. 설사 정부의 본래의 성격

---

65) 귀족이나 승려를 비웃는 말이기도 하다.
66) 천민 신분으로 소와 말의 시체처리 등을 하였고, 거주지 직업의 제한, 피혁을 다루는 일을 주로 한 최하위의 신분.

속에 전제적인 원소가 있다 하더라도, 그 원소의 발생을 도와서 이를 윤색하는 것은 한유자(漢儒者) 유의 학문이 아니더냐. 자고이래 일본의 유자로 제일 재주를 지니고 제일 일을 잘했던 인물로 칭하는 자는, 제일 전제에 능란하면서 제일 잘 정부에 이용당했던 자이다. 이 단계에 와서는 한유는 스승이고 정부는 문하생이라고 하여도 무방하다.

불쌍하게 여기지 않을 수 없다. 지금의 일본의 인민, 그 누구인가 사람의 자손이 아니리오. 현세에 살면서 전제를 행하고, 또 그 전제에 고통을 받는 자는, 오로지 이를 현세의 인간의 죄로 돌릴 수 없다. 멀리 그 선조로부터 물려받은 유전적인 독이 그렇게 만든 것이라고 하지 않을 수 없다. 그리고 이 병독의 기운을 조장한 자는 누구더냐, 한유선생도 역시 이바지하여 크게 힘을 보탠 것이다.(학문에 권리는 없으면서 오히려 세상의 전제를 조장하다)

앞의 단에서 말한 것처럼, 유학은 불교와 더불어 제각각 그 한 국면을 맡았고, 우리나라에서 오늘날에 이르기까지 이 문명에 힘을 썼던 것이므로, 어느 것이고 다 옛날을 그리워하는 병을 벗어날 수 없다. 종지의 본분은 사람의 마음의 교화를 담당하고, 그 교화로 변화가 생길 수밖에 없는 것이어서, 불교 또는 신도의 무리가 수천 수백 년의 과거를 이야기하고 현세의 사람을 논하고자 한다하더라도 당연한 일이므로, 유학에 이르러서는 종교와 다르고, 전적으로 사회의 도리를 논하고, 예악(禮樂)과 육례(六藝)[67] 까지도 설명하

---

67) 중국에서는 예로부터 예절은 언행을 삼가게 하고, 음악은 인심을 감화시키는 것이라 하여 사회의 질서와 안녕을 유지하기 위해 이를 중시하였다.

여, 거의 이를 정치적으로 관여하는 학문이라고 할 수가 있다. 지금 이 학문으로 변통과 개진의 정신을 모르는 것은 유감이 아니더냐. 인간의 학문은 일신월진, 어제의 득은 오늘의 실이 되고, 지난 해의 옳았던 것은 금년의 그른 것이 되고, 매사에 의문을 품고 의심을 일으키고, 이를 규명하고 이를 음미하고, 이를 발견하고 이를 개혁해서, 자제는 부형보다 우수하고 후진은 선진의 앞에 나서고, 연년세세 생기고 또다시 생기기를 반복하고, 점차 성대하게 발전하여, 회고하여 100년의 과거를 돌아보면, 그 거칠고 미련하고 학문에 눈이 어두워서 비웃음을 살 수 밖에 없는 것이 많았던 것은, 문명의 진보, 학문의 상달(上達)이라고 할 수 있는 것이다.

그런데도 논어에서 이르기를, 「나중에 태어나는 사람은 두려워해야 할 것이다. 어찌 이제 세상에 태어나는 사람이 현재의 자신들에게 미치지 못 한다고 단언할 수 있겠느냐」[68]라고. 맹자가 이르기를, 「순제(舜帝)도 사람이고, 나도 사람이다. 순제는 세상에 이름을 떨친 사람, 누구나 타고난 천성을 충실히 좇으면 순제처럼 될 수가 있다.」 또 이르기를, 「주나라의 문왕은 나의 스승이다. 주공(周公)이 어찌하여 나를 속이려드느냐」[69] 라고, 이 몇 마디로써 한 학의 정신을 엿볼 수 있을 것이다. 「나중에 태어나는 사람은 두려워해야 할 것이다」 운운 이라 함은, 후진의 인물이 노력하면 더러는 현세의 인물처럼 될 수도 있을 것이다, 방심은 안 된다고 하는

육예는 여섯 가지 교과, 곧 예(禮) 악(樂) 사(射) 어(御) 서(書) 수(數)를 말한다.
[68] 『논어 』「자공(子空)」편 에서.
[69] 『맹자』의 「승문공(勝文公)」편 상 에서

의미이다. 그렇다면 후세의 인물이 노력해서 도달할 수 있는 정상은, 가까스로 현세의 인물이 이룩한 단계에 있을 따름. 뿐만 아니고, 그 현세의 인물도 이미 옛 사람이 미치지 못하는 말세의 사람이므로, 설령 이에 미치는 일이 있다고 하더라도 그다지 기대할 만한 사항은 아니다. 또 후진의 학자가 크게 분발하여 대성일갈(大聲一喝), 그 비분강개의 뜻을 진술한 것은, 수천 년 이전의 순제와 같이 되기를 바라는 것인지, 아니면 주공을 증인으로 세워서 두려워하면서도 문왕을 배워야겠다고 할 정도여서, 그 취지는 요령부득인 아이가 선생에게 습자(習字)의 글씨본을 받아, 주신 글씨본대로 글자를 써야지 하고서 고심하는 것과 같다. 애당초 선생에게는 미치지 못하는 것으로 각오를 굳혔더라면 아주 잘 할 수 있었을 터인데 선생의 필법을 흉내 낼 뿐. 도저히 그 이상 나아가는 것은 당치도 않을 것이다.

한유의 도의 계보는, 요순에서 우(禹), 탕(湯), 문(文), 무(武), 주공, 공자로 전하고, 공자 이후에는 이미 성인의 혈통도 끝나서, 중국에서도 일본에서도 다시 그런 인물이 났다는 것을 듣지 못한다. 맹자 이후 송나라 시대의 유학자 또는 일본의 석학 대유(大儒)라도, 후세를 향해서는 자랑할 만하다고 할지라도, 공자 이전의 고성(古聖)에 대해서는 한 마디도 있을 수가 없다. 그저 이를 배워 미치지 못한다는 탄식을 할 따름. 고로 그 도는, 후세에 전해지면 전해지는 만큼 좋지 않게 되어서, 점차 사람의 지덕을 감소시켜서, 점차 악인의 수를 늘리고, 점차 어리석은 사람의 수를 증가시켜서, 한 번 전하고 또 한 번 전하고, 그로해서 후세인 오늘날에 이르러서는, 이미 이제는 금수의 세상으로 변할 것임은 주판의 계산상으로 자명한 계산이거늘, 다행히도 사람의 지혜의 진보의 법칙은 자연히 이 세상에 시행이 되어 유학자의 판단과 같이 되지 않고, 이따금 옛 성현들보다 빼어난 인물을 낳았던 것이기에, 오늘날까지의 발전해 온 문명을 진보하게 하여, 저 계산에 비해 어긋난 것은, 곧 우리 인민의 경사라고 할 수 있다.

이처럼 옛 것을 신봉하고 옛 것을 사모하여 추호도 자신의 노력을 섞지 않고, 소위 정신의 노예(mental slave)라 하여, 자신의 정신은 걷어치우고 이를 옛 도(道)로 높이 받들어, 현세에 살면서도 옛 성현의 지배를 받고, 그 지배를 또한 물려주어 현세를 지배하고, 널리 인간관계에 정체하여 흐르지 않는 원소(元素)를 흡입케 하였던 것은, 이를 유학(儒學)의 죄라 할 수 있는 것이다.

하지만 또 한 편에서 말하면, 과거 만약 우리나라에 유학이라는 것이 없었더라면, 현세의 형국으로는 도달할 수가 없다. 서양의 말에 「리파인먼트」70) 라 하여, 사람의 마음을 단련해서 세련되게 한다는 점에 있어서는, 유학의 공로 역시 적다고는 할 수 없다. 단지 과거에 있어서는 주효하였으나 현재에 있어서는 쓸모가 없을 따름. 물질이 부자유하던 시절에는, 헤어진 멍석도 이불로 사용할 수가 있고, 쌀겨도 양식(糧食)으로 할 수 있다. 하물며 유학에 있어서야 말해 무엇하리요, 반드시 그 구악을 책할 수만은 없다. 내가 생각건대 유학으로써 과거의 일본 사람을 가르친 것은, 시골 처녀

---

70) refinement, 세련, 정련.

를 귀인의 저택에 하녀로 내보낸 것과 같다. 귀인의 저택에서의 기
거동작(起居動作)은 자연히 세련됨을 흉내 내고, 그 재능과 지혜
역시 더러는 민첩함을 더했다고 하더라도, 활발한 정신은 다 잃어
버리고, 가산을 운용하기 위해서는 필요도 없는 하찮은 부녀자를
만들어낸 것이다. 생각건대 그 시절에는 딸자식을 교육시킬 만한
교육시설도 없었기 때문에, 남의 집 하녀 생활도 근거가 없는 일은
아니라 할지라도, 오늘날에 와서는 그 이해와 득실을 자세히 살펴
서 달리 방향을 정해야 할 것이다.

　　과거 우리 일본은 정의와 용기의 나라로 칭해, 그 무인의 용맹
과 과단(果斷), 충성스러우면서도 솔직한 것은, 아시아의 제국(諸
國)에 있어서도 부끄러울 것이 없을 것이다. 특히 아시카가의 말년
에 이르러서 천하는 대란으로, 호걸은 여기저기에 할거하여 공격이
멎을 때가 없고, 무릇 일본에 무가 횡행한 전후, 이 시절보다 맹렬
하였던 적이 없다. 한번 패하여 나라를 패망시킨 자가 있고, 한 판
의 전쟁에서 이겨 가세(家世)를 일으킨 자가 있고, 문벌도 없고 유
서도 없고, 공명(功名)은 자유자재, 부귀는 순간에 얻을 수 있다.
문명의 정도에 전이냐 후냐의 차이가 있다고 하더라도, 이를 저 로
마 말기에 북방 오랑캐가 침략하였던 시대와 비교하여 방불한 모
습이라고도 할 수가 있다. 이러한 사태의 추세 속에 있어서 일본의
무인도 스스로 독립과 자주의 기상을 일으켜, 더러는 저 게르만의
촌뜨기들이 자주와 자유의 원소를 남긴 것처럼, 우리 국민의 기풍
도 일변할 것으로 생각되지만, 현실에 있어서는 결코 그렇지 않다.
이 장의 머리글에서 말한 「권력의 편중」은, 우리의 역사 이래 사회

의 미세한 곳까지에도 헤치고 들어가, 어떤 진동(震動)이 있다 하더라도 이를 깨뜨릴 수가 없다.

이 시대의 무인이 쾌활하고 자유로운 것 같지만, 이 쾌활 자유의 기상은 일신의 비분강개(悲憤慷慨)에서 나타난 것이 아니고, 스스로 판단해서 일개 남아로 생각하고, 적수공권(赤手空拳), 자기 혼자 자유를 즐긴다는 심정이 아니고, 꼭이 다른 무엇의 권유를 받아서 발생한 것이거나, 그렇지 않으면 다른 무엇을 빙자하여 발생을 도운 것이다. 무엇을 다른 무엇이라 하는가. 조상 때문이고, 가문의 명예 때문이고, 주군 때문이고, 아비(父) 때문이다. 나 자신 때문이다. 무릇 이 당시의 전쟁에서 명예로 삼은 것은 반듯이 이러한 여러 조건에 의존하지 않은 것이 없다. 혹은 조상의 가명(家名)이 없고, 주군과 아비의 신분이 없는 자는, 짐짓 그 명의를 조작해서 구실로 삼는 꼴이다. 어떤 영웅호걸이라도 권력이 있고 지혜가 있는 자라고 하더라도, 그 지혜만을 의지하여 일을 벌이겠다고 기도한 자가 있는 것을 듣지 못한다. 여기에 그 사실로 드러난 것을 들어 한두 가지 예를 보여주겠다.

아시카가의 말년에 사방의 호걸, 혹은 그 주인을 내쫓고, 혹은 그 주군과 아비의 복수를 하고, 혹은 조상의 가문을 일으키고자 하고, 혹은 무사로서의 체면을 다하기 위해서라 하여, 동지를 모아 토지를 압수하고, 할거의 세를 이룬다고 하더라도, 그 기하는 바는 오로지 교토(京都)로 올라간다는 하나의 목표71)에 있을 뿐. 무릇

---

71) 교토는 794년에 도읍이 된 이후 약 1000여년에 걸쳐 일본의 도읍지이다.

이 교토로 올라간다는 것이 어떠한 것인지를 묻는다면, 천자 또는 쇼군을 배알하고, 그 명의를 차용해서 천하를 지배하겠다는 것이다. 혹은 아직도 상경할 방편을 얻지 못한 자는, 멀리 왕실에서 주는 관직을 받고, 그 관직을 빙자하여 자신의 영광을 불리고, 그것으로써 아랫사람을 제압하는 방편으로 이용하는 자가 있다. 이러한 방편은 자고이래로 일본의 무인들 사이에서 만연해온 일정한 법칙이며, 미나모토(源)가와 다이라(平)가의 추장들 모두가 그러하지 않은 것이 없다. 호죠(北條)시대에 가서는 바로 최상위의 관직까지도 바라지 않고 명분 때문에 쇼군(將軍)을 두고, 신분은 5위로써 천하의 권력을 장악하였던 것은, 그저 왕실을 도구로 이용하였을 뿐만 아니고, 진작부터 쇼군까지도 이용하였던 것이다. 그 외형을 표면적으로 판단하자면 기릴만하고 능란해 보이는 것 같아도, 잘 사태의 내부에 관해서 이를 소상히 밝혀보면, 결국 민심의 비겁에서 생긴 것이어서, 참으로 경멸해 마땅하고 증오할 수밖에 없는 원소를 함유하는 것이라고 하지 않을 수가 없다. 아시카가 타카우지(足利尊氏)[72]가 아카마츠 엔신(赤松円心)의 계책을 이용하여 고후시미(後伏見)천황의 선지(宣旨)[73]를 받고, 그 아들 고묘(光明)천황[74]을 내세운 것과 같은 일은, 만인의 눈으로 보더라도 이것을 존황(尊皇)[75]의 본심에서 나온 것이라고 인정할 수는 없다.

오다 노부나가(織田信長)가 처음에는 쇼군 아시카가 요시아키

---

72) 무로마치(室町) 막부의 초대 쇼군.
73) 왕의 명령.
74) 남북조시대의 호죠(北朝)의 천황.
75) 천황의 존칭.

(足利義昭)를 손안에 넣었어도, 쇼군의 명성은 천자의 명성에 뒤지지 않음을 알아차리고, 다름 아닌 요시아키를 내치고 즉각 천자를 품었던 것도, 그 정(情)이 돈독하다고 할 수는 없을 것이다. 어느 것 할 것 없이 모두 간사스런 속임수의 명증(明證)인 것으로, 무릇 천하에 눈과 귀를 가진 자라면, 그 내막을 통찰할 수 있을 터이거늘, 여전히 그 표면적으로는 충신과 절의를 외치고, 아이들 장난 같은 명분을 구실로 이용하여 스스로 이것을 묘책을 얻은 것으로 하여, 사람들도 역시 이를 의심하지 않았던 것은 무엇이더냐. 생각건대 그 도당들 속에서 상하가 공히 크게 이득을 보는 바 있었기 때문이다.

일본의 무인은 역사 이래 이 나라에 만연한 사회의 법칙을 따라서, 권력편중 속에서 익숙해지게 되어, 항상 남에게 굴하는 것으로써도 수치로 여기지 않는다. 저 서양의 인민이 자신의 지위를 중히 여기고 자신의 신분을 존중하고, 저마다 그 권리를 소유하고 신장시키는 자에 비하면, 그 사이에서 현저한 차이를 발견할 수 있다. 고로 병마(兵馬)가 소란한 세상이라고 하더라도, 이 사회적인 법칙은 깨뜨릴 수가 없다. 일족의 우두머리에 대장이 있고, 대장 밑에 가로(家老)76)가 있고, 이어서 기마병이 있고, 또 가치(徒士)77)가 있고, 그로해서 잡병 아시가루(足輕)와 일꾼인 쥬겐(中間)에 이르고, 상하의 명분이 판연히, 그 명분과 공히 권리까지도 달리 하고, 어느 한 사람 할 것 없이 무리를 강요당하지 않는 자가 없고,

---

76) 군주을 모시는 중신이며 무사를 통솔하는 권한을 가지고 있었음.
77) 보병.

어느 한 사람 할 것 없이 무리를 행사하지 않는 자가 없다. 무리에 억압되고 또 무리하게 억압하고, 이를 향해 굴하면, 저기를 향해 자만할 수 있다.

이를테면 여기에 갑 을 병 정의 열 명이 있고, 그 을(乙)이란 자, 갑(甲)에 대해 비굴한 모습을 보이고, 견딜 수 없는 치욕이 생기는 것 같아도, 병(丙)을 대하면 의기양양 크게 자만할 수 있는 유쾌함이 있다. 고로 전의 치욕은 나중의 유쾌함에 의해 보상받고, 그것으로써 불만을 균형을 이루게 하고, 병은 정(丁)한테서 보상을 받고, 정은 무(戊)한테서 보상을 찾고, 점점 끝이 없고, 흡사 서쪽 이웃집에서 빌려준 돈을 동쪽 이웃집에 재촉하는 것과 같다. 또 이것을 물질에 비유해서 말하면, 서양 인민의 권력은 철(鐵)과 같아서, 이를 팽창시키는 것이 매우 어렵고, 이를 수축시키는 것도 역시 매우 쉽지가 않다. 일본의 무인의 권력은 고무와 같고, 그 상접하는 바의 물질에 따라서 수축과 팽창의 취향을 달리하고, 아래와 접하면 크게 팽창하고, 위와 접하면 갑자기 수축한다는 성향이 있다. 이 치우쳐서 수축하고 팽창하는 권력을 일체(一體)로 모아서 이를 무가의 위광이라고 명칭을 정하고, 그 일체의 억압을 받는 자는 어려움을 하소연할 데가 없는 인민이다. 인민을 생각하면 안타깝지만, 무인의 무리에 있어서는 위로 주군 아래로 아시가루(足輕)와 쥬겐(中間)에 이르기 까지, 상하 「보편적 이익」이라 하지 않을 수 없다.

단지 이익을 복표로 삼을 뿐만 아니고, 그 상하의 관계가 잘도 정제되어 대단히 법칙성이 있는 미(美)와 같은 것이 있는 것 같다.

즉 그 「법칙성」이라 함은, 무리 내에서, 상하 간에 인간의 비굴한 추태가 있다고는 할지라도, 도당이 일체의 명예를 지니고 굳이 스스로 이를 자기네의 명예로 삼고, 도리어 한 개인의 지위는 버리고 그 추태를 망각하고, 달리 좀 색다른 법칙성을 만들고 이에 길들여진 것이다. 이런 습관 속에서 양성되어 마침내 제2의 성향을 이루어, 어떤 것과 접한다 하더라도 이를 바꿀 수가 없다. 권위와 무력도 굴할 수 없고, 빈천도 빼앗을 수 없고, 엄연한 무가의 기풍을 엿볼 수가 있다. 그 어떤 국면에 대해 어떤 장면에 대해 이를 자세히 관찰하면, 참으로 부러워 할 만한 또한 존경할 만한 것이 많다. 옛날 미가와(三河)의 무사가 도쿠가와 가에 복속하였던 형국[78]과 같은 것도 이한 예이다.

　　이러한 조직으로써 성립된 무인의 관계이므로, 이 관계를 유지하고자 하기 위해서는 부득이 어떤 무형의 최고의 권위가 없어서는 안 될 것이다. 즉 그 권의가 존재하는 곳은 왕실에 고정된다고는 할지라도, 인간 사회의 권위는, 사실 사람의 지덕에 귀착하는 것인 고로, 왕실이라고 하더라도 실질적인 지덕이 존재하지 않으면 실직적인 권의는 이에 귀착할 수가 없다. 이런 까닭에서인지 그 명분만을 남기고 왕실에 실권이 없는 지위를 가지게 해서, 실질적인 권력은 무가의 우두머리에게 장악하게 한다는 책략을 꾸몄던 것이므로, 이른바 당시 여기저기의 호걸들이 왕실이 있는 교토로 상경하는 일에 열중하고, 아이들 장난 같은 명분까지도 짐짓 남겨서 이

---

78) 1563년, 미가와의 혼간지(本願寺)의 신도들이 봉기하여 도쿠가와와 싸웠던 사건이 있다. 이듬해 이들은 도쿠가와에 의해 진압되었다.

를 이용하였던 유래이다. 결국 그 본질을 따지면, 일본의 무인에게 단지 한 개인의 기상(인더비쥬얼리티)은 없으면서, 이와 같은 비열한 소업을 수치로 여기지 않았던 것이다.(난세의 무인에게 일개인의 기상이 없다)

　자고이래 세인이 등한히 간과하여 유의하지 않았던 바이기는 하나, 지금 특별히 이를 기록하면, 일본의 무인에게 단지 한 개인의 기상이 없는 모습을 미루어 볼 수 있는 한 조항이 있다. 즉 그 조항이라 함은 사람의 성명(姓名)에 관한 것이다. 원래 사람의 이름은 부모가 명명한 것이고, 성장한 뒤 더러는 개명하는 일이 있다 하더라도 남의 지시를 받아야 할 것은 아니다. 의식주에 필요한 물품은 사람들의 기호에 맡기고, 자유로운 것 같아 보이더라도, 대개는 외부 환경에 의해 상태를 바꾸게 되어, 자연히 시대의 유행에 따르는 것이지만, 사람의 성명은 의식주에 필요한 물품과는 다르고, 이를 명명하건대 타인의 지시를 받지 않는 것은 물론, 설령 친척이고 붕우라고 하더라도, 내가 원해서 상담을 받는 것이 아니라면 참견을 할 수 있는 사항이 아니다. 세상사의 형태로 나타나는 것들 가운데에서도 가장 자유로운 부분이라고 말할 수가 있다. 법에 의해 개명을 금하는 나라에서는, 처음부터 그 법을 따르는 것이 자유를 방해하는 것은 아니라고 할지라도, 개명이 자유로운 나라의 경우, 겐스케(源助)라고 하는 이름을 히라키치(平吉)로 고치던가, 혹은 이를 고치지 않는다는 자유는 전적으로 한 개인의 의사에 맡기고, 밤에 잠을 자는데 오른쪽을 베개에 베고 노 왼 쪽을 베개에 벤다는 자유와 마찬가지인 것이다. 추호도 타인과 관계가 있을 수가 없다.

그런데 자고이래로 우리 일본의 무가에, 함자를 하사하여[79] 성(姓)을 허락하는 예가 있다. 비굴하고 천열(賤劣)한 풍습이라고 할 수가 있다. 우에스기 켄신(上杉謙信)[80]의 용맹도 또한 이를 면할 수가 없고, 쇼군 요시데루(義輝)[81]의 함자를 하사받아서 데루토라(輝虎)로 개명한 일이 있다. 또 심한 것은 세키가하라(關原)의 전투 후에 천하의 대권은 도쿠가와씨에게로 돌아가고, 제후 도요토미씨를 사칭하는 자는 모조리 본래의 성씨(姓氏)로 회복시켰고, 또한 마쓰다이라(松平)[82]를 사칭하는 자가 있다. 이들의 변성(變姓)은 혹은 스스로 원하고 혹은 상명(上命)에 의해 하사받을 수도 있겠거늘 하더라도, 어차피 내용적으로는 경멸할 수밖에 없는 거동이라고 말하지 않을 수 없다. 혹자는 생각건대, 개명이나 성씨의 사칭은, 당시의 풍습이어서 사람들이 마음속에 새겨두지 않기 때문에, 현시점에서 책할 수는 없다고 말하는 자가 있을지라도 결코 그렇지 않다. 타인의 성명을 사칭하고서 내심 기분이 좋다 하고 여기지 않는 것의 사람의 감정은, 예나 지금 모두 한 가지다. 그 증거로는 아시카가 정권 때, 에이쿄(永享) 6년[83], 가마쿠라의 구보 모치우지(公方持氏)[84]의 자식이, 성인의식을 마치고 이름을 요시히사

---

79) 쇼군 혹은 다이묘 등이 가신 가운데 공이 있는 자에게, 자신의 이름 가운데 한 글자를 하사하였고, 이것은 명예로운 일이 되었다.
80) 전국시대의 무장. 에치고(니가타 현)국의 군주, 원래의 성은 나가오(長尾).
81) 아시카가(足利)요시데루. 무로마치 막부 13대 쇼군
82) 도쿠가와 막부 9대에 가서 도쿠가와의 성(姓)을 받았다.
83) 1434년.
84) 아시카가 모치우지. 제4대 가마쿠라 막부의 구보(公方). 구보란, 관동지역

(義久)라 명명하였던 때에, 관령(管領)[85]인 우에스기 노리사네(上杉憲實)[86]는 여느 때처럼 고인이 된 무로마치 막부[87]의 쇼군의 생전의 실명(實名)을 되돌려 받아야 할 것이다 하고 간언하였으나, 들어주지 않았다[88]고 기록하고 있다. 이때 모치우지는 이미 자립의 의지가 있었다. 그러한 정신은 선의이던 악의이던, 타인의 이름을 사칭하는 것은 비열한 거동이라고 생각했기 때문이리라. 또 도쿠가와의 시절에 호소카와(細川)의 가문에 마쓰다이라(松平)의 성씨를 주려고 하였을 때에 사양하였다고 하여, 민간에서는 이를 미담으로 전해 내려왔다. 진위는 자세하지 않지만, 이를 찬양할 일로 보는 것의 인간의 감정은 지금이고 옛날이고 똑 같은 것임은 분명하게 증명할 수가 있다. 지금까지 기록한 바의 성명에 관한 것은 그다지 큰 사건도 아니라고는 하더라도, 자고이래로 정의롭고 용맹하다고 칭하는 무인이, 기실은 의외에도 비겁함을 알 수 있고, 또 한 가지는 권력을 장악하는 정부의 힘은 무시무시한 것이어서, 민심의 저변까지도 범해서 이를 다스리건대 충분하다는 사정을 증명해 보이기 위해, 몇 마디 여기에 군말을 한 것이다.

　　앞에서 조목조목 논한 것처럼, 일본의 사회구조는 먼 옛날서부터 치자 유와 피치자 유라는 두 개의 원소로 나뉘어서, 권력의 편중을 이루었고, 오늘날에 이르기까지도 그 세를 바꾼 적이 없다.

　　을 통치하기 위해 무로마치 막부가 가마쿠라(지명)에 두었던 역직. 정이대장군(征夷大將軍)

85) 무로마치 시대의 역직. 쇼군 아래의 고위직.

86) 무로마치 초기의 부장. 관동시역의 판팅.

87) 무로마치 6대 쇼군 아시카가 요시노리(足利義敎)를 말함.

88) 『일본외사』(日本外史) 제8권, 『독사여론』(讀史餘論)제 3권.

인민 사이에 자신의 권리를 주장하는 자가 없음은 물론 말할 것도 없다. 종교고 학문이고 모두 치자 유의 내에서 농락되어 일찍이 자립 할 수가 없다. 난세의 무인 정의와 용기가 있는 것 같아보여도 역시 오로지 한 개인으로서의 묘미를 모른다. 난세에도 태평한 시대에도, 사회의 가장 큰 것에서 가장 세세한 것에 이르기까지, 편중이 이루어지지 않은 곳이 없고, 또 이 편중에 의하지 않으면 어떤 일이고 실행될 수 있는 것이 없다. 마치 만병에 한 가지 약을 쓰는 것과 같고, 이 약의 효능으로써 치자 유의 힘을 보강하고, 그 힘을 모아서 이를 집권자의 독점으로 돌린다는 취지이다. 앞에서 이미 말한 것처럼, 왕대의 정치도 무가의 정치도, 호죠, 아시카가의 책략도 도쿠가와의 책략도, 결코 원소를 달리하는 것은 아니다. 단지 그것을 이것보다 좋다고 하고, 이것을 그것보다 나쁘다고 하는 것은, 이 편중을 이용하는 것의 능란과 서투름을 보고 그 득과 실을 판단할 따름. 능란하게 편중의 기술을 구사하여 최상의 권력을 집권자의 집안으로 돌아가게 할 수 있으면, 백사(百事)가 일단 이루어져서 달리 또 바랄 것이 없다.

예로부터의 인습으로 국가(國家)라고 하는 글자가 있다. 이 가(家) 자는 인민의 집을 지칭하는 것이 아니고, 집권자의 가족 또는 가명이라고 하는 의미일 것이다. 그런고로 나라는 즉 집이고, 집은 즉 나라이다. 심지어는 정부를 부유하게 함으로써 「어국익(御國益」 등으로 외치기에 이르렀다. 이와 같은 것은 이른바 나라는 집안 때문에 망하게 된 꼴이다. 이러한 사고로써 정치의 본질을 결정하기 때문에, 그 책략이 나오는 곳은 항상 편중된 권력을 특정한 가문에 귀착시키고자 할 수밖에 없다.

산요(山陽)의 『외사』(外史)[89]는, 아시카가의 정치를 평가하여, 꼬리 쪽이 머리 쪽보다 커서 처치곤란하다[90] 하여 막부 정치의 대실책으로 기록하였다. 이 사람도 단지 편중이 실천되지 않아서 아시카가의 가문에 권력이 돌아오지 않았음을 논한 정도의 것일 뿐이어서, 당시의 유자의 사고로서는 당연한 것이라고 하더라도, 도저히 집이 있음을 알고도 나라가 있는 것을 알지 못한다는 논리이다. 만약 아시카가의 꼬리 쪽이 머리 쪽보다 커서 처치 곤란하였던 것을 실책이라고 한다면, 도쿠가와의 머리 쪽이 지나치게 큰 편중을 보고서 이에 만족하지 않을 수 없을 것이다. 무릇 편중의 정치는 자고이래로 도쿠가와 일문보다 능란하면서도 빼어난 것은 없다. 통일된 후, 끊임없이 가문을 위한 토목사업을 일으키고 제후들의 재산을 축내게 하고, 한 편으로는 여기저기의 성채를 헐고 많은 번들의 성의 토목공사를 중지하고, 대선의 조선을 금하고, 총포를 수도에 반입하는 것을 허락하지 않고, 제후의 처자식을 에도에 억류해서 뻔질나게 저택을 짓게 하고, 자연히 이들을 사치로 유도하고 인간에게 유용한 일을 소홀히 하게 하고, 여전히 그 여력이 있음을 보면, 혹은 하녀이든 혹은 군졸이든, 여러 가지 핑계를 꾸며서 바쁘게 뛰어다니게 해서 지치게 만들고, 명령을 내린다고 해서 시행되지 않는 것이 없고, 명령을 내린다고 해서 복종하지 않는 것이 없음은, 그 형국이 마치 사람의 손과 발을 꺾고 이와 힘을 겨루는

---

89) 에도 후기의 유학자인 라이 산요(賴山陽)의 『일본외사(日本外史)』제9권.
90) 신하의 권력이 강해져서 왕이 억제하기 어렵게 되었다는 의미.

것과 같다. 편중의 정치에 잇어서는 실로 최상 최고의 본보기로 삼을 수 있는 것으로, 도쿠가와 일문의 장래를 꾀한다면 갖은 기교를 다해 묘책을 얻었던 것이라고 할 수 있다.

물론 정부를 세우려면 중심에 권력을 쥐고 전체를 다스리는 것의 균형이 있어야 할 것이다. 이 균형이 필요한 것은 오로지 우리 일본만이 아니고, 세계의 만국이 모두가 그러하다. 야만 무식한 옛날 일본에서도 또한 이런 이치를 이해하기는커녕, 수천 수백 년 전대로부터 전제의 정신만은 잊지 않았던 것이 아니더냐. 하물며 문물이 점차 개방된 후의 세상에서, 누군가 정부의 권력을 빼앗아 가서 그런 뒤에 문명을 기하겠다고 하는 자도 있겠지. 정권이 필요한 것은 학교에 다니는 아이도 아는 바이다. 하지만 서양문명이 앞서 있는 각국에서는 이 권력의 발원처가 단지 한 곳이 아니고, 정치적 법령은 한 방식으로 나온다고 하더라도, 그 법령은 국내의 민심을 집약한 것이거나, 설령 혹은 전혀 이를 집약할 수 없다고 하더라도, 그 민심에 의해서 다소의 방향을 바꾸어, 다양한 의견을 조합해서 그저 그 출구를 하나로 한 것이다. 그런데도 자고이래로 일본에서는, 정부와 국민은 단순히 주객(主客)이었을 뿐 아니고, 혹은 이를 적대(敵對)로 칭하여도 좋을 것이다 즉 도쿠가와 정부에서 제후의 재산을 축내게 했던 것은, 적에게 이겨서 배상금을 징수하는 것과 다르지 않다. 국민에게 조선(造船)을 금하고, 다이묘에게 성의 개보수 공사를 중지하게 한 것은, 전쟁에 이겨서 적국의 포대를 허는 것과 다름이 없다. 이를 같은 나라 사람의 소행이라고 할 수는 없는 것이다.

무릇 세상의 사물에는 첫걸음과 그 다음 걸음의 분별이 있는 법이고, 첫 단계의 제 1보를 대처하기 위해서는, 이로 하여금 다음의 제 2보에 적합하게 한다는 연구가 있어야 할 것이다. 그런고로 두 번째의 보조는 첫걸음을 지배하는 것이라고 하여도 좋다. 이를테면 속담에, 고생 끝에 낙이 온다 하였고, 양약은 입에 쓰다고 한 것이 있다. 고통을 고통으로써 이를 피하고, 고락을 고락으로써 이를 피하는 것은 인지상정으로, 사물의 첫걸음에만 정신을 쏟을 때에는, 이것을 기피하는 것도 당연한 것처럼 보이지만, 다음의 제 2보인 안락과 질병의 쾌유에 착목한다면, 이를 참고 또 이를 견디지 않을 수 없다. 저 권력의 편중도, 한때 나라 안의 민심을 지키고 사물의 순서를 얻게 하려면 어쩔 수 없는 추세이므로, 결코 사람의 못된 마음에서 나온 것은 아니다. 이른바 첫걸음의 처리인 것이다. 뿐만 아니고 그 편중이 교묘함에 이르러서는, 잠시 사람의 이목을 놀라게 할 정도의 좋은 결과를 가져오는 일이 있다고 하더라도 어찌하랴, 제 2보로 나아가고자 하는 때에 가서, 다름아닌 연전의 폐해를 드러내어서 첫걸음의 적절함을 얻을 수 없었던 징후를 발견할 수 있다. 이것으로써 판단하면, 전제정치는 점점 더 교묘해지므로 그 폐해가 점점 심각하고, 그 치세가 더욱더 길어지면 그 남아 있는 폐해도 점점 깊어서, 영구한 유전적인 독으로 바뀌어 쉽게 제거할 수 없는 것과 같다. 도쿠가와 시대의 태평과 같은 것은 즉 그 한 예이다. 오늘날에 와서 세상의 모습을 변혁시키고, 교제의 제 2보로 나아가고자 하여도, 그 하고자 하는 일이 매우 힘들지 않더냐. 그 힘든 까닭은 무엇이더냐. 도쿠가와의 전제는 교활하면서도 그 태평이 장구하였기 때문이다.

　내가 일찍이 속된 말로써 이러한 사정을 평한 적이 있다. 이르건대, 전제정치를 수식하는 것은, 한가한 영감님이 조롱박을 애지중지하여 이것을 광을 내는 것과도 같다. 아침저녁 심신을 수고하며 광을 내어 얻은 것은, 전과 다름없는 둥근 조롱박인데, 단지 광택을 내었을 뿐. 시세(時勢)가 실로 변화해서 제 2보로 들어서려고 함에 즈음하여, 여전히 낡은 것을 사모하여 임기응변을 모르고, 도저히 찾아도 얻을 수 없는 바의 물건을 찾아서 뇌리 속에 상상의 그림을 그리고, 이를 참으로 찾을 수 없겠다 하여 번민하는 자는, 조롱박이 이미 깨진 것을 모르고서 여전히 이것을 광을 내는 것과 같다. 어리석기도 역시 일층 심하다고 할 수 있겠다 하고. 이 속된 말이 더러는 들어맞을 수도 있을 것이다. 하여간 모두 사물의 첫걸음에 신경을 써도 다음의 걸음이 있음을 모른다. 첫 걸음에 멈추어서 다음의 걸음으로 나아가지 못하는 것이다. 첫 걸음으로써 다음의 걸음을 방해하는 것이다. 이와 같은 것은 이른바 저 첫 걸음의 편중으로써 사물의 순서를 얻게 하였다고 하더라도, 기실은 순서를 얻은 것이 아니고, 인간관계를 고사(枯死)하게 만든 것이라고 할 수 있다. 관계를 고사하게 만든 것이므로, 산요의『가이시』의 이른바「신하의 권력이 강해져서 왕이 통제하기 어렵게 되었다」[91]도, 도쿠가와(德川家康)의 「머리 쪽이 지나치게 편중」(首大偏重)도, 어느 쪽이고, 득과 실을 결정할 수가 없다. 결국『외사』등도 그저

[91) 미대불탁(尾大不掉)

사태의 첫 걸음에 착목해 조롱박을 갈고 닦아서 광을 낸다는 생각이 있을 뿐.

시험적으로 도쿠가와의 치세를 보건대, 인민은 이 전제와 편중의 정부를 상전으로 받들어 모시고, 회고하여 세상사의 모습을 자세히 관찰해서 사람들의 품행 여하를 따지건대, 일본국 전체의 몇 천 몇 만 명의 인민은 저마다 몇 천 몇 만 개의 상자 속에 갇히고, 또 몇 천 몇 만 개의 장벽에 차단되어 진 것과 같아서, 전혀 움직일 수 없다. 사농공상, 그 신분을 구별하는 것은 물론, 사족 가운데에는 봉록을 세습하고 관직을 세습하고, 심지어는 유관(儒官)[92]과 의사와 같은 것도 그 가문에 규칙이 있어서 대대로 직업을 바꿀 수 없다. 농부에게도 가격(家格)이 있고 상공에도 주식(株式)이 있어서, 그 격벽의 견고함이 쇠덩이와 같아, 어떤 힘을 사용하더라도 이를 깨뜨릴 수가 없다. 사람들은 재력을 지닌다 하더라고 적극적으로 일을 벌일 수 있는 목표가 없기 때문에, 그저 물러서서 신분을 지킬 책략만을 구할 뿐. 수백 년 오랜 세월, 그 습관이 결국 인성이 되었고, 흔히 말하는 모험심을 완전히 상실하기에 이르렀다.

예컨대 가난한 무사와 가난한 인민이 무지하고 배운 것이 없어 사람들의 경멸을 받고, 연년세세 가난은 또다시 가난에 빠져들고, 그 고난은 무릇 인간이 사는 세계와 비교할 수 있는 것이 없는 것 같다 하더라도, 스스로 고난을 거역하고 감히 사단을 일으키겠다는 용기가 없다. 예기치 않게 찾아오는 고난에는 잘 견딘다고 하

---

92) 유학을 가르치는 관리.

더라도, 스스로 고난을 기약하면서 미래의 유쾌로움을 찾을 자는 없다. 그저 가난한 무사와 가난한 인민만이 아니고, 학자도 역시 그러하고, 상인도 역시 그러하다. 대략 이를 평하자면, 일본국의 사람은 평범한 인류에게 갖추어져야 할 일종의 동력을 결여하여 정체하여 흐르지 않는 극도에 빠진 것이라고 할 수 있다. 이는 곧 도쿠가와의 치세 250년간, 이 나라에 대업을 꿈꾸는 자, 드물었던 때문이다. 근간에 폐번(廢藩) 일거가 있었다 하더라도, 전국의 인민이, 갑자기 그 성정을 바꿀 수가 없었고, 치자와 피치자와의 경계는 지금도 여전히 판연하여서 추호도 그 모습을 개선하지 않기 때문이다. 그 원인을 따지자면 모두 권력의 편중에서 비롯한 것이어서, 사물의 제 2보에 주의하지 않는 것의 폐해라고 할 수가 있다. 고로 이 폐해를 자세히 관찰해서 편중의 병을 제거하지 않으면, 세상은 난세라 하더라도 태평한 세상이라 하더라도, 문명은 결코 진보할 수 없다. 단 이 병의 치료법은, 목하 현재 정치가가 할 일이므로, 이를 논하는 것은 본서의 취지가 아니다. 나는 단지 그 병의 용태를 제시한 것일 뿐.

무릇 역시 서양제국의 인민에게 있어서도, 빈자와 부자 강자와 약자는 한결같지 않다. 그 부유한 자와 강한 자는 가난하고 약한 자를 다스리건대 무자비하고 잔인한 일도 있을 것이고, 오만 무례한 일도 있을 것이다. 가난하고 약한 자도 역시 명리 때문에, 남에게 아첨하는 일도 있을 것이고, 남을 기만하는 일도 있을 것이다. 그러한 관계의 추악함은 결코 우리 일본인과 다를 것이 없고, 더러는 일본인보다 심할 수도 있을 것이라고는 할지라도, 그 추악한 상황에서 스스로 사람들의 내면에 한 개인의 기상을 가지고 거침없는 정신을 저해하지 않는다. 그 무자비와 오만은 단지 부강한 때문이고, 달리 의존할 데가 있는 것이 아니다. 그 아첨과 사기는 단지 가난하고 약한 때문이고, 달리 두려워할 곳이 있는 것이 아니다. 그리고 부(富)와 강(强) 빈(貧)과 약(弱)이라 하는 것은 천성적인 것이 아니고, 사람의 지력으로써 도달할 수 있다. 지력으로써 이를 이르게 할 수 있다는 목표가 있으면, 가령 실질적으로 이르게 할 수 없다 하더라도, 사람들 스스로 그 자신에 의지해서 독립 진취의 길로 나아가야 할 것이다.

시험적으로 저 빈민을 향해 묻는다면, 말로 표현할 수는 없다고는 하더라도 심정적으로는 다음과 같이 대답할 것이다. 나는 가난하기 때문에 부자에게 순종하는 것이고, 가난한 시절에만 그에게 억압당하는 것이고, 나의 순종은 가난과 더불어 없앨 것이고, 저 억압은 부귀와 더불어 사라질 지어다 하고. 생각건대 거침없는 정신이라 함은 이 부근의 기상을 가리켜서 하는 말이다. 이를 우리 일본인이 역사가 시작된 이래 세상에 만연된 편중의 법칙으로 다스려져서, 사람을 접하면 빈부와 강약에 구애받지 않고, 지혜로움과 어리석음 현명함과 못난 것을 불문하고, 그저 그 지위 때문에 혹은 이를 경멸하고 혹은 이를 두려워하여, 추호의 활기조차도 남기지 않고, 자신이 만든 격벽(隔壁)속에 고착하는 자와 비교하면 천양지차가 있음을 발견할 수 있을 것이다. (권력이 편중하면 치난(治亂) 공히 문명은 나아갈 수 없다

이 권력의 편중으로부터 해서 국가 경제에 영향을 끼친 상태

도 등한히 간과할 수 없는 것이다. 무릇 경제의 논리는 대단히 뒤얽힌 것이어서, 이를 이해하는 것은 매우 쉽지 않다. 각 영주국의 사태가 세상의 형편에 따라서 한결같지가 않으므로, 서양제국의 경제론으로써 직접 우리나라에서 시행할 수 없음은 물론 말할 것도 없다고는 하더라도, 여기에 어떤 영주국에 있어서도, 널리 통용할 수 있는 2개 조목의 요결이 있다.

즉 그 제 1칙은, 재산을 모았다가 또 없애는 일이다. 그리고 이 모으는 것과 없애는 것의 두 가지 방식의 관계는, 가장 긴밀하고도 결코 서로 분리될 수 있는 것이 아니다. 모으는 것은 곧 없애는 것의 수단이고, 없애는 것은 곧 모으는 것의 방편이다. 이를테면 봄철에 씨앗을 뿌리는 것은 가을철의 곡물을 모은다는 수단이고, 의식주 때문에 재산을 푸는 것은, 신체를 건강하게 유지하여 그 힘을 기르고, 또한 의식주에 필요한 물품을 모으는 것의 방편인 것과 같다. 이 모으고 없애는 과정에, 더러는 없애고서 모을 수 없는 것이 있다. 화재 수재와 같은 것이 이것이다. 혹은 사람의 마음이 기욕(嗜慾)[93]으로 사치를 즐기고, 멋대로 재물을 소비해서 흔적이 없는 것이 있다. 이 역시 물과 불이 가져다주는 재난과 다르지 않다. 경제의 요결은 결코 소비해서 없애는 것을 금하는 것이 아니고, 단지 이를 소비하고 이를 없앤 뒤에, 얻은 바의 물품의 많고 적음을 보고서 그 소비하고 없앤 것의 득과 실에 대해 판단할 따름. 그 소득한 물품이 소비보다 많으면 이를 이익이라 칭하고, 소득과

---

93) 좋아해서 즐기려는 욕구.

소비가 서로 같으면 이를 무익이라 칭하고, 소득이 오히려 소비보다 적든지, 혹은 전혀 소득이 없으면, 이를 손(損)이라 칭하고 또 전손(全損)이라고 이름을 붙인다. 경제가의 목표는, 항상 이 소득으로 하여금 손해보다 많게 하여, 차츰 축적하고 또 소비해서 국가의 부유를 이루고저 함에 있는 것이다.

고로 이 축적과 소비의 2개 조목은, 어느 것을 수단으로 하고 어느 것을 목표로 할 수 없는, 어느 것을 먼저라 하고 어느 것을 나중이라고 할 수가 없다. 전후와 완급의 구별 없고, 난이와 경중의 차가 없다. 실로 꼭 같은 것이고, 실로 꼭 같은 마음으로써 처리해야 할 것이다. 생각건대 축적해서 잘 이것을 잘 소비하는 것의 방법을 모르는 자는, 결국 크게 축적할 수 없다. 소비하고 또 잘 축적하는 것의 활동이 없는 자는, 결국 크게 소비할 수 없기 때문이다. 부국의 기초는 단지 이 축적과 소비를 왕성하게 하는 것에 있을 뿐. 그 왕성한 나라를 명명해서 이를 부국이라고 칭한다. 이에 입각하여 생각하면, 국재(國財)의 축적과 소비는 국가의 민심으로써 조치하지 않을 수가 없다. 일단 국재라는 명칭이 있는 이상 국심(國心)이라는 명칭이 있다 하여도 이유가 서지 않는 것은 아니다. 국재는 국심으로써 처리하지 않을 수 없는 것이다. 정부의 세입 세출도 국재의 일부분이므로, 서양제국에서 정부의 회계를 인민과 논의한다 하더라도, 그 취지는 생각건대 여기에 근거한 것이다.

제 2칙, 재를 축적하고 또 이를 소비하려면, 그 재에 상응할 수 있는 지력과 그 일을 처리하는 것의 습관이 반듯이 있어야 한다. 이른바 이재(理財)의 지혜, 이재의 습관이라는 것이, 이것이다.

예컨대 천금을 가진 자식, 그 집안을 망가뜨리고, 도박에 이기는 자, 오래 그 부를 지킬 수 없는 것과 같다. 모두 다 그 재와 그 지력 습관과 걸맞지 않은 것이다. 지력이 없고 습관이 없는 자에게 과분한 재산을 주는 것은, 헛되이 그 재산을 잃어버리는 것일 뿐만 아니고, 어린아이의 손에 날카로운 칼을 맡기는 것과 같고, 오히려 이로써 몸을 해치고 남을 상하게 한다는 재앙을 부를 수 있다. 고금에 그러한 예가 매우 많다.

앞에서 참조한 2칙이 생각했던 대로 맞다면, 이를 반영해서 자고이래로 우리 일본국에서 시행된 경제의 득과 실을 살펴 볼 수 있을 것이다. 왕조시대의 일은 잠시 제쳐두고, 가쓰잔 하쿠유(葛山伯有)선생94)의 전제연혁고(田制沿革考)에서 이르기를,

겐·페이(源平)의 난에 이르러, 징발 및 세수에 의하지 않는다95). 인민은 받들어 모실 바를 모른다. 1 향(鄕) 1 (莊)96)의 지역이, 관을 받들고 다이라(平)가문을 받들고, 미나모토(源)씨를 받든다. 간간이 또한 간사한 도둑의 무리 때문에 양식을 도난당하고, 무고한 인민은 도탄의 극에 달한다. 마침내 미나모토(源)공의 권력이 널리 행사되고, 각 번에는 슈고(守護,)97)를 두고, 장원에는 지토(地頭)98)를 둔다. 고쿠시(國司)99)와 쇼시(莊司)100)는 여전히 존재

---

94) 무로마치(室町)시대의 유학자 가쓰잔 하쿠유는 『전제연혁고』(田制沿革考)를 저술하였다. 이 책은 일본의 조세제도의 연혁을 지배계층의 변천과 결부시켜서 저술한 희귀본이다.
95) 징병과 세금징수가 국가에 의해서 시행되지 않게 되엇다.
96) 몇 개의 무라(村)를 합친 단위의 구역을 향이라 하였고, 장은 장원(莊園)을 의미한다.
97) 관직명. 무로마치 시대에는 영주화하여 슈고다이묘(守護大名)로도 불린다.

하므로, 백성들이 두 사람의 군주를 우러러 섬긴다고 할 수가 있다. 중략 아시카가씨의 막부정권과 지방정권을 다스리는 다른 정령은 없고, 국·군·향·장(國郡鄕莊) 모조리 쪼개어 사무라이에게 주고, 조세는 그 주체인 지휘관에게 맡기고, 별도로 50분의 1의 과세를 충당케 하여, 몸소 봉헌하는 하는 것으로 하였다. 예컨대 조세 명목으로 받는 쌀 50석을 소출할 수 있는 지역은, 별도로 1석을 더 내게 하여 교토로 운송하여, 쇼군(將軍)의 주방용 물품비로 충당되었던 것이다. 혹은 불려서 20부의 1에 이르렀던 해도 있다. 슈고(守護)와 치안유지관은 손수 그 지출비를 계산하고 출금을 억제하는 고로, 이는 쇼군과 슈고 지토 쌍방에 지불하는 세금이다. 중략 또 단센(段錢)·무네와케(棟別)·구라야쿠(倉役)101)는 때를 가리지 않고서 이를 징수한다. 단센이라 함은, 벼가 자라고 있는 논을 걸고서 금전을 내게 하는, 오늘날의 수확고에 따라서 부과하는 세금과 같다. 무네와케라 함은, 가구 당 할당을 해서 은(銀)을 징수케 하는 것이고, 지금 말하는 가기야쿠(鍵役102)) 등과 같다. 구라야쿠(倉役)라 함은, 부자와 부유한 상인에게만 할당하는 세금이다. 지금 이야기하는 부겐와리(分限割)103)라고 하는 것과 같다. 구라야쿠, 아시카가 요시미츠(足利義滿)104)의 시대에는 4계절에 걸쳐

---

98) 치안 유지관.
99) 지방관.
100) 주재관
101) 세금의 종류를 말함.
102) 각 세대마다 부과하는 세.
103) 재력가에게 부과하는 세.
104) 무로마치 막부의 3대 쇼군.

할당되었고, 요시노리(義敎)공(公)105)의 시대에는 1년에 12번에 이르고, 요시마사(義政)106)공에 가서는 11월에 아홉 번, 12월에 여덟 번에 이르렀기에, 농부는 논과 집을 버리고서 항거의 수단으로 다른 영지로 달아나고, 도붓장수는 문을 닫고 상거래를 하지 않았던 것이 오닌기(応仁記)107)에 나오고, 운운. 또 이르기를, 도요토미의 가문이 천하를 통일한 뒤, 분로쿠(文祿)3년에 가서,108) 일정한 법규가 생긴 바는, 천하의 조세 3분의 2는 지토가 징수하고, 3분의 1은 농부의 배당이어야 한다고 되어 있고, 운운. 또 이르기를, 여기에 도쿠가와 시대 초기에 와서, 도쿠가와 정권이 전쟁에서 승리했기 때문에 패전국이 된 도요토미 구니(國))에 학정을 베푼다는 사실을 꺼려서, 조세 3분의 1을 완화하여 4 공(公) 6 민(民)법을 말한다109) - 인민의 극심한 고통으로부터 해방하고, 운운.

이상의 『연혁고』의 설에 의하면, 자고이래로 우리나라의 조세는 매우 가혹하였던 것은 의심의 여지가 없다. 도쿠가와 초기에 가서 다소 느슨해졌다 하더라도, 세월이 지남에 따라서 언제랄 것도 없이 원래의 가혹한 세정으로 돌아갔던 것이다.

또 옛날부터 세상의 식자라고 칭하는 자의 설에, 농민은 나라의 근본이라고는 하더라도 상·공 두 부류의 인민은 하찮게 세금을 부과하든가 말든가 하여, 편안하고 만족하게 지내는 것이, 이치

---

105) 무로마치 막부의 6대 쇼군.
106) 무로마치 막부의 8대 쇼군.
107) 성립연대 저자 불명. 오닌의 난에 관해 기술한 전쟁담.
108) 1594년의 일임.
109) 당해 농사의 수확의 4할을 연공으로 영주에게 바치고, 6할을 농민이 소유로 하였던 에도시대의 조세법.

적으로는 있어서는 안 될 일이라고 하여, 줄곧 상·공을 비난할지
언정, 찬찬히 사실을 소상히 밝혀보면, 상공인은 결코 일민(逸民)[110]
이 아니다. 드물게 부유한 상인이나 호상은 일탈하여 먹고 사는 자
도 있으려니 하겠지만, 이는 단지 그 재산과 자본으로 생계를 꾸려
가는 자이므로, 호농(豪農)[111]이 다량의 농토를 소지하고서 놀고먹
는 자와 다르지 않다. 정도가 낮은 가난한 상인에 이르러서는 설령
직접 공적인 세금을 내지 않더라도, 그 생산의 어려움은 농민과 다
르지 않다. 일본에는 자고이래로 공·상인의 세금이 없다. 그 세금
이 없는 고로, 이를 업으로 삼는 자도 자연히 증가하지 않을 수 없
다. 하지만 그 증가하는 것은 역시 반듯이 한계가 있는 법이다. 그
한계는 농사의 이윤과 상·공의 이윤이 서로 균형을 이룸에 이르
러서 해결 될 수 있다.

예컨대 4 공 6 민의 세지(稅地)를 경작하는 것은, 그 이윤이
물론 넉넉한 것은 아니라고 하더라도, 평소라면 또한 처자식을 부
양하고 배고픔을 면할 수 있다. 상인과 공인이 번화한 도시에 살면
서 세금 없는 사업을 하는 것은, 농민과 비교하면 편하고 유용한
것같아보여도, 또한 굶주림과 추위를 피할 수 없는 자가 많다. 그
그러한 까닭은 무엇일까. 동업자의 경쟁 때문이다. 생각건대 전국
의 상공업에는 한계가 있어서 약간의 인원이 생기면 이를 할 수 있
는 한정된 곳에, 영업양은 늘지 않으면서 인원만을 증원하면, 열
사람으로 할 수 있는 장사를 20명 30명인의 손으로 나누고, 100 명

---

110) 세상을 만족하게 생각하면서 편안하게 사는 사람.
111) 시골에서 세력이 있고 많은 땅과 재산을 소유하고 있는 농가.

이서 받아야 할 일용노동자의 임금을 200명 300명에게 배분하고, 3할의 구전을 얻을 수 있는 장사도 1 할로 감소하고, 2000몬[112](文)을 받아야 할 임금도 500몬으로 내려가고, 자연히 동업자와의 경쟁으로 자연히 그 이윤을 박하게 하고, 오히려 남의 편의를 봐주고서 농민도 역시 이러한 편리를 받게 마련이기 때문이다. 고로 상공업의 명목은 무세(無稅)이다 고 한다 하더라도, 기실 유세(有稅)의 농부와 다르지 않다. 더러는 상공업 쪽에 이익이 많은 경우가 발생하면, 그 많은 까닭은, 정부에서 식자의 말을 이용하여, 가지가지 장애물을 만들어서, 농민이 장사 방면으로 돌아갈 것을 방해하여, 그 인원수의 비율이 오히려 적기 때문에, 다소 독점판매의 이득을 얻게 하였던 것이다. 이런 사정에 입각하여 생각하면, 농과 상공은 실로 그 이해(利害)를 함께 하고, 공히 나라에 필요한 일을 하는 것이므로, 그 명목에 유세와 무세의 차별이 있다고는 하더라도, 모두가 다 편안하게 지내는 사람들은 아니다. 쌍방 공히 국가의 재정을 축적하는 종류의 인민이라고 할 수 있다.

그런고로 인간관계에 있어서, 치자 층과 피치자 층으로 구별한 것을, 지금 여기에서는 경제적으로 재산을 생산하는 자와 재산을 생산하지 않는자라는 두 종류로 나눌 수 있다. 다름이 아닌 농·공·상 이하의 피치자의 종족은 국가의 재정을 생산하는 자이고, 사족이상의 치자의 종족은 이를 생산하지 않는 자이다. 혹은 앞에서의 단락의 문장을 이용하여, 하나를 축적의 종족이라 하고, 다른

---

112) 화폐의 단위.

하나를 소비의 종족이라 하여도 좋다. 이 두 종족의 관계를 보건대, 그 노력과 안일, 손덕(損德)의 양상, 물론 공평치 않다고 하더라도, 인구는 많아서, 재산과 자본에 비해 지나쳐, 서로 경쟁적으로 직업을 찾는다는 추세에 직면하면, 부자는 편안하고 가난한 자는 수고하지 않을 수 없다. 이 또한 오로지 우리나라만이 아니고, 세계의 보편적인 폐단으로, 어찌 할 수도 없는 것이므로 심하게 책할 것은 아니다. 또한 사족 이상의, 치자 계층의 사람을 재(財)를 생산하지 않는 사람 혹은 소비의 종족으로 부른다고는 하더라도, 정부에서 문무(文武)정책을 시행하여 세상의 사물의 순서를 정돈케 하는 것은, 경제를 돕는 기틀이므로, 정부의 세출(歲出)로써 일률적으로 이를 무익한 소비라고 할 수 없다. 다만 우리나라의 경제에 있어서, 특히 불합리하고, 특히 타 문명국과 다른 바는, 이 꼭 같은 일인 국가의 재정의 축적과 소비를 처리하건대, 꼭 같은 심정으로써 하지 않는다는 것 하나에 있다.

자고이래로 우리나라의 일반적인 상식에 있어서, 인민은 항상 재물을 축적하고, 이를테면 4 공 6 민의 세법이라고 하면, 그 6할을 가지고서 겨우 부모와 처자를 부양하고, 잔여의 4할은 이것을 정부에 납부하여, 일단 내 손을 떠나면 그 행선지를 모른다. 그 어떤 소용에 도움이 되게 하였는지 모른다. 남는 것을 모르고 부족한 것을 모른다. 일괄적으로 말하면 이를 축적하는 것을 알아도 그 소비하는 길을 모르는 것이다. 정부도 역시 일단 이것을 내손에 책임지고 떠맡았을 때는, 그 오는 곳을 모르고, 그 어떤 수단에 의해서 생긴 것을 모르고, 마치 이를 하늘이 내려준 것처럼 생각해서, 이를 소비하고 이를 없애어 무엇 하나 뜻과 같이 되지 않는 것이 없다. 대체로 말하면 이를 소비하는 것을 알아도 축적의 길을 모르는 것이다

경제의 제 1칙에, 축적과 소비는 확실하게 꼭 같은 것이고, 꼭 같은 마음가짐으로 처리해야 하는 것이라고 했다. 그런데도 지금 이 현상을 보면, 꼭 같은 일을 하건대 두 가지 마음으로써 하여, 이를 비유하면 한 글자를 쓰는 데 왼쪽부수인 변과 오른쪽부수인 방을 나누어서 두 사람의 손을 사용하는 것과도 같다. 어떤 능필이라 하더라도 글자를 이룰 수 없음은 자명하다. 이처럼 상하의 마음을 두 가지로 쪼개고, 저마다 그 마음속으로 생각하는 이익을 따로 하여, 피차 서로 모를 뿐만 아니고, 서로 그 거동을 보고 서로 의심하기에 이르렀다. 어찌 경제의 불협화음을 일으키지 않을 수 있으랴. 소비해야 할 곳에 소비하지 않고, 소비해서는 안 되는 것에 소비를 하여, 도저히 그 비율이 적절할 수가 없는 것이다.

아시카가 요시마사(足利義政)가 대란이 한창일 때, 긴카쿠지(銀閣寺)113)를 일으키고, 꽃을 많이 심어놓은 무로마치 전(殿)의 지붕 용마루의 주옥에 금과 은을 장식하고 60만 양의 돈꿰미, 다카쿠라 어소(御所)의 미닫이 문 1칸에 25만 전을 소비할 정도의 사치여서, 여러 구니(國)의 인민에게 단센(短箋), 무네와케(棟別)등의 세금을 가차 없이 재촉하고, 정부에 한 푼의 여재(餘財)도 없는 것은, 상하가 공히 가난한 시절이다. 태합(太閤)114)이 내란 후에 오사

---

113) 1482년에 요시마사가 교토에 이 절을 세움.
114) 도요토미 히데요시를 칭함.

카 성을 쌓고, 이어서 또 조선(朝鮮)을 정벌하고, 국외에는 불필요한 군비 지출, 국내에는 주연을 베풀어 온갖 사치를 다하고서도, 아직 금전과 병마의 비축이 있는 것은, 일반백성은 가난하면서 상류층은 부귀와 번창을 누리는 시절이라고 할 수 있다. 또 역대 군주들 가운데서 현명하다는 명성이 있는 호죠 야스토키(北條泰時) 이하 도키요리(時賴), 사다토키(貞時)등 제 군주는, 그 스스로 바치는 조세가 틀림없이 검소 검약하였던 것이겠지. 후세로 내려가서 도쿠가와의 시절에 이르러, 그 초대에는 명군 현상을 배출하여, 정부의 체제는 하나도 흠잡을 것이 없다. 이를 요시마사의 시절 같은 때와 비교하면 도저히 비교가 안 된다고 할지라도, 민간에게 돈을 주게 하여 사업을 꾀한 자가 있다는 말을 듣지 못한다. 호죠와 도쿠가와의 유물로서 오늘날에 물려받은 가운데에서 가장 두드러진 것은, 가마쿠라의 고산(五山)115)이고, 에도와 나고야의 성이고, 닛코 산(日光山)116)이고, 도에이 산(東叡山)117)이고, 조쇼지(增上寺)이니, 모두가 다 성대한 것이라고 하더라도, 다만 의심하지 않을 수 없는 것은 그 시대의 일본으로 이런 성대한 건축 공사를 일으킬 수 있었다고 하는 사실이다. 과연 국가전체의 경제에 비해서 합당한 것인지, 나는 결코 이를 믿지 않는다.

　전국에 걸쳐 있는 성곽은 물론, 신사와 불각(佛閣)의 고적이라 하여, 더러는 대불(大佛)과 대종(大鐘), 혹은 대가람 등 장대한 건

---

115) 선종에서 말하는 가장 격이 높은 다섯 개의 사찰 가운데 한 곳.
116) 닛코산의 천태종 윤왕사(輪王寺)를 말함.
117) 동쪽의 히에(比叡)산, 즉 도쿄 우에노(上野)의 간에이지(寬永寺)를 말함.

축물이 있는 것은. 대개 모두 신도와 불교가 번성하였던 증거는 아니고, 독재군주가 활개를 친 것을 증명하기에 충분할 따름. 드물게는 땅을 파서 물길을 만드는 등의 대공사를 일으킨 일도 있을지언정, 결코 인민의 의중에서 나온 것이 아니다. 단지 그 당시의 군주나 제상, 관리의 취향에 따라서 이른바 민의 고뇌와 고통을 질책하여 그 편리함을 헤아렸던 것일 뿐. 물론 고대의 지혜롭지 못한 세상이므로, 정부에서 독단적으로 일을 벌이는 것은 당연한 추세여서, 그 누가 이를 이상하게 여기는 자 있겠는가. 지금으로부터 그러한 거동을 가지고 시비할 리는 설마 있을 수가 없다고는 하더라도, 국가재정의 축적과 소비 그 방식을 달리해서, 경제적으로 끊임없는 불협화음을 일으키고, 명군 현상의 세상에서도 폭군과 오리(汚吏)의 시대에서도, 공히 이런 폐해를 벗어날 수 없었던 것은 분명하게 증명할 수 있는 일이므로, 후세에 적어도 이 점에 분별력이 빼어난 자가 있다면, 재차 그런 전철을 밟아서는 안 될 것이다.

명군 현상은 반드시 유익한 일에 마땅히 재물을 쓸 것이라고는 하더라도, 그 유익하다고 하는 것은 명군 현상의 의사로써 결정하는 바의 유익이므로, 각자의 취향에 따라서 무를 유용한 것으로 판단하는 자도 있을 것이고, 문을 유용하다고 판단하는 자도 있을 것이고, 혹은 진정으로 유용한 일을 유용하다고 하는 것도 있을 것이라고는 하더라도, 혹은 쓸모없는 일을 유용하다고 하는 것도 있을 것이다. 아시카가 요시마사의 시대에, 정부에서 영을 내려 일체 차금(借金)에 관한 약속을 파기하고 이를 덕정(德政)[118]이라고 이름을 붙인 적이 있다. 도쿠가와 막부 시대에도 이와 유사한 예가 없지는 않다. 이러한 것도 정부에서 덕이라고 말하면, 덕인 것과 마찬가지이다. 여하간 국내에서 축재를 하는 자는 소비를 하는 자의 조치에 관해 조금도 참견을 하지 않는 관행이므로, 소비를 하는 자는 지출액을 계량해서 돈이 드는 것을 억제하는 것이 아니고, 지출과 지입을 공히 무제한으로, 다만 인민의 생계를 헤아려서 종전의 형국에 머무르면, 이를 최상의 인정(仁政)이라 하여 달리 되돌아볼 곳이 없다. 연년세세 똑같은 일을 반복하여, 여기에 모아서는 저기에 소비하고, 한 글자를 둘이서 쓰고, 그것으로써 수백 년의 오늘에 이르고, 회고하여 고금을 비교하여 국가 경제의 유래를 보면, 그 진보가 느린 것에 실로 경악을 견디어 냈다.

그 한 예를 들어 말하건대, 도쿠가와의 치세 250년, 국내에서 아주 소규모의 군대를 이용한 적도 없는 것은, 만고 전 세계에 유례가 없는 태평이라고 할 수가 있다. 이 세상에서 유례가 없는 태평한 세상에 살면, 일본의 인민이 어리석다고 하더라도, 공예의 분야가 발전되지 않았다고 하더라도, 설령 그 재화의 축적은 느리다고 하더라도, 250년 동안에는 경제적으로 장족의 진보를 할 수 있을 터이거늘, 실제에 있어서는 그러하지 않음은 무엇일까. 단지 이를 쇼군(將軍)과 제 번주의 부덕만으로 돌릴 수는 없다. 만약 혹은 이를 군주와 제상, 관료가 덕이 없고 재주가 없는 것으로 인해 초래된 재앙이라고 한다면, 그 덕이 없고 재주가 없는 것은 그 사람의 죄가 아니다. 그러한 위치에 있으면 부득이 부덕하고 재주가 없

---

118) 매매와 대차의 계약파기를 승인한 법령. 덕정령.

게 되지 않을 수 없는 추세가 되고, 그 추세에 몰리게 된 것이다. 고로 경제 한 방면에서 논한다면, 명군 현상도 뜻밖에 기대할 만한 하지 않고, 천하태평도 뜻밖에 효능이 적은 것이다.

혹자의 주장에, 전쟁은 실로 무서워해 마땅하고 마땅히 증오해야 할 재앙일지언정, 그 나라의 경제에 영향을 끼치는 점은, 이를 인체에 비유하건대 창상(創傷)과도 같다. 한때는 사람의 이목을 놀라게 한다고 할지라도, 생명의 귀중한 부분과 연관되지 않는다면, 그 유착(癒着)은 의외로 신속한 것이다. 단지 경제에 관해서 각별히 우려하지 않으면 안 될 것은, 창상이 아니고, 저 폐결핵과 같이, 나날이 점차 쇄약하게 되는 병에 있다고. 이런 설에 의거해서 생각하면, 우리 일본의 경제에 있어서도 원래 권력의 편중으로부터 시작해서 재화를 모으는 자와 소비를 하는 자 라고 하는 두 가지 형태로 나누고, 쌍방 간에 기와 맥을 통하지 않게 하고서, 나날이 쇠약해지지 않으면, 한 해가 가고 한 달이 가도 같은 모양으로 머물러, 혹은 수백 년 동안 조금 나아졌다고 하더라도 아무리 해도 성대하고 활발한 영역으로 접어들 수가 없어서, 도쿠가와 250 년의 치세에도 현저한 진보를 보지 못했던 것은, 이른바 경제의 폐결핵임에 틀림이 없다.

옛 부터 일본 학자들의 논리에, 정부의 간죠부교(勘定奉行)[119]와 군부교(郡奉行)[120]는 세금을 구분할 수밖에 없다고 하였다, 생각건대

---

119) 에도막부의 직명. 막부직할지의 다이칸(代官)·군다이(郡代)를 감독하고 세금징수와 금전출납 등, 막부의 재정을 맡은 장관.
120) 지방장관에 해당함.

그 취지는 간죠부교에게 세금징수권을 위임하면 자연히 취렴(聚
斂)121)에 빠지기 때문에, 민에 가까운 군부교의 권한으로써 이를 균
등하게 한다는 판단일 것이다. 말할 것도 없이 한 정부가 같은 구덩
이 안에 있는 관리들에게 세금을 구분한다 하더라도 실질적으로 도움
이 되지는 않을 것이라고 하더라도, 그 논리의 의미를 추측으로 판단
하면, 소비를 하는 자의 한 손에 재정의 사용권을 부여하는 것의 폐해
는 옛날 사람 역시 깜깜한 속에 몰랐던 것은 아닌 것이다.

경제의 제 2칙에, 재를 축적하고 또한 이것을 소비하려면, 그
재에 상응할 수 있는 지력과 그러한 일을 처리하는 것의 습관이 반
듯이 있어야 한다고 되어 있다. 무릇 이재(理財)의 요결은 활발하
고 감행하는 활력, 절약하고 노력하는 힘에 달린 것이어서, 이 양
자가 적절히 조화를 이루어서, 상호 견제와 균형을 이루어, 비로소
활발한 축적과 소비를 가져올 수가 있는 것이다. 만약 그러하지가
않아서 한 편으로 치우쳐, 감행의 활력이 없이 전적으로 절약만 하
면, 그 폐단은 탐욕과 인색으로 빠지고, 절약의 정신을 잊고서 감
행의 활력을 제멋대로 행사하면, 그 폐단은 낭비와 남용으로 변해
서 모두 이재의 기본에 어긋나는 것이라고 할 수 있다. 그런데도
전 단에서 말한 것처럼, 전국의 인민을 축적하는 자와 소비하는 자
두 종류로 구분하고, 그 경계가 판연할 때는, 그 종류 전체의 품행
에 있어서 한 편으로 치우쳐서, 갑의 종류에는 절약과 노력의 원소
를 가진다 하더라도, 감행이라는 활력을 잃어서 인색의 폐해에 빠
지지 않을 수가 없고, 을의 종류에는 활발과 감행의 원소를 가진다

---

121) 세금을 지나치게 거두어 들이는 것.

하더라도, 절약의 정신을 잃어서 낭비의 폐해에 빠지지 않을 수가 없다.

일본국의 인민, 그 교육이 널리 보편화되지 않았다고는 하더라도, 천성적으로 어리석지 않으므로 이재의 문제에 있어서 특별히 서투르다고 할 리는 없다. 다만 그 사회의 추세에 따라서 구분해서는 안 될 업(業)을 구분하고 각 종류의 습관을 이루어, 마침내 그 품행을 특별히 만들어서 서투름을 드러내기에 이른 것이다. 그 품행의 소질은 결코 악성이 아니고, 적절하게 이를 조화하면, 감행과 활력, 절약과 노력이라고 칭하는 기질을 생기게 하여, 이재에 둘도 없는 용도를 이룰 수가 있을 터이지만, 그 구실을 하지 못하고 오히려 낭비와 남용, 탐욕과 인색의 모습으로 변했던 것은, 필경 소질이 악성이 아니고, 조화의 적절함을 잃었던 것이기 때문이다. 이를 비유하면 산소와 질소를 조화하면 공기로 일컫는 물질을 일으키고, 동식물의 생육에 없어서는 안 될 효능을 이룰 수 있을 터이거늘, 이 두 원소를 분석해서 제각각 따로 할 때는, 효능을 이루어낼 수 없을 뿐만 아니고, 오히려 물질의 생육을 해치는 것과 같다. 고래 우리나라의 이재의 실상을 보건대, 금전을 소비해서 일을 벌이는 자는 항상 사족 이상 치자의 유이다. 정부에서 토목공사를 일으키고, 문무와 관련한 사업을 꾀하는 것은 물론, 대체로 세간에서 글을 읽고, 무예를 강의하고, 혹은 기예를 연마하고, 혹은 풍류를 즐기는 등, 그러한 사항은 유용하던 무용하던, 개인의 생계를 도모한다는 것 외에 여유를 만들어서, 인생의 다소 고상한 부분에 마음을 활용하는 자는, 반듯이 사족 이상에 한하고, 그 품행 역시 자연히 예민 활발하며, 그다지 일을 벌이는 것의 기력이 모자라지 않다. 실로 우리 문명의 근본이라고 칭할 수 있는 것이라고는 할지라도, 그러나 어찌하랴, 이재라는 한 가지 사항에 가서는 수천 수백 년의 추세에 따라, 지출은 알면서도 지입을 모르고, 쓰는 것을 알면서도 모을 줄을 모르고, 가지고 있는 물품을 쓸 줄은 알면서도 없는 물품을 만들 줄을 모르는 자들이므로, 그때에 자연히 낭비 남용의 폐해를 면할 수 없다. 그 뿐 아니고 오랜 인습은, 마침내 일종의 풍속을 조성하여, 이재를 담론하는 것은 사군자의 일이 아니라 하여, 이를 모르는 것을 수치로 삼지 않았을 뿐 아니고, 오히려 이를 안다고 하는 사실을 수치로 삼고, 사군자 가운데 최상류라고 하는 자와, 이재가 아주 서투른 자와는, 두 글자가 동의어인 것에 이르렀다. 우원(迂遠)도 역시 이를 데 없이 심하다 할 수 있다.

또한 한 편에서 농상 이하의 피치자의 종류를 보면, 상류 종족에 반하여 분명하게 경계를 제한하고, 마치 별도로 한 장면의 하류 세계를 펼쳐놓고, 인정 풍속을 특별하게 하고, 남의 제어를 받고, 남의 경멸을 받고, 말하건대 호칭을 달리하고, 앉건대 자리를 달리하고, 의복에도 제한이 있고, 법률에도 차별이 있고, 심지어는 생명의 권리마저도 남에게 맡기기에 이르렀다. 도쿠가와의 율서[122]에,

아시가루(足輕)의 모양새라고 하더라도 하찮은 상공인 농민의 신분으로서 법에 어긋나는 쓸데없는 언행, 부주의한 처사로 어쩔 수 없

---

122) 『공사방어정서』(公事方御定書)라는 법률서의 어정서100개조 가운데 71개조에서 인용.

이 칼로 쳐 죽인 자는 그 죄상을 자세히 조사하여 규명한 뒤 그 처사
가 명명백백하다면 그 책임을 묻지 않을 것

이라고 되어 있다. 이 법령에 의거하면, 농민과 상공인은 항시
수 천 수만 명의 적을 접하는 것 같고, 그 무사함은 다행히도 면하
였을 따름. 자칫하면 생명까지도 안심할 수 없으니, 어찌 다른 것
을 뒤돌아 볼 여유가 있겠는가. 염치를 아는 마음과 공명을 떨치겠
다는 마음은 온몸을 털어내어 바닥이 났고, 또 학문 기예 등에 뜻
을 둘 수 있는 여유를 남기지 않고, 그저 상명에 따라 정부의 재정
비용을 바칠 뿐, 심신 공히 속박을 당하는 것이라고 할 수 있다. 하
지만 인류의 천성에 있어서, 마음의 작용은 어떤 모습의 수단을 쓴
다하더라도 완전하게 이를 쥐어짜고 꼼짝 못하게 잡아가둘 수 있
는 것은 아니다. 어차피 간극을 찾아서 간신히 새어나갈 수 있는
길 반듯이 있게 마련이다. 지금 이 농민과 상공인 등의 신분 역시
진퇴가 물론 부자유하다고 하더라도, 사재를 축적하여 재산을 운용
하는 일 한 가지에 있어서는, 그 마음의 작용을 신장시킬 수 있는
길을 열어서 이를 방해하는 것이 적다. 이런 까닭에서인지 기력이
있는 자는 축재에 정성을 다하여, 천신만고를 마다 않고 절약 노력
해서 이따금 거만금(巨萬金)의 재산을 이루는 자 없지 않다. 하지
만 원래 이런 패거리는, 단지 부를 탐해서 부를 이룬 자여서, 다른
것에 뜻을 둘 곳이 없고, 부를 구하는 것은 다른 목적을 달성하기
위한 방편이 아니므로, 분명히 이것이 평생 다시없는 목적인 것
같다.

고로 사람이 사는 세상, 부 외에는 귀히 여길 것이 없고, 부를 내던지고서 대체할 수 있는 것이 없고, 학문과 기술 이상의 인간의 심성의 고상한 부분에 속하는 바의 사건은 이를 뒤돌아보지 않을 뿐만 아니고, 도리어 사치의 한 항목으로써 이를 금하고, 상류계층의 사람들의 거동을 보고 은근히 그 우원(迂遠)을 비웃기에 이르렀다. 사태의 추세에 있어서는 역시 이유가 없지는 않다고 할지언정, 그 품행이 비열하고 과감하게 실천하는 기상이 없음은, 참으로 경멸하지 않을 수 없는 것이다.

시험적으로 일본국 전체의 부호라고 칭하는 집안의 유래와 그 흥패의 내용을 탐색하면, 명확하게 실증적인 사례를 볼 수 있다. 자고이래로 호상 호농의 집안을 일으킨 자는, 결코 학자나 사군자의 유가 아니고, 100에 99는 무학 무술(無術)의 야인으로, 당연히 부끄럽게 생각해야 할 것을 부끄러워하지 않고, 당연히 참아서는 안 될 것을 참고, 그저 인색에만 의존해 축재를 한 자일 뿐. 또 그 집안을 망가뜨린 자를 보면, 기력이 부족해서 축재의 기술을 게을리 하든가, 아니면 주색 방탕 육욕을 자행해서 금전을 잃는 자에 불과하다. 저 사족 계층이 표연히 재산을 돌보지 않고, 그 흥미를 갖는 곳에 탐닉해서 애써 그 의지를 굴하지 않고, 애써 그 지향하는 바의 일을 이루어 가난을 염려하지 않는 자와 비하면, 도저히 비교할 수가 없다. 물론 육욕으로써 집안을 망가뜨리는 것도, 표연히 집안을 망가뜨리는 것도, 그 집안을 망가뜨리는 것의 실상은 같다 하더라도, 생각이 지향하는 바를 논하자면, 상류층의 사람에게는 여전히 지덕의 작용에 여유를 남기고, 하류층의 사람에게는 그

저 금전을 좋아하고 육욕을 받들어 모신다는 어떤 원소가 있는 것 같다. 그 품행의 차이 역시 크다고 할 수 있다.

이상의 사정으로써 피치자 유의 절약과 노력은 그 형태를 바꾸어서 탐욕과 인색이 되었고, 치자 유의 활발함과 과감한 실천은 그 성격을 바꾸어서 낭비와 남용이 되어, 공히 이재의 용도에 적합하지 않고, 그로해서 오늘날의 형국에 다다른 것이다. 무릇 우리 일본을 빈국이라고 한다고는 하더라도, 천연적인 산물이 부족한 것이 아니고, 더군다나 농경 한 분야에 있어서는, 세계만국에 대해 자랑할 수 있는 것이 많은 것에 있어서야. 결코 이를 천부적인 빈국이라고 할 수는 없다. 아니면 세법(稅法)이 가혹한 것일까, 세법이 가혹하다고 하더라도, 그 세금은 모아서 이를 바다에 던지는 것이 아닌 이상, 나라 안에 그대로 있어서 재산과 자본의 일부분이 아닐 수 없다. 그런데도 오늘날의 형국으로 나라 전체가 가난한 것은 어째서일까. 필경 재(財)가 부족한 것이 아니고, 그 재를 관리하는 것의 지력이 부족한 것이다. 그 지력이 부족한 것이 아니고, 그 지력을 양단하여 상과 하 저마다 그 한 부분을 지키기 때문이다. 이를 바꾸어 말하면, 일본국의 재는 역사가 시작된 처음부터 오늘날에 이르기까지, 아직 이에 상응할 수 있는 지력을 만나지 않은 것이라고 말할 수 있다. 생각건대 이 지력이 양단된 것을 잘 정돈하여 하나로 만들고, 실제의 용도 에 적합하게 하는 것은 경제의 급무이므로, 수 천 수백 년의 습관을 이루어 온 것이므로, 일조일석의 운동으로써 변혁할 수 있는 것이 아니다. 근일에 이르러서 조금 그 운동의 실마리를 보는 것 같다고는 하더라도, 상류층과 하류

층의 종족, 서로 그 장점을 취하지 않고 도리어 그 단점을 배우는
자가 많다. 이 역시 어찌 할 수가 없는 추세여서, 꼭이 그 사람의
죄가 아니다. 드넓은 천하의 대세는 먼 옛날로부터 흘러서 금세에
이르러, 억조창생의 인류를 쓰러뜨리고, 그 지향하는 바로 기울어
진 것이므로, 이제 느닷없이 이에 항거할 수 없음도 역시 과연 그
러하구나 하고 말할 수 있다.

제 6권

제 10장 자국의 독립을 논함

자국의 독립을 논함

앞의 제 8장 9장에서, 서양제국과 일본과의 문명의 유래를 논하고, 그 전체의 형국을 살펴서 이것을 비교하면, 일본의 문명은 서양의 문명보다도 뒤진 것이라고 말하지 않을 수 없다. 문명에 전과 후가 있으면 전인 자는 후인 자를 지배하고, 후인 자는 전인 자에게 지배된다는 이치이다. 옛날 쇄국을 하던 시절에 있어서는, 우리 인민은 물론 서양제국이라는 것조차 몰랐던 것이라고 하더라도, 지금에 와서는 이미 그 나라가 있음을 알고, 또 그 문명의 형국을 알고, 그 형국을 우리와 비교하여 전과 후의 차이가 있음을 알고, 우리 문명으로써 그들에게 미치지 못함을 알고, 문명이 뒤진 자는 앞선 자에 제압된다는 이치까지도 알 때는, 그 인민의 심정에 일단 새기는 바의 것은, 자국의 독립여하라고 하는 사실 하나에 있지 않을 수 없다.

대저 문명이라고 하는 것은 지극히 광대하여서, 무릇 인류의 정신이 도달하는 곳은 모두 그 영역 안에 있지 않은 것이 없다. 서양과 대항해서 자국의 독립을 도모하는 것과 같은 것은, 물론 문명론 속에 있어서 사소한 일개 항목에 불과하다 하더라도, 본서 제 2장에서 말한 것처럼, 문명의 진보에는 단계별로 정도가 있는 것이므로, 그 진보의 정도에 따라서 상응하는 조치가 마땅히 없어서는 안 된다. 지금 우리 인민의 마음에 자국의 독립여하를 새기고 이를 우려하는 것은, 다름 아닌 우리나라의 문명의 정도는 지금 참으로 자국의 독립에 대해서 심려한다는 단계에 있고, 그 정신이 도달하는 바, 흡사 이 한 국면 만에, 아직 다른 것을 뒤돌아 볼 여유가 없다는 증거이다. 고로 내가 이 문명론의 마지막 장에서 자국독립이라고 하는 한 조목을 거론하는 것도, 어쩌면 인민의 보편적인 방향에 따라, 그 정신이 실로 도달하는 바에 관해서 논의를 세운 것이다. 모두 문명의 비법을 발하여 그 세밀함을 규명하는 것과 같은 것은, 이를 훗날 후진의 학자에게 맡길 따름.

옛날 봉건시대에는, 인간의 관계에 군신 주종의 사이라고 하는 것이 있어서 세상을 지배하고, 막부와 제번의 사족이 저마다 그 시절의 주군에게 정성을 다 하는 것은 물론, 멀리 조상의 유래를 잊지 않고서 전심전력으로 주군가(家)의 이익을 생각하고, 그 집의 밥을 먹는 자는 목숨을 바쳐서 그 은혜를 갚기 위해 죽는다[1] 라고

---

1) 『사기』(史記)의 준음후열전(准陰侯列傳)에, 남에게 양육되었던 적이 있는 사람은, 목숨을 바쳐서라도 그 은혜에 보답해야 할 것이고, 자신의 이익을

하여, 자신의 생명조차 완전히 주군가에 속한 것으로서, 감히 스스로 이를 자유로이 하지 않고, 주군은 나라의 부모로 칭하여, 신하를 자식처럼 사랑하고, 은의(恩義) 두 글자로써 상하의 사이를 원만하고 견고하게 다스려서, 그 관계가 기릴만한 것 혹은 마땅히 부러워해야 할 것이 없지는 않다. 혹은 정말로 충신의사가 아니라고 하더라도, 보편적으로 의(義)를 귀하게 여긴다는 풍속이므로, 그 풍속에 따라 스스로 개인의 품행을 고상하게 유지하는 것이 당연하다. 이를테면 사족 사이에서 그 자제를 훈계하려면, 반듯이 신분 또는 가문 등의 말을 사용하여, 사무라이의 신분으로서 비열은 불가 라 말하고, 혹은 조상 이래의 가문에 대해서 라고 말하고, 혹은 주군님께 면목이 없다고 말하고, 신분·가문·주군님은 실로 사족이 당연히 의존해야 할 대도(大道)이자, 평생 동안의 품행을 유지하는 밧줄과 같다. 서양의 말에 이른바 「모랄·타이」[2]라는 것이 있다.

이 풍속은 단지 사족과 국가의 군주와의 사이에서 통용되는 것만이 아니고, 널리 일본전체의 민간에 스며들어서, 장사꾼 패거리에서도 유행하고, 농사꾼의 패거리에서도 유행하고, 에타[3]의 패거리에서도, 히닌(非人)[4]의 패거리에 있어서도, 무릇 인간관계가

위해 치우쳐서는 안 된다는 내용을 인용한 말.
2) moral tie. 신분을 초월하여 인간을 잇는 도덕적 지주. 기죠의 영향에서 시작한 말.
3) 천미신분으로, 소 말의 사체 처리, 죄인의 체포, 처형 등을 업으로 하던 사람. 백정.
4) 에타와 함께 천민계층의 하나(극빈자 거지 죄인을 송치하거나 형장에서 일하는 사람 등을 가리키는 말.)

있으면 가장 큰 것에서부터 가장 작은 것에 이르기까지 널리 미치지 않은 곳이 없다. 이를테면 장사꾼과 농부에게 본가·별가(別家)의 도리가 있고, 에타와 히닌에게도 오야붕(親分)과 고붕(子親)5)의 구별이 있어서, 그 의리의 탄탄함은 바로 저 군신 과 같이 그러하다.

이 풍속을 일컬어서 혹은 군신의 의(義)라 하고, 혹은 조상의 내력이라 하고, 혹은 상하의 명분이라 하고, 혹은 본말(本末)의 차이라 하여, 그 명칭은 어느 것이라고 하더라도, 하여간 일본이 역사가 시작된 이래 오늘에 이르기까지 인간관계를 지배하여, 오늘까지의 문명을 달성한 것은, 이 풍속과 습관의 힘에 있는 것이다.

근래에 서양인과 외교관계를 체결함에 이르러, 우리나라의 문명과 그들 나라의 문명과를 비교하건대, 그 외형으로 드러난 기술공예가 그들에 미치지 못함은 물론 말할 필요가 없다. 민심의 내부에 이르기까지도 그 취향을 달리하였다. 서양제국의 인민은 지력이 활발해서, 곧잘 스스로 그 신체를 다스리고, 그 인간관계는 정돈되어서 사물에 순서를 갖추고, 크게는 일국의 경제에서 작은 것은 일가, 일신의 처신에 이르기까지, 도저히 지금의 형국으로서는 우리 일본인의 계획이 견줄 바가 아닌 것이다. 대략적으로 말하면, 서양제국은 문명하고 우리 일본은 아직도 문명에 도달하지 않은 것, 오늘에 와서 비로소 분명하여서, 인민의 정서상 이를 인정하지 않는 자 없다.

---

5) 부모와 같은 사람과 자식과 같은 사람.

　　이런 까닭에서인가, 세상의 식자, 우리 일본이 문명하지 않은
소이의 원인을 찾아서, 우선 첫 째로 이를 우리의 고풍과 습관이
훌륭하지 않은 것으로 돌리고, 이른바 이 고습을 일소하고자 하여
전적으로 그 개혁에 착수하여, 폐번치현을 시작으로 해서 온통 옛
것을 폐하고, 다이묘(大名)도 화족이 되고, 사무라이도 관속(貫
屬)6)이 되고, 언로를 열어 인재를 등용하는 시대이므로, 과거의 5
천 석을 하던 대신도 병졸이 되고, 영주로부터 한 사람분의 봉록을
직접 받아오던 아시가루도 현령(縣令)이 되고, 수대에 걸쳐 환전
꾼으로 생업을 이어온 호상은 파산 및 강제집행을 하는 집달관이
되고, 무일푼의 노름꾼은 관청의 납품업자가 되고, 사찰은 신사가
되고, 승려는 신관이 되고, 부귀와 복록은 그저 인간이 노력하기
나름이고, 이른바 공명(功名)은 마음먹는 대로, 손에 침을 묻히고
힘껏 뛰어들어서 손안에 넣을 수 있는 시절이 되고, 역사가 시작된
이래 우리 인민의 마음속에 스며든 은의(恩義), 유서(由緒), 명분
(名分), 차별 등의 사고는 마침내 사라져버리고, 능력이라는 한 방
향으로 균형이 기울어져, 무리하게 흔히 이를 형용하면 민심이 활
발하면서, 지금 세속적으로 말하는 바의 문명이 살과 같이 거침없
이 빠르게 나아가는 것의 형국이 된 것이다.

　　그건 그렇고 이 공명이 마음먹은 대로, 문명이 살과 같이 거침
없이 빠른 형국이어서, 식자는 주문한 대로의 목표를 달성하고, 이
문명이 거침없이 빠른 속도로 진행함으로써 정말로 살과 같이 거

---

6) 그 사람이 지방자치제의 관할 하에 있는 것을 d의미.

침없이 빠른 속도를 내어서 그밖에 구할 바가 없느냐 하고 묻건대, 결코 그러하지 않다. 식자는 지금의 문명으로써 결코 스스로 만족할 자 아니다. 왜냐하면, 지금의 사물의 형국으로 우리 인민의 품행에 영향을 주는 바의 그 내용을 보건대, 인민은 흡사 조상전래의 무거운 짐을 내리고, 아직 대체할 짐은 지지 않고서 휴식하는 자와 같기 때문이다. 그러한 사정은 매우 자명하다. 폐번 후에는 다이묘와 번사(藩士)와의 사이에 이제 군신의 의는 없다. 굳이 은밀하게 이 의를 지키고자 하면, 더러는 우원(迂遠)이라 말들을 듣게 되는 것도 죄송할 뿐이다. 아시가루가 대장(隊長)이 되어서 왕년의 수령을 지휘하면, 그 호령에는 거역할 수 없다. 상하, 처지를 달리하고, 법도가 엄정한 것 같기는 하더라도, 왕년의 수령도 그저 돈만 내면 병졸로서의 역은 피할 수 있다. 고로 아시가루도 우쭐거리면서 대장일 수가 있고, 그 수령도 역시 우쭐거리면서 조용하게 가만히 있을 수가 있다. 노름꾼이 납품업자로 변신하여 우쭐대면, 파산 및 강제 집행관이 된 장사꾼은 시세(時勢)를 책하면서도 그 자신을 책하지 않고, 역시 편안하게 세상을 살아갈 수 있다. 신관이 때를 얻었다 하여 득의의 표정을 지으면, 승려도 공공연하게 대처(帶妻)를 하여 역시 흐뭇한 표정을 지었다.

대체로 말하면 지금의 시대는 상하 귀천 모두 흐뭇한 표정을 지을 수밖에 없어서, 가난이란 것 하나를 제외하는 것 외에는 전혀 심신을 괴롭힐 것이 없다. 전사하는 것도 손해이고, 복수도 허무하고, 전쟁에 나가면 위험하고, 할복을 하면 아프다. 학문이고 관직에 오르는 것이고 단지 돈 때문일 뿐, 돈만 있으면 무슨 일이고 노력하지 않아도 된다. 금전이 향하는 곳에 적이 없다 하여, 사람의 품행은 돈으로써 시세를 매기는 것 같다. 이러한 형국으로 옛날의 답답하던 시절과 비교하면, 어찌 이를 속 편하다고 말하지 않을 수 있겠는가. 고로 이르노니. 지금의 인민은 무거운 짐을 내려놓고 정말이지 휴식을 하는 자이다.

하지만, 휴식이라 함은 아무 것도 할 수 있는 일이 없을 때의 이야기이다, 일을 마치던가, 또는 해야 할 일이 없어서, 휴식하는 것은 당연한 일이기는 하겠지만, 지금 우리나라의 형국을 보면, 결코 무사한 세월이 아니다. 그럼에도 불구하고 그 것은 옛날에 비해서 더더욱 곤란한 시절이다. 세상의 식자들도 여기에 깨닫지 못하는 것이 아니다. 반듯이 휴식할 수 없다는 취지를 알고, 되도록 사람의 마음을 도움이 되도록 유도하고자 하여, 학자는 학교를 세워서 사람을 가르치고, 역자는 원서를 번역해서 세상에 공개하고, 정부고 인민이고 오직 학문과 기예에 힘을 쏟아서 비록 이를 시험하기는 하여도, 인민의 품행에 있어서 아직 현저한 효과를 보지 못한다. 학문과 기예에 몸을 맡기는 자의 취향을 보건대, 그 과업이 겨를이 없지 않은 것은 아니라고 하더라도, 일편의 양심에 있어서 사유 재산까지 생명까지 마땅히 내 던져야 할 장소로 정한 소중한 각오(覺悟)에 이르러서는, 혹은 잊어버린 것처럼 하여, 아무튼 양심의 가책도 없이 편안한 세상이라고 하지 않을 수 없다,

어떤 이들은 여기에 주목하여, 요즈음의 사람들의 소업을 보고 이를 실없고 경박한 것이라 하여, 그 쇠를 「방고」(忘古) 두 글사의 탓으로 돌려, 특히 대의명분을 크게 내세움으로써 옛날로 회귀하고

자 하였고, 이른바 그 교훈을 익혀 신화시대의 과거에서 증거를 찾아 국체론(國體論)이라는 것을 외치고, 이 논리로써 사람의 마음을 유지할 것을 계획하였다. 이른바 황학(皇學)7)이라는 것이 이것이다. 이러한 교훈도 역시 이유가 없는 것은 아니다. 군주국에 있어서 군주를 삼가 받들어 모시고 행정권을 이 군주에게 부여하는 것은, 물론 당연한 이치이고, 정치적으로도 가장 중요한 일이므로, 천황을 존경한다는 주장, 결코 반박할 수 없다고는 하여도, 저 황학자 유는 더욱 한 걸음 나아가서, 군주를 받들어 모시건대, 그 받들어 모시는 이유를 정치적인 득실(得失)에서 찾지 않고, 이를 인민의 회고의 지정(至情)으로 돌리고, 그 잘못됨이 심한 지경에 이르러서는, 군주로 하여금 실권이 없는 명분뿐인 지위를 가지게 하는 것도 이를 마다하지 않고, 실을 잊고 허를 즐거워하는 것의 폐해가 없을 수 없다.

무릇 사람의 정이 향하여 가는 곳은 한때의 거동으로써 쉽게 변할 수 있는 것이 아니므로, 요즘 사람이 가지고 있는 자연스러운 인정에 의존하여 군주를 받들어 모시는 교육을 달성하고자 하건대, 우선 그 사람의 정을 바꾸어, 구를 잊고 신을 찾게 하지 않을 수 없다. 그런데도 우리나라의 인민은 수 백 년 동안, 천자가 있음을 모르고, 그저 이를 구전(口傳)으로만 물려줄 따름. 유신일거(維新一擧)로 정치체제는 수 백 년의 과거로 복귀하였다고 칭한다고는 하더라도, 왕실과 인민과의 사이에 밀접한 교분이 있는 것이 아니

---

7) 고대 천황중심의 체제를 이상으로 하여, 이것을 명확하게 하기 위해 역사와 국문학을 연구한다는 의도로서의 학문 전반을 말함.

다. 그 관계는 정치적인 관계일 뿐으로, 교분의 깊고 얕음을 논할 때는, 지금의 인민은 가마쿠라(鎌倉) 막부 정권 이래 봉건군주에게 양육되어온 것이므로, 왕실에 대하기보다도 봉건의 옛 군주에 대해서 친밀하지 않을 수가 없다. 드넓은 천하에 단지 한 군주의 대의라 하여, 그 주장은 세상에 두루 알려질 것이라고는 할지언정, 실제적인 사태에 관해서 이를 보면, 반듯이 널리 통하지 않는 바가 있음을 알 수 있다. 지금의 추세로는 인민도 구를 잊고 봉건군주를 사모하는 것의 정리는 점차 사라져 없어지는 것 같아 보이기는 하여도, 새로이 왕실을 사모하는 것의 지정(至情)을 조성하여, 이로써 진정으로 백성처럼 되게 하겠다고 하는 것은, 현세의 사람들의 마음과 문명의 형국과에 있어서는 어지간히 힘든 일이어서, 거의 능히 할 수 없는 일로 돌아갈 수밖에 없다.

혹은 사람들의 주장에, 천황제로의 변혁은 인민의 회고의 정이 대단한 것이어서, 민심이 무력으로 정권을 차지한 정부를 싫어하고 왕실을 사모한 것이라고 말하는 자가 있다고 할지라도, 필경 사실을 자세히 관찰하지 않았다는 설일 뿐. 만약 말 그대로 이 주장처럼, 사람의 정이 참으로 구를 사모하는 것이라면, 수 백 년 동안 민심 속에 스며든 무력적인 정부를 당연히 사모해야 할 것이다. 무릇 지금 이 시대의 사족이 아닌 자로서 조상의 유서(由緒) 등을 외치는 것은, 대개는 가마쿠라 정권 이후의 세태와 관련이 있는 자이다. 막부 무력 정권의 유래도 역시 오랜 역사성이 있고 광대한 것이라고 말할 수가 있다. 혹은 또 사람의 정은 구를 망각하고 신을 사모하는 것이라고 하면, 왕정이 행하여진 것은 무력 막부정권 이

전의 일이어서 가장 오래된 것이므로, 왕정(王政)과 막정(幕政) 두 가지 형태에 관해서 어느 것을 잊을 것인지, 꼭이 그 가장 오래된 것을 망각한다는 이치이다.

혹은 또 사람의 마음이 왕실로 향하는 것은 시기적으로 신구 (新舊)에 의함이 아니고, 대의명분이 그렇게 만든 것이라는 설이 있기는 하지만, 대의명분이라 함은 움직일 수 없는 절대적 진리일 것이다. 움직일 수 없는 적대적 진리는 인간이 잠시도 벗어날 수 없는 것이다. 그런데도 가마쿠라 막부정권 이후 인민이 왕실을 인식하지 못하는 것은 거의 700년에 가깝고, 이 700년의 성상은 어떤 시간이더냐. 이 설을 따르면 700년 동안은 인민 모두 방향을 오판하고, 대의명분도 송두리째 없어진 야만 암흑의 세상이라고 말하지 않을 수 없다. 물론 세상사의 안정과 혼란은 1년 또는 수년의 경과를 보고 결정할 것은 아니라고 하더라도, 적어도 사람의 마음을 갖추고 스스로 방향을 오판하는 것으로 알면서, 어찌 용케도 700년 장구한 세월을 견딜 수 있겠는가. 그뿐만 아니고 실제에 있어서도 역시 증명할 수 있는 것이 있다. 사실 이 700년 동안은 결코 폭란 (暴亂)만의 세상은 아니다. 지금의 문명의 발원을 묻는다면, 열에 일곱, 여덟은 이 연간에 성장하여 지금에 물려진 하사품이라고 말할 수 있다.

이상의 사정으로써 생각하면, 천황제로의 변혁의 원인은 인민이 무력적인 막부 정권을 마다하고 왕실을 사모함에 의한 것이 아니고, 신을 망각하고 구를 사모함에 의한 것이 아니고, 백년 천년 동안, 망각하였던 대의명분을 느닷없이 생각해 낸 때문이 아니고,

단지 당시 막부가 정치를 개선하고자 한다고 하는 민심에 의해서 이루어진 것이다. 변혁의 과업은 일단 이루어, 천하의 정권, 왕실로 돌아가면, 「일본국민」(日本國民)으로서 이를 받들어 모심은 물론 당장 해야 할 책무이기는 하나, 인민과 왕실과의 사이에 있는 것은 단지 정치상의 관계뿐. 그 교분에 이르러서는 결코 급조(急造)할 수 있는 것이 아니다. 굳이 이를 조성하고자 하면 그 목표는 이루지 못하고, 오히려 세간에 사이비 군자 유를 낳게 하여, 더더욱 사람의 정을 경박하게 인도하는 일이 생길 것이다. 고로 이르노니, 황학자 유의 국체론(國體論)은, 지금의 사람의 마음을 유지해서 그 품행을 고상한 영역으로 인도하는 것의 도구로 삼기에 부족한 것이다.

또 어떤 학자는, 지금의 사람의 마음이 경박함을 우려하여, 이를 구하건대 국체론으로써 한다 하더라도 공을 세울 수 없음을 알고, 다름 아닌 사람의 영혼에 의존하여, 예수교를 시행해서 사람의 잘못을 바로잡고, 안심입명(安心立命)8)의 경지를 주어서 인민의 방향을 하나로 만들고, 인류가 진실로 의거해야 할 큰 목표를 정하려고 한다는 설이 있다. 이 설도 결코 경솔한 마음에서 생긴 것은 아니다. 그 설의 근본을 묻건대, 학자들이 생각건대 지금의 인민을 보면 백 사람이면 백 사람, 모두 그 향하는 바를 달리하고, 정치적인 사항에 관해서 인민이 일정한 의견이 없음은 말할 것도 없고, 종교에 있어서도 신도인지 불교인지 결정할 수가 없고, 심지어는

---

8) 모든 것을 하늘에 맡기고 믿음으로 마음의 평화를 얻어 흔들리지 않는 경지.

종지(宗旨)가 없다고 일컬을 수 있는 자도 있고, 인류에게 있어 가장 소중한 영혼이 머무를 곳까지도 모르고, 어찌 다른 세상사를 뒤돌아 볼 여유가 있을까보냐, 하늘의 법도를 모르고, 인륜을 모르고, 부자(父子) 없고, 부부가 없고, 흡사 이는 현재의 지옥이므로, 적어도 세상을 우려하는 자는 이러한 형국을 구하지 않을 수가 없고, 또 한편에서 생각하면, 종교로써 만약 사람의 마음 지킬 수 있다면, 인민이 머무를 곳, 비로소 여기에 정하고, 널리 퍼뜨려서 이를 정치적으로 시행하면, 또한 그로해서 국가독립의 기초로도 될 수 있다는 취지이다. 결코 이것을 경솔한 망설(妄說)이라고 말할 수는 없다. 실로 이런 방법으로 지금의 사민(士民)을 교화하여, 그 마음의 죄업을 바로잡아서 덕의 문으로 들어가게 하여, 설령 천상계(天上界)의 극도에 달하지 못한다 하더라도, 부자 부부의 인륜을 명확히 하여 효행과 정절의 마음을 고취하고, 자제교육이 의무임을 인식케 하고, 축첩과 음행이 나쁜 일임을 변별하게 하는 등과 같은 것은, 세상의 문명과 관련하여 그 효능이 제일 큰 것이기 때문에, 물론 비난할 자 없다고는 할지라도, 목하 현제 우리나라의 실정에 대해서 득실을 논할 때는. 나는 전혀 이러한 설에 동의할 수가 없다. 왜냐하면 저 학자의 억측에, 예수교의 교리를 확산시켜서 이를 정치적으로 영향을 주게 하고, 그렇게 함으로써 국가독립의 기초를 세우겠다고 한다는 설에 이르러, 조금 소견을 달리하는 바가 있기 때문이다.

원래 예수교는 영원무궁을 목표로 삼고, 행복과 안녕 역시 영원을 기약하고, 불행과 병고역시 영원을 약속하고, 현재의 죄보다

도 미래의 죄를 두려워하고, 이승의 심판보다도 저승의 심판을 중
시하고, 결국 지금의 이 세상과 미래의 저 세상과를 구별해서 논리
를 세워, 그 주장하는 바, 항상 광대하므로, 다른 학문과는 전혀 취
향을 달리하는 것이다. 일시동인(一視同仁9)), 사해형제(四海兄弟)10)
라고 하면, 이 지구는 마치 한 가정과 같고, 지구상의 인민은 똑같
이 형제와 같아서, 그 서로 나누는 정에 후박(厚薄)의 차이가 있을
수 없다. 사해가 일단 한 가족처럼 되면, 또 어찌 집안에 경계를 만
들 필요가 있으리오. 그런데도 지금 이 지구를 몇 개로 나누어, 가
지각색 국경을 만들고, 인민은 저마다 그 경계 내에사 집단을 결성
하여서 일국의 인민이라 칭하고, 그 집단의 편익만을 고려하고자
해서 정부를 세우고, 심지어는 흉기를 휴대하고 경계 밖의 형제를
죽이고, 경계 밖의 지면(地面)을 빼앗고, 장사의 이윤을 다투는 일
과 같은 것은, 결코 이를 종교의 정신이라고 해서는 안 된다. 이러
한 악업을 보면 영원과 저승의 심판은 잠시 제쳐놓고, 현재·이승
의 심판도 아직 불충분하다고 할 수 있다. 예수가 죄인이다.

하지만, 지금 전 세계의 형국을 보면 곳곳마다 나라를 세워놓
은 곳이 아닌 곳이 없고, 나라를 세워놓은 곳 치고 정부가 없는 곳
이 없다. 정부는 흔히 인민을 보호하고, 인민은 흔히 상업을 장려
하고, 정부는 흔히 전쟁을 하고, 인민은 흔히 이윤을 얻기 때문에,
이를 부국강병이라 칭하여, 그 국민 스스로 뽐내는 것은 물론, 다

---

9) 친소의 차별을 두지 않고, 모든 사람을 평등하게 보고 인애(仁愛)를 베푸
　는 것.
10) 『논어』 「언연」(言淵)편에, 사해지내(四海之內), 개형제야(皆兄弟也)를 인
　용한 말. 세계의 모든 사람은 형제와 같이 친해져야 할 것이라는 의미.

른 나라의 사람도 이를 부러워하고, 그 부국강병을 배우고자 하여 노력하는 것은 어째서일까. 종교의 정신에는 등을 돌린다고 하더라도, 세계의 추세에 있어서 어찌할 수 없는 것이다. 그런고로 오늘날의 문명으로 세계 각국 서로의 상호관계를 물으면, 그 인민, 사적인 관계로는, 혹은 만 리 밖의 사람을 친구로서 언뜻 보기에 옛날부터 아는 사이 같은 자가 있을 수 있다고는 할지라도, 나라와 나라간의 관계에 있어서는 그저 2개 항목이 있을 뿐이다. 이르노니, 평시에는 물건을 매매해서 서로 이윤을 다투고, 사태가 발생하면 무기로써 서로 죽이는 것이다. 단어를 바꾸어서 말하면, 지금의 세계는 상업과 전쟁의 세상이라고 명명하여도 좋다. 물론 전쟁에도 종류가 많아서, 혹은 세상에 전쟁을 억제하기 위해 전쟁을 하는 전쟁도 있을 것이다. 무역도 원래 천지간의 유무를 서로 통하게 하는 것이어서 가장 공정한 일이므로, 두 가지의 방식 다 그 소질에 있어서 일률적으로 이를 나쁜 행위라고만 말할 수 없기는 하지만, 지금의 세계에서 유행하는 각국의 전쟁과 무역의 실태를 묻는다면, 종교가 원수를 사랑한다는 깊은 진리에 의해서 온 것이라고는 결코 생각할 수 없는 것이다.

앞에서와 같이 종교가 한 편으로부터 광명을 비추어서 심판을 하고, 단지 무역과 전쟁이라고 하면 그 사항은 매우 거칠고 천해서 경멸할 수 있음에 틀림이 없을 것 같아보여도, 현재의 사물의 현상에 따라서 이를 보면 또한 크게 그러하지 않은 것이 있다. 왜냐 하면 무역은 이윤을 다툰다는 것이라고는 하지만, 완력만을 가지고 능히 할 수 있는 것이 아니고, 반듯이 지혜를 동반하는 사업이므로. 지금의 인민을 향해서는 이를 허용하지 않을 수가 없다. 또한 서양과 무역을 하고자 하건대 국내에서 노력을 하지 않을 수 없는 고로, 무역이 번창하는 것은 내국민에게 지견을 넓히고. 학문과 기예가 활성화되어서 그 여광을 국외로 발산한 것이므로, 나라의 번영의 징후라고 말할 수 있기 때문이다. 전쟁도 역시 그러하다. 단순히 이를 살인의 기술이라고 한다면 당연히 증오해 마땅한 것이기는 하지만. 지금 당장 명분도 없는 전쟁을 일으키고자 하는 자가 있다면, 가령 현재의 불충분한 문명의 형국에서도, 불충분한 것은 불충분한 채로, 혹은 명문화된 조약이 있고, 혹은 담판을 한 관계 서류가 있고, 국제법도 있고, 학자의 연구 자료도 있어서, 쉽게 그 망령된 거동을 용서하지 않는다. 또 혹은 단지 이윤 때문이 아니고, 국가의 영욕 때문에, 도리 때문에 라고 하여 일으키는 전쟁도 없지는 않다. 고로 사람을 죽이는 것과 전쟁에서 얻는 이윤의 명분은 종교의 정신에 반하여 추잡스럽고, 종교의 적이라는 명분은 피하기 어렵다고 할지라도, 지금의 문명의 형국에 있어서는 어찌 할 수 없는 추세여서, 전쟁은 독립국의 권리를 신장시키는 것의 방판이자, 무역은 나라의 광명을 떨치는 것의 징후라 하지 않을 수 없다.

자국의 권리를 신장시키고, 자국의 인민을 부유하게 하고, 자국의 지덕을 수양하고, 자국의 명예를 빛내고자 하여 애쓰는 자를, 보국의 인민으로 명명하고, 그러한 마음을 일컬어 보국심이라고 한다. 그 인목은 타 국가에 내해서 사바의 차이를 만들고, 설령 다른 나라를 해치겠다는 의사가 없다 하더라도, 스스로 후하게 하고 다른 나라를 박하게 하여, 자국은 자국이어서 스스로 독립하겠다도 하는 것이다. 고로 보국심은 한 개인의 신분으로 사삿일에 쓰는 것은 아니라고 하더라도 국가를 위해 사삿일에 쓴다는 마음이다. 이른바 이 지구를 몇 개로 구분해서 그 구역 내에 조직을 결성하고, 그 조직의 편리를 도모하고 스스로 독점하는 편파적인 감정이다. 고로 보국심과 편파심은 명칭을 달리하면서 실질을 같이하는 것이라고 말하지 않을 수 없다. 이러한 단계에 와서 일시동인(一視同仁)·사해형제(四海兄弟)의 대의와 보국진충(報國盡忠)·건국독립(建國獨立)의 대의라 함은, 피차 서로 되돌아가서 서로 양립할 수 없음을 터득하는 것이다. 고로 종교를 보급시켜 정치적으로 영향을 미치게 하고, 그로해서 일국독립의 기초를 세우고자 하는 주장은, 사고의 조리를 그르친 것이라고 할 수 있다. 종교는 일신의 사덕에 관계할 뿐이고, 건국과 독립의 정신과는 그 지향하는 바를 달리 하는 것이므로, 설령 이러한 교훈으로써 인민의 마음을 지킬 수는 있어도, 그 인민과 더불어 국가를 수호한다는 사실에 이르러서는 역시 큰 효력이 있을 수가 없다. 대체로 지금의 세계 각국의 형국과 종교의 취지와를 비교하면, 종교는 광대하기에 지나치고, 착하고 아름답기에 지나치고, 고원(高遠)하기에 지나치고, 공평하기에 지나치고, 각국이 대립하는 양상은 도량이 좁기에 지나치고, 비열하기에 지나치고, 천박한 견식이기에 지나치고, 편파적이기에 지나쳐서, 양쪽 모두 상접할 수가 없는 것이다.

또 어떤 한학자는 그 소견을 좀 확대해서, 황학자 유와 같이 그저 회고의 정에 의존할 따름은 아니라고 하더라도, 결국 그 안목은 예악(禮樂)과 정벌로써 인민을 다스린다는 식이어서, 정실과 법률이 반반이 되어 민심을 유지하고자 하는 것이므로, 아무래도 현재의 상황에 적합할 수가 없다. 만약 그러한 주장으로 널리 시행되게 한다면, 인민은 그저 정부가 있는 것만 알고 인민이 있음을 모른다. 관이 있음을 알면서 민간이 있음을 모르니, 오히려 더욱더 비굴에 빠져들어, 마침내 보편적인 품행을 고상하게 한다고 하는 경지에는 도달할 수가 없다. 이 사항에 관해서는 본서 제 7장 및 9장에 논의된 내용이 있으므로 지금 여기에 군말을 하지 않는다.

이상 논의된 내용에서와 같이, 방금 우리나라의 사정 곤란하다고 하더라도, 인민은 도무지 이 곤란을 자각하지 않고, 마치 이전부터의 굴레를 벗어나서 오히려 안락한 것과 같은 모습이므로, 관심을 가진 사군자, 심각하게 이를 우려하여, 혹은 황학자는 국체론을 주장하고, 혹은 양학자는 예수교를 받아들일 것이라 하고, 또 혹은 한학자는 요순(堯舜)의 도를 주장하고, 어떻게든지 해서 인민의 마음을 지켜서 그 지향하는 바를 하나로 하고, 그로해서 우리나라의 독립을 지키자 하여, 저마다 노력하는 바 있다고는 하여도, 오늘날에 이르기까지 하나도 성과를 가져온 것이 없고, 또 후일에 가서도 하나도 성과를 가져올 수 있는 것은 없다. 어찌 장탄식을 할 수밖에 없지 않느냐. 이런 까닭으로인지 나도 역시 조금 평생의 소견을 말하지 않을 수 없다.

대체로 사물을 논함에 있어서는, 우선 그 사물의 명칭과 성질을 소상히 밝히고, 그러한 후에 이를 처리하는 것의 방도를 얻을 수 있다. 이를테면 화재를 방지하기 위해서는 일단 불의 성질을 알고, 물로써 이를 꺼야 할 것을 소상히 밝히고, 그러한 후에 소방의 기술을 얻을 수 있는 것과 같다. 지금 우리나라의 사태가 곤란하다고 한다 하더라도, 그 원인이라 함은 대저 역시 어떤 항목을 가리켜서 말하는가. 법령이 시행되지 않는 것이 아니고, 조세 납부를 하지 않는 것이 아니고, 인민이 갑자기 무지에 빠진 것이 아니고, 관리가 모두 어리석고 정직하지 않은 것이 아니다. 이러한 항목을 하나하나 들면 일본은 여전한 옛 일본이어서 새로이 변동이 없고, 다시금 걱정을 해야 할 일이 있음을 발견하지 못한다. 혹은 지난날의 형국과 비교하면 새롭게 면목을 개선해 선하게 나아갔다고 하여도 좋다. 그런데도 우리나라의 사태를 연전과 비교하면 더욱더 곤란하여 한층 더 우환을 키웠다 함은, 과연 어떤 항목을 지적하고 어떤 곤란한 사태를 우려하는 것이더냐. 이를 바로 잡지 않으면 안 될 것이다. 짐작하건대 이 곤란한 사태는 우리 조상으로부터 물려 받은 것이 아니고, 틀림없이 근래에 갑자기 발생한 병으로, 이미 우리의 국명(國命)의 귀중한 부분을 어겨서, 이를 제거하고자 해도 제거할 수가 없고, 이를 치유하고자 하여도 의약이 부족하고, 도저히 우리나라의 여태까지의 생명력으로써 저항할 수가 없는 것일 것이다. 왜냐 하면, 변함없는 일본국으로 이전과 다른 것이 없으면 이에 안심할 수 있을 터라 하지만, 특별히 이를 염려하는 것은 틀림없이 달리 새롭게 근심해야 할 병을 일으켰다는 증거이다. 세상의 식자가 우려하는 바도 틀림없이 이 병에 다는 사실 단연코 알 것이라고는 하지만, 식자는 이 병을 가리켜서 무엇이라 부르느냐. 나는 이것을 국제외교로 명명한다.

세간의 식자는 분명하게 이 병에 이름을 부여하여 국제외교라고 말하지 않는다 하더라도, 그 걱정하는 바는 실로 나와 같고, 지금의 국제외교의 어려움을 우려하는 것이므로, 일단 여기에 사태의 명칭은 확정되었다. 뒤이어 또한 그 사태의 성격을 분명히 밝히지 않을 수가 없다. 무릇 서양 사람이 우리 일본에 오는 것은 그저 무역을 하기 위해서일 뿐. 그리고 지금 일본과 서양 사이에 시행되고 있는 무역의 실태를 보건대, 서양제국은 물건을 제조하는 국가이고, 일본은 물건을 생산하는 나라이다. 물건을 제조한다 함은, 천연의 물질에 인공을 보태는 것이고, 이를테면 면(綿)을 바꾸어서 직물로 만들고, 철을 제조하여 칼로 바꾸는 것과 같다. 물건을 생산한다 함은, 천연의 힘에 의존해서 천연적인 것을 생산함을 말한다. 일본에서 생사(生絲)를 생산하고, 철광석을 채굴하는 것과 같다. 고로 지금 가령 명칭을 부여하여, 서양제국을 제품을 생산하는 나라라 칭하고, 일본을 토지에서 물품을 생산하는 나라라 명명한다. 물론 제품을 생산하는 것과 토지에서 물품을 생산하는 것과는 그 경계를 명확하게 한정하기 어렵다 하겠으나, 갑(甲)은 인력을 이용하는 일이 많고, 을(乙)은 자연의 힘에 의존하는 일이 많은 것을 가지고, 명칭을 달리 하는 것이다.

각설하고 경제의 도에 있어서, 일국의 빈부는 자연에서 생산되는 산물의 다과와 관련되는 것은 의외로 적고, 기실은 전적으로 이용 인력의 다과와 교졸(巧拙)에 달린 문제이다. 토지가 비옥한 인도가 가난하고, 자연자원이 없는 네덜란드가 부자인 것과 같다. 고로 제품을 생산하는 나라와 토지에서 물품을 생산하는 나라와의 무역에 있어서는, 갑은 무형의 무한한 인력을 활용하고, 을은 유형의 유한한 자연자원을 이용하므로, 인력과 자연자원과를 상호 교역하는 것이다. 자세히 이를 말하면, 산물국(産物國)의 인민은 수고해야 할 손과 발, 지혜를 수고하지 않고, 제물국(製物國)의 인재를 해외에 고용해 두고, 그 손과 발, 지혜를 차용하여 이를 수고하게 하고, 그 수고의 대가로 자국에서 생산되는 자연자원을 주는 것이다. 또 이를 비유하면 주군이 사무라이에게 내리는 300석의 봉록은, 가족 열 사람의 사무라이가 편안하게 지내면서 아무 일도 하지 않고, 아침저녁의 음식은 맞춤요리 집에서 시켜먹고, 여름철과 겨울철의 의복은 포목점에서 구입하고, 살림에 필요한 물품은 하나에서 열에 이르기까지 모두 시중에서 제조된 물건을 마구 사들이고, 그 대가로서 매년 300석의 쌀을 소비해 없애는 것과 같다. 300석의 미곡은 마치 자연에서 생산한 물산이라고는 하더라도, 해마다 소비해 없애는 것이어서 도저히 축재의 가망은 있을 수 없다. 지금 우리 일본과 서양 무역의 형국을 논하자면, 그 대략이 이와 같다. 결국 우리나라의 손실이라 하지 않을 수 없다.

또한 서양제국은 제품을 생산함으로써 이제 그 부를 이루었고, 날로 새로워지는 문명의 효과에 힘입어 인구는 해마다 증가하고, 영국과 같은 나라는 지금 실로 그 극도에 달한 것이라고 할 수 있다. 아메리카 합중국의 인민도 영국 사람의 자손이고, 「오스트레일리아」에 거주하는 백인도 영국에서 이주한 자이고, 동 인도에도 영국인이 있고, 서 인도에도 영국인이 있고, 그 수 거의 헤아릴 수가 없다. 가령 지금 전 세계에 산재한 영국 사람과 수 백 년 이래 영국에서 떠난 자의 자손과를 모아서, 그 본국인 지금의 그레이트 브리튼(Great Britain) 및 「아일랜드」의 땅으로 귀환하게 하여, 현재의 영국 사람 3000여만의 인민과 동일한 장소에 거주케 하는 일이 생긴다면, 전국에서 생산되는 물품으로써 먹고 입기에 충분하지 않은 것은 물론 말할 필요도 없고, 과반의 평지는 집을 짓기 위해 점령될 것이다. 문명이 점차 진보하여 세상사의 사정이 좋아지게 되면 인구의 증식 그로해서 알 수가 있다. 자식을 낳는다는 것은 사람이고 쥐고 다를 것이 없다. 쥐는 그 신체를 보호할 수가 없어서, 혹은 굶주림과 추위로 죽고 더러는 고양이한테 잡히기 때문에, 그 번식 역시 대단하지 않다고는 하여도, 세상사의 사정이 좋아져서 굶주림과 추위, 전쟁, 전염병의 우려가 적으면, 인구의 증식은 이른바 기하급수적으로 상당히 불어나는 것의 이치이므로, 유럽 전역의 전통적인 국가에서는 이미 그 처리에 매우곤란을 겪었다.

그 나라의 경제전문가의 설에, 이러한 우환을 막는 것의 방책은, 첫째, 자국의 제조물을 수출하고, 토지가 풍요로운 나라에서 먹고 입는 데에 필요한 물품을 수입하는 것이다. 둘째, 자국의 인민을 해외에 있는 땅으로 이주하여 식민(植民) 하는 것이다. 그 제 1책은 제한적인 작업이어서 아직 충분히 우환을 구제하기에 족하지 않고, 제 2책은 크게 자본과 재산을 소비하는 작업이어서 혹은 효과를 가져오지 못하는 것이다. 고로 제 3책은, 외국에 자본을 빌려주어 그 이익을 취하고, 그렇게 함으로써 자국의 필요에 도움이 되게 하는 것이다. 생각건대 사람을 해외의 땅으로 옮기려면 일던 개방된 지역을 가장 선호하는 것이라고는 하지만, 개방된 땅에는 자연히 기존에 세운 국가와 정부가 있어서, 그 인민에게도 어떤 습관과 풍속을 갖추어, 타국에서 와서 그 중심으로 들어가 이들과 잡거하면서 편리를 얻고자 한다 하더라도, 용이하게 성공할 수 있는 것은 아니다. 유일한 실마리는 그 해외의 나라라고 하는 것, 아직도 맡은 일을 열심히 하여 보람을 얻는 방법을 몰라서 부를 얻지 못하고, 자본이 부족해서 육체노동을 하는 사람이 많고, 이 때문에 금전의 이자율이 높은 고로, 본국에 여유가 있는 밑천을 가지고와서 이 빈국에 대부해서, 고생하지 않고 이익을 취한다는 방식이다. 말을 바꾸어서 하자면, 사람을 잡거하게 하지 않으면서 금전을 잡거하게 한다는 술책이다. 사람은 습관과 풍속에 의해서 그 잡거가 쉽지 않다고는 하지만, 돈이라면 자국의 돈이든 타국의 돈이든 그 목격하는 바에 차별이 없기 때문에, 이를 이용하는 자는 단지 이자의 높고 낮음을 따져, 만족해 하면서 타국의 돈을 융통하고, 부지불식중에 타국 사람에게 금리를 지불하는 것이다. 전주(錢主)의 명안이라 할 수 있다. 현재 일본에서도 이제 약간의 외채가 있어, 그 이해와 득실을 자세히 관찰해야 할 것이다.

무릇 문명한 나라와 미개한 나라를 비교하면, 생계의 유형, 완전히 그 취향을 달리 하여, 문명이 점차 진보함에 따라서 그 비용도 역시 따라서 범위가 넓고 크기 때문에, 설령 인구 증식의 우려는 이를 딴 문제로 친다 하더라도, 평소의 생계에 있어서 그 비용의 일부는 반듯이 다른 데서 찾을 수밖에 없다. 그 이를 찾는 곳은 다름이 아닌 하류 미개국이기 때문에, 세계의 빈곤은 깡그리 하류로 돌아간다고 말할 수 있다. 문명국의 자본을 차용하고 그 이자를 지불하는 것은, 빈곤이 실로 하류로 돌아가 그 형태로 드러난 것이다. 고로 자본의 대차(貸借)는 반듯이 인구 증식이라는 사실 하나에만 관계하는 것이 아니라고는 하여도, 지금 특히 이 사실을 거론한 것은, 그저 학자의 이해에 편리를 도모케 하기 위해, 서양 사람들이 이익을 다투지 않을 수 없는 하나의 명백한 원인을 제시하였을 따름.

이상은 국제외교의 성격에 관해서 그 이재(理財)에 있어서의 손득(損得)을 논한 것이다. 지금 또 이 외교에 의해, 우리 인민의 품행에 영향을 끼치는 바의 것을 제시하고자 한다. 근래에 외국인들도 크게 면목을 일신하여, 인민 동권설은 거의 세상에 보편적이어서 이에 이론을 제기하는 자는 없는 것 같다. 생각건대 인민동권이라 함은 단지 일국내의 인민이 상호 권리를 동등히 한다고 하는 의미만이 아니다. 이 나라의 사람과 저 나라의 사람이 상대해서도 이를 동등하게 하고, 이 나라와 저 나라가 상대해서도 이를 동등하게 하고, 그 빈부와 강약의 형국에 구애받지 않고, 권리는 참으로 동일해야만 한다는 취지이다. 그런데도 서양사람이 우리나라에 와서 통상을 시작한 이래, 그 조약서의 서면에는 피아동등(彼我同等)이라는 명문이 있다 하더라도, 외교관계의 실제상황에서 이를 보면 결코 그러하지 않다. 교직원 오바타[11]군의 저술, 『민간잡지』(民間雜誌)[12] 「제 8편」에 말한 내용이 있다.

---

11) 게이오의숙 출신이 오바타 도쿠지로(小幡篤次郎)
12) 『민간잡지』는 게이오의숙이 발행하였고, 「內地旅行西先生의 說을 反駁함」이라고 하는 오바타의 논문이 실렸다.

전략, 미국이 우리나라에 통신을 개방하자, 수사(水師) 제독 페리13)로 하여금 일단의 군함을 인솔하여 우리의 내해에 느닷없이 침입케 하여, 우리에게 통신과 교역을 강권하게 함으로써, 그리하여 그 구실로 삼는 바는, 똑같이 하늘을 머리에 이고 똑같이 땅을 밟으니 더불어 이것이 4해의 형제이다. 그런데도 홀로 타인을 거절하여 서로 용납하지 않는 자는 하늘의 죄인인즉, 설령 이들과 전쟁을 한다고 하더라도 통신과 무역을 개방하지 않아서는 안 된다고 하는 취지이다. 어찌 그 말이 훌륭하면서도 그 행위가 추악하든가. 언행 불일치도 유만부동이라 할 수 있다. 이 당시의 형용을 제외하고 그러한 사실만을 곧이곧대로 말하면, 우리와 장사를 하지 않는 자는 이를 죽인다고 하는 것에 지나지 않는다. 중략 지금 시험삼아 도하의 경황을 보자. 말을 타고 수레를 타고 의기양양, 사람을 피하게 하는 자는, 대개는 이것이 바다를 건너 온 사람이다. 이따금 나졸이고 길손이고, 아니면 수레꾼 인력거꾼 패거리이고, 이들과 언쟁을 벌리는 일이 생기면, 서양 사람은 옆에 사람이 없는 것 마냥, 손으로 때리고 발로 찬다 하더라도, 겁쟁이에 비굴한 인민은 이에 응대할 기력이 없고, 서양 사람은 어쩌지도 못한다고 하여, 분을 삼키며 소송 판에 가지 않는 자도 역시 적지 않다. 더러는 장사와 거래 등의 일과 관련하여 이를 소송하는 일이 있다 하더라도, 5항(港)지14)에 가서 결국 그 나라 사람이 하는 재판에서 판결이 난다는 추세이므로, 생각했던 대로 그 억울한 누명을 펼칠 수 없고, 이런 사정으로 해서 사람들이 서로 이야기하여 말하기를, 오히려 소송을 해서 억울한 죄를 더 쌓아 올리기보다, 분을 삼키는 편이 마음 편하다 하고, 그 정황이 흡사 약하고 힘없는 신부가

---

13) 미국의 동인도함대 사령관페리(Matthew Calbraith Perry)는 1853년에 우라가 하에 입항하여 개국을 타진하였고, 이듬해 재차 내일하여 화친조약을 체결한다.
14) 개항장인 가나가와(요코하마), 효고(코베), 나가사키, 니가타, 하코타테를 말함.

나이 많고 성질 급한 시어머니 옆에 있는 것 같다. 서양 사람은 일단 이와 같은 기세를 비축하고, 또 재화가 풍요로운 나라에서 재화가 빈약한 나라에 와서 그 지출 경비가 많은 것 때문에, 이익을 쫓는 패거리는 모두 경쟁을 하여 이들에게 아첨을 떨고, 그렇게 해서 그 주머니 속을 채우려 든다. 고로 서양 사람이 당도하는 곳은 온천장이고 역참이고 요정이고 주점이고 일종의 경박한 민심을 조성하고, 사리의 곡직을 돌아보지 않고서 금전의 다과(多寡)를 묻고, 이미 방약무인한 서양 사람으로 하여금 더욱더 그 망령된 교만을 부리게 만드는 것과 같은 것은, 언뜻 보아도 혐오스러워 차마 눈뜨고 볼 수가 없다고.

이상 오바타군의 견해이고 정말 내가 마음을 이해한 내용이다. 이밖에 서양 사람과의 교제에 있어서는, 거류지에 관한 관계가 있고, 내지여행에 관한 관계가 있고, 서양 사람의 고용에 관한 관계가 있고, 출입항 세에 관한 관계가 있다. 이 제 건에 대해, 설령 정식적으로는 각국이 대립의 체재, 피아동권의 체재라고 하더라도, 기실은 동등과 동권의 정신을 다했다고 말할 수는 없다. 서양 국가에 대해 이미 동권의 정신을 잃고, 이에 주의하는 자가 없기 때문에, 우리 국민의 품행은 날로 비굴로 향해가지 않을 수 없는 것이다.

앞에서 말한 바와 같이, 근래에는 세간에서 인민동권의 설을 외치는 자가 많고, 더러는 화사족(華士族)의 명칭까지도 폐하고 전국에 동권의 취지를 분명히 하고, 그로해서 인민의 품행을 흥기시켜서 그 비굴한 구습을 일소하지 않으면 안 된다고 말하는 자가 있다. 그러한 논의는 씩씩하면서도 상쾌하여, 듣는 사람으로 하여금 기분 좋게 한다고는 할지라도, 오로지 서양국가와의 관계에 있어서는 이 동권의 설을 외치는 자가 적은 것은 어째서이더냐. 화사족이든 평민이든, 똑같이 일본국 안의 인민이다. 그런데도 그동안 권력의 불균형이 생기면, 그래도 역시 이를 폐해라고 하여 평등한 위치에 둘 것을 애썼다. 그런데도 지금 이해(利害)를 따로 하고, 인정을 달리하고, 언어와 풍습, 피부색, 골격에 이르기 까지도 서로 같지 않은, 이 만 리 밖의 서양 사람에 대해서, 권력의 평등을 걱정하지 않는 것은 대저 역시 무슨 까닭이던가. 쯧쯧 괴이한 일이라 하지 않을 수 없다. 그 까닭은 틀림없이 형형색색일 것이라고는 할지라도, 나의 소견으로 그 가장 명백한 것 두 개 조항을 얻었다. 즉 제1조는 세간에서 동권의 설을 외치는 자, 그 논설에 대해 아직 깊은 경지에 달하지 않은 것이다. 제 2조는 서양국가의 외교관계가 일천하여, 아직 그 폐해가 큰 것을 보지 못하는 것이다. 다음에 이를 논하겠다.

제 1조 지금의 시대에 인민동권의 설을 외치는 자 적지 않다고는 하더라도, 그 이것을 외치는 자는 대개 모두 학자 유의 사람으로, 이른바 사족이고, 국내의 중간 계층 이상의 사람이고, 일찍이 특권을 지닌 사람이고, 일찍이 권력이 없어서 남에게 고통을 당한 사람이 아니고, 권력을 장악하여 남을 괴롭힌 사람이다. 고로 그 동권의 설을 외친다는 시기에 있어서, 혹은 격화소양(隔靴搔癢)[15]의 안타까움이 없지 않다. 이를테면 몸소 먹지 않으면 음식의 진미

---

15) 신을 신은 위로 가려운 데를 긁는 다는 뜻으로, 사물의 핵심을 건드리지 않는다는 의미.

는 도저히 알 수가 없을 것이고, 몸소 감옥에 들어간 자가 아니면 감옥 속의 진정한 고생은 이야기할 수 없는 것과 같다. 지금 가령 국내의 농민과 상인으로 하여금 지력을 있게 하여, 그 일찍이 권력을 손에 쥔 자들 때문에 고통을 당해 골수에 사무친 분노의 정서를 이야기하게 하여, 그때의 세밀한 사정을 듣는 일이 생긴다면, 비로소 진정한 동권론이 절실한 것임을 이해할 수 있을 것이기는 이해할 수 있을 것이라 하더라도, 무지하고 용기 없는 인민, 혹은 일찍이 당연히 분노해야 할 일을 당하더라도 그 분노해야 할 이유를 모르고, 혹은 마음속으로 이를 분노한다 하더라도 입 밖으로 이것을 이야기할 줄을 몰라서, 곁에서 그러한 사정을 소상히 밝힐 수 있는 해결의 실마리는 매우 드물다. 뿐만 아니고 오늘날에 있어서도, 세상에는 권력이 불평등한 탓으로 분노와 원망의 심정을 품는 자 틀림없이 많을 것이라 하더라도, 명확하게 이를 알 수 없다. 단지 내 마음으로 그 속사정을 헤아릴 뿐. 고로 지금의 동권론은 도저히 이를 사람의 추량과 억측에서 나온 것이라고 하지 않을 수 없다. 학자들 만약 동권의 본래의 취지를 찾아내어 그 논의의 확실한 것을 얻고자 한다면, 이를 딴 곳에서 찾아서는 안 될 것이고, 반듯이 스스로 그 입장으로 되돌아가서, 젊은 시절에서부터 오늘날에 이르기까지 스스로 당시의 사태의 경험을 회고하여 발견할 수 있을 것이다. 어떤 신분의 사람이라 하더라도, 어떤 화족 혹은 사족이라 하더라도, 자세하게 그 자신의 경험을 음미하면, 생애 가운데에는 틀림없이 권력편중의 국면에 부딪쳐 일찍이 불평을 품었던 적이 있기 때문에, 그 불평 과 울분의 실정은 이를 남에게서 찾지 말고 스스로 그 자신에게 묻지 않으면 안 될 것이다.

　근래에 내가 몸소 기억하고 있는 것을 가지고 일 예를 들겠다. 나는 원래 태어나면서 막부시대에 힘이 없는 후다이(譜代) 다이묘16)가 지배하는 작은 번(藩)내의 소신(小臣)이다. 그 번 내에 있을 때, 역역한 대신과 사족을 접하면, 항상 멸시받고, 어린 마음에도 불평이 없을 수 없었다 하더라도, 이 불평의 진정한 실정은 하급 신하인 나의 동료가 아니므로 이를 모른다. 저 대신과 사족은 오늘날에 이르기까지도 혹은 이를 상상할 수 없을 것이다. 혹은 또 번지(藩地)를 떠나서 여행을 할 때, 구교(公卿)17), 막부의 관리, 고산케(御三家)18)의 부하 등과 마주치면, 숙역(宿驛)에서 가마를 빼앗기고, 나루터에서 배를 탈 순번을 빼앗기고, 혹은 같은 여관방에서 동숙을 허락받지 못하여, 밤중에 느닷없이 쫓겨나지 않을 수 없었던 적도 있다. 이때의 사정, 바로 지금에 와서는 그저 하나의 웃음거리에 속한다고 하더라도, 실제로 그 일을 당했을 때의 울분은 지금 여전히 이를 상상할 수 있다. 그리고 이 울분은 그저 후다이 다이묘(譜代大名)의 가신인 나의 신분으로서 기억이 있을 뿐이고, 이 울분을 일으키게 만든 구교, 막부의 관리, 고산케의 부하들은 막연히 이를 모르고, 설령 막연하지 않다 하더라도 겨우 다른 울분을 추량하고 억측하기에 지나지 않을 따름. 그렇다고는 하여도 결

---

16) 세키가하라 전투(1600년, 도쿠가와가 승리하여 천하의 실권을 쥐게 된 최후의 전투) 이전서부터 도쿠가와가(家)의 대대손손 가신이었던 다이묘.
17) 대정(太政)대신, 좌・우대신, 다이츄나곤(大・中納言), 참위(參議)및 3위 이상의 조정의 관리.
18) 도쿠가와 쇼군의 일족인 오와리(尾張), 기이(紀伊), 미토(水戶) 번의 가문.

국 나도 역시 일본국 안에 있어서는 중류 계층 이상 상사족(上士族)의 열에 있어 온 자이므로, 자신의 신분보다 이상인 자에 대해서 불평을 품는 것을 알기는 하지만, 이하인 농민과 장사꾼을 향해서는 틀림없이 불평을 품게 만들었던 일도 있을 것이다. 다만 스스로 이를 모를 따름. 세상에 이런 유의 일은 매우 많다. 하여간 그러한 국면에 부딪히지 않으면 그 사태의 진정한 진상은 알 수가 없는 법이다.

이에 의해서 생각하면, 지금의 동권론은 그 내세우는 논리가 때로는 정확한 것 같다고 하더라도, 본인 스스로 논한다는 논하는 것의 논리가 아니고, 남을 위해 추량하고 억측한 제 3자의 논리이기 때문에 자세한 사정을 담은 치밀함을 다한 것은 아니다. 고로 권력 불평등의 폐해를 기술함에 있어서, 자연히 거칠고 천박 하거나 우원(迂遠)한 폐해가 있게 마련이다. 국내에서 이를 논함에 있어서도 여전히 또한 거칠고 천박해서 빠뜨리는 곳이 많다. 하물며 이것을 널리 퍼뜨려서 서양국가와의 외교관계에 미치게 하고, 서양 사람과 권력을 경쟁하겠다고 하는 것에 이어서야. 아직 이를 계획하기에 여유가 없는 것이다. 훗날 만약 이런 패거리로 하여금 실제로 그러한 국면에 부딪히게 하고, 널리 서양제국의 사람들과 접하여, 몸소 권력을 다투는 시절이 되어, 그 경멸을 당하는 것 우리 농부와 장사꾼이 사족한테 고통을 당하는 것처럼, 후다이(譜代) 계열의 작은 번의 가신이 구교(公卿)와 막부의 관리 그리고 고산케(御三家)의 가신들한테 고통을 당하는 것과 같은 경우에 이른다면, 비로소 지금의 동권론이 부질없는 것임을 알고, 권력의 불평등이 혐오할 수밖에 없고 증오할 수밖에 없고 분노할 수밖에 없고 슬퍼할 수밖에 없는 것임을 깨닫게 될 것이다. 그 뿐만이 아니고 과거의 구교, 막부의 관리 사족의 패거리는 설령 무례하고 망령되고 교만하다 하더라도, 똑같이 나라 안의 사람들이자 또한 지력이 부족한 자들이므로, 평민은 이를 대우하건대 존경하면서도 멀리 한다는 술책을 사용하여, 양으로는 이를 존경하고 음으로는 그 돈을 빼앗는 등의 책략이 없지 않다. 물론 악책(惡策)이기는 하지만. 다소 불평을 달래는 것의 방편이었던 것이라 할지라도, 지금의 서양 사람들의 교활함과 날래고 사나움은 구교(公卿)와 막부의 관리에 비할 바가 아니다. 그 지혜로 남을 속일 것 같고, 그 언변으로 남을 강권할 것 같고, 경쟁에 용기가 있고, 다툼에 힘이 있고, 지변용역(智弁勇力)을 겸비한 일종의 터무니없는 「화사족」(華士族)이라고 해도 좋다. 만에 하나라도 이들이 통제 하에 있어서 속박을 당하는 일이 있으면, 그 잔학의 치밀함은 마치 공기의 유통까지도 허락하지 않는 것과 같이 하여, 우리 일본의 인민은, 이에 질식하기에 이를 것이다. 이제부터 이런 현상을 상상하면, 혼신(渾身)이 갑자기 오싹하고 머리카락이 치솟는 것을 느끼지 않더냐.

여기에 우리 일본의 실패의 전철로 인도의 한 예를 들겠다. 영국 사람이 동 인도 지역을 지배하건대 그 조치가 무정하고 잔인한 것은 실로 말로 표현하기에 어려운 것들이 있다. 그 한두 가지 예를 들면, 인도 정부에서 인물을 채용하건대 영국 사람이고 원주민이고 동등한 권리를 지니고, 재능과 학식을 자세히 조사해서 선발한다는 법이 있다. 그런데도 이 원주민을 자세히 조사해서 선발하

건대 18세 이하가 되는 자로 한정하고, 그 자세히 조사한 조항은
물론 영서를 읽고 영국의 사정에 정통하지 않으면 부적합한 것이
되는 고로, 원주민은 18세의 연령에 이르기까지, 우선 제 나라의
학문을 마치고 진작부터 영어를 공부하여, 그 영어의 실력으로 영
국 사람과 상대하고, 영국 사람보다 뛰어나지 않으면 합격할 수가
없다. 혹은 1년을 경과하여 19세 때에 학업을 성취한 자가 있다 하
더라도 연령에 제한이 생기면 재능과 학식을 불문하고 인물을 따
지지 않고 이를 등용에 적합하지 않은 자로 규정하여, 일절 관리가
되어 지역의 업무에 참여할 것을 허락하지 않는다. 영국 사람은 이
매정하고 가혹한 법령으로써 아직 족하다 하지 않고, 자세히 조사
해서 선발을 하는 장소를 반듯이 영국 본토의「런던」으로 정해 놓
고, 일부러 원주민으로 하여금 만 리 파도를 넘어「런던」까지 출장
을 가게 한다는 법령을 만들었다. 고로 원주민은 18세 때에 이미
검토과정을 거쳐서 합격할 수 있는 학력을 지닌다 하더라도, 다량
의 금전을 소비하여 먼 길을 왕래하게 하지 않으면 관리가 될 수
없다고 하는 장치에 압도되어, 실력의 깊고 얕음에 관계없이, 가산
이 넉넉하지 않으면 관리가 부질없다. 혹은 드물게 분발하는 자가
있어서 여비를 쾌척하여「런던」에 가서 선발의 과정을 받는다 하
더라도, 불행히도 낙방을 하면 공연히 가산을 망가뜨릴 뿐이다. 그
부조리한 것을 비유하려 해도 비유할 그 무엇이 없다. 영국의 폭정
그야말로 절묘하였다고 할 수 있다.

인도 정부에서 재판을 하건대, 재판정에 참석하여 자리를 차지
하는 자는 원주민을 허용하지 않고, 반듯이 영국인에 한한다는 것

을 법으로 한다.

쥬어리[19]에 대한 내용이다. 서양사정 제 3권 영국의 조항 제 9쪽에 나옴.

어느 시절, 한 영국 사람, 인도 땅에서 총포로 원주민을 사살한 것에 관해 소송이 일어나면, 피고인의 주장에, 무엇인가 한 마리 동물을 언뜻 보고, 이것을 원숭이로 믿고 발포했는데, 원숭이가 아니고 사람이었던 것일 것이라는 대답이어서, 같은 배심원으로 참석한 배심원단의 한 사람 한 사람 역시 조금도 이의 없이, 피고인은 무죄 판결이었다 한다.

근래 「런던」에서 수 명의 학자, 은밀히 단체를 결성하여 인도의 실정을 개혁한다 하여 노력하는 자 있다. 앞의 대목에서의 소송은 1874년의 봄, 한 인도인으로부터 이 집단에 제출한 편지 속에 기록한 것이라고 하여, 나의 옛 친구, 당시 재「런던」바바 타츠이(馬場辰猪)군[20]의 보고서이다. 바바씨는 실제로 이 단체에도 출석해 친밀하게 그러한 사정을 견문하였고, 이런 유의 일은 하나하나 헤아릴 수 없다고 한다.

제 2조 서양 사람이 우리나라와 통교한 것은 이제 불과 20년, 5개 항구를 개항한다고 하더라도, 수출입 품목도 적은데다, 서양 사람이 모이는 곳은 요코하마(橫浜)를 첫째로 치고, 고베(神戶)가

---

19) jury. 배심제
20) 민권 운동가. 게이오의숙에서 수학하였고 영국유학을 하였고, 미국에서
    사망. 저서 『천부인권론』

그 다음이고, 그 밖의 세 항구는 계산할 정도가 안 된다. 조약문서의 약속에 따라, 각 항에 거류지를 설정하고, 내외(內外)국의 인민의 주거에 경계를 정하고, 서양 사람이 여행할 수 있는 지역은 항구에서 각 방향 50 리로 정하고, 이 제한된 지역 외에는 특별한 허가가 없으면 왕래의 권리를 얻을 수 없게 하였고, 이밖에 부동산의 매매, 금은의 대차 등에 관해서도, 법을 정해 내외국인의 차별을 제한하는 경우가 많은 고로, 오늘날에 이르기까지 양방의 교역은 점차로 번성해간다고는 하지만, 내외 인민이 서로 접촉하는 경우가 매우 드물고, 설령 혹은 그 교역에 관해 우리 인민에게 억울한 일이 생겨 불평을 품는 자가 생기더라도, 그 자는 대개가 모두 개항장 부근의 인민에 그치지, 세간의 일반인의 풍문으로 전해지는 것은 극히 드물다. 또한 개항 초부터 정치적으로 관계가 되는 외교적인 업무는 정부가 독점적으로 관여하는 바로서, 인민은 일찍이 그 상황이 어떠한지를 알바가 없다. 나마무기(生麥) 사건21)과 관련한 10만 폰드, 시모노세키(下關) 배상금22) 300만 「달라」, 구 막부 시절에 아메리카에 군함을 주문하였고, 프랑스 사람과 조약을 맺고 요코스카(橫須賀)에 조선국(造船局)을 설립하였고, 유신 이후에도

---

21) 1862년 8월, ・막부말기 유신기의 정치가인 시마즈히사미츠(島津久光)의
일행이 가나가와의 나마무기에 당도했을 때, 영국인 4명이 승마를 한 채
그 앞을 지나가려 하였던 즉, 부하 사무라이가 이것을 보고 분노하여 이
를 살상한 사건. 이듬해 영국군함이 보복으로 가고시마를 포격하였고, 막
부는 책임을 지고 배상금 10만 하운드를 자불하였다.
22) 1863년 5월, 쵸슈(長州) 번이 시모노세키 해협을 통과하려 하던 영・불・
네덜란드의 선박을 공격하였고, 영・미・불・네덜란드의 연합함대에 굴
복한 전투. 막부는 책임을 지고 배상금 300만 달라를 지불하게 되었다.

포함(砲艦)을 구입하였고, 등대를 건립하였고, 철도를 만들고, 전신선을 설치하였고, 외채를 널리 모으고, 서양 사람을 고용하는 등, 그 관계가 매우 번거롭고 복잡하였기에, 그 과정에는 혹은 전혀 내가 손해를 보지 않는다 하더라도 어쩔 수 없이 담판을 할 시에 금전을 손실하였던 일도 있을 것이다. 결국 저들 쪽에 만에 하나 손해의 염려가 없음은 자명하여, 이쪽에 충분한 이익과 명분을 얻었느냐 아니냐는 지극히 의심스러운 일이지만, 정부가 독단으로 관여하는 바인 이상, 인민은 아직도 이 사실을 모르고, 그저 하천(下賤)한 민중은 이를 알지 못할 뿐만 아니라, 학자 혹은 사군자, 혹은 정부의 관원이라 하더라도, 그러한 일에 관여하지 않는 자는 이를 알 수 있는 단서가 있을 수 없다. 고로 우리나라의 인민은 서양과의 교류에 관한, 국내외 권력이 과연 균형을 이루는지 아닌지를 알 수 없고, 우리가 손해를 보았는지 아닌지를 모르고, 이득과 손해를 모르고, 득과 실을 모르고, 천연덕스럽게 다른 나라의 사태를 보는 것 같다. 이는 곧 우리나라의 인민이 서양에 대해서 권력을 다투지 않는 하나의 원인이다. 생각건대 이를 인식하지 못하는 자는 이를 염려할 이유가 없기 때문이다.

대저 서양 사람이 우리나라에 오는 것은 아직 일천하다. 또 오늘에 이르기까지 나에게 두드러지게 큰 피해를 주어 나의 체면을 빼앗은 적도 없거니와, 인민이 마음속으로 느끼는 것이 적다고는 하여도, 적어도 나라를 염려한다는 진정한 마음이 있으면 그 사람은, 견문을 넓혀 세계고금의 흔적을 자세히 관찰하지 않으면 안 될 것이다. 현재의 아메리카는 원래 누구의 나라였더냐. 그 나라의 주인인 「인디언」은 백인에게 쫓겨나, 주객이 상황을 달리한 것이 아니더냐. 고로 현재의 아메리카의 문명은 백인의 문명이지, 아메리카의 문명이라고 할 수는 없다. 이밖에 동양의 나라들과 대양주의 여러 섬의 상황은 어떠하던가, 유럽 사람이 접촉한 곳이므로 잘도 그 조국의 권리와 이익을 보전하여 진정한 독립을 지킨 나라가 있더냐. 「페르시아」은 어떠한가, 인도는 어떠한가, 샴(태국)은 어떠한가, 루손과 자바는 어떠한가. 「샌드위치」 도(島)는 1778년 영국의 「캡틴 쿡」[23]이 발견한 곳이고, 그 개화는 근방의 제도와 비교해 가장 신속한 것이라 일컬었다. 그런데도 발견 당시 인구가 3, 4십만 되었던 것이, 1823년에 가서 고작 14만 명을 남겼다고 한다. 50년 간 인구의 감소가 무릇 매년 100분의 8이다. 인구의 증감에는 다양한 원인도 있을 것이기 때문에 잠시 이것을 미루어 두고, 그 개화라고 일컫는 것은 무엇을 말함이더냐. 단지 이 섬의 원주민이 인육(人肉)을 먹는다는 나쁜 습관을 그만 두게 하고, 용케도 백인의 노예에 적합하였던 것을 지적해 말할 따름. 중국과 같은 것은 국토도 광대하여, 아직도 그 내지에 깊숙이 들어갈 수가 없어서, 유럽 사람의 흔적은 그저 해안에만 있다고는 하지만, 금후의 형편을 추찰하면, 중국제국(帝國)도 바로 유럽 사람의 전원(田園)임에 지나지 않는다. 유럽인이 건드린 곳은 마치 토지의 생명력을 끊어, 풀이고 나무고 그 성장을 성취할 수 없다. 심한 경우에는 그 인종을 없애기에 이르는 자들이다. 이러한 흔적을 명확히 하여, 우리 일본 역

---

23) Captain Cook/ James Cook. 1728-79년, 영국의 탐험가.

시 동양의 한 국가임을 인식한다면, 설령 오늘에 이르기까지 서양국과의 외교에 관한 심각한 피해를 입었던 사실이 없다 하더라도, 후일의 재앙은 두려워하지 않으면 안 될 것이다.

이상 기술한 바의 내용 과연 옳다면, 우리 일본의 경우 서양국과의 외교의 성격은, 경제적으로 논하더라도 권리의 문제에 있어서 논하더라도 힘들고 어렵기 그지없는 대사건이어서, 국명(國命)의 매우 중요한 부분을 범한 고질(痼疾)이라고 말할 수 있다. 그리고 이 고질은 우리 인민 전체의 보편적인 우려인 이상, 전인민이 스스로 그 치료법을 찾지 않으면 안 될 것이다. 병이 깊어가는 것도 자기 자신의 일이고, 병이 물러가는 것도 자기 자신의 일이다. 이해와 득실이 모두 나에게 있는 것이므로, 추호도 남을 의존해서는 안 되는 법이다. 상상력이 얕은 사람은 근래에 세상의 형국이 옛날과 다른 것을 보고 이를 문명이라 이름을 붙이고, 우리의 문명은 서양과의 외교로 인한 결과물이므로, 이 외교가 마침내 번성하게 되면, 세상의 문명도 더불어 당연히 진보할 것이라 하여, 이를 반기는 자가 없는 것은 아니지만, 그 문명이라 일컫는 것은 단지 외형적인 체제일 따름. 물론 내가 원하는 바가 아니다. 설령 혹은 그 문명으로 하여금 조금 고상해지도록 하는 것도 전 인민 사이에 일편의 독립심이 없다면 문명 역시 우리나라가 요하는 것을 다하지 못하고, 이를 일본의 문명이라고 명명할 수 없는 것이다.

지리학에 있어서는 토지와 산천을 가지고 나라라고 명명하지만, 내가 논하는 바로서는 토지와 인민을 합쳐서 이를 나라라고 명칭을 부여하고, 그 나라의 독립이라 하고 그 나라의 문명이라고 하는 것은, 그 인민이 서로 모여 스스로 그 나라를 보호하고 스스로 그 권리와 명예를 지키는 것을 가리켜서 이름을 내리는 것이다. 만약 그러하지 않고 나라의 독립과 문명은 단지 토지에 부치고 사람과는 관련이 없는 것이라고 한다면, 지금의 아메리카의 문명을 보고 「인디언」에게 당연히 축하해야 한다는 이치이다.

혹은 또 우리 일본에서도 정치 학술 등의 제 분야를 망라하여 이를 문명한 유럽인에게 주고, 우리 일본인은 노예가 되어서 육체노동을 하게 된다 하더라도, 일본 땅에 영향이 없고, 그럼에도 불구하고 지금의 일본의 형국보다도 수백 단계 더 출중한 독립된 문명국이 되겠지. 너무나도 조리에 맞지 않는 것이라고 할 수 있다.

또 어떤 학자의 설에 이르기를, 각 국가 간의 외교는 천지의 공도(公道)24)에 입각한 것이다. 반듯이 서로 해친다는 취지가 아니라면, 자유롭게 무역을 하고, 자유롭게 왕래를 하여, 그저 자연에 맡겨야 할 따름. 만약 혹은 우리의 주권을 손상하고 우리의 이익을 손실하는 일이 발생한다면, 그 그러한 까닭의 근원은 우리에게서 찾지 않을 수가 없을 것이고, 스스로 수양하지 않으면서 남에게 많은 것을 찾는 것은 이치적으로 합당하지 않다. 오늘 일단 서양제국과 화친조약을 맺은 이상은 끝까지 성의를 다해 그 우의를 지켜나가야 할 것이고, 조금도 의심을 품어서는 안 된다 고.

이러한 주장은 참으로 그러하다. 한 사람과 한 사람의 사적인 교류에 있어서는 참으로 이처럼 될 수 있기는 하지만, 각 나라의

---

24) 국제법을 의미한다.

교제와 사람과 사람과의 개인적인 교제는 전혀 내용을 달리 하는 것이다. 옛날 봉건시절에 시행되었던 제 번의 교제라는 것을 모르느냐, 각 번의 인민이 반듯이 부정을 저지른 자가 아니면서도, 번과 번과의 교제에 있어서는 저마다 스스로 사적으로 마음대로 하는 것을 벗어나지 못한다. 그 사(私)는 번외(藩外)에 대해서는 사이겠으나, 번 내에서는 공(公)이라고 말하지 않을 수 없다. 흔히 말하는 각 번의 정실(情實)이라는 것이 있다. 이 사적인 정실은 천지의 공도를 떠들면서 없앨 수 있는 것이 아니고, 번이 존재하는 한 번과 공생하며 무궁하게 물려 줄 수밖에 없는 것이다. 수년 전 폐번(廢藩) 일거로써 비로소 이를 불식하고, 오늘날에 와서는 제 번의 인민도 역시 가까스로 옛날의 정실을 탈각하는 것 같다고는 하여도, 번이 존속하는 동안은 결코 비난할 수 없는 일이다.

겨우 일본국 안의 제 번에 있어서도 또한 여전히 이와 같다. 그런데도 동서의 간격, 전혀 다른 지역에서 태어난 서양 사람에 대해서 그 교제에 「천지의 공도」에 의존한다 함은 과연 무슨 심사이더냐. 멍청한 짓도 또한 정도가 심하다. 속된 말로 이른바 우직한 사람의 논의라 할 수 있을 뿐. 천지의 공도는 물론 우러러 사모할 만한 것이니, 서양 각국이 흔히 이 천지의 공도에 따라 나를 접할 것인가, 나 역시 감수하고 이에 응할 것이니, 결코 이를 사양할 것은 아니다. 만약 그것이 역시 그러하다면, 우선 전 세계에 존재하는 정부를 폐하는 것 우리가 옛 번(藩)을 폐했던 것처럼 해야 할 것이다. 학자들 여기에 가능성이나 전망이 있는가. 만약에 그런 가능성이나 전망이 없다면, 전 세계에 나라를 세우고 정부가 존재하는 한은, 그 국민의 개인적인 감정을 제거하겠다는 방도는 있을 수 없다. 그 개인적인 감정을 제거할 수 있는 방도가 없기 때문에, 나도 역시 이에 접하건대 개인적인 감정으로써 하지 않을 수 없다. 이른바 이것이 편파심과 보국심 명칭은 달라도 동질인 이유이다.

이상에서와 같이 서양과의 외교는 우리나라의 일대 난치병이므로, 이를 치료함에 있어서, 자국의 인민이 아니면 당부해 마땅한 자가 없다. 그 임무 막중하고 그 책임 중하다고 할 수 있다. 즉 이 장의 첫머리에서 말한, 우리나라는 무사한 시기가 아니다, 그럼에도 불구하고 그러한 일이 옛날에 비해 더욱 곤란하다고 하는 것은, 바로 서양과의 외교의 이 곤란병(困難病)이라는 것이다. 일편의 양심으로 사유재산까지도 생명까지도 내던질 수 있는 장소라 함은, 바로 서양과의 외교가 이루어지고 있는 이 장소이다. 그렇다면 이른바 지금의 일본인으로 어찌 한가로이 세월을 죽일 수가 있겠는가, 어찌 아무 하는 일없이 휴식을 취할 수 있겠는가. 역사가 시작된 이래 군신의 의, 조상의 유래, 상하의 명분, 본말(本末)의 차이라고 했던 것들, 오늘날에 와서는 조국을 위한 의(義)가 되고, 조국의 유래가 되고, 내외의 명분이 되고, 내외의 차별이 되어서, 몇 배의 중대함을 보탠 것이 아니더냐.

옛날 봉건시절에, 사츠마(薩摩)의 시마즈(島津)씨와 휴가(日向)의 이토(伊東)씨와 전생의 인연이 있어서, 이토씨의 신민은 깊이 사츠마를 원수로 삼았고, 해마다 설날에 많은 신민이 인사를 드리러 등성(登城)을 하면 일단 서로 경계하고, 「사츠마의 구원(仇怨)을 잊지 말지어다」 하고, 그런 뒤에 신년을 경하하는 것으로써 관례로 삼았다는 이야기가 있다. 또 유럽에서 프랑스의 황제 나폴레옹 1세 시절, 프로시아(Prussia. 독일)는 프랑스 때문에 패배하여 미증유의 치욕을 당했고, 그 후 프로시아 사람은 깊이 유한(遺恨)을 품고 복수심을 항상 견디지 못하고, 이로 인해 국민이 열심히 노력하는 것은 물론, 특히 중국 내의 사원과 그 밖에 서민들이 모이는 장소에는, 지난해에 프로시아 사람들이 대패를 하여 치욕을 당했고, 그 화를 낼 수밖에 없고 슬퍼할 수밖에 없는 모습을 그림으로 그려서 액자에 거는 등, 각양각색의 방법을 다해서 민심을 격해지게 만들어 그 향하는 곳을 한 방향으로 향하게 함으로써 복수를 기도하였고, 결국 1870년에 이르러 구원(舊怨)을 보복하였다고 한다. 이러한 일은 모두 다 원한에 사무친 악한 마음에서 생긴 것이므로, 바로 그러한 사태를 기릴만한 일로 칭송할 수 있는 것은 아니라고는 하여도, 나라를 지킨다는 견고하고도 인민의 고심하는 모습은 그로해서 알 수가 있다. 우리 일본도 서양국가와의 외교에 있어서는 아직 이토(伊東)씨와 「프로시아」이 당한 고초를 겪은 적이 없다고는 할지라도, 인도와 그 밖의 선례를 보고 이를 경계하는 것은 이토씨 처럼 또 「프로시아」 처럼 하지 않으면 안 될 것이다. 혹은 새해 아침에 한번이 아니고 국민이 된 자는 매일 아침 서로 경계하여, 서양과의 국제외교에 방심해서는 안 될 것이다 하고, 그러한 뒤에 아침밥을 먹는 것도 좋을 있을 것이다.

　　이러한 것에 입각해서 생각하면, 일본인은 조상 전래의 무거운 짐을 내리고, 대신 짊어질 짐을 얻지 않은 것이 아니고, 그 짐은 현재 머리 꼭대기에 걸려서, 하물며 옛날에 지던 짐보다도 몇 백배나

무게를 더해, 바야흐로 이것을 짊어지지 않으면 안 될 책임을 맡고, 과거에 비하면 또한 몇 백배의 노력을 쏟지 않으면 안 된다. 옛날에 담당했던 것은 단지 답답하게 참고 견디는 일이었을 뿐이었으나, 지금 담당하는 것은 답답하게 진작부터 또한 활발함을 요한다. 인민의 품행을 고양한다 함은, 다름 아닌 이 답답한 도덕적 덕의와 기백이 넘치는 활동에 있는 것이다. 그런데도 지금 이 짐을 떠맡고도 여전히 스스로 안락을 느끼는 자는, 단지 그 짐의 성격과 경중을 모르고 이에 유념하지 않았을 따름. 더러는 이에 유념한다 하더라도, 이것을 짊어지건대 방법을 그르친 자이다. 이를테면 사회에서 서양 사람을 미워하는 자 없지 않고, 그렇기는 하여도 곧 이들을 미워하는 취지를 잘못 인식하여, 미워해야 할 것은 미워하지 않고 미워해서는 안 될 것을 미워하고, 시기와 질투심을 품고 목전의 사소한 것을 분노하고, 작게는 암살, 크게는 양이(攘夷)로써 조국의 큰 해악을 만들어 내는 자가 있다. 이런 패거리는 일종의 미치광이고, 마치 중병이 걸린 국가적인 병자라고 명명할 수밖에 없을 따름.

또 어떤 우국지사는 양이주의자에 비하면 조금 소견을 고상히 하여, 덮어놓고 서양 사람을 몰아내겠다고 하는 것은 아닐지라도, 국제간 외교의 난관을 보고 그 원인을 단지 병력의 부족으로 돌리고, 우리에게 군비만 증강시키면 대결할 수 있는 군세(軍勢)를 얻을 수 있다고 하여, 혹은 해군과 육군의 자본을 확충해야 한다 하고, 혹은 거함과 대포를 사들여야 한다 하고, 혹은 포대를 구축해야 한다 하고, 혹은 무기고를 짓자고 하는 자들이 있다. 그런 의도가 있는 곳을 짐작하건대, 영국에 1,000척의 군함이 있고, 우리에게도 1,000척의 군함이 있으면, 틀림없이 이에 대적할 수 있을 것으로 생각하는 것과 같다. 필경 사물의 비율을 모르는 자의 사고이다. 영국에 1,000척의 군함이 있는 것은, 단지 군함만 1,000척을 보유하는 것이 아니고, 1,000척의 군함이 있으면 10,000척의 무역선도 있을 터이고, 10,000척의 무역선이 있으면 100,000명의 항해사도 있을 것이고, 항해사를 육성하는 데에는 학문도 없어서는 안 될 것이다. 학자도 많고 상인도 많고, 법률도 정비되고 무역도 번창하여, 사회에 필요한 사물이 충분히 갖추어져 있어서, 마치 1,000척의 군함에 상응할 수 있는 형국에 이르러서, 비로소 1,000척의 군함이 있을 수밖에 없는 것이다. 무기고고 포대고 모두가 이와 같고, 다른 제반 사항과 비교하여 당연히 비율이 없을 수가 없는 것이다. 비율이 적합하지 않으면 이기(利器)도 소용이 없고, 이를테면 안팎으로 문단속도 하지 않아서 집안이 난잡한 그 집 문전에, 20「인치」의 대포 1문을 설치한다고 하더라도 도적의 방어에 적합할 수가 없는 것과 마찬가지이다.

　무력이 편중한 나라에 있어서는, 자칫하면 전후의 사려분별도 없이, 멋대로 병비에 금전을 소비하여, 빚으로 인해 스스로 나라를 망가뜨리는 경우가 없지 않다. 생각건대 거함과 대포는 그것으로써 거함과 대포를 가진 적에게 대적할 수가 있어도, 빚진 적에게는 대적할 수가 없는 것이다. 지금 일본에서도 무비를 갖추건대, 거함은 물론, 소총과 군복에 이르기까지도, 100에 아흔 아홉은 서양의 제품에 의존하지 않는 것이 없다. 더러는 우리의 제조 술이 아직 개발되지 않은 때문이라고 한다고는 하더라도, 그 제조 술이 아직 개발되지 않은 것은, 이른바 나라의 문명이 아직 충분히 갖추어져 있지 않은 증거이므로, 그 충분히 갖추어져 있지 않은 상황에서, 유독 병비만을 충분히 갖추겠다고 한다 하더라도, 사물의 비율을 망각하여 실질적인 소용에는 적절치 않을 것이다. 고로 지금의 서양 국가간의 외교는 병력을 채움으로써 유지할 수 있는 것은 아닌 것이다.

이상에서와 같이, 암살과 양이의 논리는 물론 문제로 삼을 만한 것이 못되고, 또 일보 전진하여 군비에 대한 연구도 실용에는 부적절하고, 또 위에 기술한 국체론(國體論), 예수교론, 한유론(漢儒論)도 역시 사람의 마음을 지키기에 부족하다. 그렇다면 즉 이를 어찌 해야 좋을까. 이르되, 목표를 정하고 문명으로 나아가는 한 가지 방법이 있을 따름. 그 목표라 함은 무엇이더냐. 국내외의 분별을 명확히 해서 우리 조국의 독립을 지키는 것이다. 그리고 이 독립을 지키는 것의 방법은 문명의 밖에서 찾아서는 안 된다. 지금의 일본국의 인민을 문명으로 나아가게 하는 것은 이 나라의 독립을 지키기 위해서일 따름. 고로, 나라의 독립은 목표이고, 국민의 문명은 이 목적에 도달하는 것의 수단이다. 대체로 인간의 사물에 관해, 그 목표와, 이에 도달하겠다는 수단과를 계산하면, 하나하나 한이 없다. 이를테면 무명에서 실을 잣는 것은 실을 만드는 것의 수단이고, 실을 만드는 것은 무명을 짜는 것의 수단이고, 무명은 의복을 제조하는 깃의 수단이 되고, 의복은 추위와 바람을 막는 것의 수단이 되어, 이 몇 단계의 제 수단이, 상호적으로 수단이 되고 또 상호적으로 목표가 되어서, 그 결국은 인체의 온도를 보호해서 신체를 건강하게 하는 것의 목표에 달하는 것과 같다. 나도 이 일장의 논의에 있어서는, 결국 자국의 독립을 목표로 세운 것이다. 본서 권두의 첫머리에, 사물의 이해(利害)와 득실은 그 의도하는 바를 정하지 않으면 이야기할 수 없다고 한 것도, 생각건대 이러한 논의에 곁들여서 참고해야 할 것이다.

사람들은 혹은 말할 것이다, 인류의 약속은 단지 자국의 독립만으로써 목표로 삼아서는 안 된다, 오히려 특별히 영원과 고상의 극에 착목해야 할 것이다 하고. 이 말은 참으로 그러하다. 인간의 지덕이 극도에 이르러서는, 그 기하는 바, 물론 고원하여, 일국독립 등의 사사로운 것에 구애받아서는 안 된다. 고작 타국의 경멸을 면하는 것을 보고, 즉각 이를 문명이라고 명명할 수 없음은 말할 것이 없다고는 하지만, 지금의 세계적 현상에 있어서, 나라와 나라와의 외교에는 아직 이 고원한 것을 이야기할 수가 없고, 만약 이를 이야기하는 자가 있다면 이를 우원(迂遠)·공원(空遠)하다 하지 않을 수 없다. 특히 목하 일본의 정황을 관찰하자면, 더더욱 사태가 급박함을 느끼고 또한 다른 것을 돌아볼 여유가 없다. 우선 일본이라는 나라와 일본의 인민을 존재하게 하고 그러한 후에 여기에 문명에 관한 것까지 이야기해야 한다. 나라가 없고 사람이 없으면 이를 우리 일본의 문명이라고 할 수 없다. 이것이 이른바 내가 논의의 영역을 좁게 해서, 단순히 자국의 독립으로써 문명의 목표로 삼는다는 논의를 주창하는 이유이다. 고로 이 논의는 지금의 세계의 정황을 자세히 관찰하여, 지금의 일본의 장래를 계획하고, 지금의 일본의 급박함에 대응하여 설명을 하기 시작했던 것이므로, 물론 영원 미묘한 심오한 것이 아니다. 학자들 갑자기 이것을 보고 문명의 본래의 취지를 오해하고, 이를 경멸하여 그 자의의 대의를 욕되게 하지 말지어다.

또한 나에게 있어서 독립으로써 목표로 정한다고는 하지만, 세인으로 하여금 모두 정치 논객으로 만들어, 조석으로 이에 종사케 할 것을 바라는 것이 아니다. 사람은 저마다 일터를 달리하고, 역시 이를 달리하지 않을 수가 없다. 혹은 고상한 학문에 뜻을 두어 담천조용(談天彫龍)25)에 빠지고, 따라서 깊이 연구하고 따라서 발전하고, 이를 즐겨 식음(食飮)을 잊는 자도 있을 것이다. 혹은 활발한 상업 활동에 종사하여 밤낮 여가를 얻지 못하고, 동분서주, 집안 살림을 잊는 자도 있을 것이다. 이를 책망할 수 없을 뿐만 아니고, 문명 속의 일대 사업으로서 이를 칭송해야 할 것이다. 그저 바라는 바는 그 먹는 것을 잊고 집안 살림을 잊는다는 시점에도, 나라의 독립 여하에 관련되는 바의 일을 만나면, 순식간에 이에 감동하여 흡사 벌의 꼬리에 있는 벌침에 찔린 것 마냥, 심신 공히 예민해 질 것을 바랄 뿐.

혹자 말하기를, 앞에서 주장한 것처럼 단지 자국의 독립만을 바라는 것이라면, 서양과의 외교를 그만두는 것이 상책이다. 우리나라에 서양 사람이 아직 오지 않았던 시절에 있어서는, 나라의 모

---

25) 『사기』맹자. 순경열전(荀卿列傳)에 있는 말. 談天彫龍 장대히고도 치밀한 학문의 모습을 칭송하는 한편, 달성하기 힘들고 실행하기 어려운 것을 평한 말.

습은 문명하지 않았다 하더라도, 이를 순전한 독립국이라 하지 않을 수 없다. 그렇다면 지금 「독립」으로써 목표로 삼으면 옛날의 쇄국으로 돌아가는 것을 가장 좋은 계획으로 친다. 오늘에 오게되면 독립의 불안도 있어야 하니, 가에이(嘉永.)[26]시대 이전에는 사람들이 몰랐던 일이다. 나라를 열고 나라의 독립을 염려하는 것은, 스스로 병을 구하고서 스스로 이를 염려하는 것과 다르지 않다. 만약 병이 우려해야 할 것임을 인식한다면 무병하던 시절로 돌아가는 것이 상책이라고.

내가 대답하여 이르되 그렇지 않다. 독립이라 함은 독립해야 할 세력을 지칭해서 말하는 것이다. 우연히 독립한 형태를 보고 말하는 것이 아니다. 우리 일본에 서양 사람이 아직 찾아오지 않고도 나라가 독립했던 것은, 진정으로 그러한 세력을 지니고 독립한 것이 아니다. 단지 서양 사람을 접촉하지 않았기 때문에 우연히 독립의 체제를 이루었을 뿐. 이를 비유하면, 아직 비와 바람을 만나지 않은 가옥과 같다. 그 과연 비와 바람에 견딜 수 있을지 아닌지는, 일찍이 비바람을 만나지 않았기 때문에 증명 할 수 없다. 비와 바람이 오느냐 마느냐는 외부의 사정이고, 가옥의 방비가 튼튼한지 아닌지는 내부의 일이다. 비와 바람이 찾아오지 않는 것을 보고 가옥의 방비가 튼튼한 것을 증명할 수 없다. 바람이 없고 비가 없기 때문에 가옥이 존재하는 것은 물론, 어떤 대풍(大風)과 대우(大雨)를 만나더라도 우뚝 솟아 끄떡하지 않는 것이 곧, 진정으로 방비가

---

26) 에도시대 후기의 연호. 1848년-1854년간, 특히 서양의 충격이 심했다.

튼튼한 가옥이라 할 수 있다. 나의 이른바 자국의 독립이라 함은, 우리 국민으로 하여금 서양국가간의 외교에 임하게 하여, 천 번 백 번 갈고 닦아, 마침내 그 세력을 저하시키지 않고, 마치 이 큰 비와 바람에도 견딜 수 있는 가옥과 같이 되게 하겠다는 취지이다. 어찌 스스로 기가 죽어서 옛날로 되돌아가, 우연적인 독립을 요행으로 생각하여 득의의 표정을 짓겠는가. 그 뿐만 아니고 지금의 서양국가간의 외교는, 적절하게 이를 처리하면 우리의 민심을 진작(振作)하기 위해 때마침 적당한 자극이 될 수 있는 고로, 오히려 이를 이용하여 크게 우리 문명을 도움이 되게 할 수 있다. 결국 내가 취지로 삼는 바는, 기꺼이 독립의 열매를 따는 것에 있다. 뒤로 물러나서 그 헛된 명분을 지키는 것과 같은 것은 구태여 달가워하지 않는바이다.

고로 또 앞의 내용으로 돌아가서 말하겠다. 나라의 독립은 목표이고, 지금의 우리 문명은 이 목표에 도달하는 것의 수단이다. 이 「지금」이라는 단어는 특히 문장에 나타나는 의미가 있어서 사용한 것이므로, 학자여러분 등한히 간과하지 말지어다. 본서 제 3 장에는, 매우 크고(至大) 매우 광대(至洪)하여 인간만사 모두 이를 목표로 하지 않은 것이 없다 하여, 인류가 실로 도달해야 할 문명의 본래의 취지를 목표로 삼아서 논리를 세운 것이기는 하지만, 여기에는 나의 위치를 현재의 일본으로 한정하여, 그 논의도 역시 자연히 그 구역을 좁혀, 단지 자국의 독립을 얻게 하는 것을 보고, 잠정적으로 문명의 명칭을 부여한 것일 따름. 고로 지금의 우리 문명이라고 한 것은 문명의 본래의 취지는 아니고, 우선 사태의 첫걸음으로서 조국의 독립을 도모하고, 그 밖에는 이를 두 번째의 걸음으로 남겨두어, 훗날 할 바 있을 것으로 한다는 취지이다. 생각건대 이와 같이 논의를 제한할 때는, 나라의 독립은 이른바 문명이다. 문명이 아니면 독립은 보전할 수 없다. 독립이라고 한다 하더라도 문명이라고 한다 하더라도, 공히 구별이 되지 않는 것 같기는 하지만, 독립이라는 글자를 사용하면, 사물을 상상하기에 더한층 한계를 분명하게 해서, 이해를 쉽게 하는 것의 편리함이 있다. 그저 문명이라고만 말할 때는, 더러는 자국의 독립과 문명에 관계하지 않으면서 문명인 것이다. 심지어는 자국의 독립과 문명과를 방해하여 여전히 문명과 유사한 그 무엇이 있다.

그 한 예를 들어 말하건대, 지금 우리 일본의 여러 항구에 서양 각국의 함선을 정박시키고, 육상에는 거대한 상관(商館)27)을 세워서, 그 모습은 거의 서양제국의 항구와 다르지 않은, 번창하다고 할 수가 있다. 그런데도 사리에 어두운 어리석은 사람은, 이 번창한 모습을 목격하고, 지금이야 5대주의 인민, 우리의 국법이 관대함을 앙모하고, 다투어 황국에 엎드려 아뢰지 않는 자가 없고, 우리 무역이 날로 번창하고 우리 문명이 달마다 진보하는 것은, 여러 항구의 모습을 언뜻 보아서도 알 수 있다 하고들, 흐뭇해하는 표정을 짓는 자 없지 않다. 큰 오해가 아니더냐. 서양 사람은 황국에 엎드려 절하는 것이 아니고, 그 황국의 차(茶)와 견사(絹紗)에 머

---

27) 대리인 또는 위탁판매원을 주재시킨 무역을 위한 재외 영업소를 말함. 영국의 동 인도 회사가 인도의 각지와 일본의 히라토(平戶)에, 네덜란드 동 인도 회사가 나가사키에 설치하였던 것이 그 예이다.

리 숙여 엎드린 것이다. 여러 항구가 번창하는 것은 문명의 산물임에는 틀림이 없다 하겠으나, 항구의 배는 서양 각국의 배이고, 육지의 상관은 서양 사람의 주거(住居)이니, 우리의 독립과 문명에는 조금도 관계하는 것이 아니다. 혹은 또 재산이 없는 사기꾼이 서양 사람의 자본을 이용하여 국내에 거래처를 확충하여, 그 소득은 모두 전주(錢主)의 이익으로 돌리고 장사 번창의 호경기를 보여주는 자가 생긴다. 혹은 서양 국가에서 돈을 차용하여 그 돈으로 서양 각국에서 외래품을 매입하여, 그 물품을 국내에 배열하여 문명의 장관을 이루는 자가 있다. 석조건물과 철교, 함선과 총포류가 이것이다. 우리 일본은 문명의 생산국이 아니고, 그 기류지(寄留地)라고 할 수 있을 뿐. 결국 이 장사의 경기, 이 문명의 장관은, 나라의 빈곤을 불러와 오랜 세월 뒤에는 틀림없이 조국의 독립을 해칠 수 있는 것이다. 생각건대 내가 여기에 문명이라고 말하지 않고 독립이라는 글자를 사용한 것도, 이러한 오해를 막고자 하는 것의 취지일 뿐

이와 같이, 최후의 목표를 자국의 독립으로 정하고, 마치 지금의 인간만사를 용해해서 하나로 귀착시켜, 모두 이를 저 목표에 달하는 것의 수단으로 삼을 때는, 그 수단이 번거롭게 많은 것 한이 없을 것이다. 제도든지 학문이든지, 장사든지, 공업이든지, 어느 것 하나 이 수단이 아닌 것이 없다. 단지 제도 학문 등의 유만이 아니고, 더러는 비속 경박한 것, 오락 주색잡기물이라고 하더라도, 주의 깊게 그 내막을 탐색해서 그 귀착하는 비의 효과를 자세히 관철하면, 또한 그로해서 문명의 범주 속의 항목에 들어갈 수 있는 것이

많다. 고로 인간은 끊임없이 발전하는 사물에 관해, 그 이해와 득실을 이야기하건대, 하나하나 사물의 제한된 부분을 보고 쉽게 이를 결정해서는 안 된다. 이를테면 옛날부터 학자의 논의는 매우 많다. 혹은 검약과 소박을 중요하게 여기는 자가 있고, 혹은 빼어나게 아름답고 청아함을 즐기는 자가 있고, 전제와 독단을 편리하다고 하는 자가 있으면, 도량이 커 시원시원함과 자유를 주장하는 자가 있고, 의견백출, 서쪽이라고 하면 동쪽이라고 외치고, 왼쪽에서 논하면 오른 쪽에서 반박하고, 거의 그 결론에 이르는 바를 모른다. 심지어는 아직껏 정해놓은 소견도 없이, 그저 일신의 위치에 따라서 논리를 만들어내어, 일신과 논리, 그 관직에 오르고 안 오르고 번성함과 쇠함을 더불어 하는 자가 있다. 또 이보다도 심한 것은 정부에 의존해서 신분을 보호하는 것의 신분이 되어, 각기 다른 정권에 의탁하여 그저 자신의 해묵은 주장을 펼치려 하고, 그 주장의 이해와 득실에 가서는 망각한 것 같은 자가 있다. 비열도 또한 심하다고 할 수가 있을 것이다.

이러한 모습을 형용하면, 과녁이 없는데 화살을 쏘는 것과 같고, 재판소가 없는데 소송을 하는 것과 같다. 어느 것을 옳다고 하고 어느 것을 그르다고 할 수 있겠는가. 그저 이것은 어린아이의 장난일 따름. 시험 삼아 보자, 세상 사물, 그 제한된 부분에 관해서 논하자면, 한 사람도 바르지 않은 자가 없고, 한 사람도 잘못되지 않은 자가 없다. 검약과 소박은 야만과 난폭과 비슷하다고 하더라도, 한 개인의 신분에 있어서는 이를 권장하지 않을 수가 없다. 눈부시게 아름다운 것과 청아한 것은 사치나 황당함과 같다고는 하

여도, 인민 전체의 생계를 헤아린다면 날로 눈부시게 아름다운 것
으로 나아갈 것을 바라지 않을 수 없다. 국체론(國體論)이 완고한
것은 민권(民權)을 위해서는 크게 불편한 것 같다고는 할지라도,
지금의 정치의 중심을 정하고 행정의 순서를 유지하기 위해서는
역시 크게 편리하다. 민권흥기(民權興起)가 난폭하다는 논리는 군
주정치를 하는 국가를 위해서는 크게 해가 있는 것 같다 하더라도,
인민이 비굴한 과거의 악습을 일소하는 것의 수단으로 이용하면
역시 매우 편리하다.

충신의사의 논리도 예수성교(聖敎)의 논리도, 유자의 논리도
불자의 논리도, 어리석다고 하면 어리석고, 지혜롭다고 하면 지혜
롭고. 그저 그 이것을 시행하는 곳에 따라서, 어리석음도 될 수 있
고, 지혜로움도 될 수 있을 뿐. 뿐만 아니고 저 암살 저 양이(攘夷)
의 패거리라고 하더라도, 그저 그 활동 자체를 책할 수는 있겠으나,
자세히 그 사람들의 심사를 해부해서 이를 검사하면, 틀림없이 일
편의 보국심이 있음을 명백하게 볼 수 있다.

그렇다면 본 장의 처음에서 말한, 군신의 의, 조상의 유래, 상
하의 명분, 본말(本末)의 구별 등과 같은 것도, 인간의 품행 가운데
에 있어서 귀중할 수밖에 없는 항목들이어서, 이른바 문명의 방편
이므로, 일률적으로 이를 배척할 이유는 없다. 단지 이러한 방편을
활용해서 사회에 이익을 주느냐 아니냐 하는 것은, 그 용법 여하에
있을 따름. 무릇 사람으로서 나라를 팔겠다는 악심을 품지 않는 것
보다 그 이상이 되는 자라면, 틀림없이 국익을 만들어 내는 것을
좋아하지 않을 자 없다. 만약 그러하지가 않아서 나라에 해악을 만

들어내는 일이 생긴다면, 그 죄는 단지 향해 가야 할 바의 목표를 모르고 우연히 저지른 죄이다. 대체로 세상의 사물은 여러 수단을 모아서 공을 이룬 것이므로, 그 수단은 애써 많기를 요하고, 또 많지 않을 수가 없다. 그저 1000가지 100가지의 수단을 활용할 때는 그 용법을 그르치지 않고, 그 수단은 과연 이 목표에 관계가 있을 것일까, 만약 관계가 있다면 어떤 경로로 해서 이에 달할 수 있을 것일까, 혹은 바로 도달할 수 있을까, 혹은 사이에 또 다른 수단을 두고 이 수단을 거쳐서 나중에 도달할 것인가, 혹은 두 가지 수단이 있다면 어느 쪽이 중요해서 우선일 수 있을까, 어느 쪽이 중요하지 않아서 나중일 수 있을까 하고, 다양하게 골똘히 연구하여, 결국 그 최후 최상의 큰 목표를 잊지 않는 것이 중요할 따름. 또한 저 장기를 두는 자가, 천 가지 만 가지의 수(手)는 있어도, 결국 그 목표는 자신의 왕장(王將)을 지키고 적의 왕을 외통수로 모는 것 하나에 있는 것과 같다. 만약에 그러하지 않아서 왕장보다 비차(飛車)28)를 중히 여기는 자가 있다면, 이를 풋장기라고 말하지 않을 수가 없다.

고로 지금 이 일 장의 요점인 자국독립(自國獨立)의 네 글자를 들어서, 내외의 분별을 확실히 하고, 그로해서 인민이 의거해야 할 길을 제시할 수 있다면, 사물의 경중(輕重)도 비로소 여기에 잴 수가 있고, 사물의 완급(緩急)도 비로소 여기에 정할 수가 있고, 경중과 완급이 여기에 확실하면, 어제 노한 일도 오늘은 기뻐할 수

---

28) 우리나라 장기의 차(車)와 같음.

있는 일이 되고, 작년에 즐거웠던 일도 금년에는 걱정해야 할 일이
되고, 흐뭇함은 바뀌어서 근심이 되고, 낙원은 바뀌어서 고해가 되
고, 원수도 붕우가 되고, 타인도 형제가 되고, 희로(喜怒)를 함께
하고, 애락(哀樂)을 같고, 그로해서 동일한 목표로 향해 갈 수 있을
까. 나의 소견으로 지금의 일본의 민심을 유지하려면 그저 이 방법
이 있을 따름.

 역자 후기

후쿠자와 유키치(1834-1901)는 이미 일본의 근대사 가운데서 확고한 지위와 명성을 지닌 사상가이다. 그는 과격한 개국론 자 혹은 서양 도취론 자로 평가되기도 하지만, 일본의 신문명을 선도한 사람으로서 유례가 드문 교육자이기도하다.

1850년대 이후, 시세(時勢)를 보는 눈을 가진 일본인은, 서양의 압력에 대응하기 위해 유럽의 문명을 수용해야 한다는 생각을 가질 수밖에 없었고, 이 자주성이 당대의 사상가, 다양한 입장의 정치가에게서 발견할 수 있는 점에 명치시대의 특징이 있다.

그는 특히 『문명론의 개략』 「지덕의 변」에서, 덕은 물론 경시할 수 있는 것은 아니라하더라도, 직접 문명에 도움을 주는 것은 적다. 따라서 새로운 시대의 인간은 인지(人智) 이른바 지체를 양성할 것을 주안으로 삼아야 한다는 사실을 역설하였다.

그는 이 책에서 문명을 삼단계로 구분하여 야만 반개 문명으로 규정했다. 문명은 사물(死物)이 아니라 움직여서 나아가는 것, 따라서 야만은 반개로 반개는 문명으로 나아가는 것이라고 하였다. 서양의 문명은 일본의 문명보다 진보해 있기 때문에 반개의 단계에 있는 일본이 문명의 단계로 나아가기 위해서는 지금 당장 서양의 전면적인 섭취가 시급하다는 것이 주요 내용이다.

이 책의 마지막 장에서, 국가의 독립은 목표이고, 서양의 문명은 그 수단이라고 하였다. 이러한 명제는 한 편으로는 현재의 서양의 문명은 아직도 먼 문명진보의 여정에서 볼 때는 낮은 단계에 있는 것이라는 전망과 함께, 현재의 일본의 입장에서 볼 때는 상대적으로 가장 긴급한 것이 무엇인가 라고 하는 상황인식에 의해 뒷받침되고 있음을 엿볼 수 있다. 문명은 지대(至大)하고 지중(至重)하여 국가독립이라고 하는 지엽적인 것과 비교해서는 안 된다 고하는 인식이 이미 그에게도 있었던 것이다.

『문명론의 개략』 전 편의 요지는 이 일점에 응집되어 있는데, 이 결론에 도달하기까지, 그는 문명이란 무엇인가 에서 시작하여, 문명은 어떻게 해서 진보하는가, 구미의 문명과 일본의 문명과의 차이는 어디에 있는가, 하는 문제에 대해 진지하게 논의하고 있다.

그에게 있어 국가의 독립은 곧 문명의 동의어이다. 또 문명은 이른바 과학이라고 하는 사고는, 사실로서 시행되어야 할 프로그램으로서 일본인의 입장에서는 적절하였다는 평가를 받기도 한다.

『학문의 권유』『후쿠옹 자전』의 역서를 출간한 바 있는 저로서는 이제『문명론의 개략』을 내놓음으로써, 10여년에 걸친 후쿠자와 유키치의 번역작업에 일단락을 짓고 잠시 감회에 젖어본다.

우리에게 있어 후쿠자와는 반듯이 읽어야 할 산이다. 그를 읽지 않으면 명치의 근대가 확실하게 보이지 않기 때문이다.

이 책의 출간에 기꺼이 응해주신 제이앤씨 출판사 관계자분들께 경의를 표한다.

2012. 2

역자 임 종원

역자소개

임종원 문학박사

경력   서라벌예술대, 국제대, 외대대학원, 한양대대학원에서 수학
       대법원사법연수원특강강사
       관동대학교교수. 1976-2012년
       게이오의숙대학 초빙교수. 2007년
       게이오의숙후쿠자와연구소 객원연구원. 현

논문   斜陽논고
       일본의 전향문학에 관한 소고
       太帝문학의 형성과 좌절 외
       후쿠자와유키치연구서설
       후쿠자와유키치와 学問のすすめ
       후쿠자와유키치의 문명사상연구
       후쿠자와유키치의 明六社소고

저서   후쿠자와유키치의 문명사상 제이앤씨(2001)
       후쿠자와유키치 한길사(2011)

역서   학문의 권장 시사일본어사(1994)
       후쿠옹자전 제이앤씨(2006)
       학문의 권유 홍익출판사(2007)

문명론의 개략

초판인쇄 2012년 02월 20일
초판발행 2012년 02월 29일

저 자 후쿠자와 유키치
역 자 임종원
발 행 인 윤석현
발 행 처 제이앤씨
등 록 제7-220호

우편주소 (132-702) 서울시 도봉구 창동 624－1 북한산현대홈시티 102－1206
대표전화 (02)992－3253
전 송 (02)991－1285
전자우편 jncbook@hanmail.net
홈페이지 URL://http://www.jncbms.co.kr
책임편집 이신

ISBN 978－89－5668－901－2 93150   정가 29,000원